Uwe Rohland / Annegret Rohland

Entdeckertouren mit dem Wohnmobil

Schweden

Der Norden

Die Anleitung für
einen Erlebnisurlaub

womo®
Der Wohnmobil-Verlag

Die Deutsche Bibliothek – CIP-Einheitsaufnahme

Bibliografische Information der Deutschen Bibliothek

Die Deutsche Bibliothek verzeichnet diese Publikation in der Deutschen Nationalbibliografie.
Detaillierte bibliografische Daten sind im Internet über <http://dnb.ddb.de> abrufbar.

Titelbild: Fatmomakke, das historische Kirchdorf der Sami (Tour 4)
Bild in vorderer Klappe: Trappstegsforsen (Tour 4)

Karten: Annegret Rohland
Fotos: Uwe und Annegret Rohland; S. 236: ©Roland Bauer

6. komplett überarbeitete und erweiterte Auflage 2023

Reihen- und Umschlaggestaltung:
www.martinveicht.de

Druck:
Beltz Grafische Betriebe GmbH, 99947 Bad Langensalza

Vertrieb:
GeoCenter GmbH, 70794 Filderstadt

Herausgeber:
WOMO-Verlag, OT Mittelsdorf, 36452 Kaltennordheim
GPS: N 50°36'38.2" E 10°07'55.6"

0049 (0) 36946-20691
verlag@womo.de
www.womo.de

Autoren-E-Mail: rohland@womo.de

ISBN 978-3-86903-556-7

EINLADUNG

Nur mal angenommen, es gäbe wirklich jemanden, den man tatsächlich überzeugen müsste, mit dem Wohnmobil nach Nord-Schweden zu reisen. Wie würde man es anstellen, ihm dieses Urlaubs-Paradies schmackhaft zu machen?

Man könnte leidenschaftlich schwärmen

- von malerischen Kulturlandschaften mit munteren Städtchen, gepflegten Dörfern und schmucken Kirchen, lebendiger Traditionspflege und ausgesprochen gastfreundlichen Menschen,
- von der Vielfalt interessanter Sehenswürdigkeiten für Jung und Alt vom Sami-Museum bis zum Erzbergwerk,
- von der Schönheit intakter Natur mit geheimnisvollen Mooren, unendlich tiefen Wäldern, imposanten Gebirgen, schäumenden Stromschnellen, großen wie kleinen Seen und Sandstränden am Meer,
- von einsamen Wanderungen übers Fjäll mit frischem Wind, kristallklarer Luft und traumhafter Fernsicht,
- von leeren Straßen bis zum Horizont, diesem unglaublich weiten skandinavischen Himmel und dieser verwirrenden Mitternachtssonne,

oder einfach nur ganz bedeutungsvoll vom

Zauber des Nordens

sprechen, dem sich niemand zu entziehen vermag.

Da man diese Faszination nicht erklären kann, muss sie jeder selbst erleben!

Lassen Sie sich also verführen, lassen Sie es ruhig geschehen!

Ihr

Uwe Rolland

Härnösands Bilmuseum

Im größten Automuseum Schwedens kann man eine einzigartige Sammlung von 250 Fahrzeugen aus dem 20. Jahrhundert bestaunen. Perfekter Lack, viel Chrom!

Tour 12, ab Seite 311

Wandergebiet Abisko

Hier beginnt der legendäre Kungsleden, doch auch viele Kurzwanderungen bieten sich an, wie die Abisko Canyon-Tour oder der Ausflug auf den Njulla: Top Aussicht!

Tour 7, ab Seite 198

Gammelstad Luleå

Die stolze Nederlueå kyrka aus dem 15. Jahrhundert ist von 400 historischen Holzhäusern umgeben. Man wandelt durch die Gassen und erlebt Geschichte pur.

Tour 9, ab Seite 225

Mannaminne

Dieses „Museum“ ist das interessante Lebenswerk des Künstlers Anders Åberg. Hintersinnige Installationen und teils irrwitzige Exponate begeistern die Besucher.

Tour 12, ab Seite 303

Jokkmokk

Der Ort am Nordpolarkreis gilt als Zentrum der Sami-Kultur Schwedens. Hier finden Märkte und Feste statt, es gibt ein tolles Museum und viel Natur drum herum.

Tour 6, Seite 157

Svansele Vildmarkscenter

Sehr anschaulich werden hier 700 Präparate aus der heimischen Tierwelt in den vier Jahreszeiten präsentiert. Draußen gibt's dann Ren, Elch und Lachs vom Feuerherd.

Tour 10, ab Seite 246

Fatmomakke

Einer von vielen Höhepunkten auf dem Vildmarksvägen ist dieses alte Kirchdorf, ein beliebter Treffpunkt der Sami, idyllisch zu Füßen des Marsfjäll gelegen.

Tour 4, ab Seite 114

Bauernschlösser

Im Hälsingland kann man eine Vielzahl von Traditionshöfen mit wunderschön ausgemalten Gebäuden besichtigen und lebendiges Brauchtum sowie Volkskunst erleben.

Tour 13, Seite 336

National-Flüsse

Die großen Flüsse Vindelälven, Kalixälven, Torneälven und Piteälven dürfen unreguliert durch Schweden fließen. Der Letztere extra wild und spektakulär beim Storforsen.

Tour 6, Seite 155

Älgens hus in Bjurholm

Einmal dem König der schwedischen Wälder auf Augenhöhe begegnen. Von den vielen Elchfarmen im Land hat uns die in Bjurholm am meisten beeindruckt.

Tour 11, ab Seite 278

Sehr geehrte Leserinnen und Leser,
liebe WOMO-Freunde!

Reiseführer sind für einen gelungenen Urlaub unverzichtbar. Aber aktuelle Informationen altern schnell, und ein veralteter Reiseführer macht wenig Freude.

Sie können helfen, Aktualität und Qualität dieses Buches zu verbessern, indem Sie uns nach Ihrer Reise mitteilen, welchen unserer Empfehlungen Sie gefolgt sind (Stellplätze, Campingplätze, Wanderungen, Gaststätten usw.) und uns darüber berichten (auch wenn sich gegenüber unseren Beschreibungen nichts geändert hat).

Aktuelle Korrekturen finden Sie unter: forum.womoverlag.de

Um die Übernachtungs- und Campingplätze auf einen Blick erfassen zu können, haben wir diese im Text in einem Kasten nochmals farbig hervorgehoben und, wie auf den Karten, fortlaufend durchnummeriert. Wir nennen die Ausstattungsmerkmale und geben Ihnen eine kurze Zufahrtsbeschreibung. »Max. WOMOs« soll dabei andeuten, wie viele WOMOs dieser Platz maximal verträgt und nicht, wie viele auf ihn passen würden (schließlich gibt es auch Einwohner und andere Urlauber)!

Offizielle Übernachtungsplätze sind auf den Karten mit **WOMO-Icons** gekennzeichnet.

Übernachtungsplätze mit **B**ademöglichkeit sind mit hellblauer Farbe unterlegt. **W**anderparkplätze sind grün gekennzeichnet und **P**icknickplätze erkennen sie an der violetten Farbe. Auf Schlafplätze, denen die gerade genannten Merkmale fehlen, also auf einfache **S**tellplätze, weist die Farbe Gelb hin.
Empfehlenswerte **C**ampingplätze haben olivgrüne Kästchen.
Wanderungen, die wir Ihnen besonders ans Herz legen möchten, haben wir hellgrün unterlegt.

INHALT

Gebrauchsanleitung

Hier nun ein weiterer **WOMO**-Reiseführer von uns für ein Ziel am Rande ***Europas***! Nach ***Irland*** (6. Auflage 2020), ***Schottland*** (5. Auflage 2019) und ***Finnland*** (7. Auflage 2022) hier nun die mittlerweile 6. Auflage unseres **WOMO**-Führers über ***Nord-Schweden***.
Dieses Buch versteht sich als Ergänzung von **Band 54** (und Klassiker der **WOMO**-Reihe) ***„Mit dem Wohnmobil nach Süd-Schweden*** und beschreibt insgesamt **14 Touren** durch ***Nord-Schweden***. Die fast **8.000 Kilometer** lange Gesamtstrecke bietet Stoff für einige Urlaubsreisen, die vielen Vorschläge zu Besichtigungen, Wanderungen und Ausflügen werden Sie als Normalverbraucher mit 3 bis 4 Wochen Jahresurlaub einige Zeit

beschäftigen. Es macht wenig Sinn, die Touren möglichst zügig abzuspulen, nehmen Sie sich also viel Zeit! Am besten, man sucht sich für jeden Urlaub eine spezielle Region aus und taucht dort richtig ein. Die Tour-Routen sind so konzipiert, dass man auch einmal diese und jene Schlaufe der Streckenführung auslassen kann und sich an anderer Stelle wieder einklinkt, je nach Belieben.

Dieses Buch begleitet Sie durch ein wunderbares Ferienparadies mit traumhaft schöner Natur, wir führen Sie durch die besten Ausstellungen und Museen, sehen

uns viele Kirchen an, streifen gemeinsam durch die Städte mit ihrem pulsierenden Leben und zeigen Ihnen eine Vielfalt von Bademöglichkeiten an Flüssen, Seen und am Meer.

Wir machen Sie mit der kulturellen Vielfalt des Landes vertraut: Von **Mittsommer-Feiern** und **Traditions-Höfen** bis zur Geschichte der ***Sami***, der Urbevölkerung im Norden. Oben in ***Lappland*** wird wohl jeder dem Zauber der hellen Nächte erliegen und sich dort auf dem ***Fjäll*** nach den ersten Frösten im August dem Farbenrausch des ***„Indian Summer"*** hingeben.
Bemerkenswert ist die Kinderfreundlichkeit in ***Schweden***, es gibt reichlich Spielplätze, und auch die Museen sind kindgerecht gestaltet, so dass keine Langeweile aufkommt.
Wandern Sie auch so gerne wie wir? Dann sind Sie in ***Nord-Schweden*** genau richtig und werden geradezu ideale Voraussetzungen für Ihr Hobby vorfinden: schier unendliche Weite, grandiose Landschaft und ganz wenig Menschen um Sie herum. Wir haben alles im Angebot: Vom Gebirgsblumen-Hang und Orchideen-Sumpf-Rundgang über Tages-Wanderungen in ***Nationalparks*** und ***Naturreservaten*** bis zur Krönung, einer bestimmt unvergesslichen **3-Tage-Tour zum *Kebnekaise***, dem höchsten Gipfel ***Schwedens***.
Dieses Buch ist vor allem geprägt durch unsere subjektiven Eindrücke und Vorlieben und hat trotz der Fülle an Hinweisen nicht jedes Ziel in ***Nord-Schweden*** berücksichtigt. Ihrem eigenen Entdeckerdrang stehen also alle Möglichkeiten offen. Vielleicht erleben Sie manches ganz anders, als bei uns geschildert, vielleicht sehen Sie es genauso wie wir? Lassen Sie sich überraschen!
Die allermeisten Routen sind für jede **WOMO**-Größe zu benutzen. Wenn es nach unserer Einschätzung für die großen Einheiten zu eng oder zu steil (oder beides) wird, sind entsprechende Hinweise vermerkt. Nachdem wir uns nach 10 Jahren von unserem ***„ADONIS"*** getrennt haben, sind wir seit 2021 mit unserem ***„SISU"*** unterwegs. (Hat Ihr **WOMO** etwa keinen Namen?), einem mittelgroßen Wohnmobil:

HYMER ML-T 580
Baujahr: 2020
Bauart: Teilintegriert
Basis: Mercedes Sprinter
3,0 l Allrad
140 KW = 190 PS
Radstand: 3665 cm
Zul. Ges.-Gew.: 4,1 t
Höhe: 3,05 m
Breite: 2,23 m
Länge: 7,00 m

Dieser Reiseführer ist auf Basis persönlicher Erfahrungen entstanden. Wir haben ***Nord-Schweden*** schon oft im Rahmen normaler Urlaubsreisen besucht, verstehen Sie dieses Buch deshalb als einen Erlebnisbericht und nicht nur als akribische Aneinanderreihung von Fakten. Bei der Beschreibung zur Lage der schönsten Stellplätze erhalten Sie jedoch sehr genaue Hinweise (mit **GPS**-Daten), die Sie vor lästigen Irrfahrten auf der Suche nach einem Übernachtungsplatz bewahren sollen.

Wir zeigen Ihnen, wie Sie ohne Campingplatz durch ***Nord-Schweden*** reisen können, doch in unseren Touren werden auch **empfehlenswerte Campingplätze** beschrieben, auf denen man es sich bei einem etwas längeren Aufenthalt gemütlich machen kann.

Am Anfang jeder Tourenbeschreibung finden Sie eine Übersichtskarte mit der Streckenführung, den Reisezielen sowie den Bade-, Picknick-, Wander- und sonstigen Stellplätzen, von denen die farbig markierten als Übernachtungsplätze geeignet sind. Die **Offiziellen WOMO-Stellplätze sind** entweder von Vereinen, den Kommunen oder von privat ausgewiesene, oft kostenpflichtige, Plätze, in Schweden meist ***„Ställplats“*** genannt. Im Text wird mit entsprechend farbigen Kästchen dann unübersehbar noch einmal auf all diese Plätze hingewiesen. Beachten Sie bitte dazu auch die Markierungs-Hinweise auf der hinteren Umschlagseite dieses Buches! Unter der Kategorie **„Max. Womos“** ist meist nicht die Kapazität der Übernachtungsplätze gemeint, sondern die nach unserer Meinung vor Ort vertretbare Belegung, also die Toleranz-Schwelle, dass es keinen stört.

Natürlich brauchen Sie trotz unserer recht präzisen Tourenkarten und Beschreibungen noch Kartenmaterial. Lesen Sie dazu bitte die **Tipps von A bis Z** am Ende dieses Buches. Die Lektüre dieses Kapitels empfiehlt sich auch deshalb zu Beginn ganz besonders, da Sie dort nicht nur wichtige Informationen erhalten, sondern auch an die „Spielregeln“ zu den Themen **Übernachten** und **Entsorgen** herangeführt werden.

Die beinahe grenzenlose Freiheit für **WOMO**-Urlauber in den Weiten ***Nord-Schwedens*** gilt es auch für die Zukunft zu bewahren, deshalb sollte man einige prinzipielle Benimm-Regeln speziell bei der Wahl der Übernachtungsplätze beachten: Niemals die Privatsphäre der Einheimischen stören, niemals ins unbefestigte Gelände, niemals zu laut und niemals zu

lange an einem Fleck. **Schweden** gehört zu den saubersten Reise-Zielen, die wir kennen, und **Naturschutz** gehört zu den obersten Grundsätzen des Landes. Bitte tragen Sie mit Ihrem rücksichtsvollen, freundlichen und dezenten Auftreten mit dazu bei, dass uns allen der Spaß am **WOMO**-Urlaub in ***Nord-Schweden*** möglichst lange erhalten bleibt! Hinterlassen Sie keine Müllberge, bleiben Sie möglichst nicht länger als 2-3 Tage an einem Platz und entfalten Sie kein campingartiges Leben auf solchen Übernachtungsplätzen, die dafür nicht geeignet sind!
Für die 6. Auflage haben wir diesen **WOMO**-Führer im Sommer 2022 vollständig nachrecherchiert, gründlich aktualisiert und erheblich erweitert.
Doch es wird vorkommen, dass Sie die von uns beschriebenen örtlichen Gegebenheiten verändert vorfinden. Bitte teilen Sie uns deshalb Ihre, möglicherweise abweichenden Erfahrungen zu den Stellplätzen mit.
Herzlichen Dank an alle Leser und Freunde, die uns mit ihren Berichten in den vergangenen Jahren wertvolle Hinweise gegeben haben. Vielleicht kennen auch Sie noch weitere, viel schönere Plätzchen, die uns bislang verborgen blieben, dann schreiben Sie uns bitte:

Uwe und Annegret Rohland
PF 60 13 45
14413 Potsdam

Hier sei vorsichtshalber noch angemerkt, dass weder der Verlag noch wir als Autoren dafür garantieren können, dass das freie Übernachten auf den von uns besuchten Plätzen künftig auch jederzeit erlaubt und erwünscht ist. Die Toleranz gegenüber Wohnmobil-Gästen muss nicht von Dauer sein, deshalb sind alle Angaben in diesem Reiseführer ohne Gewähr.

Wenn Sie allen Touren dieses **WOMO**-Führers folgen, befahren Sie ein riesiges Gebiet: ungefähr 1.100 km lang, 300 km breit und dazu sehr dünn besiedelt. Also Platz genug für einen Aktiv-Urlaub für fast jeden Geschmack! Genießen Sie diese wunderbare Region im Norden ***Europas*** in aller Ruhe, Sie werden nicht alles in einem Jahr schaffen, doch wer einmal hier oben war, der kommt voller Sehnsucht sowieso immer wieder. Wir wünschen Ihnen viele erholsame und spannende Reisen nach ***Nord-Schweden***!

Anreise

Es gibt eine ganze Reihe von Varianten, um mit dem **WOMO** nach ***Schweden*** zu gelangen. Unsere **Tour 1** beginnt in **Göteborg**, also treffen wir uns dort und jeder kann sich aus den nachfolgenden Angeboten etwas aussuchen. Wer zum ersten Mal nach ***Schweden*** fährt, wird seine Anreise vorwiegend nach dem kürzesten Weg und dem günstigsten Preis auswählen. Viele ***Schweden***-Fahrer folgen jedoch ihren traditionellen Fährten ins Traumland und zelebrieren ihren Urlaubsstart schon einmal auf einer (eigentlich unsinnigen) 14-Stunden-Mini-Kreuzfahrt (**Kiel-Göteborg**), andere lieben den Transit-Rastplatz auf ***Farø*** (also durch ***Sjæland/DK***), manche wollen unterwegs noch einen Badestopp in ***Warnemünde*** einlegen (also ***Fähre ab Rostock***), Leser aus dem Nordosten immer schon mal mit der Fähre vom grenznahen ***Swinemünde (PL)*** nach ***Ystad (S)*** übersetzen, andere mit der Turbo-Fähre von ***Sassnitz nach Ystad*** düsen und Technik-Freaks möchten gerne die immer noch faszinierende **Brücke-Tunnel**-Variante (***Storebælt/Öresund***) ausprobieren, kommen dabei völlig ohne Fähre aus, müssen aber Tunnel-Fahrten mögen. Manch einer bevorzugt die Über-Nacht-Fähr-Passage mit angenehmer Kabine, andere die schnelle Tages-Anfahrt mit Inselspringen plus Kurzfähren.
Nachfolgende Übersicht führt alle (sinnvollen) Varianten auf, nach Anbietern sortiert.

Fähren

Scandlines (scandlines.de) Fon: +49(0)381-77887766
Rostock (D) - Gedser (DK) (1 ¾ h, 9 x täglich)
Puttgarten (D) - Rødby (DK) (45 min, alle 30 min)
Helsingør (DK) - Helsingborg (S) (20 min, alle 20 min)
Kombi-Ticket: Fähre Rostock (D) - Gedser (DK)
+ Öresund-Brücke nach Malmö (S)
Kombi-Ticket: **Fähre Puttgarten (D) - Rødby (DK)**
+ Öresund-Brücke nach Malmö (S)

Buchungs-Kooperation:
Es kann passieren, dass Sie mit einem Schiff von ***Stena Line*** fahren, obwohl Sie bei ***TT-Line*** gebucht/bezahlt hatten oder aber statt mit ***TT-Line*** überraschend mit ***Scandlines*** reisen.
Dieser ***„operated by...“- Trick*** mag ja für die Gesellschaften praktisch sein, wird aber am Hafen beim Check-In immer wieder für Verunsicherung sorgen. Stehe ich in der richtigen Warteschlange??? Die Zeiten der Lieblings-Fährgesellschaft sind wohl vorbei. Jetzt wird Fähr-Lotterie gespielt!

Fährverbindungen nach Schweden

Stena Line (stenaline.de) Fon: +49 180 60 20 100
Rostock (D) - Trelleborg (S) (5 ½ - 7 ½ h, 5 x täglich)
Kiel (D) - Göteborg (S) (14 h, 1 x täglich)
Grenå (DK) - Halmstad (S) (4 ½ h, 2 x täglich)
Frederikshavn (DK) - Göteborg (S) (3 ¼ h, 4 x täglich)

TT-Line (tt-line.de) Fon: +49 180 66 66 600
Rostock (D) – Trelleborg (S) (6-7 h, 5 x täglich)
Travemünde (D) – Trelleborg (S) (8 h, 4 x täglich)
Swinemünde (PL) – Trelleborg (S) (6 h, 2 x täglich)

***FRS Baltic* (Neu ab April 2023!)** (frs-baltic.com)
Sassnitz (D) - Trelleborg (S)
(2,5 h mit der ***Skane Jet***, 3 x täglich)

Finnlines (finnlines.com)
Fon in D: +49(0)451 1507 443, Fon in S: +46(0)771 340 900
Travemünde (D) - Malmö (S) (9 h, 2-3 x täglich)

Polferries (polferries.pl)
Fon: +48 22 230 2222
Swinemünde (PL) - Ystad (S) (7 h, 1 x täglich)

Unity Line (unityline.pl)
Buchung Fon: +48 9188 02 909
Swinemünde (PL) - Ystad (S) (6 ½ - 8 h, 4 x täglich)

Brücken/Tunnel

Storebælt-Brücke von **Nyborg (DK)** nach **Korsør (DK)** (storebaelt.dk)
Öresund-Brücke von **Kopenhagen (DK)** nach **Malmö (S)** (oeresundsbron.com)

Wie nun?

Wenn für Sie nicht sowieso schon alles klar ist, dann lassen Sie sich die aktuellen Fähr-Prospekte schicken oder vergleichen Sie die Anbieter im Internet (wo man gleich online buchen kann) und wählen Sie die beste Anreise-Variante aus. Dabei werden ***Schweden***-Urlauber aus den Ballungsgebieten ***Westdeutschlands*** eher die alte ***„Vogelfluglinie“*** über **Puttgarten/*Fehmarn*** bevorzugen, die **Brücke-Tunnel-Kombination** nutzen oder irgendwo von ***Dänemark*** nach ***Schweden*** wechseln, währenddessen man aus ***Meck-Pomm***, ***Berlin/Brandenburg***, ***Sachsen-Anhalt***, ***Thüringen*** und ***Sachsen*** sicherlich in **Rostock** oder **Sassnitz**, vielleicht sogar in **Swinemünde/*Polen*** startet. Preise vergleichen lohnt sich immer, alle Gesellschaften buhlen um **Sie**, den potentiellen Kunden, und bieten Fähr-Kombinationen, Frühbucher-Rabatte und Camper-Tarife an. Beachten Sie billigere und teurere Abfahrt-Termine und prüfen Sie ggf. die Modalitäten zur Haustier-Beförderung! Wenn Sie über den vielen verschiedenen Möglichkeiten brüten, dann vergessen Sie nicht, auch die gefahrenen Anreisekilometer in Ihrer Kostenrechnung zu berücksichtigen und die Kabinenpreise zu vergleichen. Lohnt sich der Riesenumweg über **Kolding (DK)** zur Brücke wirklich und sollte man tatsächlich eine lärmende Innen-Kabine buchen, nur weil sie einige EUROs weniger kostet? Es müssen auch die grundsätzlichen Anreise-Prämissen bedacht werden: Habe ich viel Zeit, um nach ***Schweden*** zu kommen, oder will ich mich beeilen, um möglichst viele der knappen Urlaubstage im Land meiner

Sehnsucht zu verbringen? Nehme ich einen höheren Preis in Kauf, wenn ich komfortabler reise und gerne nach üppigem Dinner-Büfett meinem Urlaubs-Paradies entgegenschlafe? Sie werden für sich das Optimum an eleganter Streckenführung, Komfort und Preis finden, wir haben vieles probiert und stellen unsere beiden Anreise-Varianten vor:

Anreise 1: Nachts über die Ostsee

Für Berufstätige, für die jeder Urlaubstag wertvoll ist.

Mit diesem Anreise-Modus kann man Zeit sparen. Noch am letzten Arbeitstag nachmittags die letzten Sachen packen, abends dann die 230 Anfahrt-Kilometer auf **A10/A24/A19** von **Potsdam** zum Überseehafen **Rostock** abspulen und kurz vor Mitternacht z.B. mit ***TT-Line*** in Richtung **Trelleborg** ablegen. Mit 2 Piccolöchen sitzt man noch bis **Warnemünde** auf Deck, doch dann geht es schnell in die Kabine und es wird zügig geschlafen, denn der Dampfer kommt schon 7 Uhr in ***Schweden*** an. Das heißt leider früh aufstehen und ohne Frühstück von Bord rollen. Das zelebrieren wir dann ausgiebig nach einer Stunde Autobahn auf einem Rastplatz, passieren noch vormittags **Göteborg** und sind schon am frühen Nachmittag des ersten Urlaubstages mitten in ***Schweden*** am riesigen ***Vänern***.

Anreise 2: Kurze Fähren und Inselspringen

Für diejenigen, die lange Tunnel und hohe Brücken meiden.

Das **WOMO** steht schon abends fertig gepackt vor der Tür, Gas-Flaschen und Wasser-Tank sind voll, Schränke und Laderaum auch, morgen in aller Frühe kann es losgehen! Die 230 bequemen Anfahrt-Kilometer auf **A10/A24/A19** von **Potsdam** zum Überseehafen **Rostock** sind in knapp 3 Stunden vergessen, wir haben das **Kombi-Ticket Rostock-Gedser + Helsingør-Helsingborg** bei ***Scandlines*** gebucht und kriegen die 9-Uhr-Fähre nach **Gedser**. Nach dem ausführlichen Frühstück an Bord sehen wir schon bald die Windräder vor **Gedser** und rollen dort um 11 Uhr von Bord. Nach 34 km geht es auf die Autobahn, dann immer Richtung **Kopenhagen** und von dort nach **Helsingør** weiter. Für die 194 km durch ***Dänemark*** braucht man 2 ½ Stunden, es sei denn, man hat unterwegs eine längere Pause beim **WOMO-Picknickplatz** auf ***Farø*** eingeplant (hinter der ersten Groß-Brücke übers weite Wasser, an der zweiten Autobahn-Abfahrt, mit Gastronomie und Ver-/Entsorgung [N 54° 56‘ 56.7“ E 11° 59‘ 11.0“]. Auf der Kurz-Fähre zum schwedischen **Helsingborg** hinüber schafft

man kaum seinen Kaffee, schon öffnet sich das Bugvisier, Sie kommen mit uns auf die **E6** Richtung Norden und erreichen nach 210 Autobahn-Kilometern am Nachmittag **Göteborg**, wo unsere **Tour 1** beginnt.

Anreise 3: Fähre + Öresund-Brücke:

Unser persönlicher Favorit.

Wir starten erst am späten Vormittag in **Potsdam** und fahren nach **Warnemünde** auf den **Parkplatz Strand Mitte** [N 54° 10‘ 30.9“ E 12° 03‘ 20.6“], um hier noch einen entspannten Ostsee-Badenachmittag zu genießen. Bis zum Überseehafen **Rostock**, wo unsere **Gedser**-Fähre am nächsten Morgen 9 Uhr startet, sind es nur 4 km Luftlinie von hier oder aber 13 km Straße, für die man aber höchstens 20 Minuten braucht.

Blick beim Frühstück voraus: Warnemünde

Wir haben bei ***Scandlines*** das ***Kombi-Ticket*** gebucht: **Fähre Rostock (D) - Gedser (DK) plus die Öresundbrücke** von Kopenhagen (DK) nach Mälmö (S). Der Vorteil gegenüber dem Kombi-Ticket mit Fähre Rostock (D) - Gedser (DK) plus Fähre Helsingør (DK) - Helsingborg (S): Kein Check-In und Wartezeiten an der Fähre, einfach von Dänemark auf der Autobahn nach Schweden rollen!

In Rostock wartet die **Hybrid-Ferry *„F/S Copenhagen“*** auf uns, ein modernes Schiff der besonderen Art mit einem 20 m hohen ***Rotorsegel***, das aussieht wie ein riesiges Ofenrohr. Dieses zylinderförmige Segel ist eine spezielle Art des ***Flettner-Rotors***, dessen Technologie auf dem ***Magnus-Effekt***

Das Schwesterschiff „F/S Berlin“

basiert: Wird ein rotierender Zylinder von Luft angeströmt, resultiert daraus ein Schub in 90 Grad-Richtung der Windrichtung. Da die Fähren **Rostock - Gedser** immer in Nord-Süd- bzw. in Süd-Nord-Richtung verkehren und der Wind meist aus West weht, kann man diesen Effekt ausnutzen und (je nach Wind) bis zu 5 % Treibstoff (und entsprechend Emissionen) einsparen. Ein interessanter Ansatz!

Mit dem Ticket für die Fähre bekommt man gleich noch den Strich-Code für die ***Öresundbrücke*** dazu, so dass das Passieren der Maut-Stelle ein Klacks ist: Blaue Spur, Ausdruck vor den Scanner halten, die Schranke hebt sich und weiter geht's!

Bis dahin haben wir aber noch etwa 150 km auf dänischen Autobahnen zu fahren inklusive der traditionellen Picknickpause auf der Insel ***Farø***. Daten siehe **Anreise 2**. Nach Tunnel und der spektakulären Riesen-Brücke geht es in Schweden im großen Bogen um **Malmö** herum und anschließend auf der **E6** an der Küste entlang nach **Göteborg**.

25 km
N
Örebro
29
Garphyttan NP
Lanna
28
Karlskoga
27
24
Kristine-
hamn
Degerfors
Sveafallen
26
25
Picassoskulptur
Hult
23
22
Gullspång
20
Vänern
B
Sjötorp
Lyrestad
21
Götakanal
19
Mariestad
18
17
Lugnås
16
11
Hällekis
Kinnekulle
Källandsö
Läckö
slott
Otterstad
Ullersund
Källby
Hindens rev NR
15
Lidköping
14
13
12
Örslösa
10
Halleberg
8
7
6
5
Vänersborg
Jagdmuseum
9
Hunneberg
Vargön
4
Trollhättan
3
Innovatum Insikten
1
2
Lilla Edet
P
Schleuse
Götaälv
Kungälv
Göteborg
TOUR 1a
1b
Gammelgård
37
Fågelsjö
38
Hamra NP
Tansjöborg
P
Sandsjön
Noppikoski
P
Oreälven
Tallhed
36
Gasfüll-Station
Orsa
Bärenpark
Mora
35
Nusnäs
Garsås
34
Siljan
Rättvik
Tällberg
33
Leksand
Insjön
Falun
Ornäs-
stugan
Ornäs
Borlänge
32
Torsång
Ludvika
Klenshyttan
31
Grängesberg
Hüttenruine
Kopparberg
Tingshuset
30
Lindesberg
25 km
Garphyttan NP
29
Lanna
Örebro

TOUR 1 (ca. 900 km)

Göteborg – Trollhättan – Vänersborg – Vänern Ostküste – Kopparberg – Borlänge – Mora

Stellplätze:	Trollhättan, Vänersborg, Halleberg/Hunneberg, Läckö slott, Svalnäs, Hindens rev, Lidköping, Kinnekulle, Mariestad, Lyrestad, Sjötorp, Gulspång, Hult, Kristinehamn, Sveafallen, Möckeln, Karlskoga, Garphyttan Nationalpark, Lindesberg, Klenshyttan, Uvbergsviken, Leksand, Nusnäs, Fågelsjö, Hamra Nationalpark.
Campingplätze:	Orsa, Tandsjöborg.
Baden:	Svalnäs, Hult, Möckeln, Karlskoga, Klenshyttan, Uvbergsviken, Fågelsjö.
Besichtigen:	Lilla Edet (Erste Schleuse Schwedens), Trollhättan (Museen, Schleusenanlagen), Hunneberg (Königliches Jagdmuseum), Göta Kanal bei Sjötorp, Kristinehamn (Picassoskulptur), Kopparberg (Tinghaus, Kirche, Holzstadt), Borlänge (Ornässtugan), Klenshyttan (Hüttenruinen), Mora (Stadtbild), Fågelsjö gammelgård.
Wandern:	Trollhättan (De Lavals promenad, Nils Ericsons promenad), Halleberg/Hunneberg, Kinnekulle mit Aussichtsturm, Naturreservat Sveafallen, Garphyttan Nationalpark, Hamra Nationalpark.

Wo beginnt eigentlich ***Nord-Schweden***? Auf gar keinen Fall in **Göteborg**, wo wir gerade auf der **E6/Oslo** an der neuen Holz-Achterbahn vom Vergnügungspark ***Liseberg*** vorbei fliegen. Legt man es einmal dogmatisch aus, ist ***Nord-Schweden*** überall dort, wo seit 25 Jahren der Klassiker des ***WOMO-Verlages***, ***„Mit dem Wohnmobil nach Süd-Schweden“***, nicht stattfindet. Rollen Sie also mit unserer „Geführten Anreise“ zielstrebig aber ohne Hast gen Norden, bei der wir den ***„Schulz“*** nur hier in **Göteborg** und später am ***Siljan*** berühren und somit den südlichen Landesteil WOMO-gemäß ergänzen. Dabei eignet sich **Göteborg**, das wir gerade auf der **E6/E45/Oslo** passieren und dann bei der **Abfahrt 75b** auf der **E45/ Karlstad** gen Norden auf dem ***Inlandsvägen*** verlassen, besonders gut. Hier kommen die nördlichsten und für die Schweden-Anfahrt aus dem deutschsprachigen Raum noch sinnvollen Fähren aus **Kiel** und **Frederikshavn** an, die ***Scand-lines***-Inselspringer haben die kurzwei-

lige und zudem nahezu der Luftlinie folgende Fähr-Kombi von **Rostock-Gedser+Helsingör-Helsingborg** genossen und treffen bei ihrer Anreise schon in Dänemark auf die Stammgäste der Vogelfluglinie **Puttgarten–Rødby**. Manche WOMO-Crew ist über Nacht von **MeckPomm** aus nach **Trelleborg** übergesetzt und nun auf der Piste nach Norden unterwegs und auch die **Storebælt/Öresund**-Brücken-/Tunnel-Nutzer, die wie wir in **Malmö** schwedischen Boden erreicht haben, sind eh schon mit uns auf Tour. Natürlich sind auch die treuen ***Schulz***-Leser des Süd-Schweden-Führers herzlich eingeladen, sich uns ab **Göteborg** auf neuer Route in den Norden anzuvertrauen und falls Sie, wie wir, gelegentlich den breiten ***Götaälv*** ***links*** der Straße sehen, dann haben Sie dies bereits getan. Am wasserreichsten Flusslauf Schwedens, auf dessen 93 km zwischen ***Vänern*** und ***Westküste*** vor fast 100 Jahren die ersten Wasserkraftwerke des Landes gebaut wurden, findet man reichlich Spuren von Industrie-Geschichte und Wasserbau. Nach genau 34 ***Inlandsvägen***-Kilometern verlassen wir jenen nach **links/Lilla Edet**, biegen nach 1000 m links ab, folgen nach 300 m der **167** nach rechts und nach 140 m dem Hinweis

Sveriges första sluss nach links. Nehmen Sie das Asphaltsträßchen links hinunter, pausieren entweder auf dem Picknickplatz rechts (N 58° 08‘ 03.8“ E 12° 07‘ 14.7“), auf dem man wohl auch übernachten könnte, oder parken entspannt hinter der Brücke links (N 58° 08' 01.7" E 12° 07' 17.7") und erkunden das Fluss-Gelände beim Kraftwerk zu Fuß. Wir erleben tatsächlich ***Lax hopping*** live, in der Nähe der Lachsleiter wird geduldig geangelt, und oben rechts der Zufahrt findet man neben alten Turbinen-Schaufeln ein kleines gemauertes Wasser-Becken: **die erste Schleuse Schwedens** mit kurzem Besichtigungs-Weg und Bänkchen.

Wir verlassen das Revier wieder an der Zufahrt, biegen nach links erneut auf die **167** und sind zurück auf der **E45**, dem ***Inlandsvägen*** nach **Trollhättan**, wo man nach 19 km durch eine Landschaft aus Feldern, Wiesen und waldbewachsenen Hügeln ankommt, um weitere Großtaten schwedischer Ingenieurskunst zu bewundern. Wir steuern direkt den Ausgangspunkt für eine nette Kurzwanderung um den städtischen Wasserkraft-/Wasserfall- Komplex herum an und folgen dazu beharrlich den Hinweisen zur ***Fall- och Slussområde***: beim Groß-Kreisverkehr nach links ins Stadt-Zentrum, dann geradeaus hinein, hinter der Kanal-Klapp-Brücke links und an der ***Oskarsbro*** vorbei zum ***Innovatum Insikten***. Hier gibt es nicht nur eine interaktive Ausstellung, sondern auch eine Broschüre zu den Stationen der ***De Lavals promenad*** sowie ein mittlerweile gut etabliertes **WOMO**-Quartier gleich nebenan.

(001) WOMO-Stellplatz: Oskarsbron

GPS: N 58° 16' 41.8" E 12° 16' 40.1". **Max. WOMOs**: 3-5.

Ausstattung: Feinschotter/Rasen, Müllbehälter.
Beschreibung: Besonderes Erlebnis: Die Fallzeiten!
Zufahrt: Von der Stadt kommend bei ***Insikten*** scharf nach rechts den ***Kraftverksvägen*** hinunter, nach 250 m rechts.

Wandertipp: De Lavals promenad (45 min)
Vom Stellplatz aus geht's die Treppen hoch zur Brücke und dort folgen wir dem gut ausgeschilderten Rundweg nach rechts. Nach einem kurzen Abstecher zur wunderschönen Backsteinkirche gehen wir am Kanal ent-

lang stadteinwärts und nehmen links die ***Strömkarlsbro*** über das Ende vom Stausee, die ein riesiger Granit-Kopf eines freundlichen Wassergeistes, dem ***Nöck*** namens ***Strömkarlen*** ziert. Drüben geht es den Hang hinauf und dann auf lauschigem Weg mit Treppchen nach links weiter, an dem einige Info-Tafeln auch auf deutsch Erklärungen geben. Unten gähnt das zumeist recht trockene Felsental, von einzelnen Kanzeln aus hat man die besten Aussichten und so erreicht man schließlich wieder die ***Oskarsbro*** mit dem Stellplatz auf der anderen Seite rechts unten, zu dem man gelangt, indem man die Brücke stadtseitig nach links verlässt und dann unter ihr hindurch geht.

Besonders spannend ist die Szenerie zu den „Fallzeiten" (2022: 15.6.-14.8. Mi-So 15 Uhr), wenn die Dammluken geöffnet werden und wie zu Urzeiten 300.000 Liter ***Götaälv***-Wasser pro Sekunde durch das alte Fluss-Bett donnern. Zu den ***Tagen des Wasserfalls***, einem Volksfest am dritten Juli-Wochenende, kann es dann schon mal richtig eng werden in dieser freundlichen Stadt.
Fährt man stadtauswärts noch ein Stück an den ***Insikten*** vorbei weiter den Hinweisen ***Slussarna*** nach, unterquert man eine Kabinenbahn (Insikten - Saab Museum) und landet schließlich am ***Kanalmuseum***. Das Umfeld ist an Sommerwochenenden gut besucht, denn hier gibt es neben Gastronomie und Geschichte auch Unterhaltung. Letztere in Form der immer wieder gerne gesehenen Schleusenzeremonie von Sportbooten, Ausflugsschiffchen und sogar Frachtern, die nur sehr knapp in die Schleusenkammer passen. Hier gönnen wir uns im ***Slusscafé*** einen obligatorischen Imbiss in Form von Shrimpsbrot und Kaffee und registrieren anbei kostenlose öffentliche Toiletten

mit Duschen. Am ersten Parkplatz und dem Busparkplatz vorbei gelangt man zu einem aufwändig gestalteten, wenn auch etwas engem WOMO-Quartier.

(002) Offizieller WOMO-Stellplatz: Trollhättan Alte Schleusen

GPS: N 58° 16' 05.2" E 12° 15' 39.1".
Max. WOMOs: 8.
Ausstattung: 8 terrassierte, mit Holzbohlen eingefasste WOMO-Buchten am Hang, nachts ruhig.
Beschreibung: Schullandheim anbei. Schöne Spazierwege in der Umgebung. **Zufahrt**: Siehe Text.

Das gepflegte Gelände bietet sich bestens zum Lustwandeln an. Auf der ***Nils Ericsons promenad*** kann man noch drei separate Schleusentreppen von 1800, 1844 und 1916 bewundern, es geht schließlich auf schmalem Pfad eine enge Schleusenschlucht hinauf, der zum schon erwähnten ***Slusscafé*** führt.

Jenseits der aktiven Schleuse – bei geschlossenen Toren dürfen Fußgänger und Radfahrer rüber – hat man mittlerweile den Parkplatz vor Jahren zu einem perfekt gestalteten WOMO-Quartier mit Schleusenblick umgebaut: ein Referenzprojekt! Entfernung: Zu Fuß nur ein paar Schritte, mit dem WOMO reichlich 5 km!

(003) Offizieller WOMO-Stellplatz: Trollhättan Neue Schleuse

GPS: N 58° 15' 55.1" E 12° 15' 59.2".
Max. WOMOs: 21.
Ausstattung: Ausreichend großzügig dimensionierte WOMO-Plätze auf Asphalt, Trinkwasser, Entsorgung, Strom.
Beschreibung: Hightech-Schrankenanlage, Gebühr 2022: 200 SEK/Nacht, zahlbar nur mit Kreditkarte am Automaten. Fußballplatz ganz in der Nähe, von dem man tagsüber gelegentlich etwas hört.
Zufahrt: Vom ***Kanalmuseum*** zurück Richtung Stadt, rechts über die Klapp-Brücke, dann dem Info-Zeichen nach rechts folgen, auf der Drottningsgatan und dem Åkersjövägen weiter, am ***Saab-Museum*** vorbei, dann in Wassernähe bleiben und final links hoch zum Stellplatz.

Nun zieht es uns aber weiter, wir nehmen die selbe Strecke zurück zur **E45** und fahren auf dieser Richtung **Karlstad**. Wer sich für einen Abstecher nach **Vänersborg** interessiert, folgt beim großen Kreisverkehr den entsprechenden Hinweisen nach links, findet an der städtischen Marina einen gut ausgestatteten WOMO-Stellplatz und stößt in **Vargön** wieder zu uns.

(004) Offizieller WOMO-Stellplatz: Vänersborg Marina

GPS: N 58° 22‘ 38.8“ E 12° 18‘ 59.6“. **Max. WOMOs**: 16.

Ausstattung: 16 Plätze auf Asphalt vor der Marina, Müllbehälter, Trinkwasser und Entsorgung, Duschen, Kajak-Vermietung.

Beschreibung: Gebühr 2022: 250 SEK/Nacht, Strom 40 SEK, zahlbar in der Marina-Rezeption mit Laden für Bootsbedarf. Zentrumsnah, Vänernpark anbei, Bahnhof in der Nähe.

Zufahrt: Der **E45/Karlstad** und dann den Hinweisen nach **Vänersborg Centrum** und schließlich den WOMO-Hinweisen Richtung Wasser folgen.

Wir bleiben am besagten Kreisverkehr geradeaus, fahren rechts am Flugplatz vorbei und halten uns dann strikt Richtung **Vargön**. Dort bleiben wir beim Kreisverkehr geradeaus (**Hunneberg** kommt morgen dran), folgen weiter der Richtung **Halleberg**, werden nach 100 m rechts durch ein Wohngebiet geführt, um 800 m später links (Eisenbahnunterführung 3,40 m!) und anschließendem Links-/Rechts-Haken den ***Halleberg***, das sagenumwobene Elch-Plateau zu erklimmen, wobei es recht steil durch Wald und Schlucht hinauf geht (Caravans verboten!). Dies hier ist schon seit dem 16. Jahrhundert das traditionelle Jagdrevier des Königshauses und für die Touristen ein beliebtes Ziel für die abendliche ***Elch-Safari***. Vor vielen Jahren sind wir abends mit einem Nostalgie-Ausflugsbus von **Vänersborg** aus schon einmal hier oben gewesen. Elche haben wir damals nicht gesehen, aber es gab ein schönes Picknick und wir **WOMO**-Neulinge haben gestaunt, dass einige Gleichgesinnte hier oben offenbar einfach so über Nacht standen. Den Bus haben wir heute Abend nicht gesehen und hatten am finalen Parkplatz eine einsame, totenstille, wenn auch ebenso Elch-lose Nacht.

(005) WOMO-Wanderparkplatz: Halleberg 1

GPS: N 58° 21‘ 30.8“ E 12° 25‘ 37.1“. **Max. WOMOs**: 2-3.
Ausstattung: Asphalt-Parkplatz, Info-Tafel gegenüber.
Beschreibung: Wanderwege, außerorts, einsam.
Zufahrt: Siehe Text, 400 m nach dem Willkommensschild ***„Ekopark ...“*** rechts.

(006) WOMO-Wanderparkplatz: Halleberg 2

GPS: N 58° 22‘ 40.6“ E 12° 26‘ 21.4“. **Max. WOMOs**: 1-2.

Ausstattung: Asphalt-Parkplatz, aktuell ohne weitere Ausstattung.
Beschreibung: Kurzer Weg zum Fiskekort-pflichtigen Angelsee ***Hallsjön***, 3 „Hinkelsteine“ (Kungastenarna). Außerorts, einsam.
Zufahrt: 2,5 km nach Halleberg 1 rechts.

(007) WOMO-Wanderparkplatz: Halleberg 3

GPS: N 58° 23‘ 40.5“ E 12° 27‘ 47.4“. **Max. WOMOs**: 1-2.

Ausstattung: Asphalt-Parkplatz mit Grünrand am Ekebacken, Picknickbänke anbei, Info-Tafel, ziemlich marodes Trockenklo im Hain.
Beschreibung: 200 m Fußweg zur grandiosen Aussicht auf den Vänern, außerorts, einsam.
Zufahrt: 300 m nach dem Linksknick der Straße rechts rein („Utsikten, Ekebacken“), nach 600 m Parkplatz rechts.

(008) WOMO-Wanderparkplatz: Halleberg 4

GPS: N 58° 23‘ 45.9“ E 12° 27‘ 19.3“.
Max. WOMOs: 2-3.
Ausstattung: Asphalt-Parkplatz, Info-Tafeln.
Beschreibung: Wanderwege, außerorts, einsam.
Zufahrt: 350 m hinter dem Abzweig nach **Halleberg 3.**

Wander-Tipp: Zum Predikstolen und zurück (3,5 km/1,5 h)
Vom Parkplatz **(008)** aus geht es zunächst sehr komfortabel 200 m auf geschottertem Weg geradeaus hinein, dann nehmen wir den Weg nach links und registrieren: 1,5 km zum Predikstolen. Der wildromantische Weg führt durch einen Märchenwald: alte Bäume, bemooste Felsen, und ringsum raschelt es geheimnisvoll. Der nächste Wegweiser zeigt nach rechts, auf steinigem Pfad geht es hinauf, dann auf Bohlen über Modderstellen, und schließlich folgen wir dem Pfeil nach rechts auf den Wurzelpfad durch den Wald. Dann naschen wir ausgiebig von den Himbeerbüschen, gehen noch ein Stück hinab, um uns am Ziel die schönsten Aussichts-Punkte an der Steilküste zu erkraxeln. Da liegt er uns nun zu Füßen, der riesige ***Vänern***, der größte See der ***Europäischen Union***. Man kann sich kaum satt sehen. In weiter Ferne schiebt sich ein ausgewachsener Frachter durch den Morgendunst, wir nehmen den gleichen Weg zurück und empfehlen diese Tour wärmstens.

Die Zentrale dieses Königlichen Jagdreviers findet man jedoch auf dem ***Hunneberg*** gegenüber, wir fahren unseren Abstecher also zurück, passieren die Bahnunterführung (Achtung! Ramps!) biegen links ab, stoßen nach 300 m auf die Hauptstraße, von der wir direkt anschließend der Ausschilderung nach rechts folgen und 2 km später auf den Parkplatz vom ***Älgens Berg*** landen. Ein Besuch im besonders liebevoll und lehrreich gestalteten **Königlichen Jagdmuseum/*Kungajaktmuseum*** (Juni-August tgl. 10-18 Uhr, sonst Montag geschlossen und verkürzt, deutsche Infos, viel Eintritt) lohnt sich auf jeden Fall, man kann sich aber auch diesem oder jenem der 11 (elf!) beschriebenen Wanderwege zuwenden, sich für die altersgerechte Spazierrunde namens ***Promenadväg*** (1,8 km) entscheiden oder sich im stilvollen ***Spiskupan*** (tgl. 11-16 Uhr) dem leckeren Lunch-Büfett, dem beliebten ***Dagens rätt***, hingeben.

(009) WOMO-Wanderparkplatz: Älgens Berg

GPS: N 58° 20‘ 41.7“ E 12° 25‘ 56.2“. **Max. WOMOs**: >10.
Ausstattung: Deutlich vergrößerte Feinschotter-Parkplätze mit Abteilungen und grünem Rand, Picknickbank.
Beschreibung: In der Nähe Museum und Gastronomie, Info-Tafel zum Wanderwege-Netz. Zuletzt gut besuchter WOMO-Treff.
Zufahrt: Siehe Text.

Wieder unten an der Straße geht unsere Reise nach rechts weiter (LKW-Verbot!), nach 300 m kann man links einen Steinkreis (***Domarring***) sehen, dann erheben sich links die imposanten Felsen vom ***Halleberg*** und schon entern wir die **44/Lidköping/ Mariestad**, eine prächtig ausgebaute Rennpiste durch Getreidefelder und registrieren unterwegs rechts einen Rastplatz mit Düsenjäger. Wir möchten Sie zu einem Ausflug zur ***Vänern***-Insel ***Kållandsö*** mitnehmen, einem beliebten Urlaubsziel mit landschaftlichen Reizen und einem weißen Schloss am See. Insel? Keine Angst! Keine Fähre, nur ein winziges Brückchen. Wer in **Lidköping** noch ein WOMO-Plätzchen sucht, fährt in die Stadt hinein und findet etwas Passendes an der örtlichen Marina [**010**: N 58° 30‘ 45.6“ E 13° 09‘ 22.8“], die anderen kommen mit uns und nehmen am Riesen-Kreisverkehr die Ringstraße nach links und folgen anschließend beharrlich den Hinweisen zum ***Läckö slott***, dem touristischen Highlight dieser Gegend. Auf kurvenreicher, gelegentlich etwas rumpliger Straße schnüren wir unserem Ziel entge-gen, durchqueren kleine Ortschaften, es geht rauf und runter und in **Ullersund** dann über besagtes Brückchen auf die finale Insel.
Wir passieren **Otterstad**, sehen dort eine helle Steinkirche, sind aber auch gleich am Ziel, wo wir den Hinweisen nach links folgen und sogleich reichlich weißes Blech sehen: einen ziemlich üppig dimensionierten WOMO-Hafen.

(011) Offizieller WOMO-Stellplatz: Läckö slott

GPS: N 58° 40‘ 19.2“ E 13° 12‘ 48.0“. **Max. WOMOs**: ca 50.
Ausstattung: Großer, unterteilter Feinschotter-Parkplatz, WC in der Nähe, Müllbehälter, Trinkwasser und Entsorgung in der Nähe vor dem Campingplatz, und zwar hier: N 58° 40‘ 28.6“ E 13° 12‘ 43.7“.
Beschreibung: Gebühr 2022: Tag 50 SEK, Nacht 140 SEK, zahlbar am Automaten mit Kreditkarte oder über EasyPark. Schönes Gelände rund um das ***Läckö slott*** mit ***Naturum***, Gastronomie und Bademöglichkeiten.
Zufahrt: Siehe Text.

Das Barockschloss **Läckö slott** (2022:11.6.-28.8. tgl. 10-18 Uhr, Eintritt, lackoslott.se) aus dem 17. Jahrhundert thront majestätisch auf der Anhöhe einer Felsen-Landzunge über dem Vänern, im Umfeld kann man entspannt flanieren, im **Naturum** auch gut speisen und im Sommer auf einem Wikingerschiff (sigrid.se) mitfahren.
Ihnen steht der Sinn nach richtigem Badestrand? Dann kommen Sie mit nach **Svalnäs**, aber folgen Sie nicht Ihrem Navi zum nächsten Ziel, sondern fahren erstmal bis **Tölsjö** zurück, nehmen anschließend die Touristenstraße (Blümchen) westwärts und folgen in **Örslösa** den Hinweisen nach rechts.

(012-014) WOMO-Badeplätze: Svalnäs

(012) Svalnäs 1
GPS: N 58° 33‘ 36.1“ E 12° 56‘ 36.5“. **Max. WOMOs**: >5.
Ausstattung: Geräumiger Schotterparkplatz in 3 Abteilungen mit Waldrand, großer Sandstrand am Vänern, WC, Müllbehälter, Picknickbänke, Grillstellen, Spielplatz und Sommer-Kiosk anbei.
Beschreibung: Dieser Parkplatz ist der nächstgelegene zum Strand. In Spitzenzeiten ggf. auf die nachfolgenden beiden ausweichen. Außerorts, aber meist nicht einsam.
Zufahrt: Siehe Text. Am Ende nicht rechts abbiegen, sondern geradeaus bleiben, dann noch 300 m zum Ziel.

(013) Svalnäs 2
GPS: N 58° 33‘ 41.8“ E 12° 56‘ 52.7“. **Max. WOMOs**: 3-5.
Ausstattung: Schotterparkplatz im Wald, Info-Schild, Müllbehälter.
Beschreibung: Etwas weiter zum Strand (400 m), einsam.
Zufahrt: Von **Svalnäs 1** wieder 300 m zurück, dann dem „P“-Symbol nach links folgen, noch 100 m zum Ziel links.

(014) Svalnäs 3
GPS: N 58° 33‘ 42.7“ E 12° 57‘ 02.0“. **Max. WOMOs**: >10.
Ausstattung: Geräumiger Schotterparkplatz in 3 Abteilungen mit Waldrand, Info-Tafel.
Beschreibung: Noch etwas weiter zum Strand (ca. 600 m), einsam.
Zufahrt: An der Ausfahrtstraße links, 150 m ab **Svalnäs 2**.

Wer jetzt wieder Lust zum Wandern verspürt, kann das ganz in der Nähe ausleben. Wir fahren zum Ausgangspunkt für Erkundungsgänge zum ***Hindens rev***, einem außergewöhnlichen Naturgebilde, einem schmalen, recht langen Riff im ***Vänern***.

(015) WOMO-Wanderparkplatz: Hindens rev
GPS: N 58° 34‘ 22.4“ E 12° 54‘ 51.7“. **Max. WOMOs**: >5.
Ausstattung: Schotterparkplatz im Wald, Wanderkarte, Müllbehälter.
Beschreibung: Die Wanderung zur Spitze vom ***Hindens rev Naturreservat*** wird mit 5 km angegeben. Nach 20 min wird es allerdings mühsam, da der Weg ziemlich zugewachsen ist.
Zufahrt: Auf der Ausfahrtstraße von **Svalnäs 3** hinausfahren, nach 200 m links abbiegen, dann noch 2,7 km auf z.T. schmaler Schotterpiste zum Ziel. Achtung! Ramps bei den Wohnhäusern.

Nun geht es über **Örslösa** zurück zur Ringstraße, die wir schon kennen, und dann auf die **44** Richtung **Mariestad**. Kurz hinter **Lidköping** verlassen wir die **44** nach **links/Källby**, denn wir sind unersättlich nach Aussichtspunkten und wollen uns beim Tafelberg ***Kinnekulle***, der kürzlich zum UNESCO Biosphärenreservat gekürt wurde, nach solchen umschauen. Die schöne Kirche von **Västerplana** interessiert uns heute nicht, auch an jener in **Medelplana** fahren wir vorbei, registrieren einen schiefen Wanderparkplatz rechts und 1,4 km danach einen Aussichtsparkplatz bei einem Café links, der zu den schönsten in dieser Gegend zählt.

(016) WOMO-Picknickplatz: Vänernblick

GPS: N 58° 37‘ 07.2“ E 13° 24‘ 07.3“. **Max. WOMOs**: 3-5.

Ausstattung: Feinschotter-Parkplatz mit Wiesenrand, Info-Tafel, Picknickbänke, Müllbehälter, Trockenklo, spektakuläre Aussicht auf den Vänern, Café anbei.
Beschreibung: Gebühr 2022: 100 SEK, aber als freiwillige Abgabe. Zelten und Caravans verboten. **Zufahrt**: Siehe Text.

Doch gleich kommt es noch besser! Der weitere Straßenverlauf vollführt einen Rechtsbogen und wir folgen nach rechts dem Hinweis **Kinnekulle/Utsiktstorn**, jetzt geht es bergauf. Nach exakt 3 km erreichen wir den Parkplatz vom ***„Kinnekullegården“***, wandern die 900 m mit Treppchen zum roten Holz-Turm hinauf (Hauptsaison 11-18 Uhr, sonst verkürzt, wenig Eintritt) und genießen das unglaubliche Panorama mit ***Vänern***.

Wir fahren den Stich Richtung See wieder hinunter, sind ganz betört vom herrlichen Ausblick und nehmen die querende Straße nach rechts. In **Hällekis** hat man einen WOMO-Stellplatz an der Marina eingerichtet [**017:** N 58° 37‘ 54.1“ E 13° 26‘ 26.7“] und auf unserer Tourstrecke folgen nun die herausgeputzten Örtchen **Gössäter**, **Forshem**

und **Österäng**, wo es dann nach **Årnäs** weiter geht. Vom folgenden Parkplatz **[018:** N 58° 40‘ 21.6“ E 13° 35‘ 34.3“] aus kann man auf 1 km markiertem Pfad zu den Grundmauern der uralten Burgruine ***Arnäs*** wandern. Die rumplige Straße wird nun etwas besser und nach der Gleisquerung in **Lugnås** biegen wir auf die prächtig ausgebaute **E20** nach **Mariestad**, wo man an der städtischen Marina ein beispielhaftes WOMO-Areal gestaltet hat.

(019) Offizieller WOMO-Stellplatz: Mariestad Marina

GPS: N 58°43‘00.4“ E13° 49‘12.0“. **Max. WOMOs**: > 50.

Ausstattung: Mehrere Areale in der Marina sind als WOMO-Plätze ausgewiesen. Der zentrale Platz ist ein in Abteilungen abgetrennter Asphaltparkplatz mit Entsorgungsstation, Trinkwasser, WC, Duschen und Strom.
Beschreibung: Maximale Aufenthaltsdauer 3 Tage. Gebühr 2022: 190 SEK ohne, 220 SEK mit Strom, zahlbar am Automaten mit Kreditkarte. Stadtpark mit Spielplatz, Altstadt mit Domkirche und Gastronomie anbei. Gelegentlich herrscht hier lebendiges Treiben.
Zufahrt: Siehe Text.

Wer sich nicht für **Mariestad** interessiert, bleibt auf der **E20/ Stockholm** und verlässt diese nach 15 km in Richtung **Lyrestad**, denn auch dieser kuschlige Ort hat etwas für WOMO-Urlauber zu bieten.

(020) Offizieller WOMO-Stellplatz: Lyrestad Gästehamn

GPS: N 58° 48‘ 12.8“ E 14° 03‘ 21.1“. **Max. WOMOs**: 25.

Ausstattung: Kassetten-Entleerung, Trinkwasser und Strom, Picknickbänke, Minigolf. Schlüssel für WC, Dusche und Küche gegen Kaution. ***Daisys Retro-Café*** und Radwege anbei.
Beschreibung: Schöne Wiesen-Plätze direkt am **Göta Kanal**. Gebühr 2022: 200 SEK ohne, 225 SEK mit Strom, nur Barzahlung, Kassierer kommt auf den Platz. Die nahe Bahnlinie wie auch die **E20** sind gut zu hören.
Zufahrt: Siehe Text, hinter der Klapp-Brücke links.

Auf schmaler Straße rollen wir seewärts zur Rennpiste **26**, queren diese mit einem links/rechts-Haken und fahren nach

Sjötorp, dem heimlichen Star unter den Besuchermagneten am ***Göta Kanal***. Im Örtchen verteilt werden inzwischen einige WOMO-Plätze angeboten, wir rollen sachte über die Hebebrücke und erfreuen uns an einem puppigen Ensemble aus Museum, Schleuse, Gastronomie, Fischräucherei, Marina und beliebtem wie gut besuchtem **WOMO**-Stellplatz.

(021) Offizieller WOMO-Stellplatz: Sjötorp

GPS: N 58° 50' 13.6" E 13° 58' 42.9".
Max. WOMOs: >10 .
Ausstattung: Trinkwasser bei der Marina, Läden, Gastronomie, Schleuse, Museum, Minigolf. Gebühr 2022: 225 SEK inkl. Strom, Duschen und Toiletten, zu bezahlen im ***Café Baltzar***.
Beschreibung: Stellplätze ziemlich direkt am Kanal. Inzwischen ist der Platz geordnet, es gibt durchnummerierte, aber recht enge „Parzellen".
Zufahrt: 800 m nach Ortseingang hinter der Hebe-Brücke links hinunter, vor der Marina links.

Der Göta Kanal

Hier in **Sjötorp** steht man an der letzten Schleuse vom **Göta Kanal**, der sein Ziel, den **Vänern**, erreicht hat. Wenn man sich einmal die Dimension dieses „Schwedischen Bauwerks des Jahrtausends" (190 km Länge mit insgesamt 58 Schleusen) verdeutlicht, nötigt das schon gewaltig Respekt ab. Dies ist ein gutes Beispiel dafür, wie hinreichend Frust echte Innovationen hervorbringen kann. Die ersten Ideen für den Kanal stammen bereits aus dem 16. Jahrhundert, denn die damalige Großmacht Dänemark kassierte reichlich Zoll am ***Öresund*** und verweigerte in Kriegszeiten die Passage auch schon mal komplett, was den Handel der Schweden erheblich behinderte. 1810 war der Kanal-Bau endlich beschlossen, 22 Jahre später war er fertig und förderte nebenbei auch noch die industrielle Entwicklung Schwedens, denn es entstanden viele Fabriken und Schmieden am Kanal. Heute ist er vor allem das Revier der Freizeit-Kapitäne und Nostalgie-Dampfer, aber auch **WOMO**-Urlauber können sich regelmäßig an den Schleusen-Prozeduren erfreuen, denn einige der Gasthäfen entlang des Kanals bieten wie hier in **Sjötorp** gegen Gebühr Stellplätze an.

Wenn man der Straße weiter folgt, trifft man nach 2,3 km wieder auf die **26/Mora**, der ***Vänern*** schimmert links durch den Hochwald und man kann bei Bedarf in **Askeviksbadet** oder

5 km danach in **Storön/Barfoten** eine Badepause einlegen. Für einen kürzeren Aufenthalt etwas abseits vom ***Vänern*** bietet sich 5 km später der ausgeschilderte Picknickplatz und **WOMO**-Treff in **Gullspång** an, doch echte **Vänern**-Freunde kommen mit zu unserem Lieblings-Badeplatz nach **Hult**, zu dem es 22 km danach links abgeht.

(022) Offizieller WOMO-Stellplatz: Göta Holme

GPS: N 58° 59' 16.0" E 14° 05' 46.9". **Max. WOMOs**: >10.

Ausstattung: Feinschotter und Wiese, Wasserhahn, Container mit WC und Dusche, Kassettenentleerung, schöner Spielplatz, Sportplatz, Picknickpavillons und -bänke, Müllbehälter. Platz grenzt an einen Seearm.

Beschreibung: Geöffnet 1.5.-30.9. Maximaler Aufenthalt 3 Tage, Gebühr 2022: 160 SEK/Nacht, zahlbar im ICA-Supermarkt beim Abzweig. Straße hörbar. Warum ist dieser ausgesprochen gepflegte und gut ausgestattete Platz zuletzt so leer? Wer weiß was?

Zufahrt: Im Ort nach rechts zum Centrum, nach 300 m, gegenüber dem ICA links abbiegen.

(023) Offizieller WOMO-Badeplatz: Hult

GPS: N 59° 12' 35.5" E 14° 04' 14.3". **Max. WOMOs**: 10.

Ausstattung: Café, Spielplatz, Bolzplatz, Badesteg, Sandstrand, Müllbehälter, Grillstellen, Picknickbänke, Trinkwasser, wildromantische Steinküste, sehr gepflegter Platz.

Beschreibung: Gebühr 2022: 150 SEK inkl. Strom, 50 SEK bei Nutzung von Dusche und WC, zu entrichten im Café (Bar oder Karte) oder man ruft Bertil/Inger (Bar) an. Maximaler Aufenthalt 48 Stunden. Keine Caravans! Der Platz gehört der Schwedischen Ökumene-Kirche. In der Hochsaison und dann speziell an Wochenenden finden gut besuchte Veranstaltungen statt, so dass es auf dem Platz auch mal eng werden kann. Da es sich hier (auch) um eine öffentliche Badestelle handelt, kann es bei schönem Wetter tagsüber lebhaft zugehen. Anreise gegen Mittag wird empfohlen.

Zufahrt: Insgesamt 8,4 km vom Abzweig: Ab 500 m nach dem Abzweig fährt man „Naturstraße“, 5,8 km später rechts abbiegen, kurz danach der Ort **Hult**, nach 300 m quert man die Straße, nach weiteren 700 m „P Badet“ nach links und dann „Parkering“ nach rechts folgen.

Eigentlich geht unsere Tour Richtung **Degerfors** weiter, doch ein kleiner Abstecher nach **Kristinehamn** muss drin sein. Zunächst also 700 m zurück zur Ortskreuzung, ab hier dann auf Asphalt links weg nach **Kristinehamn**, wir erreichen nach 9,8 km passabler Straße die **26** und folgen im schmucken Städtchen strikt den braunen Schildern zur ***Picassoskulptur***, denn genau da wollen wir hin. Wer allerdings gerade eine WOMO-Bleibe sucht, der findet sie etwas versteckt schon auf dem Weg dahin im Gästehafen von **Kristinehamn**, nur 400 m abseits der Tourstrecke, gleich hinter der Flussbrücke links.

(024) Offizieller WOMO-Stellplatz: Kristinehamn Hafen

GPS: N 59° 18‘ 38.6“ E 14° 05‘ 43.6“. **Max. WOMOs**: >10.

Ausstattung: Husbil-Platz im Gästehafen. Gebühr 2022: 225 SEK, mit Strom 300 SEK, schöne Lage, Dusche, Wasser, Bodeneinlass für Abwasser, Kassetten-Entleerung, Waschmaschine + Trockner, Müllbehälter, Spielplatz, Minigolf, freies WLAN, Rezeption mit Getränken, Snacks und Frühstücksbrötchen, Thai-Restaurant und Supermarkt in der Nähe. Gelegentlich Grill-Event mit Musik. Der Platz wurde zuletzt um ein Areal in Straßennähe erweitert und ist in der Saison sehr gut besucht. Tommy spricht deutsch. Infos/Reservierung: kristinehamnsgasthamn.se

Beschreibung: Plätze sind ziemlich eng beieinander. Die Geräusche dieser lebendigen Stadt hört man auch auf dem Stellplatz. Sehr gut ausgestatteter Platz mit einem umtriebigen Gastgeber.

Zufahrt: Über die Flussbrücke, gegenüber LIDL links rein.

Das letzte Stück Straße zum imposanten Kunstwerk führt malerisch direkt am Wasser entlang, man fährt an gepflegten Gründstücken und einer schier endlosen Galerie von Sportboothäfen und Yachtclubs entlang (Achtung! Ramps!). Das finale Areal wurde freundlicherweise um einen neu gestalteten Parkplatz ergänzt, so folgen wir nach links den Hinweisen „Picassoskulptur P" und notieren am Ziel einen neuen Übernachtungsplatz, der aber nur dezent genutzt werden sollte.

(025) WOMO-Stellplatz: Picassoskulptur

GPS: N 59°16'31.3" E 14°03'13.8".
Max. WOMOs: 2-3.
Ausstattung: Schotterparkplatz mit 2 Abteilungen, Müllbehälter, Café und Schärengarten anbei.
Beschreibung: 200 m zur Picassoskulptur, dort Badestelle und Picknickgelände. **Zufahrt**: Siehe Text.

So schlendern wir am Café vorbei und stehen vor dieser unglaublichen ***Picassoskulptur*** aus Naturbeton, die nach langwierigen Planungen nun seit 1965 hier am Strand steht und mit ihren 15 m Höhe das größte existierende Werk des Künstlers weltweit repräsentiert.
Von der Kunst der Menschen wenden wir uns nun wieder den Wundern der Natur zu, rollen zunächst auf der **26/Mariestad** aus der Stadt raus und biegen 5,9 km nach dem „Schiffsschrauben-Kreisverkehr" nach **links/Degerfors** ab, wo wir den Hinweisen zu ***Sveafallen***, einem kleinen, aber hochinteressanten Wandergebiet folgen. Vor der finalen Unterführung, die kaum für ein **WOMO** passierbar ist (2,50 m Höhe) gibt es einen Spezialweg („Berget Bus"), über den große Autos das

Besucherzentrum (kulturcentrumberget.com) erreichen können. Hier gibt es neben ***Sveafallen***-Infos (Faltblätter auch in deutsch) freundliche Cafés, kleine Lädchen, schwedisches Flair, Spielplätze und ein paar eingezäunte Tiere. Überquert man die Gleise auf zurück erneut, fährt nach links an der Unterführung vorbei und noch 1,4 km auf der Straße neben dem Eisenwerk weiter zum Parkplatz im Grünen links.

(026) WOMO-Wanderparkplatz: Sveafallen

GPS: N 59° 12‘ 59.0“ E 14° 25‘ 38.5“. **Max. WOMOs**: 1-2.
Ausstattung: Feinschotter-Parkplatz mit Info-Tafel zum Wanderwegenetz.
Beschreibung: Sehr einsam. **Zufahrt**: Siehe Text.

Wandertipp: Naturreservat Sveafallen
In diesem überschaubaren und dennoch unübersichtlichen Terrain kann man auf einigen (markierten) Wegen grandiose, von der letzten Eiszeit geprägte Natur von urwüchsiger Schönheit bestaunen. Der Clou sind neben der bizarren Wegführung und den riesigen Felsbrocken die vielen beeindruckenden **Gletschermühlen/*Jättegrytor***, kreisrunde und oft sehr tiefe Löcher im Fels, die von rotierenden Steinen im Strudel des ablaufenden Gletscherwassers „gemahlen“ wurden. Ein wirklich wunderschönes Areal, wo man richtig ins Träumen geraten kann, wären da nicht diese nervenden Arbeitsgeräusche des nahen Eisenwerkes.

Tipp: Unser letzter Besuch fiel auf das Mittsommerwochenende, da war arbeitsfrei, aber auch sonst im Land alles zu. Im **Sveafallen** herrschte jedenfalls Totenstille: Optimal!
Festes Schuhwerk tragen!

Weiter geht’s zu unserem nächsten Ziel, dem **Garphyttan Nationalpark**. Dazu kehren wir zur Hauptstraße in **Degerfors** zurück, halten uns dort kurz rechts, hinter der Eisenbahnbrücke **links/205/Knutsbol** und gondeln schließlich am Ostufer des ***Möckeln*** entlang, der 5 km nach dem letzten Abzweig sogar eine feine Badestelle mit Steg und Sandstrand nebst halbwegs passablen WOMO-Schlafplatz zu bieten hat [**027**: N 59° 15‘ 56.5“ E 14° 28‘ 42.0“]. Nur noch 8 km am ***Möckeln*** entlang, dann erreichen wir **Karlskoga**. In der Geburtsstadt von ***Alfred Nobel*** – selbstverständlich gibt es hier auch ein entsprechendes Museum – hat man nahe der städtischen Feuerwache einen schönen WOMO-Hafen geschaffen. Um bei ***Nobel*** zu bleiben: Der Knaller! Der 5-km-Abstecher lohnt sich.

(028) Offizieller WOMO-Stellplatz: Karlskoga

GPS: N 59° 19‘ 16.8“ E 14° 32‘ 09.7“. **Max. WOMOs**: 17.

Ausstattung: 17 Asphalt-/Wiesen-Plätze mit Seeblick, WC, Dusche, Trinkwasser, Entsorgung, Müllbehälter, Picknickbänke, Bootseinsetzstelle, Bademöglichkeit, Spielplatz und Skaterbahn anbei.
Beschreibung: Maximaler Aufenthalt 48 Stunden, Gebühr 2022: 200 SEK, zahlbar am Kassenautomaten mit Karte.
Zufahrt: Auf der **E18** Richtung Centrum, nach 4 km rechts abfahren, dann rechts und anschließend nach links den Hinweisen folgen.

Wer **Karslkoga** auslassen möchte, nimmt die Auffahrt zur **E18/ Örebro/Stockholm** (**Achtung:** Sehr kurze Beschleunigungs-spur!) und kann diese Rennpiste nach 6,5 km gleich wieder verlassen, um im ***„Lake Lodge“*** (N 59° 17‘ 18.9“ E 14° 40‘ 48.7“) einen gepflegten Lunch-Stopp einzulegen. Die offerierten WOMO-Bezahl-Stellplätze am See, direkt unterhalb der **E18** gelegen, möchte man hingegen echt nicht testen, oder?
Nun sind es nur noch 10 **E18**-Kilometer bis zu der Abfahrt, die uns zur nächsten Station führt, den Parkplatz vom **Garphyttan Nationalpark**, den wir nach 4,7 km zumeist brauchbarer Schotterpiste erreichen. Dies ist der Ausgangspunkt für unspektakuläre, aber komplett entspannte Wanderwege durch eine alte, blühende Kulturlandschaft aus Wald und Wiesen, die sogar einen Aussichtsberg zu bieten hat.

(029) WOMO-Wanderparkplatz: Garphyttan NP

GPS: N 59° 16‘ 42.8“ E 14° 52‘ 59.6“. **Max. WOMOs**: 2-3.
Ausstattung: Schön gestalteter Parkplatz mit grüner Umrandung am Hochwald, 2 neue Trocken-Klos, Picknickbänke, Grillstelle mit Feuerholz, Müllbehälter, Info-Tafel mit Wanderkarte, sehr ruhig und recht einsam.
Beschreibung: Der Parkplatz wurde im Sommer 2022 frisch begradigt und befestigt. Sehr gepflegte Anlage.
Zufahrt: **E18-Abfahrt Nr. 106** runter, dann rechts und unter der Autobahn hindurch, dann nach links den Hinweisen folgen.

Wandertipp: Garphyttan Nationalpark

Dieser Nationalpark ist einer der ältesten in Schweden. Bei der Gründung im Jahre 1909 ging man davon aus, dass sich die Wiesenblumenlandschaft ohne menschliche Eingriffe entwickeln und erhalten würde. Als dann alles zugewachsen war und die Wiesen-Flora verschwand, hat

man erkannt, dass man für diese blühenden Wiesen bäuerliche Nutzung samt Weidewirtschaft braucht. Der Garphyttan Nationalpark, der hauptsächlich aus den ehemaligen Ländereien des Hüttenbauernhofes **Östra Gården** besteht, wird heute also immer noch auf traditionelle Weise bewirtschaftet und die Wiesen werden alljährlich gemäht.

Nach dem Studium der Übersichtskarte, auf der die 4 Rundwanderwege (0,6 bis 3 km) eingezeichnet sind, kann es losgehen. Da auch die Markierung unterwegs perfekt ist, kann sich niemand verlaufen. Wir wählen die Senioren-gerechte Runde namens „Torpstigen" (Markierung: Oranges Haus, 2,4 km), die uns erst einmal auf breitem Schotterweg leicht bergan durch den Wald führt. Wir laufen unsere Runde im Uhrzeigersinn, finden und naschen auch gleich Walderdbeeren, die herrlich süß und aromatisch schmecken. Immer wieder findet man interessante Info-Tafeln und Pausenbänke. Für uns geht es jetzt auf einem schmalen Wurzelpfad durch den Wald weiter,

wo uns üppige Blaubeervorkommen zum Verweilen zwingen. Schließlich queren wir eine große Wiese und folgen dem Hinweis „Östra Gården 0,8" und sind nun geradezu entzückt von der wunderbaren Wildblumenwiese in den Hauptfarben lila und weiß, mit wilden Margeriten, Kornblumen und Glockenblumen. Hier kann man prima entschleunigen. Die reinste Mental-Kur! Nun ist es nicht mehr weit zum Parkplatz, wo wir uns wie jedes Mal fest vornehmen, beim nächsten Besuch hier länger zu verweilen.

Zurück zur **E18** wählen wir eine andere Route, setzen die Reise auf dem Schottersträßchen nach links fort, rollen durch schöne Kulturlandschaft mit roten Häusern, halten uns nach

1,4 km links, haben nun auch wieder Asphalt unter den Reifen und biegen 300 m danach rechts ab („Lanna 4“). Wir queren Pferdeland und landen schließlich wieder auf der **E18**, auf der wir Richtung **Örebro** weiterdüsen. Beim „Tiefflug“ auf der Autobahn durch diese Stadt erfreut uns ein hübsch kunterbunt angemaltes Kraftwerk, bevor wir uns der **50/Falun** zuwenden. Nun geht es nordwärts quer durch das Bergbau- und Hüttengebiet ***Schwedens***. Da Traditionspflege hierzulande groß geschrieben wird, begegnen dem Besucher auf Schritt und Tritt Museen, Ruinen und Gruben, die meist sehr liebevoll restauriert, sorgsam gepflegt und hingebungsvoll präsentiert werden, denn es geht schließlich um die Erinnerung an einen ausgesprochen wichtigen Zweig der schwedischen Wirtschaft, einst der Lebensnerv des ganzen Landes. Doch erstmal empfehlen wir einen kleinen Umweg, denn wir möchten ein sehr vorzeigbares WOMO-Quartier in **Lindesberg** präsentieren.

(030) Offizieller WOMO-Stellplatz: Lindesberg

GPS: N 59° 35‘ 09.3“ E 15° 14‘ 18.1“. **Max. WOMOs**: 10.

Ausstattung: Luftige Stellplätze im Wäldchen, Hundeplatz nebenan, Picknickbank mit Feuerstelle oberhalb mit schöner Aussicht, Anlage für Trinkwasser und Entsorgung bei der Zufahrt.

Beschreibung: Gebühr 2022: 100 SEK/Nacht, zu zahlen an der Golfhotel-Rezeption. ***Naturreservat Tempelbacken*** anbei.

Fährt man 250 m in die Anlage hinein, findet man noch Komfort-WOMO-Plätze auf Schotter an Rasen mit Strom und WC-Nutzung im Restaurant für 200 SEK/Nacht: N 59° 35‘ 03.0“ E 15° 14‘ 26.9“ (Foto rechts).

Zufahrt: Nach 32 km auf der **50** Richtung **Lindesberg** abfahren, dann noch 5 km zum Ziel: Über einen Damm durch den See und dann am Kreisverkehr nach rechts, anschließend den Zeichen folgen.

Nun aber weiter, nordwärts nach **Kopparberg**! Dieses Städtchen hat es uns besonders angetan. Man fährt auf der flotten **50/Falun** glatt daran vorbei, wenn man nicht den Hinweis **233/Kopparberg** nach links wahrnimmt. Am elegantesten parkt man auf der ***Laxbrogatan*** oben an der Kirche (N 59° 52‘ 34.5“ E 14° 59‘ 52.4“). Gerade sind Sie an der Touri-Info vorbei gefahren, die logiert in einem der schönsten Gebäude der Stadt, im ***Tingshuset***, dem **alten Gerichtsgebäude**. Schauen Sie sich auf jeden Fall mal den prächtig ausgestatteten Ratssaal an, eine Augenweide. Direkt angrenzend stehen

einige historische Holzhäuser mit Museen drin und oben auf dem Hügel das imposante Ensemble von ***Ljusnarsbergs Kirche*** und Glockenturm, natürlich alles im allgegenwärtigen ***faluröd***, dem Universalholzanstrich aus den Abraumhalden der **Faluner** Kupfermine. Bei einem unserer Besuche standen zuerst nur ein paar Klappstühle auf der Festwiese und im Sommer-Café wurden Waffeln gebacken. Doch nachdem wir die Kirche ausführlich besichtigt hatten, befanden wir uns plötzlich mitten in den städtischen Mittsommer-Feierlichkeiten, mit dezenter Folklore, Musik, Tanz und Baum aufstellen. Ein nachhaltiges Erlebnis.

Wir verlassen die Stadt auf der **63** in Richtung **50/Falun**, rollen bald durch ***Dalarnas län***, queren die alte Bergwerksstadt **Grängesberg** und passieren kurz danach die besonders schöne Hüttenruine von **Klenshyttan**. Gleich der nächste Abzweig nach rechts ist unser, wir entern den Parkplatz (N 60° 06‘ 06.3“ E 15° 05‘ 54.0“) gleich nebenan und schauen uns einmal etwas genauer um. Eine Übersichtstafel erklärt (auch auf Deutsch) die Geschichte des Ortes, man kann die Gebäude und das gesamte Areal erkunden. Wir sind ganz alleine und alles ist offen! Besonders wertvoll an warmen Tagen: Sogar eine Badestelle findet sich ganz in der Nähe.

(031) WOMO-Badeplatz: Klenshyttan

GPS: N 60° 06‘ 03.5“ E 15° 06‘ 14.0“. **Max. WOMOs**: 1-2.
Ausstattung: Badestelle mit Steg, Spielplatz, Toiletten, Müllbehälter, Picknickbänke, neue Feuerstelle, Sportplatz.
Beschreibung: Bitte dezent nutzen, Häuser in Sichtweite.
Zufahrt: 10 km nach dem Schild **Dalarnas län** rechts abbiegen, am Abzweig zum Hyttruin-Parkplatz vorbei, 300 m danach links.

Im weiteren Verlauf der **50/Falun** passieren wir in **Ludvika** den Backsteinkomplex vom ***ABB Industriegymnasium*** und einen filigranen Rathausturm. Dann geht es auf breiter Komfort-Piste durch viel Wald und schon steuern wir auf **Borlänge** zu, biegen aber lange vor der Stadt nach **rechts/Sellnäs/Romme Alpin** ab, um auf extra getesteter **WOMO**-Spezialstrecke zu unserem heutigen Tagesziel zu gelangen. Es geht durch Wiesen und

Felder den Ski-Bergen entgegen, wir rollen wieder durch eine typische Pferdegegend. In **Sellnäs** fahren wir **links/Borlänge** und bleiben hinter der Bahnunterführung strikt Richtung **Torsång**. Unterwegs wirbt man für eine Straußenfarm, schließlich haben wir linker Hand den ***Dalälv***, überqueren diesen auf einer neuen Brücke, halten uns Richtung **Ornäs** und kommen nach weiteren 1,8 km an unserem erfrischenden Etappenziel an.

(032) WOMO-Badeplatz: Uvbergsviken

GPS: N 60° 28‘ 36.2“ E 15° 33‘ 42.2“.
Max. WOMOs: 2-3.
Ausstattung: Parkplatz oberhalb der Badestelle, Spezialparkplatz links an der Zufahrt zum See, Badewiese, Steg, Picknickbänke, Feuerstelle, Müllbehälter, Trockenklo.
Bechreibung: Sehr gepflegte Badestelle mit „Kupfersand“.
Zufahrt: Siehe Text.

Von hier aus sind es nur noch 4 km durch Wald und Pferdeland bis **Ornäs**, wo man sofort zur Hauptsehenswürdigkeit des Ortes geleitet wird: ***Ornässtugan*** (N 60° 30‘ 27.6“ E 15° 33‘ 08.8“; Juni-August Di-Sa 10-17 Uhr, So+Fei 12-16 Uhr, jede volle Stunde Führung, Eintritt). Für die einen ist es ein besonders schmuckes, großes, rotes Blockhaus auf einem

großzügigen Seegrundstück mit alten Bäumen, für traditionsbewusste Schweden hingegen eine Pilgerstätte, ein Mosaikstein ihrer nationalen Identität. Die Story: Als 1520 der spätere schwedische ***König Gustav Vasa*** auf der Flucht vor den noch übermächtigen Dänen auch hier Unterschlupf suchte, entkam er ihnen nur knapp. Als die Häscher vorn eintrafen, floh er „pikanterweise“ hinten durch das Klo.

An gepflegten Grundstücken vorbei durchqueren wir **Ornäs**, fahren sehr flott auf der **50** nach **Borlänge** hinein und Richtung **70/Mora** wieder hinaus. Die muntere Hauptstadt ***Dalarnas*** besticht durch extra schön gestaltete Kreisverkehrsinseln (vom Skulpturspringbrunnen bis zum Riesenfußball), ein Spaßbad und ein kreisrundes Einkaufszentrum namens ***Kupolen***. Man rollt anschließend durch bewaldete Hügellandschaft am breiten ***Dalälv*** entlang und kann dann in **Insjön** beim roten Wasserrad den Technik-Elektro-Freizeit-Shop vom Versandhaus ***Clas Ohlsen*** (Parken: N 60° 40‘ 25.2“ E 15° 05‘ 18.8“) besuchen, ein Stopp, dem man sich kaum entziehen kann. Durch besagtes Kaufhaus ist man schnell durch, auch die anderen Läden hier bieten nichts Ungewöhnliches, aber immerhin ist das ein netter Platz für eine Pause, wo wir uns mit einem liebevollen, aber schlichten **Dagens rätt** in einem speziellen ***Grillhuset*** verköstigen, das wir spontan ***„Ali Baba“*** taufen. Probieren Sie selbst!

Nach weiteren 4 km auf der **70** dürfen Sie keinesfalls den Abweig nach links zum ***Leksandsbröd***-Fabrikverkauf (N 60° 42‘ 11.6“ E 15° 02‘ 42.7“; Mo-Fr 9.30-18 Uhr, Sa 10-15 Uhr, So 11-15 Uhr) verpassen, wo man sich umfassend mit **Knäckebrot** eindecken kann. Man findet Kostproben aller Sorten und kauft dann regelmäßig richtig viel, weil man sich bei den unterschiedlichen Geschmacksrichtungen und Abpackgrößen nicht entscheiden kann.

Keine tausend Meter auf der **70** weiter kann man beim Info-Parkplatz von **Leksand** ein echtes Kirchboot bestaunen und findet sogar ein gepflegtes, wenn auch straßennahes Nachtquartier.

(033) WOMO-Picknickplatz: Leksand

GPS: N 60° 42‘ 46.8“ E 15° 02‘ 05.9“. **Max. WOMOs**: 3-5.
Ausstattung: Asphalt-Parkplatz mit Birken-Wiese und angrenzendem Picknick-Gelände, Picknickbänke, WC, Wasser, Kassettenentleerung, Café.
Beschreibung: Nur 80 m neben der Straße, trotzdem ein beliebter WOMO-Treffpunkt, warum auch immer. **Zufahrt**: Siehe Text.

Etwa 3 km danach kann man von der **70** eine Tour-Schlaufe nach links starten und die Touri-(Blümchen-)Scenic-Route über **Tällberg** (Kunstgewerbe, Keramik, Museen, Gastronomie) fahren, wo sich manch prächtiges Panorama über den ***Siljan***

bietet. Wer sich allerdings auf diesem bergigen wie kurvenreichen Umweg freundliche WOMO-Plätze erhofft, kann getrost auf der **70/Rättvik** bleiben, denn die gibt es nicht.
Nun sind wir also in **Rättvik**, durchqueren diese quirlige Urlauberstadt in Seenähe und verlassen sie auf der **70/Mora** wieder. Auf den folgenden 25 km mehr oder weniger dicht am ***Siljan*** entlang gibt es in Ufernähe keine legalen WOMO-Plätze mehr, aber Sie brauchen bestimmt dringend solch ein geschnitztes und rot angemaltes ***Dalarna-Pferdchen (-Hahn, -Schwein)***? Dann nehmen Sie den Abzweig zu den Schau-Werkstätten

nach **links/Nusnäs**, wo man alle Bearbeitungsstufen live verfolgen kann. Auf dem hinteren Parkplatz hat sich ein WOMO-Treffpunkt auf der grünen Wiese etabliert und ein Stück weiter im Ort gibt es sogar noch einen am See.

(034) WOMO-Picknickplatz: Nusnäs

GPS: N 60° 57‘ 43.8“ E 14° 38‘ 57.3“.
Max. WOMOs: >10.
Ausstattung: Feinschotter-Parkplatz und Wiesenplätze, Picknickbänke, Cafés und Werkstätten samt Shops anbei.
Beschreibung: Gepflegte Anlage. Besonders im hinteren Teil auf frisch gemähter Wiese. Sehr angenehmer Aufenthalt.
Zufahrt: Immer den Hinweisen ***Dalahästillverkning*** folgen und an beiden Werkstätten vorbei fahren, dann links.

(035) Offizieller WOMO-Stellplatz: Ångbåtsbrygga

GPS: N 60° 57‘ 25.5“ E 14° 37‘ 56.8“ Gasängsvägen. **Max. WOMOs**: 10.
Ausstattung: Husbil-Platz auf Schotter beim Bootshafen, Picknickbänke, Feuerstelle.
Beschreibung: Schöne Lage am Wasser, immer schnell voll.
Zufahrt: Ab **(034)** 400 m auf der Zufahrt zurück, dann rechts abbiegen, nach 500 m links halten, nach weiteren 550 m links abbiegen, dann noch 400 m zum Ziel.

Nach diesem Abstecher sind es noch 10 km bis zur liebenswerten ***Siljan***-Stadt **Mora**, der man auf jeden Fall einen Rundgang widmen sollte. Auch hier dürfen WOMOs nirgends mehr über Nacht stehen, aber wir kennen einen Parkplatz an der Seepromenade (N 61° 00‘ 23.4“ E 14° 32‘ 45.1“), auf dem man 2 Stunden kostenfrei bleiben kann. Das muss reichen. Von hier aus ist man zu Fuß schnell auf der Bummelmeile, schräg gegenüber der imposanten Stein-Kirche finden Sie den wunderbaren Kramladen ***„Mora Boden“***, wo man auf 2 Etagen herrlich herumstöbern kann. Zuletzt war dieser geschlossen, hoffentlich nicht für immer...

Zur letzten Etappe auf dem Weg nach ***Nord-Schweden*** kehren wir zurück zum ersten Kreisverkehr von **Mora** und nehmen die **45/Östersund**, den ***Inlandsvägen***. Schon im nächsten Städtchen **Orsa** gäbe es gute Gründe zu verweilen. In der Nähe kann man den berühmten Bärenpark besuchen oder für ein paar Tage auf dem in der Ferienzeit meist gut gebuchten und rummeligen Campingplatz bleiben. Nichts für Freunde stiller Nächte.

(036) WOMO-Campingplatz: First Camp Orsa****

GPS: N 61° 07‘ 12.7“ E 14° 36‘ 02.4“. **Öffnungszeiten**: Ganzjährig.
Ausstattung: Großer Familien-Platz mit gepflegten Anlagen, Komplettausstattung, Veranstaltungen, Aktivitätsprogramme, Bowlingbahn, Gastronomie, Läden, Schwimmbad mit Wasserrutsche, langer Sandstrand am See.
Beschreibung: Reservierung sinnvoll: orsacamping.se
Zufahrt: In Orsa ausgeschildert.

Nordöstlich von **Orsa** gibt es eine Gasfüllstation, auch für deutsche 11-kg-Flaschen: **Gasol påfyllning Orsa**. Nehmen Sie den Abzweig nach **Tallhed** oder vertrauen Sie halt Ihrem Navi: N 61° 11‘ 17.3“ E14° 42‘ 54.8“.

Hinter **Orsa** queren wir die ***Inlandsbana***, danach zieht sich die Straße endlos in langen Kurven durch den Wald, so dass man sich richtig nach Pausenplätzen sehnt, doch es gibt nur zwei: 49 km hinter **Orsa** links ***Noppikoski*** mit Tankstelle, *Värdshus* (10 bis 16 Uhr) und einem kleinen Parkplatz direkt beim Wildwasser des ***Oreälv*** und 12 km danach einen rechts am ***Sandsjö*** mit Badestelle am Heidelbeer-Wald.
Danach sieht man wieder bewaldete Berge, am Ortsanfang von **Tandsjöborg** rechts einen gepflegten **Campingplatz** am See und 13 km danach muss man sich entscheiden: Zuerst nach links 3 km nach **Fågelsjö** und dort den ***Gammelgård***, einen sehenswerten Traditionshof mit historischen Holzhäusern besuchen oder 5 km (davon die letzten 4,4 km „naturell") nach rechts und besinnlich wandern im einsamen ***Hamra Nationalpark***. Probieren Sie auf jeden Fall beides. Wir sind jetzt in ***Nord-Schweden*** angekommen und hier braucht man vor allem eines: viel Zeit!

(037) Offizieller WOMO-Stellplatz: Fågelsjö

GPS: N 61° 47' 48.4" E 14° 38' 07.0". **Max. WOMOs**: 4-6.
Ausstattung: WOMO-Plätze gegenüber vom Gammelgård, Gebühr 2022: 150 SEK, mit Strom 200 SEK, WC, Dusche (20 SEK), Café, kleiner Laden.
Beschreibung: Entspannender Aufenthalt in schöner Umgebung.
Zufahrt: Siehe Text.

Fågelsjö gammelgård: Bortomåa (Infos: fagelso.nu)
Auf deutsch heißt dieser Hof in etwa „Jenseits des Flusses" und so ist es auch. Man quert die kleine Brücke über dem glasklaren Fluss (Badestelle links davor) und fühlt sich sofort in einer anderen Welt: Stille, beschauliche Natur, ein historischer Ort mit den klassischen roten Holzhäusern und einer interessanten Geschichte. Die erste Besiedlung reicht bis ins Jahr 1670 zurück, als sich die „Waldfinnen" in Fågelsjö niederließen. Die brachten auch Handwerkskunst nach Schweden und galten als gute Schmiede, die vor allem Flinten herstellten, ein sehr gut nachgefragtes

Produkt der damaligen Zeit. Heute wird in ganz Schweden großer Wert auf Traditionspflege gelegt und so hat auch dieser Heimathof heutzutage von Juni bis August täglich von 11 - 16 Uhr geöffnet und man kann stündlich an Führungen teilnehmen (110 SEK für Erwachsene, Kinder unter 13 Jahre frei). Wenn man richtig Glück hat, wie wir bei unserem Besuch Mitte Juli, erlebt man den ***Hantverksdag***, denn dann wird der Hof richtig bespielt. Wortwörtlich mit Feuereifer ist man am Werk, um die traditionelle Eisenherstellung aus eisenhaltiger Erde vorzuführen, es wird Teer gemacht, Schnitzer und viele andere Volkskünstler und Heimarbeiter bieten ihre Produkte wie Schmuck, Filz, Socken, Handschuhe, Naturkosmetik und anderes feil. Aber wir sind vor allem fasziniert vom Imbiss-Angebot: ***Kolbulle*** in schweren Pfannen auf offenem Feuer zubereitet. Von diesem sehr speziellen Pfannkuchen, bei dem zuerst zwei Hände voll geräucherter Schweinespeck gebraten wird, bevor man den Teig (ohne Ei) drüber gießt und der mit Preiselbeeren gereicht wird, waren wir satt bis zum Abend. Eine Kalorienbombe, gewiss, aber soooo lecker!

(038) WOMO-Wanderparkplatz: Hamra NP

GPS: N 61° 46' 05.2" E 14° 45' 50.3". **Max. WOMOs**: 2-3.
Ausstattung: Besucher-Parkplatz mit Buchten, Info-Zentrum, Wanderkarte, überdachte Picknickplätze mit Holzgrill samt Holzvorrat, Trockenklos, Müllbehälter und ein Wanderwegenetz.
Beschreibung: Totale Stille inmitten der Natur. **Zufahrt**: Siehe Text.

Wander-Tipp: Hamra Nationalpark (1,6 km oder 2,7 km)
Der Hamra Nationalpark ist Schwedens kleinster Nationalpark und wurde Anfang des 20. Jahrhunderts als beeindruckendstes Urwaldgebiet Schwedens gepriesen. Der Eingangsbereich wurde in den vergangenen Jahren aufwändig umgestaltet, das Wandergebiet deutlich in östlicher Richtung erweitert, doch so richtig komfortabel lässt es sich im ursprünglichen Kerngebiet wandern, na ja, sagen wir spazieren gehen. Rundwege mit überschaubaren Distanzen laden ein zu sinnlichen Erlebnissen in unberührter Natur und sind vor allem auch für kleine Kinder gut zu bewältigen. Wir starten also zur klassischen Hamra-Wanderung, nehmen schon ab Parkplatz den breiten Holzpodest-Weg zum Info-Zentrum, der sich gleichsam komfortabel nach Westen in Richtung Nationalpark fortsetzt. Wir starten den Rundweg in Uhrzeigersinn, auf dem es sogleich auf gewundenem Stein-Wurzel-Pfad durch den Urwald geht. Nach 10 Minuten führt uns ein Bohlenweg durch den Sumpf, die orange Markierung an den Bäumen ist fast überflüssig, die Vögel zwitschern und wir erreichen die Gabelung, wo man sich (rechts haltend) für die kürzere Runde direkt zum Sumpfsee namens ***Svansjön*** entscheiden oder (links haltend) zuvor noch eine kleine Schlaufe durch den bezauberden Wald gönnen kann. Am See findet man eine Aussichtsplattform mit Picknickbank und kann dort mit dem (hoffentlich nicht im WOMO zurückgelassenen) Fernglas die namensgebenden Schwäne und sonstiges Wassergeflügel beobachten. Vom See wendet sich der Weg der Pforte und von dort wieder dem Eingang entgegen. Wir genießen diese kleine Tour gerne im warmen Abendlicht und können von dem besonderen Flair dieses Fleckens gar nicht genug schwärmen.

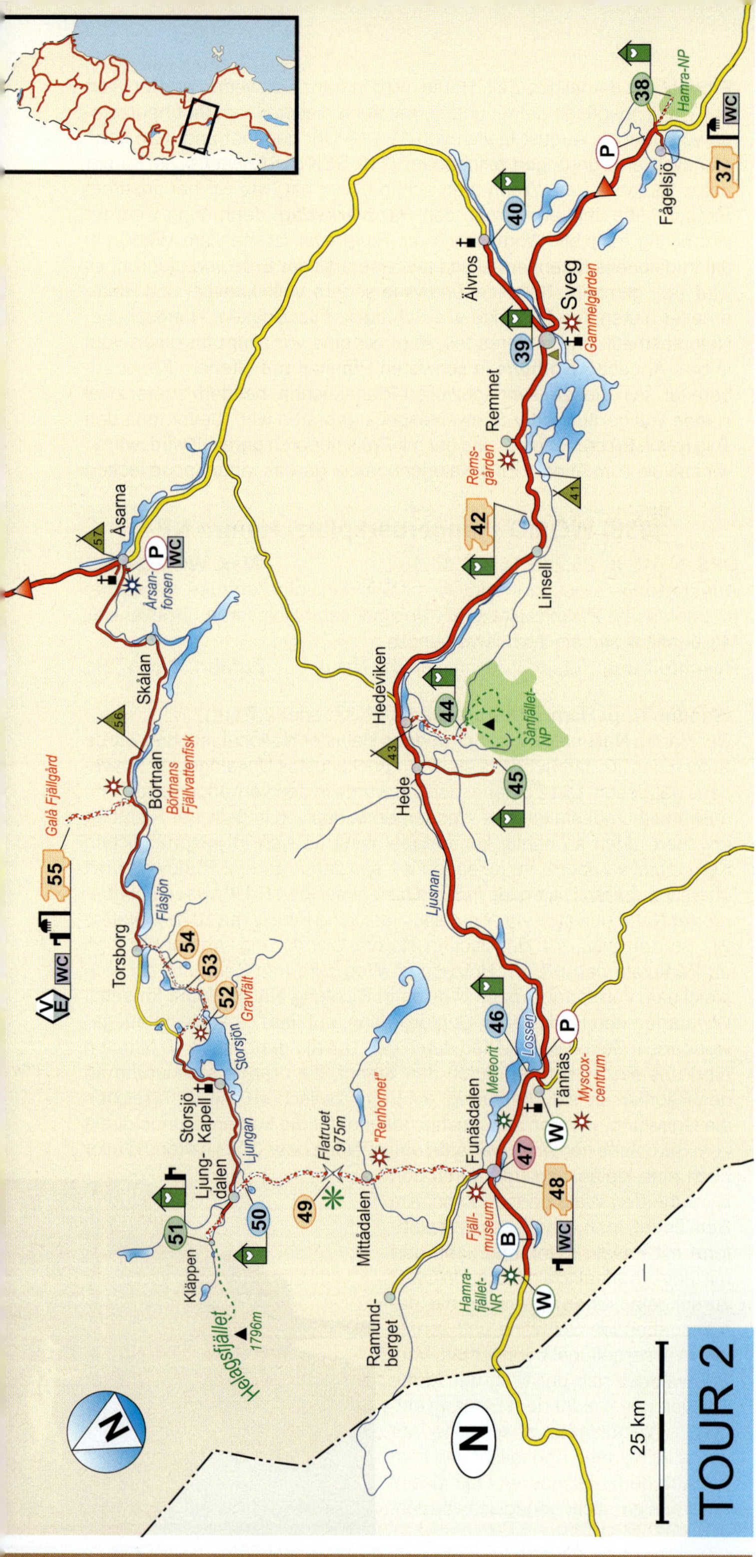
TOUR 2
25 km
N
Sveg
Gammelgården
Älvros
Fågelsjö
Hamra-NP
Remmet
Rems-gården
Linsell
Hedeviken
Hede
Sånfjället-NP
Ljusnan
Tännäs
Myscox-centrum
Lossen
Meteorit
Funäsdalen
Fjäll-museum
Hamra-fjället-NR
Ramund-berget
Mittådalen
"Renhornet"
Flatruet 975m
Ljung-dalen
Kläppen
Helagsfjället
1796m
Storsjö Kapell
Ljungan
Storsjön
Gravfält
Torsborg
Flåsjön
Börtnan
Börtnans Fjällvattenfisk
Galå Fjällgård
Skålan
Åsarna
Årsan-forsen
37
38
39
40
41
42
43
44
45
46
47
48
49
50
51
52
53
54
55
56
57
WC
P
B
W

TOUR 2 (ca. 470 km)

Sveg – Funäsdalen – Flatruet – Ljungdalen – Storsjö – Åsarna

Stellplätze:	Sveg, Älvros, Linsellsjön, Nyvallen, Nysätern, Funäsdalen, Flatruet, Viksjön, Kläppen, Storsjön, Över-Grucken, Galå Fjällgård.
Campingplätze:	Mosättbrücke, Sonfjällscampen, Pintorps, Åsarna.
Baden:	Björnån, Sveg, Älvros, Mosättbrücke, Linsellsjön, Hedeviken, Tjärnbräcka, Funäsdalen, Tänndalsjö, Viksjön, Storsjön, Lill-Börtnen.
Besichtigen:	Gammelgård in Sveg, Gamla kyrka in Älvros, Remsgården, Kirche in Tännäs, Meteoritenkrater, Härjedalens Fjällmuseum in Funäsdalen, Kirche in Storsjö Kapell, Wikinger-Grab am Storsjön, Brücke und Kirche in Åsarna.
Wandern:	Sånfjället Nationalpark, Tännäs Naturstig, Hamrafjället Naturreservat, zum Kesusjö.

Von großem Vorteil für deutschsprachige Urlauber in ***Schweden*** sind die recht nah miteinander verwandten Sprachen. So fährt man denn schon mit einem Schmunzeln am nächsten *Hastighets*-Starkasten vorbei, die Worte *Badplats*, *Utsikt*, *Rökt fisk* und *Avgivt* sind einem sofort vertraut, und auch der regionale Werbeslogan ***Härliga Härjedalen*** erklärt sich von selbst, dem wir ehrlichen Herzen ausdrücklich beipflichten möchten. In Schwedens Mitte erlebt man wunderschöne Natur zwischen blühendem Tal und Hochplateau und wird überrascht durch einen besonders ausgeprägten Sinn für Traditionspflege. Bevor wir uns in **Sveg** gleich einmal ein schönes Beispiel dafür ansehen werden, kehren wir zur **45/Sveg** zurück und empfehlen nach 2,7 km zumindest einen Kurzstopp am kleinen, aber feinen Rastplatz am wilden ***Björnån*** rechts, wo man sich bei

Bedarf gepflegt die Füße oder auch mehr kühlen kann. Auf der Strecke nach **Sveg** registrieren wir dünnen Nordland-Wald mit Felsen und schmucke beflaggte rote Häuser auf Inselchen, biegen schließlich mit der **45** zum Städtchen rechts ab, wo wir am zentralen Kreisverkehr den Riesen-Bär, das hiesige Wappentier, aus der Nähe betrachten wollen.

Der größte Holzbär der Welt

Dieser riesige Holzbär symbolisiert die Region Härjedalen, es ist das Landschaftstier dieser Gegend. Er wurde von 2003 bis 2005 errichtet, zumeist aus 60 cm langen Planken. Die Statistik dieser Skulptur ist schon beeindruckend. Das Info-Schild verrät: Der Bär ist 13 Meter hoch und wiegt 80 Tonnen. Es wurden 210 m³ Holz und 570.000 Nägel verbaut. Allein die Nägel wiegen 4 Tonnen. Im Inneren hat der Bär auf 3 Etagen eine Nutzfläche von 70 m². Das Monstrum hat umgerechnet etwa 250.000 EUR gekostet. Neben öffentlichen Geldern gab es viele Sponsoren und freiwillige Helfer aus Sveg und Umgebung. Dem Riesentier ist offenbar der Kopf etwas schwer geworden, deshalb hat man ihm ein Stützgerüst unter das Kinn gebaut, aber es immerhin hübsch verziert. Zuletzt waren (Verschönerungs?-)Arbeiten im Umfeld zugange. Man darf gespannt sein, wie das hier demnächst aussehen wird!

Man kommt zur Mittagszeit in **Sveg** an und der Magen knurrt. Wir haben da zwei Tipps: Eine Location wird gerade gehypt, die andere ist etwas für Rentner. Da wäre das ***„Café Cineast“*** in der *Kyrkogatan 17*, ein von außen unscheinbarer Laden, innen aber voll von Kino- und Film- Deko auf 2 Etagen und vor allem zur Lunch-Zeit voller Leute. Man parkt am besten in Sichtweite

auf dem Parkstreifen (N 62° 02‘ 01.6“ E 14° 21‘ 38.8“) vor der Kirche, die man gleich auch noch besichtigen kann. Wir sind jedenfall woanders fündig geworden, im **Folkan** (dem „Volkshaus“) **Sveg** bei ***„Mannes“*** (N 62° 01‘ 58.9“ E 14° 21‘ 57.1“), gleich neben dem ICA-Supermarkt. Was klingt wie eine Fußball-Kneipe in Duisburg entpuppt sich als luftiges Restaurant mit einem sehr ordentlichen

und zudem günstigen ***Dagens rätt***. Und er Clou: Ermäßigter Preis für Senioren! Man hat da wohl vor allem Gäste vom benachbarten Campingplatz im Visier, auf den man durch die großen Fenster blickt.
Wir durchqueren die Stadt auf der **84/Funäsdalen/Røros**, biegen 350 m nach dem Holz-Bären links in die *Gränsgatan* ab, verlassen nach 270 m den Kreisverkehr nach rechts und erreichen nach 300 m auf der *Jämtlandsgatan* den örtlichen ***Hembygds-*** bzw. ***Gammelgård*** (N 62° 02‘ 20.9“ E 14° 21‘ 24.4“). Wenn hier die jährliche Mittsommerfeier zelebriert wird, dann geht die eh schon geringe Bevölkerungsdichte der Region von 1 Einwohner/km² im Umland bestimmt gegen Null.

Auf dem gepflegten Areal wurden an die 30 historisch wertvolle Holz-Gebäude aus Dörfern dieser Gegend „gesammelt“, wobei uns die besonders üppig „ausgemalte“ ***Herröstuga*** am besten gefallen hat. Wer auf gleichem Weg zur Haupstraße zurückkehrt, diese überquert und den Hinweisen durch das Wohngebiet folgt, findet eine ansprechende Badestelle am ***Sandtjärn*** [**039**: N 62° 02‘ 22.4“ E 14° 22‘ 03.1“], allerdings mit knappem Parkraum.

Gamla kyrka in Älvros

Alle Einkäufe erledigt und den Tankstellenbesuch absolviert? Dann empfehlen wir, bevor es auf der Tourstrecke weitergeht, unbedingt einen Abstecher nach **Älvros** (16 km auf der **45/ Åsarna**) zur wirklich sehenswerten ***Gamla kyrka*** (N 62° 02‘ 55.4“ E 14° 38‘ 50.8“), der ältestens Holzkirche in ***Härjedalen***, nebst der örtlichen verlockenden Badestelle [**040**: N 62° 02‘ 56.5“ E 14° 38‘ 17.9“].

Mindestens genauso schön wie der ***Gammelgård*** in **Sveg** ist der ***Remsgård*** (N 62° 07‘ 32.4“ E 14° 09‘ 46.0“, nach 14 km auf der **84** rechts auf die **514** abzweigen) ganz in der Nähe der nun folgenden Tourstrecke. Dieser Hof gehört zu den historisch wertvollsten in ***Härjedalen***, die ältesten Gebäude stammen vom Beginn des 18. Jahrhunderts und die meisten von ihnen stehen genau auf dem Platz, wo sie einst von den damals zugewanderten Finnen hingebaut wurden. Die Einrichtung der solide gezimmerten Häuser wirkt richtig authentisch, die prächtigen Wand- und Deckengemälde von 1774 sind eine Wucht für sich und beim anschließenden Kaffee und hausgebackenen Kuchen schaut man dann versonnen durch das Fenster und sieht Kaninchen über den viereckigen Hof hoppeln. So erlebten wir es jedenfalls noch 2005. Bei unserer 2022er Visite war der Hof zwar gut gepflegt, aber wegen der ehrenamtlichen Bespielung hat er nur noch selten geöffnet. Jetzt ein Vorschlag für autarke Naturcamper! Der nachfolgende Platz ist bestens geeignet für Angler und Wassersportler:

(041) WOMO-Campingplatz: Mosättbrücke

GPS: N 62° 06' 54.1" E 14° 03' 42.7" Vor der Mosättbrücke.
GPS: N 62° 06' 44.7" E 14° 03' 37.0" Hinter der Mosättbrücke.

Öffnungszeiten: Juni bis September.
Ausstattung: Schotterwiese, Trockenklo, Bademöglichkeit, Feuerstellen, Picknickbänke, Müllbehälter. Beim vorderen Platz gibt es außerdem einen Badesteg und eine Angler-Info.
Beschreibung: Naturbelassene Camper-Areale vor und hinter der Mosättbrücke, schön am ***Svegsjön*** gelegen, Gebühr 2022: 100 SEK /Nacht, wird kassiert oder im Umschlag bar in den Kasten.
Zufahrt: 5 km hinter dem Abzweig der **514** links abbiegen, dann 1,3 bzw. 1,7 km links.

Schon 6,5 km nach dem Abzweig zur **Mosättbrücke** lockt uns eindeutige Beschilderung nach rechts von der Strecke und wir finden ein brauchbares Plätzchen zu einem fairen Preis!

(042) Offizieller WOMO-Stellplatz: Linsellsjön

GPS: N 62° 08' 58.9" E 13° 57' 24.3". **Max. WOMOs**: >5
Ausstattung: Geräumiger Schotterparkplatz am Wald, Badestelle mit Sandstrand in 50 m, Trockenklo, Müllbehälter.
Beschreibung: Gebühr 2022: 50 SEK/Nacht, zu zahlen im ICA in **Linsell**, Angelkarten im Dorf. Zuletzt war wenig Wasser im See, was die Strandoptik und den Badespaß trübte. **Zufahrt**: Siehe Text, 300 m abseits der **84**.

Weiter nördlich auf der **84** wird der Wald dünner, es geht an Seen vorbei den Bergen entgegen und 3 km nachdem uns die **315** nach rechts verlassen hat, nehmen wir die Zufahrt **links/Hedeviken** zum ***Sånfjället Nationalpark*** (17 km). Wer es nicht so mit dem Freistehen hat, findet gleich nach 500 m ein freundliches Quartier rechts.

(043) WOMO-Campingplatz: Sonfjällscampen

GPS: N 62° 24‘ 28.8“ E 13° 40‘ 25.1“. **Öffnungszeiten**: Ganzjährig.

Ausstattung: Solide Sanitäranlagen mit Sauna, Camper-Küche, nummerierte Stellplätze: welche mit Bergblick und welche am See, Bootssteg, Bootsverleih, Bademöglichkeit, freies WiFi.
Beschreibung: Sehr gepflegter und engagiert geführter Platz, landschaftlich schön am ***Vikarsjö*** gelegen. Preise 2023: 295/345 SEK ohne/mit Strom.
sonfjallscampen.se **Zufahrt**: Siehe Text.

Wir queren einspurig den ***Vikarsjö*** und klettern schließlich 14 km einigermaßen gnädige „Naturstraße“ hoch hinauf zum „Basislager“ für unsere erste richtige Gebirgswanderung in diesem Buch. Am Ziel wird in der Nachbarschaft auf der ***Alm Nyvallen*** nach alter Bergbauerntradition gelebt, und auch das Vieh steht des Nachts wie ehedem im schützenden Stall, denn dieser Nationalpark wurde 1909 vor allem zur Erhaltung des Braunbär-Bestandes gegründet. Dies offenbar mit Erfolg: In dieser Gegend lebt heute die größte Braunbär-Population ***Schwedens***. Einer der kahlen Gipfel-Kegel (1250 m) erhebt sich majestätisch aus dem Waldgürtel, in der nahen Infohütte (Mittsommer bis Ende August tgl. 10-18, September am Wochenende 10-18 Uhr) kann man sich Material besorgen und die Wanderwege schon einmal im Relief anschauen.

(044) WOMO-Wanderparkplatz: Nyvallen (770m ü. M.)

GPS: N 62°19‘02.8“ E 13°33‘51.5“.
Max. WOMOs: 3-4.
Ausstattung: Parkplatz vom Nationalpark in der Nähe der Alm Nyvallen (Kühe, Ziegen, Gänse, Hunde) mit extra ausgewiesener WOMO-Abteilung, Trockenklo, Müllbehälter, Picknickplatz mit Grillhütte anbei.
Beschreibung: Info-Hütte und Sommercafé in der Nähe, zuletzt kein Campingverbots-Schild mehr.
Zufahrt: Siehe Text.

Wandertipp 1: Tagestour rund um das Gipfelmassiv (20 km/7 h)

Nach 400 m beginnt der Nationalpark, wir gehen die Runde rechts herum und steigen zunächst durch spärliches Laubgehölz behutsam aber stetig bergauf. Nach 20 Minuten kann man schon einmal auf einer Picknickbank pausieren und den Blick in die unendliche grüne Ferne schweifen lassen. 3,5 km nach dem Start halten wir uns an der Gabelung rechts nach **Dalsvallen**, wir klettern eine Ebene höher und wandern dort über weite Fjäll-Wiesen. Wir werden von strahlendem Sonnenschein, gewürzt mit einem frischen Lüftchen verwöhnt, fühlen uns prächtig und können uns gar nicht satt sehen. Es folgt ein Sattel, wir bleiben rechts, sind nun schon 7 km gewandert und unser nächstes Ziel ist die **Sodan-Hütte** in 2,5 km, die man schon lange vorher sieht und kurz vor dem ersehnten Pausenplatz auch noch durch ein (im August) ziemlich ausgetrocknetes Flussbett muss. Die Schutzhütte mit Pritschen und Herd ist offen und sichtlich bewohnt, wir finden Trockenklo und Brennholz-Schuppen und rasten ausführlich. Nach der Pause haben wir einige Mühe, wieder unsere Markierung zu finden, kraxeln durch das nächste Flussbett, bleiben dann eher links, lassen also den ***Valmfjället (1117 m)*** rechts liegen und steigen steil über ein Geröllfeld den nächsten Sattel hinauf. Oben treffen wir auf einen Abzweig und konstatieren: **Nyvallen 6 km**.

Schon kurz darauf trifft der Weg „Rechts um den Valmfjället herum“ auf den unsrigen, später trinken wir hocherfreut aus einem munteren Bergbach, es geht am Hang bergab und die Bäume werden wieder größer. Wie immer, wenn man genug hat, zieht sich der Rest der Tour endlos dahin, zuletzt fühlen wir uns im dichten Wald irgendwie vom Bären beobachtet, doch gesehen haben wir auf der gesamten Wanderung nichts dergleichen und erreichen schließlich ordentlich fußlahm wieder unser mobiles Quartier. **Tipp:** Bergschuhe zwingend erforderlich, Wanderstöcke empfohlen; ausreichend Proviant und pro Person 2 Liter zu trinken mitnehmen.

Wandertipp 2: Übers Fjäll und durch den Wald (12 km/5,5 h)
Diese Wanderung sollte die nicht ganz so strapaziöse Alternative zu Wandertipp 1 werden, doch so ganz ohne ist diese auch nicht. Sie beginnt wie Tipp Nr. 1, unsere Runde geht aber nach 3,5 km in Richtung **„Valmen 5 km / Vindskydd 1,5 km“** nach links weiter. Nach einem geruhsamen Wegstück bergab durchqueren wir einen steilen Taleinschnitt und erreichen nach 20 Minuten unsere lauschige Picknickhütte, den „Windschutz“ am See, eine echte Trapper-Idylle. Unser mit bemoosten Wurzeln und mit Steinen gespickter Weg führt uns dann durch Krüppelbirken übers Fjäll, wo sich der Blick weitet und wir ganz fasziniert das Gebirgspanorama genießen. Damit ist aber bald Schluss, denn nach einer Passage durch luftigen Nadelwald folgen wir dem Wegweiser **„Nyvallen 5 km“** nach links und tauchen ein in die Waldzone, genauer gesagt in die Urwaldzone. Auf zuweilen anstrengendem, weil unwegsamem Pfad mit Blaubeer-bestandenen Felsen, umgefallenen Bäumen, brusthohen Farnen und wackeligen Bachquerungen kommt man nur langsam voran. Dieses wildromantische Terrain wirkt wie verwunschen, eine Mischung aus Regenwald und Märchenwald.

Auch bei der nächsten Weggabelung halten wir uns links (**„Nyvallen 2,5 km“**) und wandern die Tour mit Mückeneskorte zu Ende, verlassen den Nationalpark und sehen sogleich die ersten Häuser der Alm Nyvallen. **Tipp:** Der Weg ist abschnittsweise recht feucht, also angemessenes Schuhwerk (evtl. Gummistiefel) tragen, Wanderstöcke, Mückenschutz und Handtuch (fürs Bad im Bergsee) mitnehmen.

Wandertipp 3: Familien-/Senioren-Runde Slingan, der kürzeste markierte Rundwanderweg mit lehrreichen Info-Tafeln zu Flora und Fauna (rote Markierung, 3 km, 90 min)
Diese Wanderung schaffen wir Ältere locker, auch für Familen mit kleinen Kindern gut zu bewältigen. Beim Ausgangspunkt aller Wanderungen hinter dem kleinen Bauernhof halten wir uns zunächst „Sånfjället 400 m", es geht neben einem plätschernden Flüsschen bergan, es folgt

das Nationalpark-Schild und dann stapfen wir auf schmalem wie steinigem Wurzelpfad hinauf durch niedrigen Baumbewuchs mit Farn. Bevor es schließlich wieder abwärts geht, gibt es noch ein Picknickbank-Areal mit Aussicht auf den See und die Berge. Wir sind nun 1 km gewandert und auf 850 m Höhe. Der schmale Pfad führt nun durch dichten „Märchenwald" mit vielen blauen Blümchen, wir queren eine Brücke über den Sprudelbach und es folgt wieder ein leichter Stolperpfad bergauf. Sehr idyllisch hier, aber man fühlt sich ständig von Bären beobachtet! Bei der letzten Pausenbank findet man dann auch tatsächlich eine Bärenspur,

wenn auch eine künstliche in Beton, zum Suchen für die Kinder. Der kleine Kreis schließt sich, wir landen wieder an der Farm, die Kühe warten ungeduldig darauf, endlich gemolken zu werden und wir sind ganz zufrieden mit unserem Nachmittagsausflug.

Wegen der langen schlimmen Zufahrt nach **Nyvallen** haben wir uns nach einer Alternative umgesehen, die schöne Bergregion des ***Sånfjället*** unter Vermeidung langer Schotterstrekken anzufahren. Die Lösung heißt **Nysätern**. Die Zufahrt ist wesentlich eleganter und kommt mit 1 km Schotterpiste aus. Der Preis: Der Anmarsch zum Kerngebiet des Nationalparks ist deutlich weiter.

(045) WOMO-Wanderparkplatz: Nysätern (723 m ü. M.)

GPS: N 62° 17' 20.4" E 13° 25' 20.0". **Max. WOMOs**: 2-3.
Ausstattung: Leicht schiefer Schotterparkplatz vom Nationalpark, Trockenklo, Picknickbank, Müllbehälter, Info-Tafel, Wanderkarte.
Beschreibung: Die Grillhütte ist abgebrannt, Camping und Caravans verboten. Nachts sehr still.
Zufahrt: Vom Abzweig zu **(043/044)** in **Hedeviken** 9,2 km westlich auf der **84** weiter nach **Hede**, dort nach links dem Hinweis **„Sånfjället Nationalpark 19 km"** folgen. Durch ein Wohngebiet mit ***„Ramps"*** und an der Kirche vorbei rollt man auf partiell schadhaftem Asphalt auf dem ***Råndalsvägen*** 17 km dem Gebirge entgegen, folgt dann der Beschilderung nach links und erreicht den Wanderparkplatz nach einem finalen Naturstraßen-Kilometer.

Das Urlauber-Örtchen **Hede** präsentiert sich gut sortiert, gilt aber eher als Wintersport-Paradies. Nun gehts auf der **84** weiter, zunächst ein ganze Weile am ***Ljusnan*** entlang, einem riesigen Angelrevier. Wir sind total begeistert von dieser malerischen Gebirgslandschaft ringsum. Als wir am ***Lossen***, einem wenig gefüllten Stausee entlang fahren, sehen wir in der Ferne sogar die Gletscher des ***Helags***-Massivs blitzen. Das sind die südlichsten in Schweden, doch dazu später mehr. Für einen kurzen Abstecher biegen wir schließlich 3,7 km hinter einem lauschigen „Naturrastplats" nach links auf die **311** nach **Tännäs** ab, nehmen locker die Steigung hinauf, parken auf dem zentralen Picknickplatz rechts (N 62° 26' 32.3" E 12° 40' 56.7") und erspähen auch schon diese schmucke weiße Kirche links voraus, mit 648 m ü.M. das höchstgelegene Gotteshaus ***Schwedens***.

Wandertipp: Tännäs Naturstig
Am Hang und dem Bergrücken gegenüber der Kirche kann man auf einem nett angelegten Rundweg an insgesamt 11 Stationen Wissenswertes über die Region, die Natur und die Siedlungsgeschichte erfahren. Eine schöne Möglichkeit für die kleine Höhenwanderung zwischendurch, sogar mit Bildungsfaktor.

Ganz in der Nähe kann man im stylischen ***Härjebrygg*** verschiedene Sorten Kraft-Bier (teuer und zumeist überbewertet), Marmelade, Saft, tiefgefrorenes Wildfleisch und Edelsouvenirs kaufen. Ansonsten kann man hier im **„Myscoxcentrum“** (myscoxcentrum.se) Touren zur einzigen Herde von ***Moschusochsen*** in Schweden buchen. Die urzeitlich anmutenden Tiere stammen vom ***Dovrefjell/Norwegen*** und leben hier in ***Härjedalen*** in einem weitläufigen Gehege.
Nach knapp 2 km biegen wir unten wieder auf die **84** nach **Funäsdalen**, doch bevor wir uns den weiteren Sehenswürdigkeiten dort widmen, fahren wir nach 1,2 km gleich wieder rechts ab, wo wir nach 750 m auf dem kleinen Parkplatz der einladenden Badestelle **Tjärnbräcka** [**046**: N 62° 26‘ 40.6“ E 12° 44‘ 07.5“] landen.
Nun aber zurück zur **84**, jetzt geht es auf und ab geradeaus durch den Wald und nach 7,8 km rechts auf den Parkplatz vom **Meteoritenkrater** (N 62° 30‘ 03.0“ E 12° 37‘ 39.6“). Die vormals gut gestaltete Touristenattraktion rund um den Meteoriten ***„Tor“*** und seinen Krater, den er hier beim Einschlag vor 2000 Jahren hinterlassen hat, präsentiert sich bei unserem Besuch 2022 schon wieder vorzeigbarer, der gerodete Wald ringsum ist etwas nachgewachsen und als Pausenziel mit Kurz-Spaziergang zu empfehlen.
Nur noch ein Stück Berg-und-Tal-Bahn auf dem soliden rötlichen Asphalt der **84** nach **Funäsdalen** und wir erblicken zum ersten Mal ganz fasziniert diesen unglaublichen Bergzinken mit Haus und Fahnenmasten oben drauf, den fast 1000 m hohen ***Funäsdalsberget***. Irgendwann müssen wir den Lift dort hinauf auch einmal probieren! Links liegt der ***Funäsdalssjö***, wo es 4,5 km hinter dem Meteoritenkrater eine Etage tiefer einen schönen Platz direkt am Wasser gibt [**047**: N 62° 31‘ 45.4“ E 12° 34‘ 07.3“].

Den Abzweig nach **rechts/Ljungdalen/Flatruet** merken wir uns für später und parken nach 1000 m Ortsdurchfahrt direkt vor dem ***Härjedalens Fjällmuseum*** (Infos: fjallmuseet.se), das sich rechts an den Hang schmiegt. Das 1999 gebaute Museum greift auf umfangreiche Sammlungen des 1894 gegründeten Heimatmuseums zurück und widmet sich dem Leben der Sami, Bauern und Bergleute in ***Härjedalen***, dem „Dach Schwedens“. Dieses preisgekrönte Museum („Europas Museum des Jahres 2001“) hat uns mächtig beeindruckt, die Exponate werden ideenreich und liebevoll präsentiert, es gibt einen überaus sehenswerten 18-min-Film über die Schönheit der Region auch auf Deutsch und spezielle Angebote für Kinder. Nehmen Sie sich viel Zeit! Ganz in der Nähe findet sich auch eine **WOMO**-Bleibe für die Nacht.

(048) Offizieller WOMO-Stellplatz: Risnäset

GPS: N 62° 32‘ 49.7“ E 12° 31‘ 45.4“. **Max. WOMOs**: 8.

Ausstattung: 8 markierte Plätze auf Asphalt mit Grünrand, ***Risnäsets fritidsområde*** mit Sommer-Café, Badestelle, Trinkwasser, WC-Haus mit Wärmestube, Spiel-/Sportplätzen, Picknickwiese und Bänken. Zelten, Hunde und Pferde verboten.
Beschreibung: Unser vormaliger Picknickplatz am See ist jetzt ein offizieller. Gebühr 2022: 150 SEK. Zahlung für Schweden per SWISH, für alle anderen: unklar. Vielleicht kommt jemand kassieren...
Zufahrt: 400 m weiter durch den Ort, hinter der Tankstelle **links/Söromsjön** abbiegen, nach 300 m links.

Für Blumenfreunde empfiehlt es sich, noch ein weiteres Stück auf der **84** Richtung ***Norwegen*** zurückzulegen, denn nach 14,5 km kann man im ***Hamrafjället Naturreservat*** (N 62° 33‘ 14.9“ E 12° 16‘ 59.6“) genussvoll durch Orchideen-Haine und über blühende Almen wandeln.

Wandertipp: Järnåldersturen
(Markierung Elchsymbol, 2,5 km, 1 h)
Die ersten 10 Minuten steigt man zunächst einmal auf Stufen den Hang hinauf, dann ist man schon auf der ersten Alm-Wiese angelangt. Der schmale Pfad führt leicht bergan durch Wald und über eine weitere Wiese mit reichlich Ginster. An der Wegkreuzung halten wir uns links, beim Steinhaufen dann rechts und freuen uns über wunderschöne blühende Wiesen mit blauen Glockenblumen und wilden Orchideen. Außerdem werden Siedlungsreste und Fanggruben erklärt, und man hat zudem eine tolle Aussicht auf die Bergwelt. Nach einer halben Stunde erreicht man den Umkehrpunkt (Lesertipp: Geht man hier noch eine halbe Stunde weiter bergauf, wird die Aussicht richtig grandios.), dann geht es auf anderem Weg auf einem Holzstieg abwärts und über eine große Wiese mit Grabhügel sowie Aussicht auf den See. Auf diesem idyllischen Flecken mit Kühen und Klee könnte man ein göttliches Picknick veranstalten, wenn man etwas dabei hätte. Nach der schon bekannten Weg-Kreuzung geht es die Stufen zum Parkplatz wieder hinunter.
Tipp: Feste Schuhe tragen und Picknick nicht vergessen.

Nach der Wanderung ein Bad im See zur Erfrischung gefällig? Auf dem Weg zurück bietet sich schon nach 4,2 km ein Stopp auf dem Parkplatz rechts am ***Tänndalsjö*** (N 62° 32‘ 13.4“ E 12° 21‘ 13.9“) an.
Sie erinnern sich noch an den Abzweig nach **Flatruet** am Ortsanfang von **Funäsdalen**? Genau dort geht die Reise nun weiter, wir müssen also dorthin zurück und biegen 1000 m hinter dem Museum links ab, wo es gleich richtig aufwärts geht. Bei gemächlicher Fahrt werfen wir noch einen letzten ehrfürchtigen Blick auf den Hausberg links oben und sind nun unterwegs zum nächsten Superlativ unserer Tour: zum **Flatruet**, der höchstgelegenen Landstraße ***Schwedens***, die 27 km nach dem nächsten Abzweig beginnt. Gerade zu Rand-Saison-Zeiten sollte man unterwegs auf die Tafel mit der Lichtanlage achten: Wenn's hier blinkt, dann ist die Passstraße geschlossen. Dann ist oben noch Winter. Heute blinkt nichts! Also weiter! Auf diese Fahrt über das Fjäll hinüber zum nächsten Tal haben wir uns lange gefreut, müssen aber leider feststellen, dass diese Straße immer noch höchstens als halbwegs glatte Schotterpiste durchgeht. Man nimmt den Anstieg also behutsam mit bestenfalls 40 Sachen und sieht spitze Berge in der Ferne. Es folgen eine weite, mit Birken bewachsene Ebene und ein ausgewachsenes Moorgebiet mit Tümpeln. Unterwegs vermerken wir eine Reihe von Wanderparkplätzen und Winterquartiere, dann windet sich die Straße wieder abwärts und wir erreichen den Sami-Ort

Mittådalen. Die wunderschöne Landschaft am Sprudelfluss hat man hübsch für die Touristen aufbereitet, im Blockhaus-Café ***„Renhornet“*** (N 62° 41‘ 14.7“ E 12° 39‘ 46.6“) wartet ein vielfältiges Angebot an entsprechenden Waren von geräuchertem Rentierfleisch bis zu hochwertigen Souvenirs sowie Kaffee und Gebäck auf Interessenten, wir folgen unserem Ziel alsbald auf der Hauptstraße nach links, passieren einen Schlagbaum, und

schon geht es wieder kräftig hinauf. Die Schlimm-Straße führt scheinbar bis zum Horizont geradeaus und in langen Wellen bergauf übers Fjäll mit Sumpf und Birken. Die Landschaft wird kahler und schon haben wir die ersten Rentiere vor uns, denn hier oben ist Samiland. Auch aufwändige Zaungebilde, die „Sortieranlagen“ für Rentierscheidungen, sind zu sehen und endlich haben wir den mit 975 m höchsten Punkt der ***Flatruet***-Pass-Straße erreicht. Ein Steinhäufchen mit Gedenkstein, ein unglaubliches Bergpanorama ringsherum und viel Platz für **WOMO**s in dieser weiten, kahlen Plateau-Wüste. Schlichtweg faszinierend hier oben und gelegentlich hübsch windig und kühl. Manch Camper sitzt dennoch gerne lange draußen, um die Magie dieses besonderen Ortes zu genießen.

049) WOMO-Stellplatz: Flatruet (975 m ü. M.)

GPS: N 62° 44‘ 24.7“ E 12° 44‘ 30.4“. **Max. WOMOs**: >5.

Ausstattung: Naturelles Fjäll-Areal links und rechts der Straße, windanfällig, Rentiere.
Beschreibung: Bitte nicht ins Gelände fahren. Das hier ist Sami-Land.
Zufahrt: Siehe Text. Am höchsten Punkt der Pass-Straße.

Bei der Abfahrt nach **Ljungdalen** bleibt es zunächst bei karger Landschaft, links in der Ferne sieht man wieder den ***Helags***-Gletscher glänzen, die Vegetation und die Besiedlung nehmen zu. Sie merken sich beim folgenden Schlagbaum den Kilometerstand, denn genau 6,6 km danach (kurz hinter einer Fahrbahnverengung, ohne Hinweis) folgen Sie uns nach links auf 600-m-Asphalt-Bruch hinauf zur verträumten Badestelle am glasklaren Bergsee.

(050) WOMO-Badeplatz: Viksjön (749 m ü. M.)

GPS: N 62° 49‘ 48.5“ E 12° 47‘ 41.2“.
Max. WOMOs: 1-2.
Ausstattung: Kleiner, schiefer Parkplatz, Picknickbank, Info-Tafel, Badestelle 150 m zu Fuß, dort Kiesstrand mit Felsen, Liegewiese, Feuerstelle, Picknickbank, Trockenklo, 1-km-Wanderweg zum Aussichtsberg, einsam.
Beschreibung: **Achtung!** Nur für agile WOMOs geeignet. Zuletzt „Camping verboten“ mit durchgestrichenen WOMO/Caravan/Zelt. Eine neue **„Multiverbots“**-Tafel zur Abschreckung. Möge das jeder für sich selbst interpretieren.
Zufahrt: Siehe Text.

Kurz darauf suchen wir im weit verstreuten **Ljungdalen** die Zufahrt zu einem geeigneten Wanderparkplatz für eine ***Helags***-Tour, überqueren die Ljungan-Brücke, biegen schließlich in der Ortsmitte nach links zum ***Helags***-Parkplatz in **Kläppen** ab, den wir nach 6 km (davon die ersten 3 km auf Asphalt)

erreichen und uns dort oben über die vielen Autos und die straffe Parkraum-Bewirtschaftung wundern.

(051) WOMO-Wanderparkplatz: Kläppen (828 m ü. M.)

GPS: N 62° 53' 44.3" E 12° 42' 43.0". **Max. WOMOs:** >5.
Ausstattung: Großer Parkplatz mit WOMO-Areal (rechts unten), Trockenklo, Mülltrennung, Wasserhahn, Schutzhütte, Feuerstelle, detaillierte Wanderkarte, Parkautomat (nimmt nur Karten).
Beschreibung: Gebühr 2022: 50 SEK am Tag, schöner Ausblick, sehr ruhig, „Camping verboten".
Zufahrt: Siehe Text.

Wandertipp: Schnuppertour zum Kesusjö (6 km/2 h)
Für den ersten Kontakt mit dieser Wandergegend unternehmen wir eine Kurztour zum ***Kesusjö*** und starten auf dem Fahrweg beim Schild „Kesudalen 2". Die zunächst wenig aufregende Wegstrecke führt uns erst einmal bergab (!) an einer Hüttensiedlung vorbei, dann gut ausgebaut durch Birkengrün, über Bächlein und Wiesen dem ***Helags***-Massiv entgegen. Im Juli blühen hier die Bergblumen, wir sitzen bald darauf an der Badestelle am Ziel-See, genießen still die unendliche Weite bis zu den Schneefeldern am Horizont und anschließend einen kleinen Imbiss in der 200 m entfernten Gastro-Hütte ***Kesubon*** (Mo-Fr 11-17 Uhr, Sa 12-15 Uhr). Von hier aus sind es nur etwa 10 km bis zur bewirtschafteten ***Helags-Hütte***, dem Ausgangspunkt für Touren ins ***Helagsfjället*** (Gipfel: 1796 m) und zum ***Helags-Gletscher***. Für uns kommt das heute nicht in Frage, wir kehren auf leichtem Weg zum Parkplatz zurück und empfehlen durchaus einen intensiveren Aufenthalt in dieser bezaubernden Bergwelt.

Unten in **Ljungdalen** angekommen rollen wir **geradeaus/ Åsarna** durch und danach flott auf recht ordentlichem Asphalt durch den Wald mit gelegentlichem Blickkontakt zum breiten ***Ljungan***. In **Storsjö Kapell** sehen wir den Zipfel vom echt großen ***Storsjö***, bleiben am Straßenlinks-Knick geradeaus und besuchen die unscheinbare weiße Kirche, die mit einem farbenfrohen Innenleben und schönen Malereien überrascht. Fährt man noch ein Stück weiter, gelangt man zu einem kleinen Bootshafen samt lauschigem Picknickplatz.
Die weitere Tourstrecke am ***Storsjö***, einigen kleineren Seen und wieder am ***Ljungan*** entlang ist ein einziges riesiges Angler-Paradies, für das eine spezielle „Fiske-Kort" und besondere Übernachtungsregelungen für die unzähligen Stellplätze am Wegesrand gelten, die uns **WOMO**-Nomaden ausgesprochen entgegenkommen: die erste Nacht gratis, für 2 und mehr Nächte an einem Fleck kommen „Fiske-Ranger" vorbei und kassieren eine erschwingliche Gebühr.

Weiter geht es Richtung **Åsarna** durch eine bezaubernde Hügellandschaft aus Wald und Wasser. Nach lauschigen Angelplätzen am ***Storsjö*** und am ***Väster-Rotsjö*** biegen wir 12 km hinter **Storsjö Kapell** nach **rechts/Krankmårten högen** ab, fahren auf einem Schottersträßchen in angemessenem Tempo mit Blick auf Seen und Berge südwärts, nehmen nach 4,7 km den Abzweig zum ***Gravfält*** nach rechts und landen nach 1,8 km Waschbrett-Weg an einer Angleroase mit Naturstellplätzen beim ***Störsjö*** mit einem Wikinger-Grab ganz in der Nähe.

(052) WOMO-Stellplatz: Storsjön

GPS: N 62° 47‘ 18.1“ E 13° 12‘ 24.8“. **Max. WOMOs**: 2-3.

Ausstattung: Platz für Angler und Wassersportler, Badestelle, Picknickbank, Feuerstelle, Kurzwanderung zum Gravfält.
Beschreibung: Einige nette Plätze, doch den unteren Parkraum sollten nur agile WOMOs ansteuern. Schöner See, traumhafte Ruhe, einsam.

Zufahrt: Siehe Text.

Wikinger-Grab „Krankmårten högen“
Eine richtige Wanderung ist das nicht, aber gerade deshalb kann sie wirklich jeder vertragen und am Ziel sogar einiges lernen. Vom Platz aus stiefeln wir los und folgen dem Hinweis „Gravfält 500 m“ in den Busch. Nach 10 Minuten sind wir an dem eingezäunten Areal, einem der wichtigsten Gräberfelder in Nord-Schweden, klettern auf den Aussichts-Hügel und schauen auf die 20 Steine herab, die in grauer Vorzeit in Form eines Wikingerschiffes aufgestellt wurden. Mit viel Fantasie sieht der Laie das dann auch, freut sich ganz nebenbei über den netten See-Ausblick, und 10 Minuten später ist dieser Ausflug in die Vergangenheit schon wieder vorbei.

Wieder zurück zum letzten Abzweig geht es dort nach rechts mit unserer Tour weiter, wir halten uns an die **Canyon**-Hinweise und schon vor der Brücke über die ***Sölvbacka strömmar*** findet man erfreulicherweise Stellplätze. Nun begleiten wir diesen malerischen Sprudel-Fluss und biegen dazu hinter der Brücke links ab. Nach einigen Angler-Parkbuchten halten wir 3,3 km nach dem letzten Abzweig links an einem etwas größeren und offensichtilich „amtlichen“ Platz, wie sein Name vermuten lässt:

(053) WOMO-Stellplatz: Husvagnsparkering

GPS: N 62° 47‘ 01.5“ E 13° 18‘ 08.2“.
Max. WOMOs: 1-2.
Ausstattung: Feinschotterparkplatz, Feuerstellen im Wald.
Beschreibung: Schöner Blick hinab auf die Stromschnellen, Weg hinunter zu den Angelstellen am Sprudelfluss. Herrliche Natur anbei. Es rauscht deutlich vernehmbar.
Zufahrt: Siehe Text.

Einige freundliche Stellplatz-Buchten und 3,2 km Schotterstraße weiter wollen wir uns bei ***Fahlvik*** die Fluss-Szenerie einmal von der Nähe

anschauen und nehmen den Trampelpfad durch den Wald links hinunter. Was für eine Idylle! Breit und munter plätschert der Angelfluss vorbei, am Ufer blühen bunte Blümchen, Vögel zwitschern und Fische springen. Nach weiteren 2,5 km haben wir am Ende vom ***Över-Grucken*** noch ein besonders feines Plätzchen mit herrlichem Ausblick in die Landschaft bis zum fernen Gebirge gefunden, das wir nachfolgend verewigen möchten.

(054) WOMO-Stellplatz: Över-Grucken

GPS: N 62° 48‘ 42.1“ E 13° 23‘ 06.5“. **Max. WOMOs**: 1-2.

Ausstattung: Etwas größere Park-Beule am Hochwald links der Piste auf einer Landzunge oberhalb des Sees, Feuerstelle.
Beschreibung: Schönes Areal am Wasser, einsam. **Zufahrt**: Siehe Text.

Nun hat die Schotter-Episode bald ein Ende, nach 3,8 km halten wir uns hinter dem Steinbruch links, überqueren dann breites Wasser und fahren 300 m später rechts weg und das endlich wieder auf Asphalt. Jetzt sind wir in ***Jämtland*** und wer sich vorstellen kann, für einen 11-km-Abstecher hoch auf die Alm schon wieder mit Naturstraße konfrontiert zu werden, der kommt mit uns hinauf zum ***Galå Fjällgård***, wo ***Miriam*** und ***Christoph Schenk*** mit ihren Kindern ***Hannes*** und ***Elina*** ihren Traum von einem Leben in der schwedischen Natur verwirklicht haben. Hier oben haben sich die Franken eine neue Existenz aufgebaut: Sie vermieten gemütliche Blockhäuser an ruhehungrige Urlauber und sogar an Wohnmobilstellplätze haben sie gedacht. Vielleicht suchen Sie ja gerade genau so einen Platz in traumhaft abgeschiedener Lage?

(055) Offizieller WOMO-Stellplatz: Galå Fjällgård

GPS: N 62° 50‘ 31.5“ E 13° 49‘ 32.3“. **Max. WOMOs**: 5-6.
Ausstattung: Geschotterte Wohnmobilplätze, Strom, Picknickbänke, Servicegebäude mit WC und Dusche, Camper-Freiluft-Spüle mit heißem Wasser, Kinderspielplatz, Kletterwand, Grillhütte mit Mückenvorhang, Verkauf von selbstgemachter Marmelade sowie Rentier- und Elchfleisch aus dem Samidorf, Trinkwasser-Schlauch (WOMO „duschen“ erlaubt!), Abwasserentsorgung, Kassettenentleerung, Broschüre mit Wandervorschlägen, Fahrrad- und Kanu-Vermietung, Angel-Lizenzen. Gebühr 2022: 300 SEK/Nacht, ab 2 Nächte 200 SEK/Nacht. Strom, WLAN und Waschmaschinen-Nutzung kosten extra. Infos: gala-fjallgard.com.

Beschreibung: ***Christoph Schenk*** hat einen überaus kenntnisreichen Wanderführer über das ***Orviksfjällen*** geschrieben, also über die großartige Landschaft der Umgebung. Kann man hier kaufen. Sehr nützlich!
Zufahrt: 23 km nach dem letzten Abzweig, kurz vor **Börtnan**, links weg, ansonsten siehe Text.

Wieder unten und links auf die Asphaltstraße abgebogen empfehlen wir dringend, nach 700 m beim Ortseingang von **Börtnan** bei ***Börtnans Fjällvattenfisk*** (Mo-Fr 8-16 Uhr, N 62° 45' 17.3" E 13° 50' 02.8") reinzuschauen, dem berühmtesten Fischladen der Region.
Schon 6 km dahinter gibt es am ***Lill-Börtnen*** ein weiteres **WOMO**-Idyll, und zwar direkt am See.

(056) WOMO-Campingplatz: Pintorps

GPS: N 62° 42' 57.0" E 13° 55' 07.6". **Max. WOMOs**: >5.
Ausstattung: Sehr schön gelegener wie preiswerter Naturcampingplatz, 200 m rechts der Tourstrecke, Stellplätze am Badesee, urtümliche Kassetten-Entleerung, Picknickbänke, Feuerstellen, Müllbehälter.
Beschreibung: Gebühr 2022: 100 SEK/Nacht
Zufahrt: Siehe Text, final schmaler Fahrweg durch den Wald.

Auf den nächsten 35 km tut sich nicht viel, man schnürt sehr flott auf guter Straße mit Blick auf die Berge durch den Wald, sieht in **Skålan** schmucke Holz-Häuser, dann gelegentlich wieder Wasser und für diese Gegend auffällig geschniegelte Dörfer. Schließlich biegen wir nach links auf die **45** und werden sogleich in **Åsarna** begrüßt, einer Hochburg der schwedischen Wintersport-Elite, vor allem aber die Heimat von ***Thomas Wassberg***, dem unvergessenen Welt-Star des Skilanglaufs. Einen lohnenswerten Anlaufpunkt hat man mit dem ***„Åsarna Skicenter"*** (8-20 Uhr) gleich rechts schnell gefunden. Im Gasthaus gibt es das preiswerte ***Dagens rätt*** als kalt/warmes Büfett sowie einiges, den Orts-Heroen ***Thomas Wassberg*** betreffend zu sehen, der hier vielfach triumphierend von den Wänden lächelt. Genau dieser Jahrhundert-Sportler war es, der 1980 beim berühmten „Wo ist Behle?-Rennen" von ***Lake Placid*** denkbar knapp mit einer Hundertstelsekunde Vorsprung vor dem Finnen ***Juha Mieto*** Olympiasieger über 15 km wurde. Leider ist wohl in letzter Zeit die vormalige Traditionsstube etwas „unter die Räder gekommen", denn die Erinnerungsstücke wie seine Skier, Stöcke, Bindungen und Schuhe findet man an wenig prominenten Stellen im Gebäude verteilt. Dafür hat ein mittelmäßig attraktives Outlet-Center für Sport- und Freizeit-Klamotten im Riesenzelt anbei jetzt Priorität. Schade!

Wer hier etwas länger verweilen möchte, kann gleich hinterm Haus auf dem **Campingplatz** vom ***Åsarna Skicenter*** **[057**: N 62° 38' 26.2" E 14° 22' 17.0"] einchecken, doch wir wollen noch die Sehenswürdigkeiten der Umgebung von **Åsarna** erkunden. Dazu fahren wir ein kurzes Stück Tourroute rückwärts, biegen also beim Ortseingang **rechts/Ljungdalen** ab, verlassen diese Straße aber nach 900 m gleich wieder nach **links** zur **Stenvalvbro**, um nach weiteren 900 m den rauschenden ***Ljungan*** auf diesem Prachtstück von Steinbogen-Brücke zu überqueren. Direkt dahinter kann man links am Picknickplatz (N 62° 38' 17.2" E 14° 20' 48.9") parken und das Meisterwerk von 1852 mit seinen 24 m Spannweite einmal von der Nähe betrachten oder am Ufer entlang steigen und dem beeindruckenden ***Åsarnforsen*** etwas näher kommen. Sie erleben auch gerade so einen sonnigen Abend wie wir? Dann kommen Sie mal mit zur ***Gamla kyrka*** von **Åsarna** (N 62° 39' 48.7" E 14° 20' 42.1")! Wieder unten im Ort fahren wir 600 m hinter dem ***Åsarna Skicenter*** nach **links/Gamla k:a** den Berg hinauf, an Sportstätten und dem Skigymnasium vorbei und parken genau 3 km nach dem Abzweig am Ziel. Die stolze Holzkirche thront oben ganz erhaben über allem, das weiche Abendlicht flutet durch die hohen Fenster und lässt die Kristall-Lüster funkeln. Von der eher schlicht gehaltenen Ausstattung fallen vor allem die Details auf: das schöne Altarbild, die farbigen Fenster darüber und die wuchtigen Eisenöfen. Dann drücken wir am Eingang das Knöpfchen 3 für die Infos in deutscher Sprache, die mit einem Stück Orgelmusik beendet werden. Wir sind hier oben ganz alleine, lauschen ergriffen und genießen dabei beim Blick aus dem Fenster eine Traumlandschaft mit Wiesenhang, See und bewaldeten Hügeln.

TOUR 3
Östersund
Detail-Karte im Text
Storsjön
Brunflo
Meteoritcenter
Pilgrimstad
Pilgerquelle
Hålbergsgrotte
Gällö
Skolmuseum
Ström-Museum
Bodsjö
Tandsbyn
Hackås
Orrviken
Moose Garden
Svenstavik
Hoverbergs-grotte
Skålan
Åsarna
Börtnan
Torsborg
Storsjö
Ljungdalen
Krokom
Mus-Olles-Museum
Ytterån
Arvesund
Trånsv.
Alsen
Älgriket
Änge
Tulleråsen
Bredbyn
Lillholmsjö
Föllinge
Laxsjö
Orchideen-sumpf
Järpen
Mörsil
Kretslopshuset
Ristafallet
Bonäs-hamn
Kall
Fröa gruva
1420 m
Åre
Duved
Choklad-fabrik
Karoliner-monument
Tänn-forsen
Konäs
Kall-sjön
Böle
Steinbogen-brücke Asån
50 km
N

TOUR 3 (ca. 700 km)

Hackås - Orrviken - Bodsjö - Pilgrimstad - Östersund - Frösön - Mörsil - Åre - Kallsjön - Laxjö

Stellplätze:	Hoverberg, Svenstavik, Orrviken, Åkerviken, Östersund, Frösön, Trångsviken, Arvesund, Ristafallet, Fröa Gruva, Tännforsen, Kallsjön-Runde, Alsensjön, Bredbyn, Hårkan, Forsåsen, Laxsjö.
Campingplätze:	Hoverberg, Frösön, Ristafallet, Kallsedet, Konäs.
Baden:	Storsjön, Forsaleden, Trångsviken, Kallsjön, Alsensjön, Bredbyn, Laxsjön.
Besichtigen:	Hoverbergsgrotte, Kirche in Hackås, Moose Garden, Locknekratern Meteoritcenter, Boddas Bönhus, Strömmuseum, Skolmuseum, Pilgerquelle in Pilgrimstad, Östersund, Frösön, Mus Olles Museum in Ytterån, Kretsloppshuset in Mörsil, Fröa Gruva, Åre, Karolinermonument, Tännforsen, Glösa Älgriket, Forsåsens Orchideensumpf.

Ob man nun schon in ***Schottland*** war oder nicht: Jeder kennt das Ungeheuer vom ***Loch Ness***, auch ***Nessie*** genannt. Gutes Marketing der dortigen Tourismusindustrie! Da muss man in **Östersund** noch ein wenig dran arbeiten, denn der Rummel um das ***Storsjöodjuret***, das Ungeheuer vom ***Storsjö***, das noch nicht einmal einen richtigen Namen besitzt, ist noch ausbaufähig. Doch ansonsten läuft alles strikt nach schottischem Modell: Erste Sichtung durch einen Priester schon vor Jahrhunderten, man weiß nicht genau, was es ist, aber immerhin steht das Monster unter Naturschutz, es gibt Augenzeugenberichte mit Sichtungsstatistik (wann? wo?), eben das volle Programm. Rings um den See wurden offizielle Beobachtungsstellen eingerichtet, so sieht man regelmäßig Hinweise zu ***Storsjöodjursspaning*** und genau so einem Hinweis folgen wir demnächst auch, denn für eine schöne Aussicht sind **WOMO**-Leser doch immer zu haben, oder? Wir sind unterwegs zum südlichsten Beobachtungspunkt, dem ***Hoverbergstoppen***, verlassen also die **45** nach links zur **321/Svenstavik**, bleiben dieser Straße bis **Hoverberg** treu und haben den imposanten Bergklumpen schon im Visier. Im Ort biegen wir zu den Sehenswürdigkeiten nach rechts ab und passieren sogleich den kleinen **Campingplatz Hoverbergs Båthamn** rechts [**058**: N 62° 48‘ 36.6“ E 14° 26‘ 26.8“] mit schönen Plätzen am Wasser. Gleich 500 m danach geht es für uns rechts weg,

um schließlich 3,5 km danach links 3 km den Berg hinaufzuschnaufen. Oben im liebevoll geführten und urgemütlichen Ausflugs-Gasthaus ***Topstugan*** (10-17 Uhr, 548 m ü.M., 2022: Geschlossen wegen Bauarbeiten) knistert der Kamin, es gibt Kaffee und Kuchen, aber auch ein kleines feines Speisensortiment und neuerdings sogar einen richtigen Skywalk, dazu gegenüber noch den Beobachtungsturm (2022: Gesperrt) für ein geniales See-Panorama und ein Stück unterhalb sogar Platz für die **WOMO**-Nacht.

(059) WOMO-Picknickplatz: Hoverberg (520 m ü.M.)

GPS: N 62° 49‘ 45.6“ E 14° 25‘ 46.3“.
Max. WOMOs: 2-3.
Ausstattung: Picknickbänke, Feuerstelle mit Holzvorrat, Info-/Picknick-Hütte mit Relief des Wandergebietes, Wanderwegenetz, tagsüber Toilette beim Turm, Gastronomie anbei.
Beschreibung: Parkraum vor der letzten Kurve rechts auf Rasenschotter und auf Asphalt kurz danach,
Zufahrt: Siehe Text.

Wenn man unten nach links weiter fährt, kann man den Berg komplett umrunden, kommt an der ***Hoverbergsgrotte*** (Juni -August 10-20 Uhr, Eintritt ab 12 Jahre) vorbei und findet gleich noch zwei ganz unterschiedliche Übernachtungsplätze: Eine kleine **Campingwiese** mit Grundausstattung direkt gegenüber der Grotte [**060**: N 62° 49‘ 50.9“ E 14° 24‘ 57.5“] und wenn man 200 m danach rechts abbiegt nach 400 m rechts einen schlichten **Badeplatz** [**061**: N 62° 49‘ 37.4“ E 14° 24‘ 38.4“] an einer Bucht vom ***Storsjön***.

In **Hoverberg** biegt man an der Ortskreuzung nach rechts und dann zur **321** nach **Svenstavik** links ab, wo man im Ortszentrum mal besichtigen kann, wie ein Städtchen Wohnmobil-Urlauber anlockt, indem man etwas dafür investiert: ein echte WOMO-Oase mit allem Zubehör.

(062) Offizieller WOMO-Stellplatz: Svenstavik

GPS: N 62° 46' 01.3" E 14° 26' 08.1".
Max. WOMOs: 4+X
Ausstattung: 4 markierte Wohnmobilstellplätze auf Asphalt plus Plätze am Rand, Picknickbänke auf der angrenzenden Wiese, Strom, Servicegebäude mit WC, Kassettenentleerung, Müllbehälter, Hinweistafel (auch auf deutsch) zu Einkaufs- und Einkehrmöglichkeiten in der Nähe.
Beschreibung: Platz ist auf 4,5 t begrenzt. Zentrale Ortslage, Bahnschienen anbei. Gebühr 2022: 200 SEK/Tag inkl. Strom, nur V/E für 100 SEK. Zuletzt große Baugrube in direkter Nachbarschaft. Wenn das Seniorenheim fertig ist, muss man sehen, wie es mit dem Stellplatz weitergeht.
Zufahrt: Siehe Text, 400 m nach dem Abzweig rechts.

Keine 150 m hinter den Bahnschienen folgen wir dem Hinweis **45/Östersund** nach links und rollen nun flott durch den Wald. Nach 18 km geht es die erste Einfahrt nach **Hackås** links rein und 1 km danach links zur ***Hackås kyrka*** den Hang zum See hinunter. Der hölzerne Glockenturm macht optisch zunächst mehr her, doch die Kirche aus dem 12. Jahrhundert, die einzige Apsidenkirche Nordschwedens, ist die eigentliche Sensation. Sie überrascht den Besucher mit ihrer überaus

prächtigen Ausstattung und großflächigen Kalkmalereien, den ältesten ***Jämtlands***. Auf Knopfdruck ertönen deutsche Erklärungen, und sogar in der Sakristei lässt sich noch so manch erstaunliches Detail entdecken. Etwas unterhalb führt der ***St. Olofsleden*** am See entlang, und vom Bootsanleger aus kann man das Ganze von der Wasserseite aus betrachten oder sich bei schönem Wetter auf die Bank setzen und mit Blick auf den ***Storsjön*** hübsch die Seele baumeln lassen. Gleich oberhalb findet man das ***„Pilger-Café Himmelriket“*** (Ende Juni bis Ende Juli Di-So 10-16 Uhr), wo man bei der Parkplatzsuche sowieso landet.

Beim ersten Abzweig 600 m oberhalb geht es nach links weiter durch den Ort, der Blick schweift über den See und wir halten uns immer Richtung **Orrviken**, biegen dann also vor der Brücke rechts ab und fahren auch mal direkt am Ufer entlang, wo sich die Wellen des Sees brechen. Schmucke Dörfer und Blümchenwiesen erfreuen das Auge und hocherfreut registrieren wir ein (für uns) neues WOMO-Quartier rechts oberhalb.

(063) Offizieller WOMO-Stellplatz: Orrviken Bygdegård

GPS: N 63° 06‘ 05.5“ E 14° 26‘ 11.0“. **Max. WOMOs**: 5+X.

Ausstattung: Parkareal auf Schotterrasen beim Gemeindehaus, WC und Latrine im Haus, Picknickbank, Feuerstelle.
Beschreibung: Ruhige Lage, schöner Blick auf den See.
Gebühr 2022: 100 SEK oder 10 EUR, bar im Umschlag in den Briefkasten
Zufahrt: 15 km nach Abzweig vor der Brücke 150 m nach rechts hinauf

Nur 1,4 km auf der Uferstraße weiter folgen wir dem Hinweis zur Elch-Farm ***Moose Garden*** nach rechts, (N 63° 06‘ 39.7“ E 14° 26‘ 28.0“; Öffnungszeiten 2022: Ende Juni bis Mitte August täglich 10.30 bis 15 Uhr, 11 und 13 Uhr geführte Touren, Anfang

Juni nur sonntags 11 Uhr. Eintritt: Erw.: 225 SEK, 8-15 Jahre 100 SEK, bis 7 Jahre frei. Aktuelle Infos: moosegarden.com). Der Herr der Elche, der weltweit bekannte Elch-Experte ***Sune Häggmark***, ist seit 2015 im (Un-)Ruhestand und sein Sohn ***Emil*** hat den Betrieb übernommen. Die geführten Touren zu seinen Schützlingen sind ausgesprochen unterhaltsam, sehr lehrreich und für Jung und Alt ein unvergessliches Erlebnis. Hier leben derzeit 6 zahme Elche, die so schöne Namen tragen wie ***Stina, Potter und Elvira***, und man erfährt, dass die Elchlosung komplett aus Zellulose besteht, so dass daraus originelles Papier hergestellt werden kann. Dann geht's gemeinsam ins Gehege, wo die Kälber die Flasche kriegen und die Großen lecker matschige Kartoffeln schmatzen. Die imposanten Tiere kann man sogar streicheln, hat danach aber ordentlich eingefettete Hände, was gut für die Haut sein soll. Im Anschluss kaufen wir in der ***Butik*** noch kleine Kunstwerke sowie eine 5-EURO-Blüte aus „Elch-Papier“, womit bewiesen wäre, dass man aus Scheiße Geld machen kann. Die deutsche Biathlon-Nationalmanschaft war mal hier zu Besuch und man hat gemeinsam Waffeln mit Elch-Milch gebacken. Am nächsten Tag gab es Gold für Deutschland. Magic!
Nach weiteren 7,5 Tourstraßen-Kilometern besteht die Chance, diese Tour entscheidend abzukürzen, wenn man **links/Östersund** abbiegt, doch wir wollen Sie zu einer „Südschlaufe“ mitnehmen, auf der es um Geschichte, Naturschönheiten und Abenteuer geht. Also eine spannende Route, wenn auch gelegentlich abseits der Asphaltpisten (Nur Mut!).
Wir lassen also den Abzweig sausen, fahren geradeaus weiter, am Seezipfel namens ***Brunfloviken*** entlang und auf der kreuzenden **45** nach **rechts/Mora**. Ein interessanter Abstecher

bietet sich nach 3,7 km in **Ängsta** an, denn nach links sind es nur 2 km zum ***Locknekratern Meteoritcenter*** (N 63° 01' 35.2" E 14° 47' 37.5"; 2023: 4.7. bis 13. 8. Di-So 13-17 Uhr, Eintritt, locknekratern.se). Vor 458 Millionen Jahren schlug in dieser Gegend ein seltener Zwillings-Meteorit ein. Rund um dieses Thema gibt es hier umfassendes und familientaugliches Infotainment.

Auf gleicher Strecke zurück zur **45** geht es auf dieser links weiter, doch schon nach 4,6 km fahren wir **links/Tandsbyn** ab und nach weiteren 2,3 km geht es erneut links weg nach **Bodsjö**. Erfreuen Sie sich an der asphaltierten Straße, denn gleich geht's bis zur nächsten Station ***Boddas bönhus*** auf 19,5 km ziemlich schlimmer Naturpiste weiter, dafür aber durch liebliche Landschaft mit Wald und Seen. Bei aller Erhabenheit dieser stattlichen gelben Holz-Kirche versteckt sich die Attraktion des Ortes hinter ihr am Seeufer: eines der ältesten Holzgebäude Nordeuropas, besagtes Kirchlein ***Boddas bönhus*** aus dem 11. Jahrhundert. „Was denn? Der ganze olle Weg für diesen Schuppen hier" höre ich den Fahrer mosern. Oh nein, gleich bringe ich Sie zu einem extra idyllischen Plätzchen ganz in der Nähe. Dazu erst einmal die 400 m wieder hoch, dann **rechts/Gällö** folgen, sogar zwischendurch etwas Asphalt vor und hinter der Brücke, nun noch 2,6 km „naturell", dann nach **links/Åkerviken** und noch 1,3 km auf Grobschotter durch den Wald zum See, wo man es in der Ferne schon verheißungsvoll rauschen hört.

(064) WOMO-Wanderparkplatz: Åkerviken

GPS: N 62° 51' 25.8" E 15° 00' 17.0".
Max. WOMOs: 2-3.
Ausstattung: Picknick-Bänke, Feuerstelle, Schutzhütte, Angelmöglichkeiten, Trocken-Klo, idyllische Stellplätze im Wald und am See, manchmal einsam, Stromschnellen-Wanderweg ***Forsaleden***.
Beschreibung: Ein schöner Flecken Natur. **Zufahrt**: Siehe Text.

Wandertipp: Forsaleden-Runde (4,2 km/1,5 h)
Direkt vor der **WOMO**-Tür beginnt unsere kleine entzückende Wanderung auf dem ***Forsaleden*** mit blauer Markierung. Auf einem Stein- und Wurzelpfad streben wir dem magischen Rauschen entgegen, es geht über

Felsenplatten und Holzbohlen und nach 15 min an der Gabelung nach rechts. Der Weg führt zu den Stromschnellen und auf Brückchen quer über sie hinüber. Von dieser Szenerie kann man gar nicht genug kriegen. Auf der anderen Seite dann links stromaufwärts auf blauer Markierung weiter auf Felsenwegen und durch spärlichen Wald voller ***Lichen***-Flechten, dem Lieblingsfutter der Rentiere. Nach 30 min auf dieser Seite geht es wieder nach links mit Brückchen über's Wildwasser und drüben nach links zurück Richtung **WOMO**. Kurz hinter der roten Miet-Hütte findet man noch eine Biwak-Hütte am Fluss, doch die brauchen wir nicht, denn wir kommen noch vor dem drohenden Gewitter zum Stellplatz zurück und erfreuen uns später an einem kräftigen Regenbogen.
Tipp: Feste Schuhe tragen!

Nun also erst einmal zurück durch den Wald und nach links auf dem Fahrweg weiter. Nach 500 m gibt es endlich wieder Asphalt, wir halten uns **links/Gällö**, wo vor der Brücke über den ***Herrevadströmmen*** schon das neue ***Strömmuseum*** (N 62° 50‘ 50.1“ E 15° 01‘ 22.6“) auf Besucher wartet. Das ***kleinste Museum Schwedens***, das mit Fotos und Exponaten an die Flößer-Zeit erinnert, ist auf die andere Seite der Brücke umgezogen. Die 8 m² Ausstellungsraum im alten Häuschen waren dann wohl doch zu knapp. Als Souvenir kann man sich einen Pilgerstempel mit springendem Fisch ins Bordbuch drücken, denn wir reisen gerade auf der alten Pilgerroute, dem ***St. Olofsleden***, der auf 480 km von ***Selånger*** nach ***Trondheim*** führt, wofür einschlägige Wanderpläne 29 Tage vorsehen.
Nunmehr auf Asphalt gen **Revsund** unterwegs genießen wir für's Auge extrem wohltuende Landschafts-Bilder mit Wiesen, Felsenbergen und Seen und halten uns dann weiter Richtung **Gällö**, wo man gegenüber vom ICA-Markt das ***Skolmuseum*** (N 62° 54‘ 51.4“ E 15° 14‘ 00.3“, Sommersaison) besichtigen kann samt Kerkerloch aus seiner Zeit als Gerichtsgebäude.

Etwa 500 m weiter stößt man auf die **E14**, auf die wir nach **links/Östersund** abbiegen. Nach exakt 9,4 **E14**-Kilometern (Nicht vorbeirauschen!) parken wir (vor dem Blitzer) **links** und rüsten für eine Tour zur ***Hålbergsgrotta***, denn es ist mal wieder Zeit, sich die Füße zu vertreten. Für Klein-**WOMO**s der „Bully-Klasse“ findet sich hinter der Bahn-Unterführung sogar noch ein nettes Plätzchen zum Stehen.

Wandertipp: Hålbergsgrottan (2,4 km/1-2 h, je nach Pause)
Wir stiefeln durch die Unterführung und auf dem Fahrweg los, folgen der roten Markierung über eine kleine Bach-Brücke nach links und dann geht`s auf einem Trampelpfad mit Bohlen immer der Markierung (rotes Kreuz) nach. Der heimelige Wald, an den wir uns erinnern, ist vor ein paar Jahren umfassend abgeholzt worden, so wandern wir mit immerhin freier Sicht auf den See rechts unten über den fast kahlen Hang, entdecken unterwegs ein ***Pilgersofa*** aus Massivholz und stapfen schließlich rechts hoch durch den Restwald zu unserem Ziel, einen Felsen mit Loch. In dieser 11 m langen Grotte soll im 15. Jahrhundert ein „Outlaw“ gewohnt haben, und sogar ein kleiner Schatz wurde hier gefunden. Wenn ihre Kinder mutig genug sind, dann sollen sie doch mal reinkrauchen und Entdecker spielen! Geht man an der Höhle vorbei auf dem Pilgerweg zum ***Anviksjön*** hinunter, hält sich nach rechts in Ufernähe und quert das mündende Bächlein, gelangt man zu einem idyllischen Rastplatz mit Feuerstelle am See (N 62° 56‘ 43.2“ E15° 05‘ 49.5“). Hier kann man dann gepflegt picknicken, baden gehen und die gefundenen Schätze teilen. Folgt man von hier aus dem Pilgerweg (Trampelpfad) querab hinauf durch den Wald, stößt man gleich wieder auf den bekannten Weg ganz in der Nähe des ***Pilgersofas*** und hat nun keine Mühe, nach links zurück zum WOMO zu finden. **Tipp:** Taschenlampen, ordentliches Picknick, Badesachen und Mückenschutz einpacken!

WOMO-Cache Nr. 17

GPS: N 62° 56‘ 39.8“ E 15° 06‘ 02.4“. **Schwierigkeit**: leicht.
Tipp: Den Schatz nicht in den Tiefen der Grotte suchen (das wäre gemein) sondern im Bereich des Eingangs.

Genau 3,7 km danach ist schon wieder Pause, wir kommen in **Pilgrimstad** an, und wie es sich für ein Örtchen mit so stolzem Namen geziemt, gibt es hier etwas für Pilger: Die ***Pilgrimskälla*/Pilgerquelle**. Man findet sie unter Bäumchen auf gepflegtem Park-Rasen, nachdem man zuvor 700 m nach dem Ortseingangsschild für 300 m den Hinweisen nach rechts nachgefahren ist. Wir probieren selbstverständlich vom leise sprudelnden Labsal, denn dieser Quelle wird eine (vermutlich universell) heilende Wirkung nachgesagt.

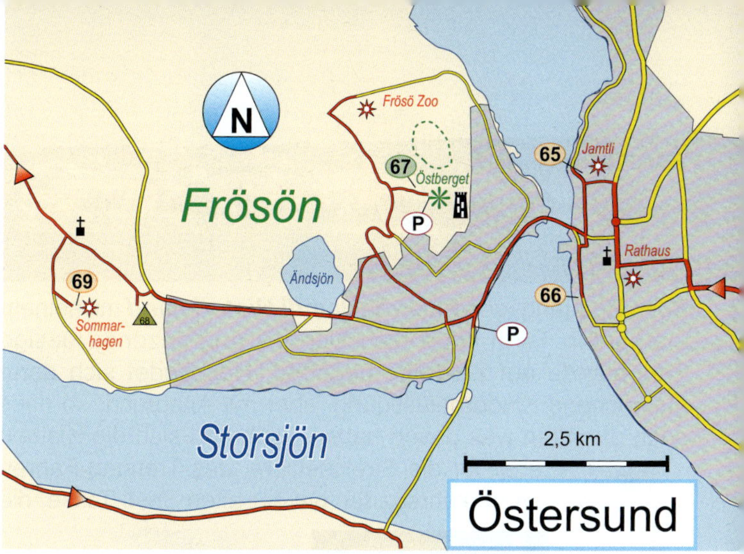

Schon sind wir im Anflug auf **Östersund** und das tatsächlich auf einer Landebahn-ähnlichen Piste, der neuen Stadtautobahn. Die einzige Stadt in ***Jämtland***, sinnvollerweise auch deren Hauptstadt, gehört zu den schönsten in diesem Buch und auch zu unseren persönlichen Favoriten. Man fühlt sich einfach wohl hier: Abwechslungsreiche Landschaft mit Bergen und viel Wasser, ein interessantes Stadtbild, spannende Sehenswürdigkeiten und dazu durchaus brauchbare **WOMO**-Plätze für jeden Geschmack. Wir nehmen die Ausfahrt **Östersund C/Frösön/87**, halten uns immer Richtung **Zentrum**, lassen uns nach **Jamtli** führen und kommen am stolzen Backstein-***Rathaus*** (Foto S.70) vorbei. Am besten gleich rechts den Parkplatz entern und diesen Prachtbau ausgiebig bestaunen. Bei der Weiterfahrt landet man sogleich beim Besuchermagneten der Stadt: ***Jamtli Historieland*** (2022: Ende Juni bis Ende August tgl. 11-17 Uhr, restl. Jahr eingeschränkt, Mo zu, aber Mi bis 20.30 Uhr, Eintritt, bis 18 J. frei, jamtli.com). Falls der (kostenpflichtige) Hauptparkplatz voll sein sollte, dann parken Sie (frei) 100 m weiter bei den Sportstätten neben der Straße (N 63° 11‘ 16.8“ E 14° 38‘ 22.3“) oder fahren Sie in Richtung der inzwischen leider auch physisch (mit kleinen Felsen) gesperrten vormaligen (lange Zeit geduldeten) WOMO-Sammelstelle auf der Landzunge am See und parken legal **<u>vor</u>** den Schienen rechts.

(065) WOMO-Stellplatz: Jamtli

GPS: N 63° 11‘ 12.0“ E 14° 37‘ 55.2“. **Max. WOMOs**: 3-5.
Ausstattung: Öffentlicher Parkplatz ohne Beschränkungen und Gebühren.
Bechreibung: In der Nähe der Bahnlinie. Lärmbelästigung möglich.
Zufahrt: Direkt vor ***Jamtli*** links den **Arkivvägen** hinunter, am Ende nach rechts, dann Parkplatz in 50 m.

Beim Empfangsgebäude von ***Jamtli Historieland*** mit seinem markanten Turm kann man sich ins angrenzende riesige Freigelände auf Zeitreise begeben. Hier findet sich dann ausreichend Kinderbelustigung, aber mit Anspruch, so dass auch die Alten was davon haben. Während sich die Kleinen eher für die Streicheltiere, das Tretauto-Fahren im Verkehrsgarten bei der alten Shell-Tanke, die

Eisenbahn-Rundfahrten und das Bühnenprogramm interessieren, werden die Eltern vom überraschend echt vorgeführten Landleben verschiedener Zeitepochen begeistert sein. In wunderschönen, historisch original ausgestalteten Holzhäusern wird Brot gebacken, Käse gemacht und noch manches mehr an Handwerk zelebriert: „begreifbare" Zeitgeschichte, nicht nur für Kinder.

Der 2018 fertiggestellte Holzkasten-Anbau beherbergt das ***Nationalmuseum Jamtli*** mit Kunstausstellungen und Gallerien, doch am meisten beeindruckt uns hier immer noch die

Daueraustellung im Untergeschoss zur Geschichte dieser Region mit der faszinierenden Wikinger-Ausstellung samt Film und dem berühmten ***Bildteppich von Överhogdal*** aus dem 12. Jahrhundert.
Bevor wir die ***Frösöbro*** erklimmen und hinüber zur Insel ***Frösön*** wechseln, sei der Vollständigkeit halber noch ein diesseitiger WOMO-Treffpunkt direkt am Seeufer dokumentiert:

(066) WOMO-Stellplatz: Seepromenade

GPS: N 63° 10‘ 28.2“ E 14° 37‘ 50.9“. **Max. WOMOs**: 5-10.
Ausstattung: Auf der südlichsten Parkplatzabteilung am Ufer – auf dem durch Grün unterteilten Parkplatz den hinteren Parkplatzbereich nutzen – stehen aktuell zahlreiche Wohnmobile, wohl auch über Nacht. Davor die Seepromenade mit Bänken, citynah, gut geeignet für WOMOs bis 7 m Länge, Gebühr Mo-Sa 9-18 Uhr So 9-15 Uhr. Der offizielle Parkplatz für Caravans (und wohl auch für WOMOs) ist am Rande der Zufahrtsstraße parallel der Schienen ausgewiesen, aber nicht wirklich zu empfehlen.
Beschreibung: Auch durch die nicht für möglich gehaltene dichte Wohnbebauung in direkter Nachbarschaft hat sich hier nichts verändert.
Zufahrt: Den ***Arkivvägen*** hinunter und dann auf der ***Köpmangatan*** links stadteinwärts, unter der Straßen-Brücke durch (3,60 m), dann rechts weg zum Bahnhof, dann die ***Strandgatan*** nach links und schließlich auf den letzten Parkplatz rechts rauf.

Nun aber zur Insel ***Frösön*** hinüber, die auch einiges zu bieten hat. Also elegant **rechts/Frösö k:a** halten und gleich darauf links am Wasser entlang rollen. Schöne Aussicht gefällig? Für ein Stadtpanorama (Fotos oben) lohnt sich ein kurzer Abstecher Richtung ***Vallsundsbron*** zum Info-Parkplatz (N 63° 10‘ 12.9“ E 14° 36‘ 35.6“), und für die totale Übersicht kommen Sie mal mit auf den Berg hoch immer den Hinweisen **Frösötornet/Utsiktstorn** entlang. Nach einem letzten knackigen Anstieg hat man den formschönen Holzturm (N 63° 10‘ 59.3“ E 14° 35‘ 48.6“, tgl. 11-17 Uhr, Nebensaison 11-16 Uhr, Eintritt wird im Café gezahlt) erreicht, dann einen bequemen Lift nach oben und schließlich einen phänomenalen Rundblick ins Land.

(067) WOMO-Wanderparkplatz: Östbergets Naturstig

GPS: N 63° 11' 08.0" E 14° 35' 45.8". **Max. WOMOs**: 2-3.
Ausstattung: Asphalt-Parkplatz am Wald, Info-Tafel, Müllbehälter, Wanderwege, Aussicht.
Beschreibung: Zuletzt sah der Parkplatz leider etwas „unbetreut" aus.
Zufahrt: Platz liegt an der Auffahrt zum **Frösötornet/Utsiktstorn**, 350 m oberhalb vom Abzweig vom **Byvägen** 50 m links rein.

Ganz in der Nähe gibt es noch den ***Frösö-Zoo*** samt sonstigem Familien-Vergnügen, wir nehmen unten wieder Kurs auf ***Frösö kyrka***, wo wir kurz vor dem Abzweig dorthin noch die Einfahrt zum schön gelegenen Campingplatz passieren.

(068) WOMO-Campingplatz: First Camp Frösön-Östersund***

GPS: N 63° 10' 18.2" E 14° 32' 25.0". **Öffnungszeiten**: Ganzjährig.
Ausstattung: Gute Ausstattung, gepflegter Kurzrasen mit Asphaltstreifen, leichte Hanglage, Spielplatz, Minigolf, Shop, ordentliche Sanitäranlagen, brauchbare V/E.
Beschreibung: Schöner Blick auf den See vor allem für Gäste, die keinen Stromanschluss brauchen, denn die stehen auf den hinteren Zeltwiesen, aber halt etwas schief, guter Touringplatz. firstcamp.de.
Zufahrt: Siehe Text.

Zurück zur Straße geht es nach links weiter und nach 150 m erneut links weg. Von der wunderschönen ***Frösö kyrka*** (N 63° 10' 46.4" E 14° 31' 10.1", Mo-Fr 8-20 Uhr, Sa 8-14 Uhr, So 12-20 Uhr, Nebensaison 9-15 Uhr) sieht man zunächst nur den schwarzen Glockenturm, dem gerade bei kräftiger schwedischer Sonne die Teer-Imprägnierung von den Holzschindeln tropft. Eine Besichtigung

wird dringend empfohlen, nicht zuletzt wegen der für Schweden eigentlich untypischen, fast barock anmutenden Details. Direkt gegenüber führt die Straße zu unserem nächsten Ziel

zunächst Richtung See hinab und dann nach links zum kleinen Parkplatz von ***Sommarhagen*** (Ab Mittsommer 11-17 Uhr, Eintritt, unter 15 J. frei), unser Geheimtipp für Romantiker. Hier wohnte der Komponist und Musikkritiker ***Wilhelm Peterson-Berger*** (1867-1942), ein glühender Verehrer der Musik von Mozart, Beethoven und vor allem der von Wagner. Vom Erbe seiner Mutter ließ er sich dieses Haus ganz nach seinen Wünschen bauen, und auch vieles von der Einrichtung wurde ausgesprochen individuell gestaltet. Untermalt mit Klängen seiner sanften Klaviermusik wandelt man staunend durch die Räume bis hinauf zum traumhaften Balkon. Eines der vielen liebenswerten Details sind die Fenster ohne Sprossen, durch die er die Landschaft als seine „schönsten Gemälde" zu betrachten pflegte. Im Shop gibt's dann natürlich auch CDs mit Musik vom Komponisten zu kaufen, und immer, wenn seitdem bei uns seine verspielten ***„Frösöblomster"*** erklingen, sind die Bilder von diesem zauberhaften Nachmittag in ***Sommarhagen*** sofort wieder da.

(069) WOMO-Stellplatz: Sommarhagen

GPS: N 63° 10' 21.2" E 14° 31' 14.0". **Max. WOMOs**: 1-2.
Ausstattung: Leicht schräger Asphalt-Parkplatz, Picknickbank, Seeblick, Waldesruhe, Rundwanderwege mit Bänken im Wald.
Beschreibung: Das ist der Besucherparkpatz. Bitte dezent nutzen!
Zufahrt: Siehe Text.

Oben bei der Kirche biegen wir links ab, haben den Flygplats rechts, viele Neubauten mit Hotel und Kongress-Center links, nehmen die Hauptstraße nach links und dann auch gleich Abschied von der lieblichen Insel ***Frösön***, denn wir verlassen sie mit kühnem Schwung über die ***Rödöbro***. Vom Blick über den weiten ***Storsjön*** sind wir wieder einmal schwer beeindruckt

und setzen unsere Tour durch Bauernland mit Blick auf den See und ferne Berge in Richtung **Ytterån** fort. Dort stoßen wir bald auf die **E14**, der wir nicht gleich nach links folgen, sondern kurz rechts/links über die Fernstraße wechseln, um Ihnen das reichlich verrückte ***Mus-Olles Museum*** (Ab Mittsommer tgl. 11-16 Uhr, Eintritt, Rentner ermäßigt, unter 18 J. frei, Café, musolles.com) vorzustellen. Der Mann, der **alles** sammelte, hieß eigentlich ***Per Olof Nilsson***, lebte 1874-1955, war ein Original dieser Gegend, ständig rastlos mit seinem Fahrrad unterwegs und keiner wusste, wovon er eigentlich lebt. ***Mus-Olle*** (*„Maus-Olle"*, er mochte seinen Spitznamen nicht) sammelte sein ganzes Leben lang: Verpackungen, Streichholzschachteln, Alltagsgegenstände, Briefmarken, Porzellan, Münzen und sogar besonders seltsam geformte Steine und Stöckchen. Insgesamt 150.000 verschiedene Exponate, die man gesehen haben muss. Falls Ihnen kistenweise Sachen aus Ihrem Hausrat einfallen, die hier noch unbedingt dazugehören, vergessen Sie es, wir haben schon gefragt: Die Sammlung wird nicht erweitert.

Wenn man Hinweistafeln und Werbeaushänge immer gründlich studiert, wie wir es hier am ***Mus-Olles***-Parkplatz gerade tun, entdeckt man manch interessantes neues Ziel an der Tourstrecke. Wen also gastronomisches Heimweh plagt, dem kann gleich nach 350 m auf der **E14** möglicherweise geholfen werden, denn gegenüber der Tankstelle residiert die ***Berliner Schnitzel Stuga*** (N 63° 19' 03.4" E 14° 10' 11.0"; Mo-Fr 11-18 Uhr, berliner-schnitzelstuga.se) von **Klaus & Marika**, die wir zwar nicht ausprobiert haben, aber sehr neugierig auf Erfahrungsberichte aus den Reihen der Leserschaft warten.

Nach weiteren 8,3 **E14**-Kilometern werden wir in **Trångsviken** nach links von der Piste gelockt, denn hier hat man gleich 3 ganz verschiedene WOMO-Plätze ausgewiesen.

(070-072) Offizielle WOMO-Stellplätze: Trångsviken

Für die Nutzung der Stellplätze in **Trångsviken** ist eine Gebühr zu entrichten, und zwar hier: im **Servicekontor Bygdegård** bei **(070)**: Mo-Fr 11.30-13.30 Uhr, Sa 10-12 Uhr oder im **Handlar'n**-Laden (170 m in Richtung See, Ecke Motorpsvägen/Byvägen): Mo-Fr 9-19 Uhr, Sa/So 10-14 Uhr. Plätze sind vom 1. Mai bis 1. Oktober offen.

(070) Offizieller WOMO-Stellplatz Trångsviken Bygdegård

GPS: N 63° 20' 00.5" E 14° 01' 04.9". **Max. WOMOs**: 3-5.

Ausstattung: Asphaltierte und markierte Wohnmobilplätze beim Bygdegård, hier ist das Servicekontor: WC, Dusche, Sauna, Wasser, WLAN,

innerorts, aber geschützt. Gebühr 2022: 100 SEK am Tag, Strom 30 SEK, Dusche 10 SEK, Dusche mit Sauna 30 SEK.
Beschreibung: Lunchrestaurant ***Kalaskulan*** Mo-Fr 11.30-13.30 Uhr
Zufahrt: Siehe Text, 180 m nach dem Abzweig von der **E14** noch 60 m nach links.

(071) Offizieller WOMO-Stellplatz: Trångsviken Störsjön

GPS: N 63° 19‘ 58.8“ E 14° 00‘ 19.6“. **Max. WOMOs**: >5.
Ausstattung: Schotterparkplatz am See, Badestelle, Badesteg, Feuerstelle mit Holz, Gebühr 2022: 100 SEK am Tag, außerorts.
Beschreibung: Das ist wohl eher ein Platz für den gepflegten Badespaß.
Zufahrt: Ab **(070)** zum ***Alsenvägen***, geradeaus rüber 140 m auf dem ***Motorpsvägen***, nach rechts 450 m auf dem ***Byvägen***, dann links (über die Schienen) 250 m zum Ziel.

(072) Offizieller WOMO-Stellplatz: Trångsviken Pier

GPS: N 63° 19‘ 50.8“ E 14° 00‘ 54.6“. **Max. WOMOs**: 3-5.

Ausstattung: Wohnmobilplätze auf Schotter beim Pier und am Bahnhof, Wiese anbei, Bootssteg, Picknickbänke, Wasser, Strom, WC.
Beschreibung: 4 bis 5 mal am Tag fahren die Züge der Linie Trondheim - Östersund durch. Als auf dieser Traditionsroute noch Dampfloks fuhren, hat man genau hier die Tender mit Storsjön-Wasser befüllt.
Gebühr 2022: 100 SEK am Tag, Strom 30 SEK, Dusche 20 SEK.
Zufahrt: Wie nach **(071)**, dann hinter den Schienen links und 550 m auf dem Strandvägen zum Ziel.

An Platz **(071)** vorbei erreichen wir wieder die **E14** und fahren nach links auf unserer Tourstrecke weiter. Doch vorerst nur für 5,6 km, denn dann wollen wir Sie zu einem 13-km-Abstecher zur ***Kvissleviken***, eine Bucht des ***Störsjön***, einladen. Mehrfach haben wir unterwegs den kleinen Werbe-Flyer für diesen ***„Ställplats“*** gesehen, sind neugierig geworden und dann mal hingefahren. Und: Wir sind begeistert!

(073) Offizieller WOMO-Stellplatz: Arvesund

GPS: N 63° 14‘ 08.6“ E 14° 04‘ 08.6“. **Max. WOMOs**: 26 + 6 am Hafen.
Ausstattung: Wohnmobilplätze auf Schotter mit Grünrand am See. Sanitär-Häuschen, komfortable Ver- und Entsorgung, Grillstellen, Badesteg, Bootsanleger, Wanderweg, Hafen-Café, ArveMuseet und Wasserspielplatz.
Beschreibung: Vorbildlich angelegter, ausgestatteter und gepflegter Platz. Gebühr 2022: 250 SEK/25 EUR pro Nacht inkl. Strom, WC, Dusche, Trinkwasser und Entsorgung. Der freundliche „Platzhalter“ ***Roger*** (im Knaus S-Liner 800, TOX 247) kümmert sich hier um alles und kassiert vor Ort. Infos: angarenostersund.com.
Zufahrt: Nach links auf die **321/Svenstavik** abbiegen, diese nach 7 km nach links verlassen und dann dem WOMO-Zeichen bis zum Ziel in ***Arvesund*** folgen.

Das alles hier wird von einem Verein betrieben, der sich um den Erhalt des Dampfschiffes ***„Östersund“*** (Bj. 1874) kümmert. Hier liegt also das älteste und (wie man hier sagt) wohl auch schönste (funktionstüchtige wie verkehrsfähige) Exemplar seiner Art in Schweden, auf dem sogar Schiffsführer ausgebildet werden.

Zum **Arvesund**-Ensemble gehört weiterhin das ***ArveMuseet***, ein liebevoll eingerichtetes Heimatmuseum mit einem Sammelsurium an technischem Gerät vom Fahrrad bis zum Traktor, das den technischen Fortschritt im Dienste der Menschen dokumentiert.

Idealismus, den man nicht nur leben, sondern darüber hinaus auch essen kann, begegnet uns – nunmehr zurück auf der **E14** – 14 km westwärts in **Mörsil**, wo man nach links zum ***Kretsloppshuset*** (N 63° 18‘ 33.7“ E 13° 39‘ 14.3“, Infos und aktuelle Öffnungszeiten: kretsloppshuset.com) geleitet wird. Auch wenn das erst einmal wenig aufregend klingt: Es ist ein Erlebnis für alle Sinne. Was hier 1999 als EU-gefördertes Umweltprojekt begann, hat sich mittlerweile als Öko-Treffpunkt der ganzen Region entwickelt. Dieses ***Kreislaufhaus*** ist also kein Reha-Zentrum für Gefäßerkrankungen, sondern ein farbenfrohes Ökohaus mit einem ebensolchen Blumengarten vor der Tür, der in diesen Breiten seinesgleichen sucht. Alles wurde mit dem

Ziel konzipiert, in Balance mit der Natur zu leben und zu arbeiten, es wird fast keine Energie verbraucht, im Obergeschoß werden alte schwedische Hühnerrassen gehalten, die man wegen des Düngers braucht und der Clou: Im Gewächshaus sitzen die Gäste unter Blattwerk und Weintrauben und laben sich wie wir am interessanten, überwiegend vegetarischen und selbstverständlich hausgemachten ***Dagens rätt***-Büfett. Rings um das Haus sind Gemüse- und Kräutergärten angeordnet und am Hang hinterm Haus kann man einen Rosengarten mit 180 verschiedenen winterfesten Arten bewundern. Das anfängliche Zuschuss-Projekt trägt sich mittlerweile selbst, und wenn man am Wochenende zur Mittagszeit hier einrückt, dann ist man ganz bestimmt nicht alleine. Beim Hausrundgang schauen wir auch unten beim Naturkostladen vorbei, wo man allerlei Bio-Produkte, Kosmetik, Haushaltsartikel und sogar Hühner-Kacke in Tüten (Wir erinnern uns: Superdünger!) kaufen kann und dann geht es auch schon wieder auf die Piste.

Zurück auf die **E14** kommt man nach weiteren 10 km mit Wald und See nach **Järpen**, wo man alte Wehranlagen besichtigen oder bei ***Lundhags***, dem gut sortierten Outdoor-Werksverkauf (Mo-Fr 10-18 Uhr, Sa/So 10-17 Uhr) seine Ausrüstung komplettieren kann. Beim Abzweig der **336** – wir bleiben auf der **E14** – beginnt unsere große Schlaufe im Uhrzeigersinn um den ***Kallsjön*** herum, die schließlich hierher nach **Järpen** zurück führt und wir präsentieren die nächsten Tourstationen: der schäumende ***Ristafallet*** mit zwei gegenüberliegenden WOMO-Quartieren und die ***Fröa gruva***, ein Freilichtmuseum mit Führungen durch das alte Kupfer-Gruben-Dorf samt Wanderparkplatz etwas später rechts hinauf.

(074) WOMO-Picknickplatz: Ristafallet Süd

GPS: N 63° 18‘ 42.5“ E 13° 21‘ 10.7“.
Max. WOMOs: 1-2.
Ausstattung: Wiesenparkplatz mit Feuerhütte und Picknickbank am Steilhang zum Wasserfall, Aussichts-Punkte nahebei, Rundwanderweg.
Beschreibung: Das Wassergetöse kann nachts etwas störend sein.
Zufahrt: 4,5 km nach dem Abzweig der **336 links/Hålland/Mo** abbiegen, dann nach 2,6 km rechts auf den Feldweg: 150 m zum Ziel.

(075) WOMO-Campingplatz: Ristafallet

GPS: N 63° 18‘ 45.9“ E 13° 20‘ 48.5“. **Öffnungszeiten**: Ganzjährig.
Ausstattung: Stellplätze auf Rasen, davon die erste Reihe direkt am Rauschefluss, einfache Ausstattung, Rezeption mit Gastronomie (Terrasse mit wunderschönem Ausblick), Angelmöglichkeit, Wasserfall und Wanderwege anbei, 30 Plätze, davon 24 mit Strom.
Beschreibung: Infos zu aktuellen Preisen und Öffnungszeiten: ristafallet.de.
Zufahrt: 4,5 km nach dem Abzweig der **336** links rein, noch 400 m.

(076) WOMO-Wanderparkplatz: Fröa gruva (533 m ü.M.)

GPS: N 63° 24‘ 11.9“ E 13° 12‘ 10.2“. **Max. WOMOs**: 3-5.
Ausstattung: Unterer geschotterter Parkplatz am Wald, ausgedehntes Wandergebiet, Info-Hütte, daneben Backhaus und etwas oberhalb gepflegte Bergwirtschaft mit Außenterrassen (Sommersaison 11-17 Uhr, Tages-Büfett), Museum mit geführten Touren 11.30 + 14 Uhr, Eintritt), einsam und manchmal kühl.
Beschreibung: Zuletzt hing hier ein Schild „No Camping“ mit durchgestrichenem WOMO. Die Interpretation sei jedem selbst überlassen. Parkgebühr soll man über SWISH bezahlen. Sorry!
Zufahrt: 20,1 km nach dem Abzweig der **336 i**n Åre vor einer Tankstelle rechts abbiegen, dann 7 km (davon 4 km naturell) hinauf in die Berge.

Das Wintersport-Zentrum **Åre** ist zur Alpinen Ski-WM 2007 komplett runderneuert worden. Schon bei der Anfahrt erfreuen formschöne Strommasten das Auge, man findet sich kaum noch zurecht bei den vielen neuen Straßen und Gebäuden. Unsere persönlichen Highlights in **Åre** haben wir aber sofort

wiederentdeckt: Die ***Gamla kyrka*** (Parken: N 63° 23‘ 52.0“ E 13° 04‘ 49.5“, 8-20 Uhr, der große Schlüssel hängt links der Tür), die wunderschöne Kirche aus dem 13. Jahrhundert und (noch davor) den Werksverkauf der ***Åre Chokladfabrik*** (Parken bei der Zufahrt der benachbarten Tankstelle: N 63° 22‘ 42.6“ E 13° 09‘ 10.6“, gegenüber vom ***Fröa***-Abzweig, tgl. 10-17 Uhr), dem Treffpunkt der Genießer. Vom (jüngst um eine Kaffee-Rösterei mit Kaffee-Bar erweiterten) Verkaufsraum der Fabrik, na ja, nennen wir sie mal Manufaktur, kann man hinter Glas den fleißigen Damen (und mittlerweile auch Herren) bei ihrem Tagewerk zuschauen, und diese vertrauensbildende Maßnahme samt Koste-Stückchen funktioniert bei uns richtig gut. Ergebnis: Großeinkauf von Trüffeln-Spitztüten. In kreativer Vielfalt

werden unterschiedliche Füllungen wie z.B. Molte, Blaubeere, Preiselbeere, Chilli(!) und Mint mit diversen Schoko-Varianten überzogen. Unser Favorit: Glögg mit dunkler Schokolade drumrum! Irre! Diese oberleckere Sorte gibt es leider nur noch in der Weihnachtszeit, aber erfreulicherweise auch im WEB-Shop bei arechokladfabrik.se! Nun aber weg hier und zwar ganz nach oben auf den höchsten Berg der Gegend, den ***Åreskutan*** (1420 m), doch keine Panik: Wir nehmen die ***Kabinbana***! Dazu folgen wir entsprechenden Hinweisen im Ort, biegen auf den geräumigen Parkplatz (N 63° 24‘ 08.7“ E 13° 04‘ 30.5“) und rüsten zur Bergtour. Am Vortag war Sturm, heute Mittag löst sich der Hochnebel nur langsam auf, und die Bahn fährt wieder und zwar ab 23. Juni von 10-16 (17) Uhr. In Richtung Bergstation (1274 m) sind wir mit dem Bediener zu fünft, kaum einer will dort oben in den Wolken herumtappen. Oh Wunder! Der Nebel verzieht sich, wir steigen zügig wie die Gämsen zum Gipfel hinauf, wo uns die höchstgelegene bewirtschaftete Hütte Schwedens erwartet.

Denkste! Keiner da! Man hat wohl beim dicken Morgen-Nebel heute keine Gäste erwartet!?! Immerhin dürfen wir uns hier oben eines unglaublichen Ausblicks erfreuen, bevor wir hungrig zur Bergstation zurückkehren. Mit unserer Gondel kommen ein paar Halbwüchsige mit ihren Mountainbikes und „Vollschutz“ herauf, die gleich darauf den ***Skutleden***, einen „Expert trail“ wieder herunterfahren. Aus der Kabinenbahn betrachtet eine ziemlich verrückte Nummer!

Kurz hinter **Åre** erweckt in **Duved** ein Hinweis zum ***Karolinermonument*** unser Interesse. Den Hinweisen folgend (Parken: N 63° 23‘ 34.7“ E 12° 52‘ 33.9“) erreichen wir den Obelisk auf dem Hügel mit großer Bildtafel zu seinen Füßen. Eine Schwedin steht dort auch, sieht unsere fragenden Mienen und erklärt es kurz auf Deutsch. Es ist ein Denkmal an die nationale Kriegskatastrophe von 1718/19, als 10.000 Soldaten von ***Karl XII.*** unter ***General Armfeldt*** eben mal ***Trondheim*** erobern wollten (in ***Schweden*** sagt man „taktische Invasion"). Kurz: Die Gegenwehr war heftiger als erwartet, es wurde Winter, und auf dem erzwungenen Rückzug durchs bitterkalte Wintergebirge kamen hier in der Neujahrswoche 1719 an die 3500 sommerlich ausgerüstete, ausgehungerte und total demoralisierte Soldaten in einem Schneesturm grausam ums Leben.

Von missglückten schwedischen Feldzügen zurück zu erfreulichen schwedischen Wasserfällen, wir verlassen die **E14** zur **322/Sandvika** und werden bald darauf nach rechts zum ***Tännforsen*** gelotst, den größten Wasserfall in ***Schweden***. Wir bezahlen die Avgift für die Nacht am Automaten und begeben uns auf den gut ausgebauten Rundweg, der den Besucher an verschiedenen Stationen mit Info-Tafeln und den schönsten Perspektiven auf das brachiale Rausche-Monster versorgt.

Hier gehen in jeder Sekunde an die 700 m³ Wasser über die Rampe und landen mit Getöse 37 m weiter unten. Ohne Hast sind wir eine Stunde bergab/bergauf unterwegs und bleiben über Nacht, denn man ist hier auf WOMOs eingestellt.

(077) Offizieller WOMO-Stellplatz: Tännforsen

GPS: N 63° 26‘ 35.4“ E 12° 44‘ 25.0“. **Max. WOMOs**: 3-4+10.
Ausstattung: Ausgewiesene Plätze mit Strom bei den Ferienhäusern, 10 weitere Plätze im Wäldchen sind in Arbeit, WC und Gastronomie anbei. Wanderweg zum Wasserfall.
Beschreibung: Gebühr 2022: 180 SEK ohne, 210 SEK mit Strom, Dusche: 30 SEK, zu zahlen am Automaten mit Karte.
Zufahrt: Siehe Text, ist am Abzweig unübersehbar ausgeschildert.

Nun folgt ein gut gemeinter Ratschlag: Wer hier gerade auf der **322** weiter dieser Tour-Schlaufe folgen möchte, sollte wissen, dass dies bei Regenwetter keine gute Idee ist, denn man sieht nichts von der Landschaft und kommt mit lehmbraunem **WOMO** wieder in **Järpen** an.

Alle Unerschrockenen kommen mit uns nach rechts und kurven auf der **322/Sandvika** durch bezaubernde Landschaft mit Wald und Wildwasser dezent aufwärts. Die vielfachen Hinweise ***„Stenvalvbro“*** markieren die alten kunstvoll gesetzten Steinbogenbrücken, die man beim Vorbeifahren selten sieht, weil sie sich meist unter der Straße oder an der alten Straße etwas abseits verstecken. Wir zählen unterwegs 12 und die meisten von ihnen haben sogar Namen wie ***Lägerbäcken***, ***Nädsuddbäcken*** usw.

Eine gute Möglichkeit für ein schönes Foto bietet sich auf einem Bypass-Parkplatz bei der ***Steinbogenbrücke Asån*** (Parkplatzeinfahrt: N 63° 30‘ 48.5“ E 12° 26‘ 13.1“). Dann gondeln wir für eine ganze Weile auf 620 m Höhe über das einsame Fjäll mit Sumpf und Tümpeln, sehen viele gummigestiefelte Moltesammler beidseits der Straße und schließlich geht es wieder abwärts, mit Sicht auf Felsenberge der norwegischen Grenze entgegen. Exakt 7,5 km bedienen wir uns nun norwegischer Straße und zwar der **72/Järpen**. Ab schwedischer Grenze haben wir dann die Straßen-Nr. **336** und „Oh Schreck!“ keinen Asphalt mehr. Was noch schlimmer ist: Das bleibt so für die nächsten 41 km. Sehen wir es positiv: Erstens ist hier nicht so viel Verkehr und zweitens kann man bei langsamer Fahrt die faszinierende

Landschaft intensiver genießen. Und die verwöhnt das Auge umgehend mit Ausblicken auf Flüsse, Seen und bergiges Terrain. Allerdings sind geeignete **WOMO**-Plätze vorerst Mangelware und zeigen sich in Ansätzen erstmalig an der Brücke über den ***Stryån*** [**078**: N 63° 42‘ 12.5“ E 12° 45‘ 43.4“] nach 29 km Waschbrett-Piste.
Jetzt geht es auf den ***Kallsjö*** zu, von dem man aber nicht viel sieht, nur durch die Bäume hindurch ahnt man schon seine Dimensionen und als nächstes entdecken wir ein nettes Plätzchen links unten.

(079) WOMO-Picknickplatz: Kallsjön 1

GPS: N 63° 41‘ 20.4“ E 12° 54‘ 38.6“. **Max. WOMOs**: 1-2.
Ausstattung: Angler-Platz mit halbwegs fester Wiese, Picknickbank, marodes Trockenklo, im Wald rauscht ein Fluss.
Beschreibung: Beim letzten Besuch sah der Platz etwas unbetreut aus.
Zufahrt: 10 km hinter dem ***Stryån***-Platz links.

Kurz vor **Kallsedet** gibt es endlich wieder Asphalt, wir sehen ein Kraftwerk samt Staudamm und Felsencanyon und registrieren links einen kleinen, schön gelegenen, wenn auch straßennahen **Campingplatz.**

(080) WOMO-Campingplatz: Kallsedets Fjällcenter

GPS: N 63° 42‘ 05.2“ E 12° 57‘ 24.4“. **Öffnungszeiten**: Ganzjährig.
Ausstattung: Großzügig dimensionierte Stellplätze, WC, Dusche und Camperküche und Waschmaschine/Trockner im Servicehaus, Laden+Café mit Imbiss und Brot-/Brötchenservice (Mittsommer bis Mitte August).
Beschreibung: Paradies für Angler und Wassersportler. Prima Plätze direkt am ***Juvuln***, einem Bergsee/Stausee mit faszinierendem Berg-Panorama. Preise 2022: 210 SEK + 50 SEK für Strom. kallsedet.com.
Zufahrt: Nach 1 km auf Asphalt links.

Nun rollen wir mehr oder weniger dicht am weiten See entlang und voraus schiebt sich der ***Åreskutan*** ins Bild. Wir erleben nunmehr eine echte Genussfahrt auf einer sensationellen Panoramastraße.

(081) WOMO-Picknickplatz: Kallsjön 2

GPS: N 63° 37‘ 56.1“ E 13° 06‘ 45.8“.
Max. WOMOs: 1-2.
Ausstattung: Schotterplatz rechts, Picknickbank, Feuerstelle.
Beschreibung: Etwas oberhalb der Straße, schöner Ausblick über den See, straßennah, wenig Verkehr. Zuletzt etwas zugewachsen. Das Foto ist schon etwas älter...
Zufahrt: 12 km hinter **(080)**, 3,3 km hinter Ortseingang **Böle** rechts.

(082) WOMO-Picknickplatz: Kallsjön 3

GPS: N 63° 36' 43.7" E 13° 12' 16.1". **Max. WOMOs**: 1-2.
Ausstattung: Picknickbank, leicht marodes Trockenklo, Müllbehälter.
Beschreibung: Gelegentlich hört man die Husky-Farm in der Nähe.
Zufahrt: 5,5 km hinter **(081)**, hinter Sulviken, direkt hinter dem Damm links am Fluss.

(083) WOMO-Stellplatz: Kallsjön 4

GPS: N 63° 36' 38.2" E 13° 12' 03.6". **Max. WOMOs**: 1-2.

Ausstattung: Knapper Schotter-/Kiesel-Parkraum neben der Straße direkt am See, Feuerstelle.
Beschreibung: Bypass-Parkplatz, straßennah, aber nachts ruhig.
Zufahrt: 250 m nach **(082)** rechts.

In **Konäs** kann man zum Anleger der ***M/S Drottning Sophia*** fahren und findet von dort leicht zu einem kleinen und kuscheligen **Campingplatz** [**084**: N 63° 35' 55.1" E 13° 04' 45.2"] in schöner Lage und Badebucht am See. In **Kall** sollte man sich die blütenweiße Kirche auch von innen anschauen und hat hier sogar die Gelegenheit, bei Bedarf im dörflichen ICA-Markt einzukaufen. Nach weiteren 12,7 km auf der **336** biegen wir rechts ab zum ***Bonäshamn*** (N 63° 24' 39.8" E 13° 21' 50.0"). Hier liegt sie nun am Kai, die stolze ***„Drottning Sophia"*** (älteres Foto), doch dieser kleine „Dampfer" (1904 als Dampfschiff gebaut, fährt aber inzwischen mit Volvo-Penta) sieht Ende Juni nicht danach aus, als ob es in 2022 noch ***Kallsjön***-Rundfahrten mit Bord-Lunch gäbe. Kein Fahrplan zu sehen, das Schiffchen wird wohl gerade generalüberholt und sieht ziemlich gerupft und entkernt aus. Doch ein Blick auf die WEB-Site im Herbst verrät: Die alte Dame ist schon Mitte August wieder fit für Ausfahrten gewesen. Respekt! Für 2023 gilt also für diesbezüglich Interessierte: Bei drottningsophia.se nach dem Fahrplan schauen und beizeiten buchen. Wir schließen die Runde in **Järpen**,

kehren auf der **E14/Östersund** zurück nach **Mörsil**, nehmen 2 km später den Abzweig **links/Alsen** und finden dort nach 20 km mal wieder einen richtig schönen Badeplatz.

(085-086) WOMO-Badeplätze: Alsensjön

(085) WOMO-Badeplatz: Alsensjön 1

GPS: N 63° 23' 00.3" E 13° 57' 40.9". **Max. WOMOs**: 1-2.

Ausstattung: Eher kleiner Schotterparkplatz, Bade- und Spielwiese, Schaukel, Picknick-Bänke und -Hütte, Feuerstelle, Müllbehälter, Trockenklo, Bootseinsetzstelle.
Beschreibung: Sehr gepflegter Platz. Es wird auf das sehenswerte Sommer-Café ***Backgården*** im Ort hingewiesen.
Zufahrt: 1,3 km hinter der Kirche von **Alsen** nach rechts 120 m zum See.

(086) WOMO-Badeplatz: Alsensjön 2

GPS: N 63° 22' 31.1" E 14° 01' 14.0".
Max. WOMOs: 1-2.
Ausstattung: Ziemlich kleiner Schotter-Parkplatz, schöne Badestelle, kleiner Spielplatz, Feuerstelle, Picknickbänke, Bootseinsetzstelle.
Beschreibung: Der sehr gepflegte Platz wird vom Verein ***„Freunde der Landzunge"*** betreut. Spenden erbeten.
Zufahrt: Ab **(085)** auf der Tourstrekke weiter, aber 500 m am Abzweig zu den ***Glösa Hällristningarna*** vorbei geradeaus, dann rechts.

Heute wollen wir zu den ***Felszeichnungen im Glösabäcken*** und fahren dazu in **Glösa** nach links den Hinweisen **Glösa Hällristningarna** nach. An der Info-Tafel zum ***Glösa Älgriket*** beim **Wanderparkplatz** [**087**: N 63° 22' 53.7" E 14° 01' 41.5"] orientieren wir uns kurz und haben die 6000 Jahre alten, heute

hübsch rot nachgemalten (?) Elche und die sonstigen Figuren im Flussbett schnell gefunden, von denen hier insgesamt 45 Exemplare entdeckt wurden. Die Deutung der Bilder kann man den Tafeln vor Ort und deutschen Info-Blättern aus dem nahen Besucherzentrum (mit Elch-Café und WC) entnehmen. Über **Lungret** und **Änge** hangeln wir uns unter partieller Erduldung von Naturpiste durch nach **Tulleråsen**, nehmen dort die **340/Landön** und kredenzen im Folgenden einen Happen für Blumenfreunde, garniert mit erquickenden Badeplätzen. Mit letzterem beginnen wir und laden Sie ein zu einer Idylle am See.

(088) WOMO-Badeplatz: Bredbyn

GPS: N 63° 30‘ 50.1“ E 14° 13‘ 06.2“.
Max. WOMOs: 1-2.
Ausstattung: Sehr gepflegte Badestelle mit Badesteg, Blümchenwiese, Picknickbänken, Feuerstelle, Trockenklo, Müllbehälter. Einsam und ruhig.
Beschreibung: Dieser Platz wird ehrenamtlich von der Dorfgemeinschaft betreut. Man bittet dringend darum, keine Kassetten-Toiletten im Trockenklo zu entleeren und keine Lebensmittel wegzuschmeißen, die den Bären aus dem Wald locken könnten. Besucher werden um Spenden gebeten.
Zufahrt: 7,1 km nach dem Abzweig zur **340** nach links dem Hinweis folgen, schmaler Fahrweg 500 m durch den Wald.

In **Lillholmsjö** wechseln wir auf die **344** nach **Föllinge**, um dort nach flotter Fahrt durch viel Wald zunächst der **344** weiter zu folgen, bevor wir uns der **339/Strömsund** zuwenden. Zum ***Orchideensumpf von Forsåsen*** ist es nicht mehr weit, doch zuvor ist von einem freundlichen Platz zu berichten:

(089) WOMO-Badeplatz: Hårkan

GPS: N 63° 40' 18.2" E 14° 40' 28.6". **Max. WOMOs**: 3-5.
Ausstattung: Netter Schotterplatz zwischen See und Wald, Feuerstelle, Picknickbänke, Müllbehälter, Trockenklo, Bademöglichkeit.
Beschreibung: Straßendamm in Sichtweite, nachts ruhig.
Zufahrt: Vor dem Hårkan-Damm rechts 200 m den Schotterweg hinein.

Hinter dem ***Hårkan***-Damm geht es erst nach **rechts/Häggenås**, dann nach 30 m links die Schotterstraße hinauf und nach 200 m auf den Parkplatz rechts. Vom kleinen Bohlen-Rundweg aus findet man je nach Jahreszeit mehr oder weniger von den hier vor-

kommenden 10 wild wachsenden Orchideenarten und mit dem kleinen Parkplatz am Wald [**090**: N 63° 40' 29.5" E 14° 41' 39.0"] sogar noch eine naturelle **WOMO**-Bleibe für die Nacht, neuerdings sogar mit Picknickbänken. Wieder unten unterwegs auf der **339/Strömsund** sehen wir links den ***Ockern***, auf einer Landzunge nach 1,2 km links einen feinen Picknickplatz für Angelfreunde und 21,4 km danach in **Laxsjö** eine großzügige Badestelle so recht nach unserem Geschmack.

(091) WOMO-Picknickplatz: Ockern

GPS: N 63° 40' 58.6" E 14° 40' 23.0". **Max. WOMOs**: 1-2.
Ausstattung: Trockenklo, Schutzhütte mit Feuerstelle und Picknickbank.
Beschreibung: Schöne Nischen am Wasser, aber sehr straßennah.
Zufahrt: Siehe Text. Vor der Parkbeule links rein.

(092) WOMO-Badeplatz: Laxsjön

GPS: N 63° 49' 06.2" E 14° 49' 18.5". **Max. WOMOs**: 3-5.
Ausstattung: Schotter-Wiese, Badesteg, Spielplatz, Volleyball-Feld, Trockenklo, Picknickbänke, Picknickhütte mit Feuerstelle, Müllbehälter.
Beschreibung: Leichte Hanglage. 100 SEK werden als Spende erwartet.
Zufahrt: Am Ortsende von **Laxjö** rechts.

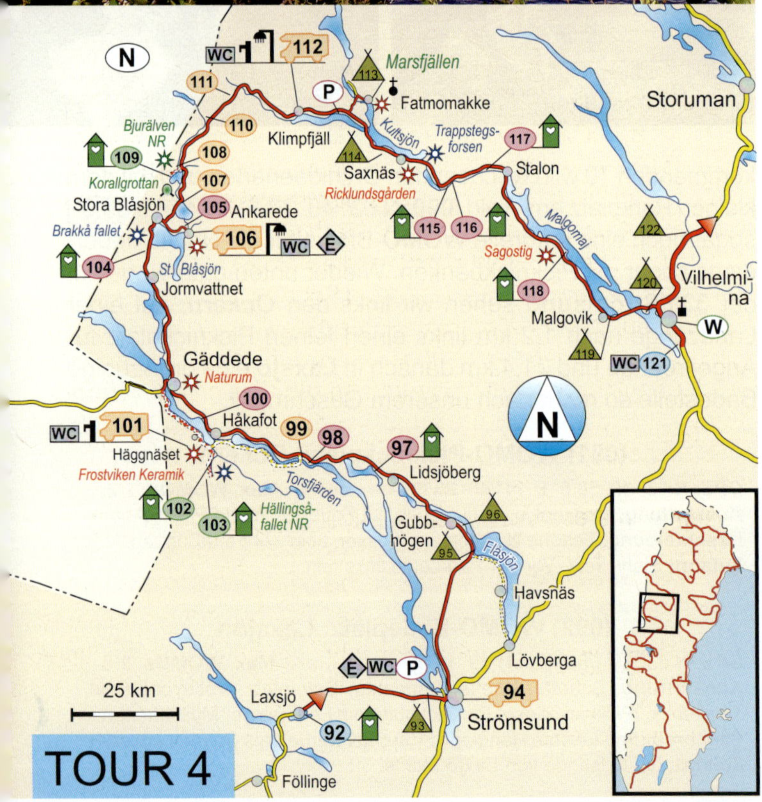

Marsfjällen
Fatmomakke
Storuman
Klimpfjäll
Kultsjön
Trappstegs-forsen
Stalon
Saxnäs
Ricklundsgården
Bjurälven NR
Korallgrottan
Stora Blåsjön
Ankarede
Brakkå fallet
St. Blåsjön
Jormvattnet
Malgomaj
Sagostig
Vilhelmina
Malgovik
Gäddede
Naturum
Håkafot
Häggnäset
Frostviken Keramik
Torsfjärden
Hällingså-fallet NR
Lidsjöberg
Gubb-högen
Flåsjön
Havsnäs
Lövberga
25 km
Laxsjö
Strömsund
Föllinge
TOUR 4

TOUR 4 (ca. 560 km)

Strömsund - Gäddede - Ankarede - Bjurälven Fatmomakke - Vilhelmina

Stellplätze:	Strömsund, Kvarntjärn, Torsfjärden, Hetögeln, Frostviken, Hällingsåfallet, Blåsjöfjäll, Småvattnen, Ankarede, Gavostjukke, Bjurälven, Jetnemsälven, Stekenjokk, Klimpfjäll, Litsjöforsen, Kult-sjöån, Sagostig, Malgoviken, Badviken.
Campingplätze:	Strömsund, Alanäs, Gubbhögen, Fatmomakke, Marsfjäll, Kolgården, Vojman.
Baden:	Freibad in Strömsund, Alanäs, Kvarntjärn, Torsfjärden, Hetögeln, Fatmomakke, Sagostig, Malgoviken, Badviken.
Besichtigen:	Hembygdsgård in Strömsund, Naturum in Gäddede, Ankarede, Korallengrotte, Fatmomakke, Ricklungsgård in Saxnäs.
Wandern:	Hällingsåfallet Naturreservat, Brakkå fallet, Bjurälven Naturreservat, Kyrkberget in Vilhelmina.

Das ständige Gezeter von ***Pumuckl*** hat wohl noch jeder im Ohr, der mit seinen Kindern damals vorm Fernseher saß. Es hat genervt, bleibt aber unvergessen. Der schwedische ***Meister Eder*** heißt ***Beppe Wolgers*** und hat vor allem mit seinem Kinderfilm ***„Dunderklumpen"*** (die deutsche Version findet man beim DVD-Suchen unter ***„Der zauberhafte Spielzeugdieb"***) Kultstatus erlangt. ***Strömsund*** war die Heimat des viel zu früh verstorbenen Autors, Regisseurs und Schauspielers. In seinem Geburtshaus auf der ***Insel Öhn*** wurde 1999 das ***Beppe-Museum*** eröffnet, aber leider 2014 wieder geschlossen. Hinter der Brücke beginnt das Ortszentrum und gleich rechts im **Hembygdsgård** steht zur Erinnerung an die Weltpremiere 1974 eine 6 m hohe ***Dunderklumpen***-Figur: der ***Riese Jorm***. Die für Wohnmobil-Reisende interessanten Anlaufpunkte in **Strömsund** sind der neue Picknickplatz vor der Brücke links mit Latrine (N 63° 50‘ 59.0“ E 15° 32‘ 27.9“), der **Campingplatz** gleich daneben und der Stellplatz beim ***Hembygsgård*** mit ***„Frasses"*** im alten Bahnhofsgebäude nebenan, wo man eine sehr ordentliche Pizza bekommt.

(093) WOMO-Campingplatz: Strömsunds Camping***

GPS: N 63° 50‘ 48.3“ E 15° 32‘ 02.5“. **Öffnungszeiten**: Ganzjährig.
Ausstattung: Schöner Platz mit gepflegtem Kurzrasen und guter Ausstattung, beheiztes Saison-Schwimmbad gratis.
Beschreibung: Von Juni-August Rezeption vor Ort, sonst in der Touri-Info. stromsund.se/stromsundscamping.
Zufahrt: Am Ortsbeginn, noch vor der Brücke links.

(094) Offizieller WOMO-Stellplatz: Strömsund

GPS: N 63° 50‘ 58.0“ E 15° 33‘ 16.3“. **Max. WOMOs**: >5.
Ausstattung: Für Wohnmobile ausgewiesener Rasenschotter-Platz beim Hembygdsgård, im Ort.
Beschreibung: Gebühr 2022: 100 SEK oder 10 EUR, Geld mit Anmeldeschein in einen Umschlag und den in die blaue Box. Wie man hört, gibt es leider regelmäßig nächtliche Störungen durch regionale Auto-Irre.
Zufahrt: In Strömsund hinter der Brücke rechts, nach 70 m wieder rechts, dann vor dem Hembygdsgård links.

In **Strömsund** beginnt der ***Vildmarksvägen*** durchs Gebirge nach **Vilhelmina**, „Schwedens schönste Touristenstraße“, wie das Prospekt verspricht. Wir haben das ausprobiert, sind diese Route mit Interesse mehrfach nachgefahren, haben die Erkundung einiger Stationen kreativ ausgestaltet und können Ihnen eine in der Tat äußerst spannende Reise ankündigen. Beim zentralen Kreisverkehr folgt man der flotten **342/Gäddede** nach links, schnürt durch ***Flåsjöbygden*** dem ***Flåsjön*** entgegen, errreicht diesen glasklaren See nach 36 km und findet am Ufer umgehend ein kleines, feines und sehr sympathisches **WOMO**-Anwesen.

(095) WOMO-Campingplatz: Alanäs Naturcamping

GPS: N 64° 08‘ 47.5“ E 15° 41‘ 07.3“. **Öffnungszeiten**: Ganzjährig.

Ausstattung: Kleiner naturbelassener Badeplatz für 2-3 WOMOs direkt am See (Trinkwasserqualität!), 2 Trockenklos, Feuerstelle, Brennholzvorrat, Schutzhütte, 70 m abseits der Straße, Gebühr: Spende.
Beschreibung: Nicht sehr geräumig, schnell voll. Beizeiten anreisen!
Zufahrt: Siehe Text, 400 m hinter dem Abzweig nach Lövberga rechts.

Von hier sind es noch genau 100 km bis **Gäddede**, doch wir rollen zunächst 9,3 km auf guter Straße mehr oder weniger dicht an diesem spiegelglatten See entlang zu einem weiteren freundlichen WOMO-Hafen, einer unserer Lieblingsplätze in Nord-Schweden.

(096) WOMO-Campingplatz: Gubbhögens Naturcamping

GPS: N 64° 12' 59.1" E 15° 35' 28.4". **Öffnungszeiten**: Ganzjährig.

Ausstattung: Geräumiges Anglercamp am ***Flåsjön.*** Zuletzt keine Stellplatzbuchten mehr, Gelände ist nun offener und bietet somit mehr Stellplätze. Bänkchen, Feuerstellen, Brennholz-Depot, Badesteg, Trokkenklo, Küche mit Quell-Wasser, Picknickbänke, überdachte Grillplätze, Schutzhütte, Preis: Spende.

Beschreibung: Ein vormaliger Kölner kümmert sich um diesen Platz und ist als „Local" ganz sicher ein interessanter Gesprächspartner für Gäste aus Deutschland. Nachts sehr ruhig. **Zufahrt**: 1,2 km Zufahrt ab Straße.

Vor einigen Jahren im August war hier kein Mensch außer uns, am Abend saßen wir mit Rotwein am Feuer und lauschten in die Stille. In letzter Zeit ist der Platz stets recht gut besucht, doch wir freuen uns jedes Mal ausführlich über diesen göttlichen Platz.

Nach der letzten Ecke vom ***Flåsjön*** dominieren Wald und Sumpf das Bild, in **Lidsjöberg** halten wir beim ***Lanthandel*** (zuletzt leider geschlossen) zum Einkaufen und 4,4 km danach links, um den nächsten **WOMO**-Platz zu inspizieren.

(097) WOMO-Picknickplatz: Kvarntjärn

GPS: N 64° 19‘ 43.2“ E 15° 10‘ 07.4“. **Max. WOMOs**: 2-3.
Ausstattung: Großer geschotterter, etwas unebener Platz 70 m neben der **342**. Treppchen zum See, Picknickbank, kleine Feuerstelle, Trockenklo.
Beschreibung: Zuletzt Teilbelegung durch die Forstwirtschaft: Bauwagen und Setzlinge. Straßennah. **Zufahrt**: Siehe Text.

Wir sind ganz offensichtlich gerade in einer Anglergegend unterwegs, viele gelbe Schilder mit rotem Rand weisen zu den Plätzen ins Gelände, überall blühen wilde Lupinen, das Terrain wird hügelig, voraus stehen bewaldete Berge und bald zeigt sich links unten eine bezaubernde Landzunge mit Parkplatz am ***Torsfjärden***, die wir als **WOMO**-Kleinst-Quartier sofort ins Herz schließen und danach noch eine Angelstelle mit etwas mehr Platz.

(098) WOMO-Picknickplatz: Torsfjärden

GPS: N 64° 19‘ 52.2“ E 14° 51‘ 52.6“. **Max. WOMOs**: 1-2.
Ausstattung: Naturbelassener Platz direkt am See, straßennah.

Beschreibung: Walderdbeeren am Straßenhang.
Zufahrt: Knapp 17 km hinter dem Kvarntjärn-Platz links.

(099) WOMO-Stellplatz: Torsfjärden

GPS: N 64° 20' 38.7" E 14° 49' 29.3". **Max. WOMOs**: 3-5.
Ausstattung: Geschottertes Rondell 100 m neben der Straße; geräumiger, etwas unebener Naturplatz mit Feuerstelle direkt am See, Bootseinsetzstelle, Baden möglich.
Beschreibung: Schöner Blick auf den See, aber straßennah.
Zufahrt: 2,6 km nach dem vorigen Platz (ohne Ankündigung) links.

Den folgenden Abzweig zum ***Hällingsåfallet*** nach links ignorieren Sie ruhig, wir fahren über **Gäddede** dorthin, denn so haben wir weniger Naturpiste zu fahren. Die restliche Strecke nach **Gäddede** bleiben wir rechts der langen Seen, die Vegetation wird üppiger, wir sehen Zackenberge und Schneehänge. Direkt vor uns türmt sich zuckerhutartig der **Kalberget** (682 m) auf, wir kurven drum herum, registrieren vor **Håkafot** die passenden Wanderwege dazu und finden anschließend sogar noch einen gut getarnten **WOMO**-Platz am See.

(100) WOMO-Picknickplatz: Hetögeln

GPS: N 64° 25' 22.6" E 14° 20' 24.4". **Max. WOMOs**: 1-2.

Ausstattung: Angelstelle mit Naturbelag direkt an der Hetögeln-Bucht, Picknickbank, Feuerstelle, Schutzhütte.
Beschreibung: Geschützte Lage 80 m abseits der Straße, nachts ruhig.
Zufahrt: 5,5 km nach Ortseingang **Håkafot** ohne Ankündigung hinter einer Linkskurve links rein. Etwas steiler Weg zum Ziel.

In **Gäddede** registrieren wir den Abzweig nach **Blåsjön**, bleiben jedoch geradeaus, passieren die Brücke und finden an der nächsten Kreuzung (Parken: N 64° 29‘ 56.1“ E 14° 08‘ 28.0“) die für uns wichtigen Institutionen: den ICA Supermarkt, die Tankstelle, das ***Café Tjeedtege*** (11-16 Uhr, kreative Snacks und Edel-Souvenirs im schönen Ambiente) und die Touri-Info samt ***Naturum*** (Mo-Fr 10-16 Uhr Mittagspause 12-13 Uhr, ausgesprochen auskunftsfreudiges Personal und sehenswerte Gratis-Ausstellung) im aufwändigen Holzhaus mit der (ursprünglich mal) goldenen Kugel auf dem Dach. Dort machen wir uns schlau für die folgenden Tourstationen. Höhlen-Fans aufgepasst! Hier gibt es Infos zu den geführten Tagestouren in die ***Korallengrotte***, Schwedens längster Höhle. Die Modalitäten haben sich geändert, denn eine Buchung ist nur noch per Internet (frostvikenadventure.com) und telefonisch (+46(0)76-3448579) möglich. Mit dem Besuch einer deutschen Kaffee-Fahrt-Höhle hat das wenig gemein, hier wird vom Treffpunkt (**Achtung!** Der Parkplatz am ***Ankarvattnet*** ist **55 km** von hier entfernt), unserem Platz **(107),** erst einmal 4 km gewandert, und dann geht’s mit Overall, Helm und Stirnlampe zur Expedition mit Kriechen und Klettern in den Karstberg hinein. Die Ausrüstung wird gestellt. Im Preis enthalten ist eine Kaffeepause und ein Lunch, gekocht auf offenem Feuer. Das klingt nach echtem Abenteuer! Alle Infos auf der WEB-Site.

Die Touren starten ab Mittsommer, aber nicht an jedem Tag, so dass Sie die nächst mögliche jetzt buchen und sich bis dahin die Zeit mit uns am ***Hällingsåfallet***, dem längsten wasserführenden Canyon Nordeuropas vertreiben können. Wir verlassen also den Ort auf der **342** Richtung ***Norwegen***, sehen links unten den ***Hetögeln*** mit unserer Traumhaus-Insel, biegen kurz danach links ab und nehmen die „Rubbelstraße“ gelassen, in angemessenem Tempo und voller Vorfreude in Angriff. Auch die Keramik-Freunde dürfen schon mal frohlocken, denn nach

15 km kommt in **Häggnäset** der Abzweig zu ***Frostviken Keramik*** hinauf. Während Annegret mit einem Lächeln für längere Zeit im Ausstellungs-Häuschen verschwindet, sitze ich auf hölzernen Gestühl auf der Alm-Wiese und genieße bei einem Pott Kaffee ausführlich das unglaubliche Panorama. Dem in Schweden erfreulichen Trend folgend, hat man auch hier sein Herz für die Wohnmobilisten entdeckt und einen **Ställplats** eingerichtet.

(101) Offizieller WOMO-Stellplatz: Frostviken Keramik

GPS: N 64° 23' 08.6" E 14° 18' 49.5". **Max. WOMOs**: 3.

Ausstattung: Geschotterte Stellplätze in leichter Hanglage an einer Bergwiese, WC-Nutzung im Haus, Wasser, Töpferei mit Café in der Sommersaison, Hühner, Schafe und ein Hund.
Beschreibung: Die Stellplätze, das Café und die Töpferei sind vom 1.7.-14.8. göffnet. Gebühr 2022: 200 SEK am Tag inkl. Strom.
Kontakt/Buchung: frostvikenkeramik@gmail.com.
Zufahrt: Siehe Text, 450 m nach dem Abzweig.

Vom Keramik-Abzweig sind es nur noch 4,2 km auf zunehmend grober Strecke bis zum unteren Parkplatz ***Hällarna*** und weitere 1,7 km zum oberen und letzten Parkplatz beim Wasserfall am Beginn des ***Hällingsåfallet***.

(102) WOMO-Wanderparkplatz: Hällarna

GPS: N 64° 21' 47.9" E 14° 22' 43.3". **Max. WOMOs**: 2-3.

Ausstattung: Schotterparkplatz beim Rauschefluss, Info-Tafeln, Trockenklos, Abfallbehälter, schönes Picknick-Areal am Fluss mit Bänken, Schutzhütte und Feuerstellen.
Beschreibung: 1,7 km durch den Wald hinauf zum Wasserfall; abends einsam. **Zufahrt**: Siehe Text, rechts des Weges.

(103) WOMO-Wanderparkplatz: Hällingsåfallet

GPS: N 64° 20' 57.1" E 14° 22' 46.9".
Max. WOMOs: 3-5.
Ausstattung: Parken am Waldrand, Grillstelle mit Feuerholz, Picknickbänke, Trockenklos, Übersichtstafel. Wanderwege sind neu ausgeschildert.
Beschreibung: 200 m Richtung Wasserfall Picknickbänke und Feuerstelle, abends einsam. **Zufahrt**: Siehe Text.

Wandertipp: Hällingsåfallet Naturreservat (2-4 km/1-2 h)
Der Bohlenweg in Richtung „Großes Rauschen" ist schnell absolviert, dann sieht man schon den spektakulären Wasserfall, der sich mit großem Getöse 45 m hinab in den Canyon ergießt. Auf gut gesicherten Wegen kann man dieses Naturschauspiel aus allen Perspektiven bewundern (auch hinter der Brücke gibt es noch eine spannende Aussichts-Kanzel) und die Sonne malt knallige Regenbögen in den Wassernebel. Sind die Fotos endlich im Kasten, kann man bei den Picknickstellen dem Weg den Canyon hinunter folgen. Durch die Wasserschleier von gegenüber

hat sich im Wald eine ganz spezielle Flora entwickelt: üppiges Grün mit Moosen und Flechten wie im Märchen. Gelegentlich hat man von den Felsen aus diesen faszinierenden Canyon in seiner ganzen Pracht vor Augen: steil abfallende Wände und tief unten der brausende Fluss. Nach 800 m sind die steilen Passagen des Flussbetts vorüber und das Wasser des ***Hällingsån*** fließt zügig, aber zunehmend geräuschlos dahin. Geht man den Weg am Hauptfluss weiter, gelangt man zum unteren

Parkplatz ***Hällarna***, von wo aus man auf dem selben Weg zurückkehren kann oder aber auf der öden Schotterstraße wieder hinauf zum oberen Parkplatz gelangt. Da uns beide Varianten nicht so behagen, kürzen wir jedes Mal auf schmalem Pfad durch den Wald ab und haben uns dabei immer verlaufen.

Tipp: Gehen Sie den Canyon soweit hinunter wie Sie mögen und dann auf gleichem Weg zurück zum Wasserfall, je nach Wind und Wasserstand kann ein Regencape von Nutzen sein und vergessen Sie nicht, ein Picknick für eine gepflegte Pause mitzunehmen.

Wieder in **Gäddede** geht es an der uns bekannten Kreuzung rechts, dann links nach **Blåsjön** weiter und anschließend einige Kilometer auf sorgenfreier Straße mit schönen Ausblicken auf traumhafte Berglandschaft an verschiedenen Seen entlang nordwärts. Hinter **Jormvattnet** steigt unser ***Vildmarksvägen*** spürbar zum Fjäll hinauf und weil wir lange genug auf einen **WOMO**-Platz gehofft haben, kriegen wir ihn jetzt.

(104) WOMO-Picknickplatz: Blåsjöfjäll

GPS: N 64° 46‘ 34.3“ E 14° 02‘ 32.5“. **Max. WOMOs**: 3-5.

Ausstattung: Geräumiger Naturrastplatz mit Feinschotter oberhalb der Straße, (zuletzt marode) Picknickbänke, Trockenklo, Windschutz mit Feuerstelle, Heidelbeerwald anbei.
Beschreibung: Schöner Ausblick auf See und Berge, aber straßennah.
Zufahrt: 10,8 km hinter dem Ortseingang von **Jormvattnet** links 250 m einen (zuletzt schlimmen) Schotterweg hinein.

Die Straße führt herab, der ***Stor-Blåsjön*** breitet sich vor uns aus und beim Hinweis zum ***Brakkå fallet*** (Einfahrt zum Parkplatz: N 64° 47‘ 56.2“ E 14° 03‘ 25.8“) halten wir gleich wieder und gehen ein Stück an diesem „verwunschenen“ Flussbett hinauf, in dem wir seltsamen silbrigen Plattenbruch finden. Wir gehen dem Rauschen nach, queren die Fußgängerbrücke und folgen dem Wurzelpfad nach

rechts hinauf, dem Hinweis ***Övre Brakkå fallet*** nach. Man stapft durch märchenhaften Wald und findet auch gleich diesen romantischen Wasserfall, wobei wir uns mit der Talansicht begnügen, also den weiteren Weg hinauf abwählen. Ein kleiner Ausflug, der sich lohnt.
Der Abzweig hinter der Ortschaft **Stora Blåsjön** (Tankstelle, ICA) führt uns nach **Ankarede**, dem alten Kirch- und Sammlungsplatz der ***Frostviken-Sami***. Auf dem Weg zu dem dortigen stattlichen Parkplatz mit sehr ordentlichem „Zubehör" finden wir noch ein kuschliges Quartier am See.

(105) WOMO-Picknickplatz: Småvattnen

GPS: N 64° 49' 04.4" E 14° 11' 11.8".
Max. WOMOs: 2-3.
Ausstattung: Schotterplatz oberhalb vom See, Picknickbänke, Lavu, Feuerstelle; nachts still und einsam.
Beschreibung: Zu Mittsommer erste Wahl, wenn **(106)** wegen des jährlichen Sami-Treffens komplett überlaufen und auch nachts sehr laut ist.
Zufahrt: 4,6 km hinter dem Abzweig nach **Ankarede** 90 m nach links.

(106) Offizieller WOMO-Stellplatz: Ankarede

GPS: N 64° 49' 05.6" E 14° 14' 14.6". **Max. WOMOs**: 5-10.

Ausstattung: Großer Parkplatz am Ende der Straße, WOMO-Plätze links am Grün; Service-Haus mit WC, Küche, Dusche, Kassettenklo-Entsorgung. Preise 2022: 150 SEK für Nutzung von WC und Duschen, 50 SEK für Strom, 75 SEK für Kassettenentleerung. Bezahlt wird in bar bei einer Servicekraft (wenn anwesend) oder per **App**, aber für „Neander(digi)taler" wie uns geht das auch per **SMS**. So erfährt man die Code-Nummern der Türen und bezahlt dann am nächsten Morgen bei einer Servicekraft (wenn denn jemand kommt). Schöne neue Welt!
Beschreibung: Bei unserem letzten Besuch kurz vor dem Mittsommer-Wochenende wurden wir freundlich aber bestimmt weggeschickt, weil zu den Feirlichkeiten die Anreise der Sami-Familien-Verbände erwartet wurde und es voll und laut werden würde. Sind dann zu **(105)** gefahren, wo nachts auch noch ein paar Lärm-Flüchtlinge gelandet sind.
Zufahrt: Vom Abzweig 7 km oberhalb am See entlang.

Ankarede
Beim Rundgang über das Gelände findet man sich auch ohne das Info-Café (erst ab Mittsommer geöffnet) schnell zurecht und wir sind immer wieder sehr angetan vom speziellen Flair dieses samischen Kulturortes.

Leider hatte zuletzt auch die kleine weiße Kirche geschlossen, so dass sich die Besucher nicht mehr an deren schlichter, aber dennoch erfrischend farbenfroher Ausstattung erfreuen können. Rings um die Kirche sind rote Holzhäuser gruppiert (die wohl mittlerweile als Ferien-Häuser

vermietet werden), und geht man auf dem Weg zum Fluss weiter, kommt man an einigen Samenhütten, den traditionellen *Koten* vorbei und bei der nahen Brücke fließen zwei Flüsse in den ***Stor-Blåsjön***. Zusammen mit dem weichen Licht der Abendsonne ergibt sich ein Bild tiefer friedlicher Harmonie von Mensch und Natur.

Nun also die 7,4 km zurück und rechts auf dem ***Vildmarksvägen*** weiter, wo nach 8 km unser nächster Stopp erfolgt, beim ***Naturrastplatz Korallgrottan*** [**107**: N 64° 52‘ 37.3“ E 14° 12‘ 44.0“] am ***Ankarvattnet***, dem Treffpunkt für die Höhlen-Touren.

Wir planen für morgen unsere eigene Wanderung durch diese Karst-Gegend, biegen dazu nach 9,3 km Genuss-Straße durch See- und Waldlandschaft links ab, schauen 200 m danach kurz beim **WOMO**-Platz ***Gavostjukke*** [**108**: N 64° 56‘ 41.1“ E 14° 11‘ 53.0“] am Rauschefluss vorbei und nehmen sogar noch knapp 3 km Naturbelag bis zum Parkplatz vom ***Bjurälven Naturreservat*** in Kauf.

(109) WOMO-Wanderparkplatz: Bjurälven

GPS: N 64° 55‘ 47.5“ E 14° 09‘ 21.7“. **Max. WOMOs**: 2-3.
Ausstattung: Schutzhütte, Trocken-Klo, Info-Tafeln mit Wanderkarte, Picknickbank, Abfallbehälter. Der Platz wurde 2022 gerade neu geschottert.
Beschreibung: Der alte Bauernhof am ***Leipikvattnet*** liegt in Sichtweite. Schöner Blick auf malerische Landschaft mit Wiesen, See und Bergen.
Zufahrt: Siehe Text.

Wandertipp: Bjurälven Naturreservat (9 km/4 h)
Bei durchwachsenem Wetter starten wir zur Wanderung zum ***Bjurälven***, dem zumindest streckenweise unsichtbaren Fluss. Der markierte und bequem zu laufende Weg führt erst über eine Koppel und dann leicht bergauf durch den Wald mit Wurzelpfad und Bretterweg zur 3 km entfernten, äußerst idyllisch gelegenen ***Schutzhütte am Lillälven***. Hier findet man Ofen mit Brennholz, Trockenklo und bei Bedarf sogar eine Schlafstätte auf Holz-Pritschen. Jetzt beginnen wir den 3-km-Rundweg, der über ein originelles wie aufwändiges Treppen-System und markierte Pfade durch dieses spannende Karstgebiet führt. Der Fluss fließt mal sichtbar im Flussbett und mal unsichtbar durch den ausgewaschenen Kalkuntergrund. Dieses Tal ist geprägt von mehr oder weniger großen Kegel-trichtern, den ***Dolinen*** und einem bizarr anmutenden Flussbett,

das bei Normalwasserstand an manchen Stellen trocken liegt. Man sieht stahlblaue Abschnitte, seltsam anmutende ***Topfrinnen*** mit kreisrunden Löchern, die aussehen wie Bob-Bahnen mit Schlaglöchern, und Gestein mit ***Facetten***, entstanden durch Langzeit-Einwirkung von Kieselsteinen und Kohlensäure im Flusswasser. Gerade durch den einsetzenden Nieselregen liegt ein gewisser Extra-Zauber über der Szenerie, wir wählen die mögliche Weg-Erweiterung talaufwärts nun aber ab und kehren auf der anderen Seite zur Hütte und anschließend zum **WOMO** zurück.

Jetzt folgt eine wirklich spektakuläre Passage über das Fjäll! Der ***Vildmarksvägen*** zwischen ***Leipikvattnet*** und **Klimpfjäll** ist die höchstgelegene Asphaltstraße Schwedens. Der ***Stekenjokkvägen*** – so heißt dieser Abschnitt – wird traditionell jedes Jahr am 6. Juni, dem Schwedischen Nationalfeiertag, geöffnet. Vormals ein schlichter Verwaltungsakt des ***Trafikverket***, weil man die Straße gerade vom Schee freigefräst bekommen hat, ist dieser Tag nun zum medienwirksamen Event aufgestiegen und viele Fahrzeuge stehen dafür Schlange. Bis zum 15. Oktober – dann wird die Schranke wieder geschlossen – fährt man hier durch unwirtliches kahles Gebiet übers Hoch-Gebirge und beim Anblick der wolkenverhangenen Schneefelder wird reflexartig erstmal die **WOMO**-Heizung hochgedreht. Bei unserem letzten Besuch Ende Juni hatten wir „T-Shirt-Wetter" und waren total begeistert von dieser Landschaft: Echte schwedische Wildnis mit urwüchsigen Wasserkaskaden, so wie die beim ***Jetnemsälv***, 14,8 km hinter der ersten Straßen-Schranke links, sogar mit einem Premium-Plateau-Plätzchen für WOMOs.

(110) WOMO-Stellplatz: Jetnemsälv

GPS: N 65° 02' 49.6" E 14° 19' 53.4". **Max. WOMOs**: 3-5.

Ausstattung: Schotter-Parkraum, grandioses Gebirgs-Panorama.
Beschreibung: Bitte die Betretungsverbote beachten: Vogel-Brutgebiet.
Zufahrt: Siehe Text, direkt hinter dem Rotkreuz-Notfallbunker den Fahrweg links 200 m hinunter.

Wir fahren nun durch Mondlandschaft mit kahlen Bergen und reichlich Restschnee im Gelände, erreichen mit **867 m.ü.M.** den höchsten Punkt dieser Pass-Straße, wechseln gerade von ***Jämtland*** nach ***Lappland*** hinüber und sehen schon links voraus den riesigen Parkplatz bestückt mit viel weißem Blech: die neue WOMO-Sammelstelle mit unverstellbarem Blick in die großartige Landschaft.

(111) WOMO-Stellplatz: Stekenjokk

GPS: N 65° 05‘ 24.1“ E 14° 27‘ 28.6“. **Max. WOMOs**: >10.
Ausstattung: Geräumiger und ebener Feinschotterparkplatz, Picknickbänke, Müllbehälter, Sami-Kiosk.
Beschreibung: Hier ist richtig viel Platz! Für die erste Reihe sollte man nicht zu spät ankommen (Foto oben). **Zufahrt**: 8,2 km nach **(110)** links.

Bei der Weiterfahrt zeigt sich noch einmal sprudelndes Wildwasser, doch bald auch wieder Vegetation mit Birkengrün und wir rollen das üppig grüne Tal des **Saxån** nach **Klimpfjäll** hinunter, wo man, wenn es gerade passt oder die Beifahrerin dringlich eine Verpflegungs-Pause einfordert, im **Hotel Klimpfjäll** (N 65° 03‘ 48.2“ E 14° 48‘ 32.2“) ein sehr ordentliches ***Dagens rätt*** bekommt und Gäste mit **WOMO** neuerdings auch über Nacht bleiben können:

(112) Offizieller WOMO-Stellplatz: Hotel Klimpfjäll

GPS: N 65° 03‘ 49.7“ E 14° 48‘ 42.9“. **Max. WOMOs**: 5-10.
Ausstattung: 2 geschotterte Plateaus neben/hinter dem Hotel oberhalb vom ***Klimpviken***, WC und Dusche im Hotel, Trinkwasser, Strom, gutes Restaurant (12-20 Uhr, klimpfjall.se).

Beschreibung: Schöner Blick auf den See, Gebühr 2022: 200 SEK, zu zahlen in der Hotel-Rezeption.
Zufahrt: 22,5 km hinter **(111)** rechts, Einfahrt hinter dem Hotel rechts.

Wir vertiefen den Ausblick auf den See rechts unten 8,4 km danach bei einem Stopp auf einem Picknickplatz (N 65° 03‘ 44.7“ E 14° 58‘ 50.8“, Foto S. 98) und biegen nach weiteren

3,5 km – steile Berghänge voraus im Blick – links ab nach **Fatmomakke**, einem weiteren Kirchplatz und beliebten Treffpunkt der Sami, den wir nach 5 km Schotter- und 2 km Asphaltstraße erreichen.

(113) WOMO-Campingplatz: Naturcamping Fatmomakke

GPS: N 65° 05' 14.4" E 15° 08' 17.1". **Öffnungszeiten**: Ganzjährig.

Ausstattung: Schöne Plätze zwischen Bäumen direkt am See oder auf dem Erweiterungs-Areal oberhalb, hier Wasserhahn, großartiges Panorama des ***Marsfjäll***, 7-km-Wanderung zur ***Marsfjällkåtan***,
Beschreibung: Schlichter, aber preiswerter Platz, Gebühr 2022: 100 SEK ohne und 140 SEK mit Strom, zu bezahlen im Café (nur in bar), WC 5 SEK und Dusche 10 SEK (in der Nähe vom Café am Parkplatz rechts hoch), jeweils mit Münzen. Weitere Plätze beim Souvenirladen scharf rechts rum, Gebühr auch hier 100 SEK ohne und 140 SEK mit Strom, zu zahlen im Souvenirladen.
Zufahrt: Am Ende der Zufahrtstraße geradeaus, rechts neben dem Café hinein.

Fatmomakke
Über eine kleine Brücke gelangt man zum Kirchdorf, wo im 18. Jahrhundert die erste Kapelle und einige Sami-Koten errichtet wurden. Im 19. Jahrhundert wurde Stück für Stück weitergebaut und heute stehen hier an die 100 Gebäude aus den verschiedenen Epochen. In der Saison werden geführte Besichtigungs-Touren angeboten, wir gehen am Uferweg entlang und hinauf zur Kirche von 1884 (8-20 Uhr offen), die einige interessante Details bietet: die farbenfrohe Tür, die schön geschnitzte Kanzel und die unterschiedlich bequemen Kirchbänke, von denen die hinteren 7 (ungepolsterten) Reihen aus der alten Kirche stammen und die letzte, die für die Zuspätkommer, nicht mal eine Lehne hat. Der ganze Ort ist wunderschön in die Natur eingebettet, so hat man von überall ei-

nen prächtigen Ausblick auf den See und das Marsfjäll in der Ferne. Ganz besonders hat uns aber die Bedeutung des samischen Wortes **Fatmomakke** gefallen: **„Einander umarmen“**, was man auch als **WOMO**-Crew gelegentlich praktizieren sollte.
Unser Tipp: Sollten Sie, so wie wir zuletzt, hier ausgerechnet zum Mittsommer-Wochenende „aufschlagen“, versuchen Sie nicht, das fröhliche und manchmal nervtötend laute Gebaren der Einheimischen nur still zu ertragen, sondern feiern Sie mit denen gemeinsam und Sie werden sehen, dass sich die Leute höchst erfreut darüber zeigen, dass sich Ausländer für

ihre Rituale interessieren. Auf einmal hatten wir viele Freunde an diesem Abend drüben im Kirchdorf bei Life-Musik zur E-Klampfe am Feuer und reichlich Dosenbier. Große allgemeine Verbrüderung. Toll!

Wieder zurück auf dem ***Vildmarksvägen*** geht es auf einer grazilen Stahlbrücke über den ***Kultsjön***, 12 km danach kann man rechts zur umfassend beworbenen **Marsfjäll Mountain Lodge** abbiegen und dort ein gut ausgestattetes **WOMO-Quartier** testen ...

(114) WOMO-Campingplatz: Marsfjäll Mountain Lodge

GPS: N 64° 58‘ 17.8“ E 15° 19‘ 50.1“. **Öffnungszeiten**: Ganzjährig.

Ausstattung: 10 durchnummerierte WOMO- und Caravan-Stellplätze auf Feinschotter mit Grünrand rechts unterhalb vom Hotel (hier WC, Duschen, Sauna und Restaurant) mit Strom, Picknickbänken, Feuer- und Grillstellen sowie praktischen Holzpodesten, Trinkwasser und Kassetten-Entleerung. Gebühr 2022: 250 SEK ohne, 280 SEK mit Strom, V/E für „Transit“- Gäste: 60 SEK.
Beschreibung: Zusätzliche Stell-Plätze eine Etage höher.
Zufahrt: 600 m nach dem Ortseingang von **Säxnäs** rechts rein.

... oder mit uns doch gleich nach **Saxnäs** hineinfahren und dort zur Besichtigung in den ***Ricklundsgård*** (N 64° 58' 14.2" E 15° 21' 26.7", 2022: 30.6.-20.8. Mi-Sa 10-15 Uhr, Führungen, Eintritt) einrücken, ein in vieler Hinsicht ungewöhnliches Künstlerhaus. Die weiße Villa auf dem Hügel mit den Säulen am Eingang wurde in den 40ern des letzten Jahrhundert gebaut und unterscheidet sich schon im Äußeren gründlich vom üblichen rustikalen Baustil der Region. Beim berühmten Lapplandmaler ***Folke Ricklund*** und seiner Frau ***Emma*** waren vor allem Maler aus ganz Europa zu Gast, die hier, inspiriert von der einmaligen Lage mit Blick über den ***Kultsjön*** zum gewaltigen ***Marsfjäll***, eine Zeit lang gelebt und gearbeitet haben.

Beim Rundgang durch das Haus kann man nicht nur die Originaleinrichtung aus den 50ern mit ihren vielen liebevollen Details besichtigen, sondern auch eine Vielzahl von Gemälden, die kreative Gäste über die Jahre als „Dankeschön" zurück gelassen haben. Auch heute stehen hier Atelierwohnungen für meist 3-wöchige Arbeits-Besuche kostenlos zur Verfügung und die Gäste werden nach Tradition des Hauses gebeten, mit einem ihrer Kunstwerke die Sammlung zu erweitern. Außerdem empfehlen wir in **Saxnäs** den ***Räucherfisch-Laden*** und das ausgezeichnete ***Dagens Lunch*** (11.30-14 Uhr) im ***Saxnäsgård***, dem modernen Hotel mit Schwimmhalle gleich nebenan.

Einen absoluten Pflicht-Stopp erreicht man 6 spannende Kilometer später, die ***Trappstegsforsen*** (N 64° 57' 21.1" E 15° 27' 56.5"), den „schönsten Wasserfall Schwedens", wo der ***Kultsjöån*** auf breiter Front wie über unzählige Treppenstufen den Hang hinunter rauscht. Auf dem Parkplatz gibt es reichlich Picknickbänke und manch ein WOMO wird hier wohl auch über Nacht stehen. Die ***Grillkoja*** (10-21 Uhr) wird mittlerweile als Geheimtipp gehandelt. Wir nehmen den ***Rentier-Burger*** und sind begeistert! Echt lecker!
Sprudelndes Wildwasser wird uns auch auf dem nächsten Tourabschnitt begleiten, sogar mit feinen **WOMO**-Plätzen anbei.

(115-116) WOMO-Picknickplätze: Litsjöforsen

(115) WOMO-Picknickplatz: Litsjöforsen 1

GPS: N 64° 55' 21.7" E 15° 38' 10.1". **Max. WOMOs**: 2-3.

Ausstattung: Einige schöne Stellplatznischen, noch kleine Anglerplätze auf dem Weg hinunter zu den felsigen Stromschnellen. Trockenklo, Picknickbänke, Feuerstelle mit Holzvorrat, Bootsrampe.

Beschreibung: 80 m neben der Straße, aber geschützte Lage.

Zufahrt: 13 km hinter ***Trappstegsforsen*** rechts.

(116) WOMO-Picknickplatz: Litsjöforsen 2

GPS: N 64° 55' 24.8" E 15° 38' 48.1".

Max. WOMOs: 2-3.

Ausstattung: Schöner Platz mit Blick auf den Wasserfall, Picknickbänke, Trockenklos, Feuerstelle und Müllbehälter.

Beschreibung: Von diesem Platz aus kann man schön über die Felsen zum Wildwasser kraxeln. 50 m neben der Straße. Schräge Auffahrt.

Zufahrt: 500 m hinter **(115)** rechts.

(117) WOMO-Picknickplatz: Kultsjöån

GPS: N 64° 56' 34.3" E 15° 47' 21.6". **Max. WOMOs**: 3-5.

Ausstattung: Picknickbänke, Trockenklo, Himbeerbusch.

Beschreibung: Feinschotter-Platz oberhalb der Stromschnellen, sehr schöne Landschaft, Fliegenangler im Sprudel-Fluss, Platz wird gelegentlich von Angel-Urlaubern mit Wagenburgen besiedelt, straßennah.

Zufahrt: 7,4 km nach dem vorigen **(116)** rechts.

Hinter **Stalon** beginnt dann der lang gestreckte ***Malgomaj***, den wir auf den nächsten 40 km mal sichtbar, mal nicht sichtbar zu unserer Linken haben. Unterwegs zeigen sich auf beiden Seiten eine Reihe von Natur-Parkbuchten, ein Kranich-Pärchen auf der Wiese, ein Anglerplatz beim **Sagostig** und ganz am Ende vom See schließlich noch ein kleiner Campingplatz in **Malgovik** an der gleichnamigen Bucht, die dann heißt? ***Malgoviken!***

(118) WOMO-Picknickplatz: Sagostig

GPS: N 64° 45' 14.1" E 16° 09' 56.4". **Max. WOMOs**: 3-5.

Ausstattung: Wiesenschotter-Landzunge **vor einer Brücke links**, Schutzhütte, Feuerstelle, Trockenklo, 80 m abseits der Straße. Weitere Plätze hinter der Brücke links. Leider störende Geräusche von der Brücke.

Beschreibung: Auf der anderen Straßenseite, also in Tourrichtung rechts, gibt es zum Thema ***Sagostig*** einen kurzen Parcours durch den Wald mit kleinen Kunstwerken zur regionalen Sagenwelt. Auch hier auf dem kleinen Parkplatz stehen WOMOs über Nacht, wenn auch sehr straßennah.

Zufahrt: 31 km nach **(117)** links.

(119) WOMO-Campingplatz: Malgoviken

GPS: N 64° 38' 01.9" E 16° 22' 40.4". **Öffnungszeiten**: Ganzjährig.

Ausstattung: 10-12 schmuck- und schattenlose Plätze auf Schotter 50 m neben der Straße, Strom, Bademöglichkeit, Saison-Café/Butik, WC und Dusche auf der anderen Straßenseite.

Bechreibung: Schöne Lage am See, aber recht teuer.

Gebühr 2022: 280 SEK, Kassierer ist meist vor Ort, sonst Cash in die Box.

Zufahrt: 17,4 km nach **(118)** oder 3,6 km nach dem Ortseingang **von Malgovik** links.

Wenn man hier im schwedischen Hochsommer bei knapp **30°C** unterwegs ist und man die WOMO-Klimaanlage nicht missen möchte, kann man sich kaum vorstellen, wie sich das am 13. Dezember 1941 wohl angefühlt haben mag, als hier in **Malgovik** mit **- 53°C** der bis heute ungebrochene schwedische Kälterekord gemessen wurde.
Kurz vor **Vilhelmina** entern wir den Campingplatz am ***Volgsjö*** rechts, den nicht nur wir sehr lieben und der deshalb sommers öfter ausgebucht ist. **Tipp:** Beizeiten anreisen!

(120) WOMO-Campingplatz: Kolgården

GPS: N 64° 38‘ 59.1“ E 16° 35‘ 23.1“. **Öffnungszeiten**: Ganzjährig.
Ausstattung: Sehr gepflegte Anlage, schöne Plätze auf Kurzrasen am See, Badestrand, Sauna, kleine Grill-Kota, Picknickstellen, schöner Aufenthaltsraum mit Camper-Küche. Duschen ohne Marken, Waschmaschinen, freies WiFi, vorbildliche Mülltrennung, kleiner Laden, Gastronomie.
Preise 2022: 300 SEK ohne, 330 SEK mit Strom.
Beschreibung: Aufmerksame und gästefreundliche Betreiber. Keine Reservierung möglich. Wenn voll, dann voll. 3 km bis Vilhelmina. kolgarden.se.
Zufahrt: 10 km nach **(119)** rechts.

Wir erreichen sogleich die **45**, auf die wir für einen Abstecher in den wohl bedeutendsten Ort des nach ***Königin Frederika Dorotea Vilhelmina*** (1781-1826) benannten ***„Königinnen-Landes“*** nach rechts abbiegen. So war der Plan, doch wir werden zunächst aufgehalten, denn da war Leben im Kreuzungsbereich und der Parkplatz vor dem schicken Blockhaus voller Autos. Mal schauen! So haben wir vor einigen Jahren ***Bergmans Fisk & Vilt*** (N 64° 38‘ 47.5“ E 16° 36‘ 55.9“; tgl. 10-18 Uhr, bergmansfiskochvilt.se) entdeckt, ein für uns hochwillkommener Mix aus Bauernladen mit lokal produzierter Ware, einer Fischräucherei samt Gastronmie mit einem herrlich fischlastigen ***Dagens rätt***. Pflicht-Pause!
Neben solch profanen Bedürfnissen wie Tanken, Einkaufen und Essen gehen kann man in **Vilhelmina** auch Wünsche nach innerer Einkehr, kultureller Bildung und Naturerlebnissen befriedigen. Also erst nach links und dann scharf links herum zur Holz-Kirche hinauf und auf den freundlichen Parkplatz am Berg (N 64° 37‘ 48.1“ E 16° 38‘ 46.6“) eingebogen. Jener ist nur für Besucher der unübersehbaren ***Vilhelmina kyrka*** gedacht und so beginnen wir umgehend mit der Besichtigung

der selbigen unter besonderer Würdigung des Holzreliefs am Altar, der mit Rentierhaut überzogenen Altarschranke und des Bärenfells zwischen den Eingangstüren. Zuletzt hatten wir Glück und konnten der Probe des Organisten beiwohnen. Anschließend starten wir direkt am Parkplatz zu einer kombinierten Kurzwanderung aus ***Kultur-Natur-Stig*** und ***Saga-Stig*** kreuz und quer über den ***Kyrkberget***. Die unterhaltsame Tour auf Wurzelwegen durch den Heidelbeer-Wald bringt uns die ***Sami***-Kultur wie auch die schwedische Märchenwelt nahe und hält manch herrliche Aussicht sowie prächtige Pausenplätze bereit.

Ein gut gemeinter Tipp: Wenn Sie wie wir im Rahmen der ***Kyrkberget***-Wanderung diesen lauschigen Parkplatz am Ende vom **Kyrkvägen** entdecken und dem naheliegenden Plan (oder Ihrem Navi) folgen, diesen Weg ab letztem Kirchenabzweig hinauf zu fahren, dann vergessen Sie das gleich wieder, denn dann vermeiden Sie, an diesem Vorhaben zu scheitern, wie wir nun schon zwei Mal in früheren Jahren: Nach etwa 50 m auf dem schlimmen Schottersträßchen geht es nicht mehr weiter, die Räder drehen durch, man muss rückwärts wieder runter und das unter den mitleidigen Blicken der Anwohner. Nicht schön! Na ja, vielleicht haben Sie ja – wie wir jetzt auch – ein Allrad-WOMO? Wir haben diesen Weg aber trotzdem ausgelassen.
Wer in **Vilhelmina** einen geräumigen WOMO-Parkplatz sucht, findet ihn mitten im Städtchen hinter dem (überraschend großen: 2 Etagen!) ***ICA*** (N 64° 37‘ 28.3“ E 16° 39‘ 11.3“) und findet füßläufig alles, was man braucht. Vielleicht interessieren Sie sich noch für die hinter den Gleisen versteckten ***Gubbseleforsen***? Nein? Aber ganz sicher für einen wunderschönen WOMO-Badeplatz südlich von Vilhelmina, ein 10-km-Abstecher auf der **45** südwärts, der sich lohnt.

(121) WOMO-Badeplatz: Badviken

GPS: N 64° 33‘ 51.9“ E 16° 42‘ 51.7“. **Max. WOMOs**: 3-5.
Ausstattung: Wiesen-Schotter-Areal am Rande des Badestellenparkplatzes, sehr schöne Sandbucht beim Südende vom ***Volgsjö***, WC, Grillstellen und Picknickbänke.

Beschreibung: Das ist der Platz vom ***„Sommargården“*** der Missionskirche, Wohnmobile auch über Nacht willkommen, Spende erbeten: in den Briefkasten am Haus.
Zufahrt: Vom Ortskern **Vilhelmima** ca. 8 km auf der **45/ Strömsund** südwärts, 2,2 km hinter der ***Vojmån***-Brücke nach **rechts/Badviken** abbiegen (jetzt auf Schotter-Piste), dann über die Gleise und final am See nach links zum Ziel.

Sie waren gar nicht in **Vilhelmina**? Dann sind Sie ganz sicher bei ***Bergmans*** nach links abgebogen und bereits auf der **45**, dem ***Inlandsvägen***, Richtung **Storuman** unterwegs. Dort wartet schon der nächste Übernachtungsplatz auf Gäste, ein seltenes Beispiel für die erfreuliche Erweiterung (Umwidmung?) eines bestehenden Rastplatzes, zudem sehr schön landestypisch gelegen. Wo? Na klar: Mal wieder direkt an einem Rauschefluss, dem wilden ***Vojmån***.

(122) WOMO-Campingplatz: Vojmåns Camping

GPS: N 64° 47‘ 33.5“ E 16° 47‘ 52.0“. **Öffnungszeiten**: Juni bis Sept.

Ausstattung: WOMO- und Anglertreff am Wildwasser, Café, Mini-Shop, gute sanitäre Anlagen, Kassetten-Klo-Entleerung, Spielplatz, Picknickbänke, Feuerstellen.
Beschreibung: Geräumiges Gelände am Sprudelfluss, der die Straßengeräusche locker übertönt.
Hinweis: Auf dem neuen, schön gestalteten **Picknickplatz** an der Einfahrt **vor dem Campingplatz** hat man ein **WC-Haus mit Latrine** gebaut.
Zufahrt: An der **45**, 21 km nach dem Abzweig bei ***Bergmans***.

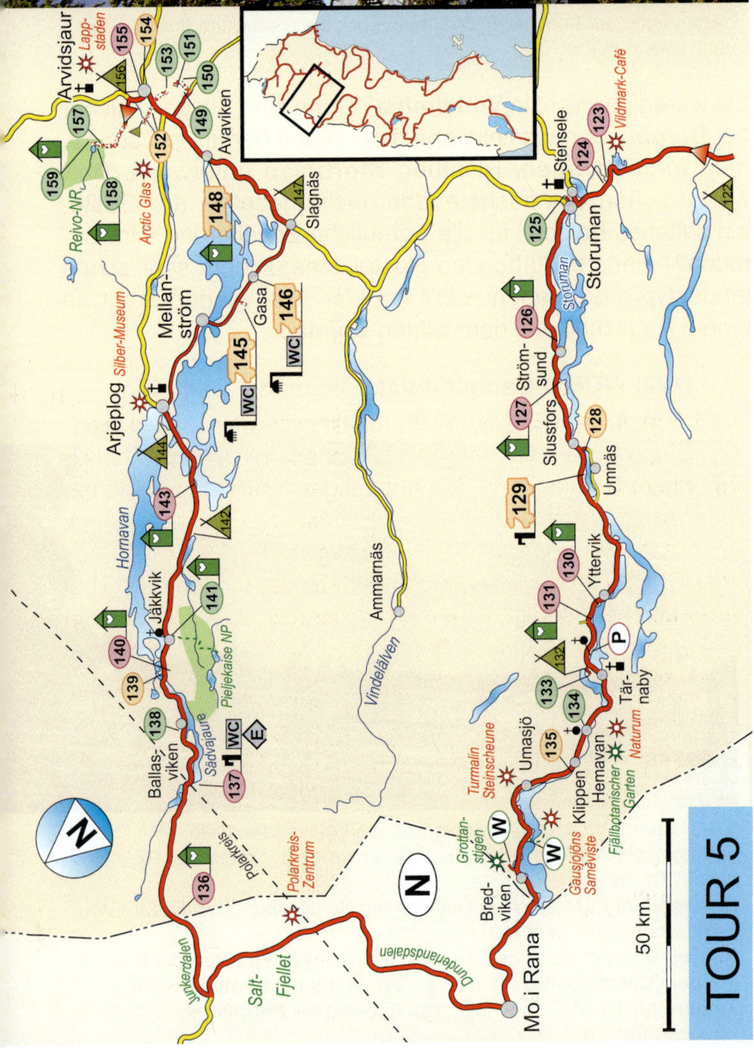

TOUR 5
Arvidsjaur
Lapp-staden
Arctic Glas
Reivo-NR
Avaviken
Slagnäs
Mellan-ström
Gasa
Arjeplog
Silber-Museum
Hornavan
Jäkkvik
Pieljekaise NP
Ballas-viken
Sädvajaure
Polarkreis
Polarkreis-Zentrum
Junkerdalen
Salt-Fjellet
Dunderlandsdalen
Mo i Rana
Bred-viken
Grottan-stigen
Gausjojöns Saméviste
Klippen
Umasjö
Turmalin Steinscheune
Hemavan
Fjällbotanischer Garten
Naturum
Tär-naby
Yttervik
Umnäs
Slussfors
Ström-sund
Storuman
Stensele
Vildmark-Café
Ammarnäs
Vindelälven
50 km

TOUR 5 (ca. 950 km)

Storuman - Tärnaby - Hemavan - Jäckvik - Arjeplog - Arvidsjaur - Reivo Naturreservat

Stellplätze:	Nybyggarland, Stenseleberget, Strömsundsviken, Ankarsund, Nordanås Hembygdsgård, Anders-Jansviken, Jokksbäcken, Stintbäcken, Kanahobben, Naturum Hemavan, Gränsennaturrast, Polcirkeln Silvervägen, Ballasviken, Vitträsket, Njuniktjänna, Jäckvik Kungsleden, Östansjö, Huskyfarmen Veijejaur und Gasa, Avaviken, Arctic Glas, Akkanålke, Vittjåkk, Arvidsjaur, Reivo Naturreservat.
Campingplätze:	Tärnaby, Aspnäs, Arjeplog, Slagnäs, Arvidsjaur.
Baden:	Strömsundsviken, Anders-Jansviken, Jokksbäcken, Stintbäcken, Gausju Sámesiita, Reivo.
Besichtigen:	Kirche in Stensele, Naturum und Fjällbotanischer Garten in Hemavan, Kirche in Jäckvik, Silbermuseum und Kirche in Arjeplog, Lappstad und Kirche in Arvidsjaur.
Wandern:	Stenseleberget, Kanahobben, Gausju Sámesiita, Grottstigen, Pieljekaise Nationalpark, Vittjåkk-Akkanålke Naturreservat, Reivo Naturreservat.

Die farbenfrohe Flagge der ***Sami*** ist in Lappland allgegenwärtig und man findet diese traditionellen Farben natürlich auf vielen Souvenirs in den unzähligen Touri-Läden wieder, doch manchmal gibt es richtig interessanten Silber-Schmuck im ***Lappland***-Design wie hier in ***Nybyggarland***, wo man nach einer Strecke mit Straße bis zum Horizont freiwillig dem Hinweis nach rechts folgt, in dem stattlichen Blockhaus noch ein ***Vildmarkscafé*** und auch gleich ein WOMO-Rastplatz-Areal findet, sogar mit 2 Abteilungen.

(123-124) WOMO-Picknickplätze: Nybyggarland

(123) WOMO-Picknickplatz: Nybyggarland 1

GPS: N 64° 59' 50.3" E 17° 04' 53.9". **Max. WOMOs**: >5.

Ausstattung: Großer Feinschotter-Parkplatz „Vildmarkscamping" (Na ja...), Picknickbänke, Spielpatz, Vildmarkscafé (2023 geöffnet? Vielleicht!).

Beschreibung: Geräumiger Platz, straßennah, relativ offenes Gelände, aber mit Bäumen und geschützten Stellen. Gebühr 2022: 50 SEK, Cash in den Briefkasten. Man kann zu Fuß über ein Brückchen zu **(124)** hinüber gehen und sich die örtliche Stellplatzalternative ansehen.

Alle Infos: lapplanddesign.se. **Zufahrt:** Siehe Text.

(124) WOMO-Picknickplatz: Nybyggarland 2
GPS: N 64° 59‘ 56.8“ E 17° 04‘ 40.9“. **Max. WOMOs**: 2-3.
Ausstattung: Grillhütte mit Feuerstelle und Picknickbänken am ***Storbäcken***.
Beschreibung: Noch etwas dichter an der Straße dran, aber schönere Plätze direkt am Sprudelfluss. Gebühr wie **(123)**.
Zufahrt: Einfahrt 300 m nach der zu **(123)** rechts.

Schon 10 km später stößt unsere **45** auf die **E12**, die wir – bevor es für uns nach **Storuman** geht – in Richtung **Umeå** für einen Abstecher nach **Stensele** nutzen: zur ***Stensele Kyrka*** (Bj. 1886), der größten Holzkirche ***Schwedens*** (N 65° 03‘ 55.7“ E 17° 09‘ 49.7“, 2022: 20.6.-31.8. Mo-Fr 8-15.30 Uhr, Sa/So 9-17 Uhr), auch *„Lappland-Kathedrale“* genannt. An der Schalttafel am ersten Pfeiler links kann man die Info-Ansage auf Deutsch starten, das außergewöhnliche Bauwerk mit sei-

nen imposanten Dimensionen (urprünglich für 2000 Besucher gebaut ist aktuell Platz für 800) und der wunderschönen Ausstattung in aller Ruhe auf sich wirken lassen und zudem vorn rechts in einer Vitrine noch zwei Bibeln bewundern: eine große prächtig gestaltete und die kleinste der Welt, ein Geschenk des Gutenberg-Museums Mainz.

Von **Storuman** sind uns ehrlich gesagt genau zwei „Highlights" nachhaltig in Erinnerung geblieben: die 7 m hohe Statue des ***Vildmannen*** (N 65° 05' 42.2" E 17° 06' 57.7"), das Wahrzeichen des Ortes und der ***Stenseleberget*** (512 m ü.M.), dem **WOMO**-Berg zum hinauf fahren.

(125) WOMO-Wanderparkplatz: Stenseleberget

GPS: N 65° 05' 15.7" E 17° 08' 09.5".
Max. WOMOs: >5.
Ausstattung: Asphaltparkplätze, Müllbehälter, Picknickbänke, Feuerstelle, Wanderwege, Saison-Café.
Beschreibung: Auf den letzten 500 m gibt es asphaltierte Parkplatz-Plateaus: 3 rechts, 3 links, die oberen zunehmend schief.
Zufahrt: 50 m nach dem Ortseingangsschild nach rechts dem Liftsymbol und 800 m später nach rechts dem Hinweis „Utsikten" folgen, nach 1,2 km am Ende der Straße steht ein Holz-Turm mit prächtiger Aussicht.

Der Vildmannen / Der Wilding

Der Vildmannen gehört zur heidnischen Tradition, zum lebendigen Volksglauben, er galt als Dämon. Er kommt schon in der Literatur des Mittelalters vor, man findet ihn als Verzierung auf historischen Waffen, Geschirr und auf alten Gobelins. Der spezielle Bezug zu ***Lappland*** geht wohl auf ein Geschichtswerk aus dem Jahre 787 zurück, nachdem nördlich von Germanien ein Volk lebt, dass sich ausschließlich von rohem Fleisch wilder Tiere ernährt, sich mit deren Pelzen kleidet und selbst ein Leben wie die wilden Tiere führt. Aus der Mythologie entstanden Rituale, die in Form von Tänzen, Maskierungen und Karnevalen gepflegt wurden, man verkleidete sich halt auch als Vildmannen. Erstmals findet man den Vildmannen mit Keule auf der Schulter als Wappen Lapplands auf Münzen aus dem 17. Jahrhundert.

In **Storuman** krönt man am ***Tag des Vildmannen*** (immer am Sonntag nach Mittsommer), eine Person zum ***Vildmannen des Jahres***, die sich um ***Lappland*** besonders verdient gemacht hat.

Storuman verlassen wir in Richtung **Tärnaby** auf der **E12**, die sich mit dem Beinamen ***Blå vägen*** schmückt, da sie von **Umeå** quer durch ***Schweden*** bis zur norwegischen Grenze immer am ***Umeälv*** entlang führt, der sich mal als Fluss und mal als See präsentiert. Ab **Storuman** beginnt dies nicht ganz überraschend mit dem See namens ***Storuman***, dessen Ufer anfangs mit hunderten Stugas zugebaut ist und somit komplett der privaten Nutzung dient, aber in einer Bucht am anderen Ende wie zur Versöhnung noch einen feinen **WOMO**-Platz bereit hält.

(126) WOMO-Picknickplatz: Strömsundsviken

GPS Einfahrt: N 65° 19' 35.9" E 16° 39' 06.9". **Max. WOMOs**: 2-3.
GPS Platz: N 65° 19' 33.8" E 16° 38' 38.3".

Ausstattung: Bademöglichkeit, Windschutz mit Feuerstelle, Picknickbänke, Trockenklo.
Beschreibung: Ausgedehntes, idyllisch gelegenes Areal auf einer bewaldeten Landzunge. Die nahe Straße ist allerdings gut zu hören.
Zufahrt: 37,5 km nach dem ***Vildmannen*** (Ortsmitte von **Storuman)** links **ohne Hinweis** rein (Achtung! **GPS Einfahrt** beachten!), 500 m unbefestigter Fahrweg am asphaltierten(!) Tennisplatz vorbei zum Picknickplatz am See.

Keine 10 km auf dem ***Blå vägen*** weiter, man hält es kaum aus, findet sich ein besonders reizendes **WOMO**-Quartier (nicht nur) für Angelfreunde am See.

(127) WOMO-Picknickplatz: Ankarsunds Fiske och Friluft Camp

GPS: N 65° 22‘ 39.8“ E 16° 30‘ 21.7“. **Max. WOMOs**: >5.

Ausstattung: Schöne Plätze am Wasser, Grill-Hütte, Trockenklo, Angelmöglichkeit (60 SEK) , Feuerstellen, Bademöglichkeit, Picknickbänke, Müllbehälter, Wanderwege.
Beschreibung: Das PKW-Zeichen an der Einfahrt deuten wir als Verbot für LKW. Gebühr: Die Dorfgemeinschaft, die diesen Platz betreut, bittet um eine Spende, bar in die rote Box.
Zufahrt: Siehe Text, links rein, nach 500 m Waldweg geräumiges Areal auf einer Landzunge.

Nach 18 weiteren Kilometern auf der **E12** kann man **links/ Umnäs** abbbiegen und findet nach 700 m ein Not-Quartier unterhalb der Brücke über den Zipfel vom ***Umnäsjön*** [**128:** N 65° 25‘ 24.8“ E 16° 10‘ 20.6“], oder man bleibt mit uns auf der **E12** und genießt das grandiose Seepanorama, das uns zu Foto-Stopps zwingt. Links voraus grüßen stolze Berge,

rechts tobt ein reißender Fluss und wir stellen fest: Echte ***Nord-Schweden***-Landschaft. Hier beim ***Blå Vägen*** möchte man gerne verweilen und hier sind die Plätze dazu:

(129) Offizieller WOMO-Stellplatz: Nordanås Hembygdsgård

GPS: N 65° 27‘ 50.7“ E 16° 04‘ 36.8“.
Max. WOMOs: 5.
Ausstattung: 5 ausgewiesene WOMO-Stellplätze beim Hembygdsgård auf Schotterwiese, Strom, Wasserpumpe (Quellwasser). 80 m zur Straße.
Beschreibung: Schöner Blick auf den ***Umnäsjön*** und die Berge dahinter. Gebühr 2022: 75 SEK, Strom 50 SEK, bar in den Postkasten.
Zufahrt: 6,5 km nach dem Abzweig zu **(128)** links.

(130) WOMO-Picknickplatz: Anders-Jansviken

GPS: N 65° 37‘ 19.8“ E 15° 32‘ 04.7“. **Max. WOMOs**: 3-5.

Ausstattung: Trockenklo, Picknickbänke, Schutzhütte, Bademöglichkeit, Bootseinsetzstelle.
Beschreibung: Etwas straßennah. 2 Abteilungen mit Naturbelag: Die obere neben der Straße, zur unteren – etwas geschützteren – nach rechts 100 m auf schmalem Fahrweg (für kleinere Fahrzeuge).
Zufahrt: 2,9 km hinter dem Ortsschild **Yttervik** links.

(131) WOMO-Picknickplatz: Jokksbäcken

GPS: N 65° 39‘ 13.5“ E 15° 30‘ 07.2“. **Max. WOMOs**: 1-2.
Ausstattung: Schöne Stellplätze am Rande des Wende-Rondells oder auf der Sackgassen-Wiese links in Richtung der Stromschnellen. Trockenklo, Müllbehälter, unterhalb Badestelle mit Schutzhütte, Picknickbank und Feuerstelle.
Beschreibung: Anglerplatz. In den Stromschnellen liegen Felsbrocken mit Granat-Einschlüssen.
Zufahrt: 4,6 km nach dem vorigen Platz, gegenüber dem Abzweig nach **Boksjön** links rein, 400 m Fahrweg sehr steil hinunter, nur mit agilen WOMOs gut zu befahren. Allrad empfohlen.
Alternative: Man parkt oben in der Nähe vom Abzweig links in der Wiesen-Parkbeule und erkundet das Areal zu Fuß.

Fährt man die **E12/Tärnaby** genau 9 km weiter und nimmt unerschrocken direkt nach dem Hinweis ***Gamla Kyrknäset*** die spitzwinklige wie schmale Einfahrt nach links und parkt nach 100 m auf einem kleinen Waldparkplatz (N 65° 41‘ 58.7“ E 15° 22‘ 40.4“), steht man 200 m später vor dem Nachbau der zuletzt 1986 abgebrannten, vormals ersten Kirche in dieser Gegend aus dem Jahre 1762, einer grasbedachten Holzkapelle mit extra Glockengestell. Eigentlich war das Kirchlein für die ***Sami***-Siedlung am ***Tärnasjö*** 20 km nördlich bestimmt, wurde jedoch erst einmal an dieser Stelle, wo es noch

Bauholz gab, errichtet und ist der Einfachheit halber gleich hier geblieben. Unter Gottes Himmel ist es schließlich überall schön. Entsprechendes Wetter vorausgesetzt, sollte man Badesachen und Picknick-Korb mitführen, denn es gibt gleich 2 Feuerstellen am See.
Keine 3 km danach queren wir den rauschenden ***Tärnaån*** und finden gleich rechts interessante **WOMO**-Quartiere, Angelplätze und Ausflugsziele für die nächsten Tage.

(132) WOMO-Campingplatz: Tärnaby Camping

GPS: N 65° 43' 11.1" E 15° 20' 00.4". **Öffnungszeiten**: Ganzjährig.

Ausstattung: Fantastische Lage am wilden ***Tärnaforsen***, gute Ausstattung mit Sauna, Rezeption mit Mini-Shop, Feuerstellen, Angeln im ***Tärnaån*** gegen Gebühr, Wanderung nach **Solberg**: Samensiedlung, Badestrand am Laisan-See, Fanggrubensystem.
Beschreibung: ***Janett*** und ***Stefan*** (aus Garmisch Partenkirchen) haben dieses herrliche Areal im Frühsommer 2022 übernommen und die Sanitäranlagen wie auch die Kassetten-Entsorgung inzwischen modernisiert. Sehr gepflegter und engagiert geführter Platz, der zu unseren persönlichen Favoriten in Schweden gehört. Infos: tarnabycamping.se.
Zufahrt: Direkt hinter der ***Tärnaån***-Brücke rechts rein, nach 300 m rechts.

(133) WOMO-Wanderparkplatz: Kanahobben

GPS: N 65° 43' 25.1" E 15° 18' 06.2".
Max. WOMOs: 2-3
Ausstattung: Feinschotter-Parkplatz in 670 m ü. M., überdachte Picknickbank, Wanderung zum ***Kanahobben*** (780 m ü.M.) auf dem ***Laxfjället***.
Beschreibung: Toller Platz, nachts still.
Zufahrt: Beim Tärnaby Camping vorbei 900 m auf dem Fahrweg flussaufwärts weiter, dann den links zur „Utsikt" auf schmaler Straße hinauf, 3 km nach dem Camping schließlich ein Parkplatz am Ende der Auffahrt.

Wandertipp: Kanahobben (2 km/1 h)
Beim Parkplatz nehmen wir die Markierung auf und marschieren beherzt los. Nur 1 km zum Gipfel, ist doch ein Klacks. Auf steinigem Pfad geht es gleich knackig berghoch, wir hangeln uns an Birken entlang aufwärts, gewinnen überraschend schnell an Höhe und somit Schritt für Schritt an Überblick. Der Schweiß schießt aus den Poren, doch schon nach 20 Minuten sind wir oben auf dem ***Kanahobben*** (780 m), dicht beim ***Laxfjället***-Plateau, wo die Lifte aus ***Tärnaby*** ankommen und sich bis in das späte Frühjahr hinein die Alpin-Ski-Freunde tummeln. Schwedische Nationalhelden wie ***Anja Pärson*** und ***Ingemar Stenmark*** haben hier ihre ersten Schwünge probiert, und deshalb gibt es in **Tärnaby** folgerichtig

Skihänge mit solch klangvollen Namen wie ***Anja-Backen*** und ***Ingemar-Backen***. Der Vollständigkeit halber bleibt noch zu erwähnen, dass sich selbstverständlich von hier oben eine unglaubliche Aussicht auf die faszinierende Gebirgslandschaft ringsum und die Seenkette im Tal bietet, die man so schnell nicht vergisst.
Tipp: Stabiles Schuhwerk tragen, Wanderstöcke empfohlen, Fernglas und Schlechtwettersachen (Windschutz!) einpacken. Nahe beim Polarkreis ist man bei 800 m ü.M. im Hochgebirge!

In **Tärnaby** befindet sich das Angler-Info-Zentrum im selben Haus wie die Skiwerkstatt, womit schon zwei wesentliche Komponenten des hiesigen Tourismus genannt sind. Wie bei anderen Wintersportorten auch sieht es hier im Sommer nicht so richtig edel aus, und nachdem wir die stolze ***Tärna Kyrka*** (N 65° 42' 38.0" E 15° 15' 41.7") mit ihrem riesigen Altargemälde, dem Speckstein-Taufbecken und der alten Glocke von 1702 aus ***Gamla Kyrknäset*** besichtigt haben, düsen wir auf der **E12** weiter zum „Zwillingsort" **Hemavan**. Hier zeigt sich auf den ersten Blick das selbe Bild eines Ski-Zentrums im „Sommerschlaf", doch wir führen Sie zur blühenden Pracht der Bergflora, biegen an der ersten Kreuzung (gegenüber dem Kommun-Center) rechts ab und folgen den Hinweisen zum ***Fjällbotaniska trädgård***, wo sich besonders im Juli ein Besuch lohnt. Wir passieren die ***Hemavankyrka*** (N 65° 48' 51.0" E 15° 05' 24.5"), eine schmucke kleine rote Kapelle, die es wegen ihrer schlichten Schönheit zu besichtigen lohnt und orientieren uns dann an dem futuristisch anmutenden Gold-Tower am Hang dort oben, wo wir einige Kurven später – an unfassbar vielen neu gebauten Ferienhäusern vorbei – direkt davor parken. Hier haben wir fast alles, was es im Sommer in **Hemavan** zu besuchen lohnt, an einer Stelle: Das ***Naturum*** (tgl. 10-18 Uhr), eine erlebnisreiche Ausstellung über die geradezu unendlichen Weiten des hier angrenzenden ***Vindelfjäll***, eines der größten Naturreservate Europas, den besagten ***Fjällbotanischen Garten*** (Spendenbox am Eingang, Führung für 100 SEK), dem nördlichsten der Welt und den Beginn/das Ende des ***Kungsleden***, dem 450-km-Wanderweg nach **Abisko**, dem wir auf dieser Tour und auch später noch gelegentlich begegnen werden. So streifen wir über den Bergblumenhang, ziehen über geschlungene Wege durch den gut sortierten und markierten Garten

bis hinauf zum Orchideensumpf und kommen schließlich beim Kungsleden-Tor unten wieder raus. Das oben im „Gold-Köpfchen" vormals residierende Samische Restaurant ***„Njalla"*** ist seit Jahren geschlossen, gehört (jetzt?) zum nahen Hotel und soll 2023 wieder geöffnet haben. Als **WOMO**-Not-Quartier ist der Balkon-Parkplatz vor der Tür [**134**: N 65° 48' 53.8" E 15° 06' 16.1"] durchaus zu gebrauchen, doch auch unten an

der **E12** haben wir noch eine „WOMO-Sammelstelle" gesehen: der geräumige Schotterparkplatz (N 65° 49' 11.7" E 15° 05' 05.4"), genau gegenüber vom Riesen-**ICA**.

Wir kehren zurück zur **E12** und halten keine 2 km nach dem letzten Lift an der Parkbucht rechts hinter dem ***Syterbäcken*** (N 65° 50' 37.1" E 15° 02' 39.0", Foto links), wo bläuliches Gletscherwasser vom ***Norra Storfjället*** mit handgemessenen 8°C ganz entfesselt unter der Brücke durchrauscht. Wir unternehmen 300 m nach dem Ortseingang von **Stintbäcken** noch einen kleinen Abstecher nach **links/Klippens stugby** und finden nach 100 m gleich ein lauschiges WOMO-Quartier direkt am Fluss.

(135) WOMO-Stellplatz: Stintbäcken

GPS: N 65° 54' 14.6" E 14° 59' 06.0". **Max. WOMOs**: 1-2.
Ausstattung: Feinschotter-Parkraum, Müllbehälter. **Zufahrt**: Siehe Text.

Der schmale wie brüchige Fahrweg direkt am sprudelnden ***Umeälv*** entlang führt nach 4 km durch bezaubernde Wild-Fluss-Landschaft mit vielen Stromschnellen und Anglerplätzen wieder zur **E12** zurück, wir folgen dieser nach links und stoppen nach 7 km in **Umasjö** auf einem Parkplatz rechts (N 65° 59' 06.1"

E 15° 04' 00.2"), wo es örtliche Sehenswürdigkeiten zu bestaunen gibt, die man aber erst mal finden muss. In Fahrtrichtung gesehen halb rechts führt ein Trampelpfad links am **Ferienhaus Nr. 232** vorbei in ein Birkenwäldchen zu einem Felsblock mit ***Turmalin***-Einschlüssen, einem schwarzen Halbedelstein.

Geht man gegenüber vom Parkplatz den Fahrweg hinunter, findet man eine seltene Steinscheune aus dem 19. Jahrhundert. Nun wollen wir aber richtig wandern, rollen zunächst am ***Över-Uman*** entlang, dessen Brandung heftig ans Ufer peitscht und erreichen kurz hinter **Strimasund** den kleinen Wanderparkplatz ***Gausju Sámesiita*** (N 66° 03' 25.0" E 14° 52' 26.2") links direkt neben der Straße, von dem aus man (vor allem bei schönem Wetter) einen spannenden Ausflug durch großartige Landschaft starten sollte.

Wandertipp: Gausjosjöns Sameviste (6 km/2 h)
Die Sonne lacht, wir stehen ganz alleine auf dem Parkplatz, so haben wir das Wanderareal heute also ganz für uns. Sogleich geht es über die erste Brücke, 10 Minuten später über die zweite und dann immer schön im Bogen am See entlang. Im Zusammenhang mit der zunehmenden

Nutzung der Wasserkraft in den 1960er Jahren wurden hier prähistorische Siedlungen gefunden, die beweisen, dass an den Ufern des Gausjosjön schon seit 6000 Jahren Menschen leben.
Der Weg ist ein steiniger Wurzel-Stolperpfad durch den Klein-Birken-Wald, auf Bretterwegen passieren wir feuchte Passagen und genießen wunderbare Aussichten. Nach einer Dreiviertelstunde erreichen wir das alte Fischerhaus oberhalb vom See, aber das ist noch nicht die alte Samisiedlung, zu der geht es noch ein Stück hinauf. Dort stehen einige mit Grassoden bedeckte Kåtas, von denen welche offen und zu besichtigen sind. In den 1930er Jahren wurden einige davon von zwangsumgesiedelten Sami aus Norrbotten gebaut und repräsentieren die für die Nord-Sami typische Bauweise. Bei einer rustikalen Picknickstelle unten am See verzehren wir unseren Pausenproviant und bedauern nur, dass wir kein Handtuch dabei haben, denn das klare Wasser und der Sandstrand locken zum Bade. Gut gelaunt treten wir auf gleichem Weg den Rückmarsch an und haben tatsächlich die ganze Zeit nicht einen (weiteren) Menschen zu Gesicht bekommen.

Tipp: Feste Schuhe tragen, Picknick und Badesachen nicht vergessen!

Einen ganz anderen Charakter hat ein Wanderweg durch ein Gebiet voller Karst-Höhlen, der ***Grottstigen*** in **Kåtaviken**. Dorthin rollen wir 16 der letzten schwedischen **E12**-Kilometer weiter durch wunderschöne Landschaft mit Seen, Wasserfällen und Bergen, fahren hinter dem Damm, genau beim Ortseingangsschild von **Kåtaviken** nach rechts in diese ziemlich unaufgeräumte Siedlung hinein und finden nach 600 m schlimmen Fahrweg einen skurilen Laden names ***„Butikk“***, freilaufende Ziegen und eine Parkbucht (N 66° 07‘ 25.9“ E 14° 47‘ 48.8“) oberhalb vom See beim Einstieg zur Grotten-Tour.

Wandertipp: Grottstigen (3 km/1,5 h)
Der Einstieg ist etwas versteckt, wir folgen stumpf dem kleinen Hinweisschild am Holzmast „Grottstigen 4 km“, gehen dazu quer durch einen Hof, links an einem Gedenkstein vorbei den ziemlich zugewachsenen Trampelpfad hinauf. Nach 100 m wenden wir uns nach rechts, wo ein schmaler Weg durch den Birkenwald hinauf führt. Diese Karst-Berge hier sind von unzähligen, meist kleinen Grotten durchzogen wie ein riesiger Löcher-Käse. Wer nun denkt, im Laufe dieser Wanderung irgendwo gepflegt durch eine Grotte schreiten zu können, kann gleich wieder umkehren, denn wir werden meist nur kleine Öffnungen im Berg entdecken, wo man bestenfalls ein Kleinstkind abseilen kann, aber spannend ist es dennoch. Wir steigen am Hang gemächlich durch seltsam zerzauste Birken und kniehohes Grünzeug hinauf und werden auf unserem angenehm zu gehenden Höhenweg gelegentlich auf kleinere Grotten-Öffnungen am Wegesrand hingewiesen. Mittlerweile hat man einen freundlichen Ausblick in das Tal mit Seen und Damm und endlich auch mit den ***Forshallarna***

eine halbwegs stattliche Grotte samt 5-m-Wasserfall erreicht. Wir pirschen uns noch bis zur ***Östra Jördbäcksgrottan*** vor, wo der Fluss einfach mal so im Berg verschwindet und man beim trockenen Flussbett prima rasten kann. Auf dem Rückweg beschließt der trübe Tag, uns zusätzlich mit feinem Regen zu ärgern, so dass wir vor allem dank des üppigen Strauchwerks pudelnass wieder unten ankommen.
Tipp: Wer tatsächlich in die Grotten krauchen will, sollte sich entsprechend anziehen und Taschenlampen mitführen. Manchmal sind dicht am Weg kaum sichtbare Löcher versteckt, deshalb besonders auf kleine Kinder achten!

Nun sind es noch 10 km auf der **E12** bis nach **Norwegen**, und unsere Tour wird dann 172 km durch das Nachbarland führen, bevor wir auf dem nächst nördlichen Straßen-Tal nach **Schweden** zurückkehren. Vielleicht haben Sie das Büchlein ***„Mit dem Wohnmobil nach Nord-Norwegen"*** von ***Schulz/ Roth-Schulz*** dabei und wollen sich nun diesem Führer anvertrauen? Vielleicht kommen Sie aber auch mit uns hinunter nach **Mo i Rana** zur **E6/Narvik** und dann durch das liebliche ***Dunderlandsdalen*** wieder hinauf zum kargen ***Saltfjellet***, wo immer noch das imposanteste aller Polarkreis-Zentren

(WOMO-Platz: N 66° 33' 01.7" E 15° 19' 07.7") auf Ihren schon lange geplanten Besuch wartet? Auf dieser Route werden Sie – leider alternativlos – über neugebaute Mautstraßen fahren, also nicht über Rechnungen wundern, die Wochen nach dem Urlaub ins Haus flattern.

Verpassen Sie 32 km nach der Polarkreis-Pause bloß nicht den Abzweig rechts zur **77/Skelefteå**, auf der man auf neuer Straße, durch einen neuen Tunnel und dann durch das überwältigende ***Junkerdalen*** mit Schluchten und Wasserfällen hinauf nach **Schweden** kurvt und schließlich vom schön gelegenen und asphaltierten **WOMO**-Picknickplatz ***Gränsennaturrast*** [**136**: N 66° 45' 19.0" E 15° 50' 15.2"] begrüßt wird. Nunmehr rollen wir auf der Straße Nr. **95**, dem ***Silvervägen***, auf 730 m Höhe über das kaum besiedelte, unwirtliche Fjäll, durchqueren bizarre, doch zunehmend wieder grüne Landschaft mit Seen und ankern dann für heute Nacht auf dem Rastplatz beim fast unsichtbaren Polarkreis-Hinweis.

(137) WOMO-Picknickplatz: Polcirkeln Silvervägen

GPS: N 66° 32' 57.8" E 16° 20' 04.3". **Max. WOMOs**: 3-5.
Ausstattung: Großer Rastplatz mit verschiedenen Abteilungen, Picknickbänke, Mini-Spielplatz, WC mit Latrine, Außenwasserhahn, Mülltrennung. **Beschreibung**: ***„Strövstig"*** durch das Birkenwäldchen zum See, sehr ruhig. Bitte den Platz dezent nutzen! Hier gilt ***Camping verboten***.
Zufahrt: 36,5 km nach der Grenze rechts.

Wir überqueren also den Polarkreis wieder südwärts, wechseln die See-Seite und staunen über den weiß schäumenden Fluss, der sich gegenüber auf breiter Front in den ***Sädvajaure*** stürzt. Die bezaubernde Seen-Landschaft wird uns eine Weile begleiten, die Ortsnamen sind nun zweisprachig auf schwedisch und samisch angegeben, und bevor wir **Jäckvik/*Jäggeluoktta*** erreichen, seien noch drei klitzekleine **WOMO**-Plätze verraten:

(138) WOMO-Wanderparkplatz: Ballasviken

GPS: N 66° 29' 25.8" E 16° 31' 51.0". **Max. WOMOs**: 2-3.
Ausstattung: Naturrastplatz am Fluss, 488 m ü. M., Windschutz mit Öfchen, Feuerstelle, Sami-Kultur-Wanderwege anbei.
Beschreibung: Achtung bei der Einfahrt: Stark welliger Asphalt! Dicht an der Straße gelegen, dennoch ruhig.
Zufahrt: 14,5 km hinter **(137)**. Hinter der Brücke, vor dem Ortsschild Ballasviken links hinunter.

(139) WOMO-Stellplatz: Vitträsket

GPS: N 66° 24' 52.9" E 16° 55' 04.9". **Max. WOMOs**: 1.
Ausstattung: Ohne alles. Angler-Platz hinter Bäumen und Büschen auf Naturboden. **Beschreibung**: straßennah.
Zufahrt: 22 km hinter **(138)**, direkt hinter einem Damm links.

(140) WOMO-Picknickplatz: Njuniktjänna

GPS: N 66° 24' 29.5" E 16° 56' 27.8".
Max. WOMOs: 1-2.
Ausstattung: Asphaltiertes Terrain, „Anglerparadies am Silvervägen", Angelsteganlage, Schutzhütte, Feuerstelle, Trocken-Klo, Bademöglichkeit.
Beschreibung: Schöner Platz, aber straßennah. ***Keine Caravans***.
Zufahrt: 1,2 km nach dem vorigen Platz, 20 m rechts neben der Straße.

In **Jäckvik** gibt es seit langem mal wieder eine richtige ***Tankstelle*** und einen neuen, riesigen **ICA**-Markt, dann links im Ort eine kleine wie feine ***Kapelle*** mit Hinweisen auf den berühmten Sohn dieses Örtchens, den legendären Lappenmissionar ***Lars Levi Laestadius*** (1800-1861) und rechts oben den Wanderparkplatz vom ***Kungsleden***, unser Ausgangspunkt für den nächsten Gebirgsausflug.

(141) WOMO-Wanderparkplatz: Jäckvik Kungsleden

GPS: N 66° 23' 00.7" E 16° 57' 38.4". **Max. WOMOs**: 3-5.
Ausstattung: Großer geschotterter Parkplatz, Wander-Info, Komfort-Trockenklo mit Gardine. ***Kungsleden*** anbei.
Beschreibung: Die neue Siedlung ist ziemlich nah, dennoch recht ruhig.
Zufahrt: 1,2 km nach dem Ortseingang **Jäckvik** rechts „P Kungsleden" folgen, 300 m bis zum Parkplatz.

Wandertipp: Pieljekaise Nationalpark (16 km/6 h)

Der Pieljekaise Nationalpark gilt als Geheimtipp für einsame Gebirgstouren, denn dieser Abschnitt vom Kungsleden wird bei weitem nicht so häufig bewandert wie die spektakulären Passagen weiter im Norden. Wir haben auf unserer Schnupper-Tour vom Wander-Parkplatz zur ***Pieljekaisestuga*** und zurück an einem halben Tag genau 2 weitere Wandersleute getroffen und das bei bestem Wetter im August.

Wir starten auf dem einzig möglichen Weg hinein ins Wandervergnügen und folgen nach 500 m dem ersten Kungsleden-Hinweis nach links, queren den Sprudelfluss über eine Brücke und steigen dann langsam aber stetig, zunächst durch üppig grünen Birkenwald, später dann durch Knieholz aufwärts. Nach einer knappen Stunde kann man in (oder noch besser vor) einer beinahe luxeriös ausgestatteten ***Rasthütte*** (N 66° 22‘ 01.9“ E 16° 55‘ 06.3“) 150 m rechts vom Weg eine gepflegte Pause einlegen, um dann für die nächste halbe Stunde bei etwa 700 m Höhe über das grüne, baumlose Fjäll bis zum National-Park-Schild zu wandern. Der Weg führt teilweise über Bohlen, auch an zwei Seen vorbei, die Blicke zurück ins weite Land entzücken uns zusehends, und zu allem Glück gibt es gelegentlich Heidelbeeren und sogar richtig reife Moltebeeren zu naschen. Überraschend, wie Indianer in der Prärie, tauchen wie aus dem Nichts Rentiere in Sichtweite auf, die uns aus respektvoller Entfernung beobachten und eskortieren. Hinunter zur ***Pieljekaisestuga*** sind es nur noch 20 min, wir tauchen wieder in die Waldzone ein und befinden uns plötzlich in einem krautigen Birkendickicht, wo man sich ständig beobachtet fühlt und jeden Moment einen kapitalen Elch erwartet. In der komfortablen ***Pausenhütte*** (N 66° 21‘ 03.5“ E 16° 50‘ 02.8“, Trockenklo, Trinkwasser-Bach) schmeißen wir den Ofen an, Grillen unsere Picknickwürste am Stock, räumen wieder alles schön auf und marschieren auf gleichem Weg zurück. Diesmal treffen wir außer unseren

Rentieren noch Lemminge, die unter den Bohlen umherhuschen sowie einige schreckhafte Schneehühner und weiden uns an der Fernsicht, die über die grüne Ebene hinweg bis zum nächsten Bergkamm reicht.

Tipp: Fernglas und für einen gemütlichen, entspannten Wandertag ausreichend Proviant einpacken.

Wer **Jäckvik** als ***Kungsleden***-Wanderer von Norden aus erreichen will, kommt mit dem Motorboot-Shuttle über den ***Hornavan***, den mit 221 m tiefsten See Schwedens. Dieses Monstrum reicht bis zum 60 km entfernten **Arjeplog**, unserem nächsten Ziel, wohin wir durch die übliche Nordland-Mischung aus Wald und Seen, Birken, Sümpfen und Flaschenbürstenfichten schnüren und unterwegs sogar noch zwei Spitzen-**WOMO**-Plätze finden.

(142) WOMO-Campingplatz: Aspnäsuddens Natur Camp

GPS: N 66° 12‘ 03.6“ E 17° 16‘ 39.4“. **Öffnungszeiten:** Ganzjährig.

Ausstattung: 5 Asphaltbuchten im Wald am See, neues Toilettenhaus mit Trockenklos und Waschbecken (mit Fußpumpe), Picknickbänke, schöne Grill- und Feuerstellen. Gebühr 2022: 200 SEK/Nacht, bar im Umschlag in den Kasten. **Beschreibung**: Idyllischer Platz, schöne Lage am See. **Zufahrt**: 25 km hinter **(141)**, vor Ort gut beschildert.

(143) WOMO-Picknickplatz: Östansjön

GPS: N 66° 06‘ 16.3“ E 17° 28‘ 44.6“.
Max. WOMOs: 3-5.
Ausstattung: Großer Asphalt-Parkplatz 16 m über Straßen-Niveau, Trockenklos (zuletzt ziemlich ramponiert), Schutzhütte.
Beschreibung: Auf dem Waldhügel verteilt einige Picknickbänke und Feuerstellen und ein prächtiger Ausblick auf den See.
Zufahrt: 14,5 km hinter **(142)**, 8,2 km nach dem Info-P zu ***Laisdalen***, ohne Hinweisschild 120 m rechts hoch.

Um es gleich vorwegzunehmen: **Arjeplog** ist unsere große Liebe in ***Lappland***! Inmitten der unendlichen Weite von Wäldern und Seen haben wir hier eine Oase entdeckt mit einer der beeindruckendsten Kirchen, einem der anrührendsten Museen und sogar einem herrlich gelegenen Campingplatz.

(144) WOMO-Campingplatz: Kraja

GPS: N 66° 03' 01.1" E 17° 51' 44.3".
Öffnungszeiten: Sommer- und Wintersaison.
Ausstattung: Sehr gute Ausstattung, gute Ver-/Entsorgung, Minigolf, Spielplatz, Freibad gratis, Gehobene Gastronomie mit guter Küche, begrenzte Kapazität für Touring-Gäste auf Rasen, aber Ausweichplätze auf Beton.
Beschreibung: Preise und aktuelle Saison-Zeiten siehe: silverresort.se/boende/kraja/camping.
Zufahrt: Beim Ortseingang von **Arjeplog** links auf einer Landzunge im ***Hornavan***.

Wenn man sich dem Ortszentrum von **Arjeplog** nähert, grüßt schon über die Bucht hinweg die stolze blassrosa Holz-Kirche mit dem Schindelturm, wir biegen zum Zentrum links ab und parken direkt im Herzen des Örtchens (N 66° 03' 06.0" E 17° 53' 12.4") neben dem ***Silvermuseum*** (2022: 20.6.-12.8. tgl. 9-17 Uhr, Nebensaison verkürzt, Eintritt, unter 18 J. frei, deutsches „Bildspiel" silvermuseet.se). Spätestens jetzt erklärt sich der Name ***Silvervägen***, auf dem wir seit der norwegischen Grenze unterwegs sind, denn dort oben im ***Nasafjäll*** wurde Mitte des 17. Jahrhundert erstmals Silber gefunden, und in diesem Museum kann man die größte Ausstellung samischen Silbers bewundern. Sie basiert auf der Sammlung des berühmten

Lappland-Doktors ***Einar Wallquist*** (1896-1985), der als junger Arzt 1922 nach **Arjeplog** kam, sein restliches Leben lang hier blieb und schließlich 1965 dieses Museum eröffnete, das nicht nur unzählige kunstvoll verzierte Schmuckstücke, Gürtel und Gefäße aus Silber zeigt, sondern auch viele Exponate, die uns die Kultur der Sami näher bringt. Fazit: Für uns eines der besten Museen in ***Schweden***.

Vom zentralen Parkplatz sind es nur ein paar Schritte bis zur ***Arjeplogs Kyrka*** (tgl. 8-20 Uhr), dem von außen respektablen, aber eher bieder wirkenden Gotteshaus. Um so überraschter sind wir vom prächtigen Innenleben: ungewöhnlicher Grundriss, lichtdurchfluteter Raum, prunkvoll verzierte Kanzel und viele liebenswerte Details mehr, kurzum, wir sind begeistert!
Auf der Suche nach einem angemessenen ***Dagens rätt*** sind wir beim letzten Besuch wieder in ***Leon's Steakhouse*** gelandet und waren erneut sehr zufrieden.

Vom Ortskern fahren wir jetzt auf der **95** ein Stück zurück und nehmen den Abzweig südwärts nach **Mellanström**. Die Straße führt schnurgerade durch den Wald und wir registrieren unterwegs, wie auch später in **Arvidsjaur**, unzählige Winter-Test-Areale von Auto- und Komponenten-Herstellern, die in dieser Gegend stets stabile Verhältnisse mit klirrendem Frost und riesigen zugefrorenen Seen vorfinden und ihre Technik hier oben unter Extrembedingungen erproben. Von diesem Wirtschaftszweig profitiert die ganze Region und manchem „Erlkönig-Jäger" sind schon Schnappschüsse von Auto-Prototypen gelungen, manchmal ganz profan an der Tankstelle.
Genauso ist für Schlittenhunde im Winter Hauptsaison, doch auch im Sommer kann man mit ihnen eine gute Zeit verbringen – sogar als WOMO-Tourist – und emotionale Erlebnisse mit „Action" verbinden. Wir queren **Mellanfjärden** und rollen durch eine Seenlandschaft Richtung **Slagnäs** unseren nächsten

Zielen entgegen: Zwei **Husky-Farmen**, beide von deutschen Auswanderern betrieben, also wie geschaffen für Besucher aus Deutschland, meinen wir.

(145) Offizieller WOMO-Stellplatz: Husky-Farm Veijejaur

GPS: N 65° 45' 43.6" E 17° 59' 55.5". **Max. WOMOs**: 2.
Ausstattung: 2 WOMO-Wiesen-Plätze, Strom, WC/Dusche und Feuerstelle mit Holz. Waschmaschine/Trockner, Sauna und Benutzung der Grillhütte kosten extra. Kanu-/Kajak-Verleih. Ganzjährig geöffnet.
Beschreibung: Uschi und Steffen sind seit 10 Jahren hier zu Hause und haben derzeit etwa 40 Huskys. Aktivitäten: Geführte Husky-Trekking- und Kanu-Touren. Gebühr 2022: 260 SEK/Nacht. Bitte unbedingt vorher anmelden und buchen: Tel.: +46730970977 oder +46702440840.
Alle Infos: husky-farm-veijejaur.se.
Zufahrt: 35 km nach dem Abzweig in **Arjeplog** rechts abbiegen, dann nach 1,2 km Schotterpiste rechts.

(146) Offizieller WOMO-Stellplatz: Huskycamp Gasa

GPS: N 65° 41' 50.8" E 18° 04' 01.8". **Max. WOMOs**: 2.

Ausstattung: Platz für 2 WOMOs auf der Wiese gleich links hinter der Einfahrt. WC/Dusche, Strom, Kanu-Verleih, Bademöglichkeit, Angeln im See. Gebühr 2022: 250 SEK. Ganzjährig geöffnet.
Beschreibung: Kerstin und Andreas sind seit 9 Jahren hier oben. Sie haben aktuell 53 Huskys und außerdem Island-Pferde. Aktivitäten: Individuelle Gästebetreuung, Vermittlung von Husky-Wissen (Die beiden sind Auskenner und Autoren des interessanten Büchleins *„Fit für Huskys? Urlaubs-Tipps für Zweibeiner"*), geführte Wanderungen mit Huskys und Pilzwanderungen, mehrtägige Trekking-Touren, Island-Pferde reiten.
Bitte unbedingt vorher anmelden: Tel.: +491723838558 oder +46730913265.
Alle Infos: spuren-im-schnee.de.
Zufahrt: 8 km nach Abzweig zu **(145)** rechts abbiegen, nach 150 m links.

Diese Gegend hier muss eine magische Anziehungskraft auf deutsche – speziell ostdeutsche – Auswanderer ausüben, denn 16 km weiter in **Slagnäs** testen wir den wunderschönen Touring-Campingplatz von ***Ronny*** aus **Dresden**

(147) WOMO-Campingplatz: Slagnäs

GPS: N 65° 35' 05.0" E 18° 10' 23.0". **Öffnungszeiten**: Ganzjährig.

Ausstattung: Gute Sanitär-Ausstattung und Ver-/Entsorgung, Minigolf, Spielplatz, Angellizenz für die nahen ***Slagnäsforsen***, Aufenthaltsraum mit Billard, Camperküche, Grillkota, Picknickbänke. Preise 2022: 220 SEK ohne, 260 SEK mit Strom.
Beschreibung: Sehr gepflegter und umsichtig geführter Platz. Bei Anglern sehr beliebt: Komfortable Bedingungen mit Steganlage am Sprudelfluss. Alle Infos: slagnas-camping.com.
Zufahrt: In der Ortsmitte von **Slagnäs** die Gleise queren, dann erst nach links und dann nach rechts den Hinweisen folgen.

Weiter geht die Reise auf der **E45** Richtung **Arvidsjaur** und das schnurgerade auf welliger Straße hoch und runter durch den Wald. Wir sehen kaum Besiedlung, aber plötzlich einen Stellplatz-Hinweis in **Avaviken** links am Seezipfel.

(148) Offizieller WOMO-Stellplatz: Avaviken

GPS: N 65° 36' 27.9" E 18° 39' 21.5". **Max. WOMOs**: 4.
Ausstattung: 4 ausgewiesene WOMO-Plätze auf Feinschotter am See, Trockenklo, Strom, Grillhütte, Feuerstelle, Müllbehälter.
Gebühr 2022: 100 SEK ohne, 150 SEK mit Strom, bar in die Box.
Beschreibung: Schöne Lage am See, aber ziemlich ungeschützt und recht straßennah.
Zufahrt: Auf der **E45** 26 km hinter **Slagnäs**, 700 m hinter den Gleisen.

Schon 12 km danach können entsprechend Interessierte zum mobilen Gipfelsturm nach **rechts/Hedberg** abzweigen und nach 15 km mit freundlichen Asphalt-, aber auch steilen Schotter-Passagen die Höhen des **Vittjåkk-Akkanålke Naturreservat** erklimmen. Der Lohn: Ein herrliches Wandergebiet und final atemberaubende Ausblicke ins Land.

(149-151) WOMO-Wanderparkplätze: Akkanålke

(149) WOMO-Wanderparkplatz: Akkanålke 1
GPS: N 65° 30' 47.6" E 18° 58' 29.3". **Max. WOMOs**: 1.
Ausstattung: Mini-Schotterparkplatz links, Info-Tafel zum Wandergebiet.
Zufahrt: Vom Abzweig 10 km, dann links für 2,2 km den Hinweisen nach.

(150) WOMO-Wanderparkplatz: Akkanålke 2
GPS: N 65° 31‘ 50.8“ E 18° 58‘ 56.8“. **Max. WOMOs**: 1-2.
Ausstattung: Asphaltparkplatz rechts bei den Garagen vor der Auffahrt Richtung Gipfel . **Zufahrt**: 2,2 km hinter **(149)**.

(151) WOMO-Wanderparkplatz: Akkanålke 3 (732 m ü.M.)
GPS: N 65° 31‘ 49.8“ E 18° 59‘ 30.2“.
Max. WOMOs: 1.
Ausstattung: Kleines Schotter-Areal vor dem Vägbom. Weiter Richtung rotes Häuschen darf man nicht (mehr) fahren. Grandiose Aussicht!
Zufahrt: Hinter **(150)** dem Fahrweg 600 nach rechts folgen.

Zum nächsten Zwischenziel ist es nicht mehr weit: Wieder unten an der **E45** geht es auf dieser rechts weiter, 3 km danach stößt die **95** aus **Arjeplog** zu uns und weitere 5,3 **E45**-Kilometer später biegen wir links ab und stehen nach 200 m auf dem kleinen Parkplatz [**152**: N 65° 36‘ 31.3“ E 19° 05‘ 35.2“] von ***Arctic Glas*** (Juni-August tgl. 10-18 Uhr, arcticglas.se). Diese Firma wurde 2009 von ***Uta*** (aus Dresden) und ***Tord Fransson*** gegründet und 2019 von ***Jaqueline Klodner*** und ***Markus Theiler*** (aus der Schweiz) übernommen.

Der Name ***Arctic Glas*** beschreibt schon recht gut die kleinen Glas-Kunstwerke, die mit einer speziellen Sandstrahltechnik bearbeitet, mit selbst-designten Motiven aus der nordischen Natur geschmückt werden und somit einen „frostigen“ Look bekommen. Außer dem Laden, wo man neben einer großen Auswahl von kunstvoll satinierten Trinkgläsern auch andere geschmackvolle Souvenirs kaufen kann, gibt es noch eine urgemütliche Grill-Kåta, in der man bei knisterndem Feuer dann Kaffee mit Gebäck genießt. Auch als Info-Börse ist das ausgesprochen freundliche Paar aus der Schweiz wertvoll. So erfahren wir beim letzten Besuch 2022, dass ganz in der Nähe, gerade mal 300 m auf dieser Straße weiter, ein früherer

Campingplatz (von Investoren aus Bayern) wiederbelebt wird, nennen wir ihn **Camping Renvallen** [N 65° 36‘ 41.1“ E 19° 05‘ 35.9“]. Schauen Sie doch selbst mal nach, ob das geklappt hat! Den nächsten Tipp haben wir aber noch von ***Uta***: Keine 400 m auf der **E45** Richtung **Arvidsjaur** geht es rechts weg und dann hinauf zum **Vittjåkk Naturreservat.**

(153) WOMO-Wanderparkplatz: Vittjåkk (583 m ü. M.)

GPS: N 65° 34‘ 42.5“ E 19° 03‘ 05.7“. **Max. WOMOs**: >5.

Ausstattung: Asphalt-Parkplatz vom Lift, naturell auf dem Areal drumherum oder oberhalb beim Spielplatz am See. Wanderwege.
Beschreibung: Das ist mal wieder ein Wintersportareal im „Sommerschlaf“, perfekt für eine ungestörte Übernachtung. Die hässlichen „Bretterbuden“ vom Winter-Camping nebenan stören kaum.
Zufahrt: Insgesamt 4 km nach Abzweig: Zunächst auf Naturstraße, dann durch einen schmalen Skitunnel (4,50 m hoch) und schließlich auf brüchigem Asphalt hinauf.

Nun aber wirklich nach **Arvidsjaur**! In der Einöde der Umgebung gibt es riesige Test-Zentren von VW/AUDI, FIAT, VOLVO und BOSCH und jedes Jahr kommt etwas Neues dazu. Für die regionale Wirtschaft hat das einen kräftigen Aufschwung gebracht und es wurden viele Arbeitsplätze geschaffen. In dieser „Boomtown“ des Nordens hat sich eine, für den Winter-Andrang der vielen Auto-Tester, bestimmte Infrastruktur entwickelt mit einem richtigen Flughafen, Hotels, Restaurants und Pubs, beleuchteten Pisten und einem Wintergolf-Platz. Doch auch Geschichtsträchtiges findet sich hier: Etwa 1,5 km hinter dem Empfangskreisverkehr landen wir beim historisch wertvollsten Teil mit der sehenswerten ***Arvidsjaur Kyrka*** (N 65° 35‘ 41.1“ E 19° 10‘ 06.2“) rechts und ***Lappstaden*** (N 65° 35‘ 46.0“ E 19° 10‘ 19.2“) links. Anfang des 17. Jahrhundert wurde in ***Lappland***

die erste Kirche gebaut und man begann mit der Christianisierung der ***Sami***. Die Bekehrung der Urbevölkerung erfolgte rigoros bis brutal, die alten Schamanen-Trommeln wurden verboten und tausendfach vernichtet und die als Nomaden lebenden ***Sami*** zum regelmäßigen Kirchgang verpflichtet. Man errichtete also überall im Norden bei den Kirchen Übernachtungshütten, von denen hier in der ***Lappstaden*** besonders viele gut erhalten sind. Die Kåtas der ***Wald-Sami*** mit dem charakteristischen Pyramidendach sind alle in Privatbesitz und werden heutzutage bei den jährlichen Treffen, zu Märkten oder schlicht als Ferien-Quartier gelegentlich noch bewohnt. Man schläft auf Reisig und gewebten Teppichen, in der Mitte wird auf offenem Feuer gekocht, der Rauch entweicht durch das aufgeklappte Dach und als Möbel gibt es nur ein paar Regale. Unbequem aber romantisch: wie Camping halt.

Schauen Sie unbedingt auch noch bei der Kirche gegenüber vorbei, pilgern Sie die Einkaufsstraße hoch und runter und wenn Sie einen Tipp für eine nette Lunch-Pause brauchen: Wir waren bei ***Tant Sveas Kafe*** in der Stationsgatan 20, gegenüber vom Systembolaget, und waren sehr zufrieden.
Wenn Sie über Nacht in **Arvidsjaur** bleiben wollen, dann hätten wir da unser Spezial-Quartier am ***Lillberget*** neben der ***Polizei-Kaserne***, Sie fahren hoch zum Aussichtsturm oder checken ein auf dem viel gepriesenen Campingplatz im Ort.

(154) WOMO-Stellplatz: Arvidsjaur Lillberget

GPS: N 65° 34‘ 45.6“ E 19° 10‘ 10.8“. **Max. WOMOs**: 2-3.
Ausstattung: Asphaltierter Parkplatz am Hochwald links von der Zufahrt zum Aussichtsturm auf dem „Stadtberg“ ***Lillberget***.
Beschreibung: Wir hörten, dass hier immer mal WOMOs weggeschickt wurden. Vor Ort gab es 2022 nur Schilder mit „Camping verboten“ und ein durchgestrichenes Zelt zu sehen.
Zufahrt: Von der Hauptstraße (bei der Post) zum ***Västlundavägen*** abbiegen, **„Utsiktstorn“** folgen, nach 1,1 km links abbiegen, dann nach etwa 800 m (an der Kaserne und deren Zaun vorbei) links.

(155) WOMO-Picknickplatz: Lillberget Utsiktstorn

GPS: N 65° 34‘ 52.2“ E 19° 10‘ 13.5“. **Max. WOMOs**: 3-5.

Ausstattung: Parkraum am Rande der Wendeschleife, Aussichtsturm, Aussichtsplattform, Feuerstelle, Wanderwege.
Beschreibung: Hier oben hat man eine Super-Aussicht auf die Gegend, es kommen aber auch immerzu Besucher hinaufgefahren...
Zufahrt: Bei **(154)** vorbei die Auffahrt zum **„Utskitstorn“** hinauf. **Achtung:** Teilweise schmale wie steile Schotterpiste. Nichts für **„Riesen-Schiffe“**!

(156) WOMO-Campingplatz: Camp Gielas

GPS: N 65° 34‘ 55.9“ E 19° 11‘ 24.5“. **Öffnungszeiten**: Ganzjährig.
Ausstattung: Sehr schöner Platz mit guter Ausstattung, ordentlicher Ver-/Entsorgung, Badestelle, Spielplatz, Sportanlagen, Fitness-/Sport-Halle, Grillplätzen und Gastronomie. campgielas.se.
Zufahrt: An der südlichen Parallelstraße der Ortsdurchgangsstraße, der ***Järnvägsgatan***. Vor Ort ausgeschildert.

Wo Sie schon mal am südöstlichen Zipfel des Städtchens sind und sich sowohl für Flugzeuge als auch Autos interessieren, dann hier der nächste Tipp: Fahren Sie auf der **95** und dann auf der **94** ein Stück ostwärts und folgen anschließend den Hinweisen zum **Flugplatz** (N 65° 35‘ 29.4“ E 19° 15‘ 50.8“). Hier kann man nicht nur einem klitzekleinen Regionalflughafen beim „Sommerschlaf“ zuschauen, sondern eine (kostenlose) sehenswerte Ausstellung zur Geschichte des hiesigen **Wintertestzentrums** der großen Autohersteller besichtigen. Es sei denn, es ist gerade Wochenende, dann ist alles geschlossen. Wenn man sich an die Einsamkeit in ***Lappland*** erst gewöhnt hat, dann ist so ein Tag im betriebsamen **Arvidsjaur** schon richtig stressig. Zur Erholung verkrümeln wir uns wieder in die Ruhe der Natur, konkret zurück zum ersten Orts-Kreisverkehr, dort auf die **45/Gällivare** und 4,9 km später links weg zum ***Reivo Naturreservat***, dem Ort der totalen Stille. Der Asphalt reicht genau bis zur nagelneuen Winter-Test-Anlage für irgendwas, so sind es noch 6 km „Waschbrett" bis zum Abzweig nach rechts und weitere 5 km ähnlicher Güte bis zum Paradies. Das ***Reivo Naturreservat*** (Foto S. 122) zählt zu den wertvollsten Urwaldgebieten ***Schwedens*** und wird wegen seiner Seen auch als Angelrevier sehr geschätzt. Für uns ist es einfach eine fantastische Landschaft zum Wandern und Genießen, in der man besonders an so einem sonnigen Abend wie heute die Zeit anhalten und dieses Traumziel wie auch unsere Geheimquartiere niemanden verraten möchte, doch wir wollen mal nicht so sein.

(157-159) WOMO-Wanderparkplätze: Reivo NR

(157) WOMO-Wanderparkplatz: Reivo Wiese
GPS: N 65° 45' 26.8" E 19° 07' 20.1". **Max. WOMOs**: 2-3.
Ausstattung: Feuerstelle, Trockenklo, Wanderwege, einsam.
Zufahrt: 650 m hinter einer Miethütte rechts auf dem Wiesengelände.

(158) WOMO-Wanderparkplatz: Reivo Wald
GPS: N 65° 45' 37.1" E 19° 07' 16.7". **Max. WOMOs**: 2-3.
Ausstattung: Großes Picknickareal, Picknickbänke, große Picknick-Hütte mit Feuerstelle, Trockenklo, Info-Tafel, 100 m bis zum See.
Zufahrt: 300 m hinter **(157)** links.

(159) WOMO-Wanderparkplatz: Reivo See
GPS: N 65° 45' 56.4" E 19° 07' 58.6". **Max. WOMOs**: 1-2.

Ausstattung: Feuerstelle, Trockenklo, Wanderwege, einsam.
Beschreibung: See mit glasklarem Wasser, herrlich zum Baden.
Zufahrt: 800 m hinter **(158)** rechts.

gläubig vor dem kleinen, strahlend türkis leuchtenden Quellsee ***Grodkällan***, dessen Namen („Frosch-Quelle") sich aus der Übersetzung aus dem Samischen herleitet. Frösche haben wir in dem glasklaren Wasser nicht entdeckt, dafür aber einen Hecht, wobei unklar ist, wovon der sich hier ernährt. Man ahnt es! Rätselhaft ist auch der Ursprung der Wasserfärbung, die von feinen Schweb-Partikeln oder Algen herrühren könnte. Praktisches Rastzubehör wie Lavu und Feuerstelle findet man anbei und kann sich so diesem märchenhaften See, in dem man tief unten die Quelle sprudeln sieht, beim Picknick ausführlich widmen.

Wenn Sie dann von der **E45** links nach **Moskosel** hinein fahren und 1,1 km hinter dem ***Lanthandel*** – der nur noch als personalfreier Online-Shop existiert – links zum ***Stationsvägen*** abbiegen, können Sie sich im kleinen ***Rallarmuseum*** (N 65° 52' 56.9" E 19° 25' 37.6", Café, Saison 11-17 Uhr, Eintritt fürs Museum: Spende) im ***Bahnhof Moskosel*** viele Dokumente und Erinnerungsstücke zum Bau der ***Inlandsbana*** anschauen und sich einen Pausen-Kaffee genehmigen. Aktuell ist hier kein längerer Aufenthalt

für Nostalgie-Bahnreisende mehr vorgesehen, aber der Fahrplan von 2022 hier zur Information (Saison: 20.6.-28.8. Halt in **Moskosel** Südfahrt 11.16 Uhr, Nordfahrt 17.45 Uhr), die können Sie vielleicht gleich noch gebrauchen. Wer sich jedoch so etwas wie Dampflok-Romantik ausmalt, der wird enttäuscht werden, denn die ***Inlandsbana*** verkehrt mit Schienenbusartigen Triebwagen.

Unweit nördlich von hier quert der ***Inlandsvägen*** den ***Piteälv***, einen der 4 schwedischen Natur-Flüsse, die noch wild und ohne Wasserkraft-Ausbeutung durchs Land rauschen dürfen. Im Folgenden wollen wir uns diesen urwüchsigen Wasserlauf an verschiedenen Abschnitten seiner „Laufbahn" einmal genauer anschauen. Auch die ***Inlandsbana*** quert diesen imposanten Fluss nördlich von **Moskosel** und teilt sich dazu mit der Straße eine Brücke. Ein Kuriosum, das wir uns später ansehen wollen. So halten wir uns also von der **E45** zunächst fern, biegen vom ***Rallarmuseum*** kommend nach links auf die Ortsstraße und folgen nach 2 km Asphalt den Hinweisen zum ***Trollforsen*** nach rechts. Man rollt über schmale Brückchen des **Malmesjaure**-Damms mit Blick auf die Wildwasserland-

schaft, die uns jedes Mal zu Fotostopps zwingt und dann auf gnädiger Lehmpiste ohne Hast in Sichtweite der Schienen durch den Wald. Nach 12 km nimmt man den Abzweig nach links (**Achtung!** Die Weiterfahrt nach **Trollforsen Süd** ist nur etwas für absolut Unerschrockene und Loch-Pisten-Freunde. Wer hier geradeaus weiterfährt gelangt auf deutlich gnädigerer Strecke nach **Trollforsen Nord**) und erreicht nach weiteren 7 km zunehmend hässlicher Naturstraße einen geräumigen Platz direkt am breiten ***Piteälv***, in direkter Nachbarschaft des berühmten ***Trollforsen***, eine unserer Lieblingsstromschnellen.

(160) WOMO-Picknickplatz: Trollforsen Süd

GPS: N 66° 01‘ 17.6“ E 19° 16‘ 02.1“. **Max. WOMOs**: >10.

Ausstattung: Viel Platz 50 m rechts und 300 m links der Zufahrt, Feuerstellen, Trockenklo, Schutzhütte.
Beschreibung: Gelegentlich genutzt als Basis-(Zelt-)Lager der Wildwasserfahrer, sehr ruhig. **Zufahrt**: Siehe Text.

So richtig elegant kann man von der Südseite aus die Stromschnellen oberhalb nicht erreichen. Das geht viel besser vom anderen Flussufer aus. Bis dort hinüber sind es nur 400 m Luftlinie, doch wenn man zu diesem zunehmend beliebten und (wie man schon von hier aus sehen kann) mittlerweile gut frequentierten WOMO-Treff umsetzen möchte, muss man leider an die 20 km (!) Schotter fahren. So rumpeln wir die schon bekannte Piste bis zum 7 km entfernten Abzweig zurück, folgen dann den Hinweisen „N Trollforsen 12“ nach links, registrieren nach 1,4 km einen schönen Pausenplatz links [**161**: N 65° 59‘ 07.3“ E 19° 20‘ 59.9“] und stehen auch schon vor der versprochenen ***Rallarbrücke*** über den rauschenden ***Piteälv***,

wo Straße und ***Inlandsbana*** eine 3,80 m breite Stahlbrücke gemeinsam nutzen, eine Art Bahnübergang „in längs“ mit Schranken für gerade mal 2 Züge am Tag. Wann? Zur Orientierung siehe Haltezeiten in **Moskosel**! So etwas kannten wir noch nicht. Richtig spannend!

Schon knapp 3 km danach geht es links weg zum schon erwähnten und von der Ferne besichtigten Trollforsen-Platz, auf dem man nach 7 km erstaunlich glatter Schotterpiste durch die schwedische Nordland-Pampa landet.

(162) WOMO-Picknickplatz: Trollforsen Nord

GPS: N 66° 01‘ 25.1“ E 19° 16‘ 34.7“. **Max. WOMOs**: >10.

Ausstattung: Sehr geräumiges Areal mit schönen Plätzen am Fluss. Bänkchen und Feuerstellen, 2 neue Trockenklos, 2 Rohre, aus denen spärlich Trink(?)-Wasser fließt. Bademöglichkeit, Wanderung zum Trollforsen.
Beschreibung: Das Gelände des vormaligen Campingplatzes ist immer noch kostenfrei nutzbar, zeigt aber schon Siedlungsspuren von Langzeit-Nutzern. Zuletzt Zeltlager von Kanu-Gruppen vor Ort. Erfreulich, dass hier die Camper-Freiheit in dieser Form schon so lange existiert!
Zufahrt: Siehe Text.

Am Ende des Platzes beginnt ein 200-m-Wurzelpfad zur Hängebrücke, über die man die Hochwald-Felsen-Insel ***Trollholmen*** erreicht, um die der ***Piteälv*** in seiner hemmungslosen

Variante namens ***Trollforsen*** beidseitig vorbei schäumt. Wir orientieren uns weiter flussaufwärts, finden Schutzhütten, immer weitere schöne Wildwasser-Kaskaden, üppige Blaubeervorkommen, vergessen die Zeit und kommen erst Stunden später zu unserem **WOMO** zurück.
Bis zur **E45** sind es von hier aus noch 15 km auf gelegentlich unerfreulichem Belag: 7 km zurück zum Abzweig, nach links 2,6 km weiter und dann nach rechts 5,4 km Richtung **Moskosel**. Folgt man diesem Ziel dann auf der **E45** nur ein kurzes Stück, wartet schon die nächste Station unserer ***Piteälv***-Tour: schöne Plätze beiderseits der Brücke über den beeindruckenden Sprudelfluss.

(163) WOMO-Picknickplatz: Piteälven Nord

GPS: N 65° 57' 17.4" E 19° 31' 06.8". **Max. WOMOs**: 3-5.

Ausstattung: Feuerstellen, Trockenklo.
Beschreibung: Herrliche WOMO-Separees, aber ziemlich rauschig.
Zufahrt: Vom Abzweig 500 m auf der **E45/Moskosel**, direkt vor der Brücke rechts den Fahrweg am Fluss entlang; 5-6 Angler-Plätze alle 50-100 m links direkt am ***Piteälv***.

(164) WOMO-Picknickplatz: Ljusselforsen

GPS: N 65° 57‘ 08.6“ E 19° 31‘ 11.3“. **Max. WOMOs**: 3-5.
Ausstattung: Picknickbänke, Toiletten, Latrine, Außenwasserhahn, Müllbehälter, Infos zum ***Ekopark Piteälven***.
Beschreibung: Fährt man den Fahrweg in den Wald, findet man auch auf dieser Fluss-Seite verschwiegene Plätze am Wasser.
Zufahrt: Direkt hinter der Straßenbrücke rechts, unübersehbar.

Zum letzten Teil unserer ***Piteälv***-Saga rollen wir zunächst 30 km auf der **E45** nordwärts, biegen dann rechts auf die **374/ Piteå**, fahren aber nicht etwa bis zur Mündung, sondern nur zu einer 30-km-Stippvisite zum ***Storforsen***, den mächtigsten Stromschnellen Europas, dem ***Piteälv*** in seiner heftigsten

Form. Ein Natur-Erlebnis von unbeschreiblicher Wucht, das man nie vergisst. Als Ausgangspunkte für einen intensiven Picknick-Rundgang über das malerische Felsenplateau beim Rausche-Giganten kommen bei dezenter Kurzzeit-Nutzung der Parkplatz am Naturreservat und für länger der Campingplatz unten am „Auslauf“ in Betracht.

(165) WOMO-Picknickplatz: Storforsen Naturreservat

GPS: N 65° 51‘ 06.9“ E 20° 23‘ 55.1“. **Max. WOMOs**: 3-5.
Ausstattung: Großer asphaltierter Parkplatz im Hochwald, Trockenklo, Müllbehälter, Info-Tafeln, auf dem Gelände Saison-Gastronomie, Museum, ein großes, mit kleinen Plätscher-Bächlein durchzogenes Felsenplatten-Picknickareal mit Grillstellen, Rund- und Aussichtswegen und sogar einem Natur-Pool mit Mut-Sprung-Felsen.
Beschreibung: **Camping verboten**, aber es gibt eine Caravan-Abteilung.
Zufahrt: Von der **374** den Hinweisen nach rechts folgen.

(166) WOMO-Campingplatz: Storforsen

GPS: N 65° 51‘ 29.5“ E 20° 25‘ 16.6“ **Öffnungszeiten**: Ganzjährig.
Ausstattung: Gute Ausstattung, Badestelle, **Hundeverbot**, angeschlossenes Hotel mit Restaurant (gutes ***Dagens rätt***). Preise 2022: Nebensaison: 365 SEK, Hauptsaison: 395 SEK. storforsen.se/boende/camping.
Beschreibung: Schöner Blick die Stromschnellen hinauf, Dauerrauschen
Zufahrt: An der **374** kurz hinter dem Abzweig zum ***Storforsen***.

Wir kehren zurück zur **E45**, dem ***Inlandsvägen***, und streben weiter nordwärts unserer nächsten Station **Jokkmokk** entgegen. Das etwas eintönige Bild aus Wald- und Sumpf-Landschaft wird nur gelegentlich aufgelockert durch Kontakte mit der ***Inlandsbana*** und freundlichen

Ortschaften wie **Kåbdalis**, **Kittajaur** und **Tårrajaur** samt See. Wie mag es erst den Extrem-Radwanderern vorkommen, wenn sie bei Gegenwind stundenlang geradeaus fahren und ihr Tagesziel schon mittags am Horizont sehen können? Einen von denen haben wir heute öfter überholt und treffen ihn schließlich am eher spärlichen ***Polcirkeln***-Zentrum vor **Jokkmokk**. Der junge Holländer ist mit dem Rennrad und knappen Gepäck unterwegs und bestens gelaunt, obwohl er heute schon an die 150 km im Sattel sitzt. Da helfen wir doch gerne bei den obligatorischen Erinnerungsfotos vor dem Polarkreis-Schild. Selbstverständlich steigen wir die Holzstufen zum Café hinauf, sichten das Souvenir-Sortiment und gesellen uns schließlich zu den anderen Imbiss-Gästen auf der Terrasse.

(167) WOMO-Campingplatz: Arctic Circle Camp

GPS: N 66° 33' 01.9" E 19° 45' 47.9". **Max. WOMOs**: >10.
Ausstattung: Stellplatz-Terrasse rechts oberhalb und schöne Rasenplätze im Wald dahinter, Picknickbänke, Müllbehälter. Preise 2022: 190 SEK ohne, 250 SEK mit Strom, zu zahlen im Saison-Café (10-18 Uhr).
Beschreibung: Das WC-Häuschen mit Latrine und Wasserhahn gehört zum Picknickplatz und ist daher kostenlos nutzbar.
Zufahrt: An der **45** etwa 10 km vor **Jokkmokk**.

Jokkmokk hat an die 3000 Einwohner, ist ein traditioneller Treffpunkt der ***Sami*** für Märkte und Feste, hier tagt das ***Samering***, das Parlament der samischen Minderheit, und der interessierte Besucher findet eine Reihe von lohnenswerten Zielen, zu denen wir am Empfangskreisverkehr nach rechts zur **97/Luleå** abbiegen. Die bekannteste der Sehenswürdigkeiten von **Jokkmokk** erreicht man nach 900 m: ***Ájtte***, das schwedi-

sche ***Fjäll- und Sami-Museum*** (Mitte Juni bis Mitte August tgl. 10-17 Uhr, sonst verkürzt, deutsche Erklärung, Eintritt, bis 16 J. frei). Wir parken gleich rechts an der Hauptstraße gegenüber der schmucken weißen Kirche mit dem zartgrünen Dach und begegnen schon auf dem Weg zum Eingang den ersten Exponaten. Drinnen überrascht eine überaus originell und emotional gestaltete Ausstellung, die unterstützt von Bild und Ton das Leben der Sami in den unterschiedlichen Epochen zeigt und anschaulich die Natur im Fjäll erklärt. Es ist gerade Mittagszeit? Versäumen Sie auf keinen Fall, die angegliederte SB-Gaststätte zu besuchen und die Spezialitäten der samischen Küche zu probieren.

Die ***Neue Kirche*** (Foto rechts) von 1889 (Mitte Juni bis Ende August 9-16 Uhr, deutsche Hör-Info) gegenüber ist von ganz besonderem

Reiz. Schon von außen mit ihrer grazilen Struktur eine wahre Freude zeigt sie innen eine luftig leichte Frische, garniert mit dezentem Goldschmuck.

Schauen Sie einmal zum nächsten Gebäude ortsauswärts! Das ***Kunskapens Hus*** („Haus des Wissens“, Sitz der ***Hydro Power University***) hat einen Aufsatz in Form einer samischen

Trachtenmütze. Ein weiteres **Jokkmokk**-Highlight kann man vom Museum aus gut zu Fuß erreichen, denn man findet es etwa 500 m Luftlinie südlich: Der ***Fjällträdgård*** (10-17 Uhr, Eintritt frei) der hiesige Fjällbotanische Garten, schön angelegt am plätschernden Bach ganz in der Nähe vom Stadtsee ***Talvatis***.

Die Besonderheit von ***Jokkmokks Alter Kirche*** (N 66° 36‘ 15.0“ E 19° 49‘ 49.7“, Hantverksgatan/Ecke Köpmansgatan, Mitte Juni bis Ende August 9-16 Uhr) besteht darin, dass sie neuer ist als die neue, denn sie ist 1972 abgebrannt und später

neu gebaut worden. Wenn Sie in Richtung Ortsmitte unterwegs sind, dann nehmen Sie die Straße nach links, fahren an der ***Touri-Info*** vorbei und schauen sich (150 m danach rechts) das Ergebnis selber an. Wir meinen: auch sehr schön, vor allem der filigrane Glockenturm im klaren Sonnenlicht ***Lapplands***.

Sie haben heute noch gar keinen Schmuck gekauft? Dann wird es aber Zeit. Beste Möglichkeiten dazu bieten sich bei ***Jokkmokks Tenn*** (N 66° 36‘ 32.9“ E 19° 49‘ 47.1“, *Järnvägsgatan 19*, Saison Mo-Do 6.30 -16 Uhr, Fr 6.30 - 13 Uhr, sonst verkürzt, jokkmokkstenn.se), wo man den Künstlern zuschauen kann, wie sie die Zinn- und Silber- Objekte gestalten. Man findet diese Manufaktur fast am Ortsausgang in Tour-Richtung, nimmt also beim zentralen Kreisverkehr die **45/Gällivare**, nach 250 m den Abzweig rechts zur Circle-Tanke und orientiert sich dort nach links unten.

Übrigens: Falls Sie etwas über die dunkle Seite **Jokkmokks** erfahren wollen, dann lesen Sie den Lapplandkrimi ***„Totenleuchten“*** von ***Klara Nordin***, einer deutschen Autorin, die eigentlich ***Hiltrud Baier*** heißt und in **Jokkmokk** lebt.

Oben beim ***Storknabben***, dem „Hausberg“ von **Jokkmokk**, kann man speziell in der Mittsommerzeit einen wunderschönen Ausblick genießen! Und wenn es sein muss, dann trinkt man seinen mitgebrachten Prosecco zu ***Johannis*** auch unter Vollschutz.

(168) WOMO-Wanderparkplatz: Storknabben

GPS: N 66° 35‘ 19.6“ E 19° 51‘ 13.4“. **Max. WOMOs**: 2-3.

Ausstattung: Schotterparkplatz im Wald am Ende der Zufahrt, Trockenklo, Kurzwanderung zum Gipfel mit schöner Aussicht und Saison-Café.

Beschreibung: Die Zufahrt ist nur etwas für Leidensfähige mit sehr agilem WOMO, am besten mit Allrad. Die Anderen parken irgendwo unterhalb und gehen zu Fuß hoch.

Zufahrt: 250 m östlich von ***Ájtte*** den Hinweisen zum **Storknabben** folgen, dann insgesamt 2200 m, teils auf etwas schmalem, zuletzt ausgewaschenem Fahrweg durch den Wald bergauf.

Natürlich gibt es in **Jokkmokk** auch noch richtige Übernachtungsmöglichkeiten, sogar ausgesprochen angenehme. Die eine im Osten groß und prächtig mit Action für Familien mit Kindern, die andere – kleiner und gemütlicher – ein Stück außerhalb westlich des Ortes für die Ruhesuchenden.

(169) WOMO-Campingplatz: Arctic Camp Jokkmokk

GPS: N 66° 35‘ 40.4“ E 19° 53‘ 31.4“. **Öffnungszeiten**: Ganzjährig.
Ausstattung: Vorbildliche Anlage am See, Restaurant, Riesen-Spielplatz, Adventure-Golf, BMX-Strecke, beheiztes Freibad, Badestelle.
Preise 2022: Juni-August 260 SEK ohne, 300 mit Strom, September-Dezember 215 SEK ohne, 280 SEK mit Strom. Zum Wintermarkt Anfang Februar gelten Sonderpreise. arcticcampjokkmokk.se
Beschreibung: Dieser Platz ist ziemlich rummelig und stets gut besucht.
Zufahrt: Etwas außerhalb im Osten des Ortes an der **97/Luleå**.

(170) WOMO-Campingplatz: Skabram

GPS: N 66° 36‘ 22.0“ E 19° 45‘ 45.0“.
Öffnungszeiten: Ganzjährig außer November.

Ausstattung: Insgesamt 15 Stellplätze auf Schotter und Wiese, Gute Sanitäranlagen, keine Grauwasserentsorgung, das „schönste Müllhaus Lapplands“, Badestelle (jenseits der Straße) am See, freies WiFi und Tiere vor Ort: Ziegen, Schafe, Hühner, Kaninchen und Alpakas. Keine Reservierungen möglich. Wenn voll, dann voll. Eincheck-Zeiten 13-21 Uhr. Preise 2022: 200 SEK ohne, 250 mit Strom, skabram.se.
Beschreibung: Richard und Patricia kommen aus den Niederlanden und sind ausgesprochen umsichtige wie liebevolle Gastgeber. Es herrscht eine angenehme familiäre Atmosphäre.
Zufahrt: Den „Begrüßungs“-Kreisverkehr von **Jokkmokk** nach **links/Skabram** verlassen, dann nach 2,8 km rechts.

Wenn man **Jokkmokk** auf der **45/Gällivare** verlässt und sich gerade wieder auf eine übliche ***Lappland***-Passage eingestellt hat, reibt man sich fast die Augen, denn das angekündigte ***Konstverk*** ist das fröhlich bunte ***Wasserkraftwerk Akkat*** am ***Lilla Luleälv*** links. Wir sehen großflächige, „picassoesk“ verfremdete, samische Sinnbilder an einem Bauwerk, das die

Natur ausbeutet und samischen Lebensraum vernichtet hat. Neben dieser inneren Symbolik erfreut die Kraft der Farben das Auge des Betrachters und man wünscht sich automatisch etwas mehr Gestaltungsmut beim heimatlichen Energieversorger. Gerade haben wir das allerliebst gestaltete Bild von der winterlichen ***Rentier-Karawane*** (Foto oben) an der Maschinenhalle aus den Augen verloren, sind wir auch schon beim internationalen **WOMO**-Treff am ***Vajkijaure*** links und der ***Inlandsbana***-Station rechts, wo sich gerade der rot-weiße Touri-Express in Bewegung setzt.

(171) WOMO-Picknickplatz: Vajkijaure

GPS: N 66° 38' 32.3" E 19° 49' 27.7". **Max. WOMOs**: >5.
Ausstattung: Asphaltplatz mit Schotter-Erweiterung 30 m neben der Straße direkt am Stausee, durch Bäume und Buschwerk aufgelockert, Picknickbänke, Info-Tafel zu Laponia.
Beschreibung: Schöne Lage am Wasser, aber straßennah.
Zufahrt: 4 km hinter **Jokkmokk** an der **E45** .

Einen **Kvikkjokk**-Abstecher ins Hochgebirge lassen wir aus, obwohl wir von Schweden-Auskennern hören, dass sich das auf jeden Fall lohnen würde. Wir dringen ins Land der Berg-Riesen jedenfalls erst ein Tal später vor und sind schon unterwegs zu unserem nächsten Wanderstützpunkt beim ***Muddus Nationalpark***. Wenn man den Staudamm der ***Ligga Kraftstation*** überquert, sieht man links voraus am Ufer des ***Stora Luleälv***-Stausees **WOMO**s auf geräumigem, inzwischen fast unanstänig geordnetem Grünland stehen (Wann wird das Kassenhäuschen gebaut???), wir fahren konsequent den Hinweisen zum ***Muddus NP*** nach und kommen direkt an der Zufahrt von besagtem **WOMO**-Freigelände vorbei.

(172) WOMO-Stellplatz: Stora Luleälven

GPS: N 66° 48' 50.6" E 19° 53' 25.1". **Max. WOMOs**: >10.

Ausstattung: Reichlich Stellplätze auf befestigtem Natur-Grund auf vormaligem Ödland direkt am Ligga-Stausee, durch Grünzeug unterteilte Areale.
Beschreibung: Zuletzt umfangreiche Erdarbeiten in der Nachbarschaft. Möge dieser schöne Platz noch lange erhalten bleiben!
Zufahrt: Siehe Text.

Dann unterqueren wir die Brücke und haben noch 11 km eher gnädige Schotterpiste bis zu unserem „Basislager" in **Skaite**.

(173) WOMO-Wanderparkplatz: Muddus Nationalpark

GPS: N 66° 46' 16.4" E 20° 06' 37.4". **Max. WOMOs**: 3-5.
Ausstattung: Neu gestalteter Eingangsbereich des Nationalparks am Ende der Zufahrtstraße, Trocken(Trenn-)klos, Müllbehälter, Info-Tafeln mit Relief des Nationalparks, Rollstuhl-gerechter Weg zur nahen Picknickstelle, hier Feuerstellen und Trinkwasserbrunnen. Sehr großes Wandergebiet im Nationalpark, aber bitte beachten: Von Mai bis Dezember gilt Hundeverbot.
Beschreibung: Großzügig und ansprechend umgebaute Anlage samt neuen Wege-Markierungen. **Zufahrt**: Siehe Text.

Wandertipp: Muddus (samisch: Muttos) Nationalpark (26 km/10-12 h)
Der 500 km² große Nationalpark umfasst Waldgebiete, Sumpflandschaft, bizarre Schluchten, Seen, Stromschnellen und Wasserfälle. Dieser Nationalpark ist bekannt für seine Kiefern-Urwälder. Irgendwo hier steht ein 730 Jahre altes Exemplar, der älteste Baum Schwedens.
Von den beiden Rundwanderwegen nehmen wir für unsere Tagestour den kürzeren, der uns im Uhrzeigersinn auf 24 km im Karree führt. Zunächst queren wir den Biwakplatz mit Schutzhütte, Ziehbrunnen und Feuerstelle, streben unserem Zwischenziel ***Muddusfallet*** entgegen, stapfen munter schmale Waldrücken hoch und runter, schnüren durch Hochwald und sehen nach einer halben Stunde erstmals rechts unten den munteren ***Muddusälv*** durchs Tal rauschen. Wir durchsteigen eine steinbruchartige Felsenrinne, die aussieht wie ein Amphitheater, schlagen die möglichen Abkürzungen aus, bleiben bei der Orange-Ringe-Markierung und haben schon wieder eine prima „Aussichts-Nase" gefunden, mit rustikaler Bank und Wildwasserblick in die Tiefe.

2 Stunden nach unserem Start unternehmen wir einen Abstecher nach rechts zum ***Askasfallet***. Das ist schon mal ein Stück grandiose Landschaft: eine schmale Wasserfall-Rinne stürzt vom Berg, und der wilde Fluss sprudelt durch die mit Tannen bestandene Felsenschlucht ins Tal. Zurück auf dem Hauptweg gibt es auch schon den Hinweis zur ***Fallstuga***, und wir erreichen auf dem Weg dort hin nach einer Viertelstunde den ***Muddusfallet***. Während ich noch unten hart am Abgrund um die ersten Fotos ringe, ruft und winkt Annegret schon von oben, denn sie hat den Luxus-Picknickplatz mit Feuerstelle und Holzlager schon gefunden, von dem es sich weitaus besser fotografieren lässt. Ich kann damit kaum aufhören, denn der ***Muddusfallet*** ist richtig gewaltig, ein überaus beeindruckendes Naturschauspiel mit erheblichem Verzückungs- und Rauschfaktor. Längst ist das Feuer entfacht, wir grillen die mitgebrachten ***Köttbullar*** am Holzspieß und sind einfach nur glücklich an diesem magischen Flecken Erde.

Wir setzen unsere Runde fort, stoßen nach 10 Minuten auf die ***Fallstuga*** (Bezahl-Pritschen), halten uns Richtung ***Sarkavare***-Parkplatz nach rechts und queren über eine solide Holzbrücke den reißenden ***Muddusälv***. Nach einem Stück einfacher Wegstecke durch aufgeräumten Wald geht es über Holzstege einen Landrücken hinauf, lange an Sumpfgebieten vorbei, über den noch zarten ***Askasjokk*** hinweg und wieder aufwärts durch alten Kiefernwald mit Bartflechten. Bis zum nächsten Abzweig schlängeln wir uns auf Wurzelwegen durchs Gehölz, wir bleiben Richtung ***Sarkavare***, queren den schnell fließenden ***Tueljejokk*** über eine stabile Brücke und pausieren eine halbe Stunde später an einem Picknickplatz mit Feuerstelle am See. Die Strecke zieht sich!

Obwohl wir (gefühlt) gut vorankommen, schaffen wir kaum Strecke und misstrauen zunehmend den Kilometer-Angaben auf den seltenen Schildern. Bei einer unklaren Weggabelung halten wir uns rechts, der Weg wird schwierig, wir stolpern 1 ½ Stunden über Geröllfelder, dass die Füße schmerzen, kommen an der ***Måskoskårså***, einer 100 m tiefen Felsenschlucht vorbei und stoßen schließlich auf einen Pausenplatz unten am ***Stora Luleälv***. Wir haben nun langsam genug vom Wandern für heute, sind aber noch lange nicht fertig. Die nächste Brücke geht wieder über den ***Tueljejokk***, der hier in mehreren Strängen in den See fließt, eine Stunde auf steinigem Wurzelpfad später wird der finale ***Muddusälv*** überquert, und nach einem schier endlosen Bohlenweg schleichen wir fußlahm durch das Biwak-Lager zum **WOMO** und resümieren: Das reicht jetzt aber wirklich!
Tipp: Wer nicht ganz so lange wandern möchte, kann nach der Pause beim ***Muddusfallet*** die 6 km zum **WOMO** zurück gehen. Mit Abstecher ist das eine Tour von etwa 14 km. Man hat dann den Weg zwar doppelt, aber immerhin auf der am besten zu gehenden Strecke.

Alternative: Schnuppertour / Seniorenrunde 4,4 km / 2 h
Die große Tour ist aktuell für uns auch nichts mehr, wir werden älter! Hinter dem Zeltplatz geht man ein Stück auf dem Bretterweg, erreicht die Nationalpark-Grenze und kann sich dann entscheiden: rechts oder links herum. Wir gehen nach links, wo uns der „Lättare Stig" einen leichten Weg verspricht. Auf schönem Wurzel-Steine-Pfad geht es durch den Wald leicht bergauf, eine Rentierherde kreuzt unseren Weg und nach 40 min erreichen wir ein Plateau im Wald mit Picknickstelle, Feuerstelle und Trockenklo. Hier hat man einen wunderschönen Blick in den Canyon mit dem reißenden Fluss. In dieser Gegend ist ein richtig ausgewachsener Sturmschaden zu besichtigen: Die Bäume liegen hier wie Mikadostäbe im Gelände. Von hier aus wandern wir zurück, halten uns links, meistern einige Kletterpassagen hinab und wieder hinauf, genießen schöne Ausblicke auf den See und den ***Muddusjokk***, kommen wieder an der Nationalpark-Grenze raus und sind also auf dem Weg zum ***Muddusfallet*** (Hinweg rechts herum) zurück gekommen. Man könnte überlegen, die kleine Runde andersherum zu gehen, dann hätte man den leichten Weg auf zurück. Auf jeden Fall sind Wanderstöcke zu empfehlen.

Letzter Stand 2022: Durch den Waldbrand 2006 sind einige Areale immer noch gezeichnet, aber es ist nichts mehr gesperrt. Bitte vor der Wanderung ausführlich die Info-Tafel studieren!

In ***Schweden*** werden 50% der Energieversorgung durch Wasserkraft abgedeckt (die restlichen 50% übrigens durch Kernkraft), und dabei spielt der ***Luleälv*** eine bedeutende Rolle. Das mittlerweile auch in Deutschland operierende Unternehmen ***Vattenfall*** hat in den letzten 55 Jahren zwischen ***Lappland*** und der Mündung in ***Luleå*** insgesamt 15 Wasserkraftwerke gebaut. Einige davon haben wir schon gesehen und einige werden noch kommen, so gleich als nächstes das älteste (1951) und leistungsstärkste (2.000 GWh im Jahr) von allen in **Harsprånget**. Von unserem ***Muddus***-Quartier kommend registrieren wir erstmal noch einen kleinen Picknickplatz mit Bademöglichkeit am Stausee links [**174**: N 66° 47‘ 00.0“ E 19° 59‘ 17.1“], biegen dann nach links auf die **45** und parken nach 6,7 km links, um uns das wild zerklüftete Tal des ***Stora Lule-älv*** anzuschauen. Über riesige Felsenplatten hinweg gelangt man bis an den Abgrund dieser bizarren, fast wasserfreien Schlucht und kann sich gut vorstellen, wie der Fluss vor seiner Zähmung hier durchgedonnert ist. Schon 1,8 km danach gibt es links den offiziellen und schön gestalteten Aussichtsplatz **Harsprångetsfallen Utsiktsplats** (N 66° 52‘ 42.8“ E 19° 49‘ 19.5“) von ***Vattenfall***, den man auf keinen Fall auslassen sollte. Auf aufwändigen Holztreppen-Wegen wird man über den Hang

zur finalen Aussichtsplattform geführt, den Ort, an dem man 1890 eine Touristenhütte mit Übernachtungsmöglichkeiten gebaut hatte. Was für eine Lage direkt am Rande dieses Getöses, lange vor dem Bau des Staudammes! Heute kann man hier eigenheimgroße Felsbrocken im bombastischen Flussbett talwärts der riesigen Staumauer bestaunen. Zur Siedlung der Baukolonne von **Harsprånget** geht es 1,9 km später rechts 300 m hoch, doch die Häuser sind lange weg, eine Schautafel gibt Auskunft über den Lageplan, fast gespenstig stehen überall auf dem Gelände Straßenschilder am Rest-Asphalt und es gibt einige grüne **WOMO**-Nischen [**175**: N 66° 53‘ 33.1“ E 19° 49‘ 56.3“] auf diesem spannenden Gedenk-Areal.
In **Porjus** steht schon das nächste Kraftwerk, der gepflegte Ort begrüßt uns mit roten Holz-Villen auf frisch gemähtem

Terrain, wir sehen links den Riesen-Backstein-Klotz mit Goldkrone drauf, doch besichtigen kann man das ***Alte Kraftwerk Porjus*** nicht mehr. Wie man hört, hat ***Vattenfall*** leider kein Interesse mehr an diesem Industrie-Museum. Vormals erfuhr man von einem deutschsprachigen Guide beim ausgiebigen Rundgang viel über die logistischen Schwierigkeiten, als man 1910 in wegloser Wildnis mit dem Bau des ersten Wasserkraftwerkes begann, konnte die alte Schaltwarte aus feinstem Marmor bewundern und mit dem Aufzug hinab in die Turbinen-halle fahren, die in 50 m Tiefe in den Fels gesprengt wurde.

Kurz darauf gibt es neben dem ***Laponia Porten*** (N 66° 57‘ 22.4“ E 19° 48‘ 19.9“) mit Info, Café (dazu später mehr) und Geld-automaten an der Rückseite, einen Rastplatz mit WC nebst Latrine und danach rechts einen ganz besonderen Laden, den man unbedingt besucht haben muss: ***Björn Thunborgs Viltaffär*** (N 66° 57’ 30.0” E 19° 48’ 51.5”, thunborgviltaffar.se, Parken 130 m dahinter links beim ***Lanthandel***: N 66° 57‘ 32.8“ E 19° 49‘ 00.7“). Das rote Häuschen bietet ein kunterbuntes Sortiment: Souvenirs, samisches Kunstgewerbe, alle möglichen

Bedarfsartikel von der Zahnbürste bis zur Lederweste, von der Angel bis zum Ski, vor allem aber ***Lappland-Spezialitäten*** für Genießer. Es gibt frischen und in der Kåta geräucherten Edelfisch vom Saibling bis zum Lachs, Elch- und Rentier-Fleisch, verschiedene Sorten Beeren-Marmelade und vieles mehr. Gemeinsam mit seiner aus Mönchengladbach stammenden Frau ***Birgit*** hat ***Björn*** das Geschäft über viele Jahre aufgebaut, ist aber 2010 nach schwerer Krankheit verstorben. So führt nun ***Birgit*** den Laden weiter und wird dabei unterstützt von Ihrem Sohn ***Asbjörn***, der uns immer wieder mit seinen sehr guten Deutsch- und Geschichtskenntnissen verblüfft. Seit kurzem arbeitet ***Asbjörn*** als (Seiteneinsteiger-)Lehrer in **Gällivare** und kann nur noch an den Wochenenden im Laden sein. Da wiederum ***Birgit*** nunmehr das Café im ***Laponia Porten*** (2022: Mo, Di, Do und Fr 13-16 Uhr, Mi 13-18 Uhr) führt und sich zunehmend in der Regional-Politik engagiert, sind keine Prognosen zu den Öffnungszeiten vom ***Viltaffär*** möglich. Wenn Sie denn diesen unglaublich urigen Laden geöffnet vorfinden, dann bitte unbedingt reingehen und etwas kaufen, damit es ihn auch weiterhin gibt. Alle **WOMO**-Leser (wie auch schon in den vergangenen Jahren) zeigen diesen Reiseführer vor und bekommen **5% Rabatt** auf ihren Einkauf. Bei einem unserer Besuche haben uns die beiden noch einen **WOMO**-Platz am See gezeigt (Fragen Sie ***Asbjörn*** mal nach dem kauzigen Herrn Orpus!), den wir Ihnen nicht vorenthalten wollen.

(176) WOMO-Badeplatz: Orpusviken

GPS: N 66° 58‘ 38.3“ E 19° 48‘ 27.1“. **Max. WOMOs**: 1-2.

Ausstattung: Kleiner Parkplatz an der Badestelle. Wiese, Trockenklo, Picknickbänke, Grill-Hütte, Feuerstelle und kleiner Spielplatz.

Beschreibung: Die Location ist so schön, dass auch andere Besucher gerne herkommen, an Wochenenden auch die örtliche Jugend.

Zufahrt: Von **Viltaffär** etwa 800 m auf der **E45** zurück, dann **rechts/Kraftwerk** abbiegen, das Kraftwerk dann links liegen lassen und über den Staudamm fahren, nach 2,1 km rechts.

Einen Knüller entdecken wir noch am nördlichen Ortsende von **Porjus** links, ***Porjus Arctic Colors*** (N 66° 57‘ 56.2“ E 19° 49‘ 45.6“), das wir viele Jahre für eine Galerie oder ein Design-Studio gehalten haben. Weit gefehlt! Im **Stationhuset**, dem alten Bahnhofsgebäude, finden wir ein kleines **Restaurant** (Ende Juni bis Mitte August, Mo-Fr 10-18 Uhr Sa/So 10-15 Uhr), wo wir ***Steve*** kennenlernen. Der überaus freundliche (Jung-)

Pensionär aus ***England*** hilft hier seiner Tochter, der das alles samt der benachbarten Ferienwohnungen gehört. Und weil heute Freitag ist, gibt es als Tagesgericht ***Fish&Chips***, und zwar richtig gut gemacht. Was für eine Überraschung!
Der folgende Abstecher führt uns bis ins 142 km entfernte **Ritsem**, tief hinein in den ***Stora Sjöfallet Nationalpark*** bis ans Ende der Straße. So richtig Spaß macht das aber nur bei freundlichem Wetter, denn sonst sieht man wenig von den Naturschönheiten und fährt nur endlos und frustriert auf mittelprächtiger Piste an Seen entlang. Wer mitkommen möchte, sollte in **Porjus** noch einmal volltanken sowie ver- und entsorgen und biegt hinter der Kraftwerks-Gemeinde mit uns nach **Stora Sjöfallet** links ab. Alle Nationalparks und Reservate dieser Region von ***Muddus***, über ***Sjaunja***, ***Stora Sjöfallet***, ***Sarek*** bis zum ***Pedjelanta*** gehören neuerdings zum ***UNESCO Weltkulturerbe Laponia***, was am Info-Parkplatz beim Abzweig ausführlich erklärt wird. Vorweg: Die Straßenverhältnisse haben sich streckenweise verbessert, aber nach jedem Winter kann sich der Belag anders präsentieren. Man sollte sich nicht an der Reisegeschwindigkeit der Linienbusse orientieren, sondern gelassen fahren, sich von den Hasardeuren ruhig überholen lassen und Hinweise auf Querrinnen ernst nehmen, sonst fliegen die Badutensilien im hohen Bogen aus dem Regal. Mit Blick voraus auf den ***Stora Lulevatten*** und Berge in der Ferne geht es los, die Asphaltstraße ist nicht sehr breit, aber glatt. Wenn Sie beim Abzweig von der **45** Ihren Tages-Kilometer-Zähler auf Null gedrückt haben, erreichen Sie bei km 11 den ersten Pausenplatz und 13 km danach den zweiten.

(177) WOMO-Picknickplatz: Sjaunja Ost

GPS: N 67° 06‘ 02.2“ E 19° 44‘ 20.5“. **Max. WOMOs**: 1-2.

Ausstattung: Kleiner Parkplatz mit angrenzendem Picknickgelände am reißenden Fluss mit Bänken, Trockenklo, Feuerstelle und Schutzhütte, Müllbehälter, Info-Tafel zum ***Sjaunja Naturreservat***, straßennah.
Beschreibung: Idyllische Landschaft. Auf den Steinen unten im Fluss stehen Kinder und angeln.
Zufahrt: Siehe Text, links der Straße.

(178) WOMO-Picknickplatz: Kapellplats

GPS: N 67° 09‘ 49.5“ E 19° 30‘ 14.7“. **Max. WOMOs**: 1-2.
Ausstattung: Kleiner Parkplatz, Trockenklo, Picknickgelände mit 2 Feuerstellen und einem Kultur-Denkmal (Steinhaufen als Erinnerung an eine Kapelle), Müllbehälter, Info-Tafeln.
Beschreibung: Schöner Weg durch den Hochwald in Richtung See. Hier gibt es noch eine Picknickbank. **Zufahrt**: Siehe Text, links der Straße.

Die Straße ist noch recht gut in Schuss und für eine flotte Reise geeignet, voraus sieht man schon felsige Gipfel, nach links schaut man gelegentlich auf die großen Seen und wir stellen schon einmal die nächsten Rastplätze in Aussicht: zwei links und einer rechts der Straße.

(179) WOMO-Picknickplatz: Karmas

GPS: N 67° 12' 42.8" E 19° 20' 21.1".
Max. WOMOs: 1-2.
Ausstattung: Schotter-Wiesen-Parkplatz, Trockenklo, Picknickbank, Müllbehälter, Bademögichkeit, 20 m neben der Straße.
Beschreibung: Malerisches Areal direkt am See.
Zufahrt: 9,2 km hinter **(178)**, links der Straße.

(180) WOMO-Picknickplatz: Jaurekaska

GPS: N 67° 18' 36.5" E 18° 58' 28.6".
Max. WOMOs: 2-3.
Ausstattung: Feinschotter-Parkplatz, Picknickbänke, Bootseinsatzstelle, Badestelle, Mülltonne, Feuerstelle, 150 m neben der Straße.
Beschreibung: Bezauberndes Anglerareal mit einigen Dauergästen, deshalb gelegentlich wenig Park-Raum.
Zufahrt: 20,1 km nach **(179)**, 450 m hinter dem Ortsschild **Jaurekaska** links.

(181) WOMO-Stellplatz: Kirjaluokta

GPS: N 67° 24' 08.2" E 18° 47' 16.1".
Max. WOMOs: >5.
Ausstattung: Geräumiger Asphaltparkplatz, Trockenklo, Feuerstelle, Müllbehälter, Info-Tafel zum ***Sjaunja Naturreservat***.
Beschreibung: Ein Platz ohne Charme, aber praktisch.
Zufahrt: Knapp 14 km hinter **(180)** rechts.

Wir sind mittlerweile entlang des ***Langas*** unterwegs, sehen waldbewachsene Inseln und werden im ***Stora Sjöfallet Nationalpark*** begrüßt. Die Landschaft wirkt nun recht unwirtlich, überall nur felsiges Steil-Gebirge, doch das frische und sonnige Wetter erfreut sicherlich jene Langstreckenwanderer, die auf ihrer ***Kungsleden-Trekking-Tour*** in **Kebnats** den breiten See mit einem Shuttle-Boot queren, das sie hinüber zur ***Saltoluokta Fjällstation*** bringt. Wir fahren also 8,6 km nach dem Nationalpark-Schild links 300 m hinunter, freuen uns über diesen einsamen **WOMO**-Parkplatz mit Bänken und Toilette **[182**: N 67° 24' 50.5" E 18° 32' 40.6"], denn viel Betrieb ist nicht.

Der Boots-Shuttle geht selbst in der Hochsaison nur 3 Mal am Tag. Wir rollen auf zunehmend ruppiger Straße mit angemessen reduziertem Tempo weiter Richtung **Ritsem**, genießen die imposante Landschaft mit bedrohlich wirkenden Felsenhängen rechts, dem riesigen ***Langas*** links und schneebedeckten Bergen voraus und empfehlen einen Besuch des nächsten touristischen Highlights, dem ***Naturum Laponia*** (2022: Mitte Juni bis Ende August tgl. 10-18 Uhr, im September nur Do-So, Eintritt frei), einem Info-Zentrum über das Leben der Sami und die Natur Lapplands. Das Ganze ist nicht nur architektonisch

anspruchsvoll, sondern auch inhaltlich liebevoll gestaltet und so auch für Kinder sehr interessant. Ach ja: Eine Cafeteria gibt es natürlich auch. Die herrlich am See gelegene Anlage ist eingebettet in einen alten Kiefernwald und wird von Holzbohlenwegen durchzogen, wo der Besucher Beispiele samischer Kåta-Bauten besichtigen kann. Ausdrücklich so gedacht ist dass zwar nicht, aber der Parkplatz an der Straße ist auch als eher spartanische Kurzzeit-WOMO-Unterkunft nutzbar, was auch schon dankbar angenommen wird.

(183) WOMO-Stellplatz: Naturum Laponia

GPS: N 67° 28‘ 36.5“ E 18° 21‘ 40.4“. **Max. WOMOs**: >5.
Ausstattung: Schotterparkplatz, Trockenklo, Mülltrennung, straßennah.
Beschreibung: Hier ist auch der Parkplatz von „Fiskeflyg“ für die gutbetuchten Angler, die mit dem Heli zu ihren Angelrevieren geflogen werden.
Zufahrt: 12 km hinter dem Kebnats-Abweig.

Keine 700 m danach biegen wir hinter der Sprudelfluss-Brücke links ab, wo man eine ***Touristen-Station*** (gut gekochte Tagesgerichte) mit Tankstelle und Campingplatz vorfindet.

(184) WOMO-Campingplatz: Stora Sjöfallet

GPS: N 67° 28‘ 54.7“ E 18° 21‘ 22.6“. **Öffnungszeiten**: Ganzjährig.
Ausstattung: Tourist-Station mit ansprechender Gastronomie und Outdoor-Mini-Shop, Schotterplatz mit Grünrand und imposantem Bergpanorama, ordentliche Ausstattung.
Beschreibung: Optik des Platzes wird durch Dauercamper und Reste des Winterbetriebs beeinträchtigt. Der Platz ist nicht schön, aber nützlich.
Zufahrt: Siehe Text.

Nun folgt ein kurzer Abstecher zu einem atemberaubenden Ziel: Nur 200 m nach der ***Touristen-Station*** zweigt eine Asphaltstraße nach rechts in ein Seitental ab, das uns total fasziniert. Man passiert einen (offenen) Schlagbaum, die Straße wird etwas rumpliger, unterwegs sieht man alte, knorrige Kiefern vor beeindruckender Bergwelt und eine Rentier-Verladestation. Schließlich stößt man auf einen Staudamm, an dem man links entlang fährt, die Straße wird nun wellig bis löchrig und das Panorama zunehmend gigantisch: Eine unfassbare Landschaft mit Bergriesen, reichlich Geröll und dem Stausee ***Satihaure***, dekoriert mit dünnem Birkengrün. Nach 8 km ab Straßenabzweig erreicht man eine Gabelung (N 67° 31' 33.3" E 18° 28' 17.6") und kann sich für eines der nachfolgenden, ausstattungsfreien und gelegentlich windanfälligen Nachtquartiere entscheiden: nach links oder nach rechts.

(185) WOMO-Stellplatz: Satihaure links

GPS: N 67° 31' 42.4" E 18° 28' 52.4". **Max. WOMOs**: >10.
Ausstattung: Plätze mit Seeblick oder auf dem weitläufigen Wiesengelände landeinwärts. Wanderwegenetz.
Beschreibung: Herrlich einsamer Platz inmitten der Natur.
Zufahrt: Siehe Text. Nach der Gabelung 500 m nach links.

(186) WOMO-Stellplatz: Satihaure rechts

GPS: N 67° 31' 31.4" E 18° 28' 36.5". **Max. WOMOs**: >10.

Ausstattung: Viel freies Gelände direkt am See.
Beschreibung: Einsamer Traumplatz.
Zufahrt: Siehe Text. Nach der Gabelung 200 m rechts auf schmalem Fahrweg zum See hinunter. Bei der Passage sind WOMO-Kontakte mit dem Vegetations-Spalier leider unvermeidlich.

Es geht zurück zur Tourstraße und auf dieser rechts weg Richtung **Ritsem** weiter, aber 800 m danach gleich wieder links ins Gelände zu einem weiteren lauschigen **WOMO**-Areal, wo wir uns plötzlich inmitten einer Rentierherde wiederfinden.

(187) WOMO-Stellplatz: Sjöfallsudden

GPS: N 67° 28‘ 58.8“ E 18° 20‘ 31.5“. **Max. WOMOs**: 3-5.

Ausstattung: Geschotterter Parkraum. Einsam.
Beschreibung: Ringsum großartige Gebirgs-Kulisse. Ein Platz, den wir wirklich lieben.

Zufahrt: 1 km nach der Touristen-Station bzw. 800 m nach dem ***Satihaure***-Abzweig vor einer weißen Halle links rein („Sjöfallsudden“, Wandermännchen, Zeltsymbol), wenn der brüchige Asphaltweg nach 350 m nach rechts schwenkt, geradeaus halten: wildes, raues Ödland mit netten Emporen, Terrassen und Taschen für **WOMO**s.

Geht man (Nicht mit dem **WOMO** fahren! Keine Wendemöglichkeit!) den unteren Fahrweg weiter, kommt man an eine Fußgängerbrücke, dann zu einem idyllischen Zeltplatz am See und an dessen Ende bis an den unteren, kleinen Abschnitt des ***Stora Sjöfallet*** heran.
Die Straße nach **Ritsem** ist ab hier teilweise schlimm, auch die Landschaft präsentiert sich gewaltig ruppig und wer sich traut, fährt 5 km hinter ***Sjöfallsudden*** links die Schotterpiste runter zum schlichten Stellplatz am ***Kårtjejaure*** [**188**: N 67° 30‘ 28.6“ E 18° 15‘ 37.0“] oder verschnauft 8 km hinter der Staumauer links gegenüber der ***Kungsleden***-Herberge ***Vakkotavare*** [**189**: N 67° 34‘ 52.7“ E 18° 06‘ 03.2“]. Am Ufer gegenüber

türmen sich die Zweitausender vom ***Sarek*** auf, die Straße kurvt wie eine Achterbahn durch atemberaubend schöne Landschaft am Ufer entlang, wilde Flüsse stürzen von rechts oben nach links unten und manchmal sieht man Warnungen vor Steinschlag, die durch die klare Spurenlage auf dem Straßenbelag bekräftigt wird. Wir registrieren einen Pausenplatz mit benachbartem Indianersee am ***Tallholmen*** [**190**: N 67° 36' 48.4" E 17° 57' 41.9"] links, dann nach 10 km noch einen Rastplatz mit Felsbrocken am ***Akkajaure*** [**191**: N 67° 38' 55.8" E 17° 45' 28.9"] und 15 km danach kommen wir schließlich in **Ritsem**, am Ende dieses unbeschreiblichen Tals an. Hier gibt es nur noch eine Straße zur ***Ritsem Kraftstation***, dem allerobersten Wasserkraftwerk des ***Luleälv*** und – weil der örtliche Campingplatz nicht mehr für WOMOs taugt – nur noch zwei **WOMO**-Plätze, die aber eines gemein haben: das traumhafte Bergpanorama mit dem ***Akka***-Massiv (2016 m) gegenüber, aber nur wenn das Wetter stimmt.

(192) WOMO-Stellplatz: Ritsem

GPS: N 67° 43' 05.5" E 17° 28' 36.2". **Max. WOMOs**: 1-2.
Ausstattung: Asphaltierter „Logenplatz" links vor der finalen Hafenzufahrt, ohne Ausstattung. Tags Lärm/Abgase durch Helikopter denkbar.

Beschreibung: Manchmal stehen hier Boots-Trailer, aber Platz findet man immer. Schöner Kraxelberg anbei.
Zufahrt: Am Anfang des Ortes, 100 m nach dem Abzweig zur Heli-Platte dem Schild **„M/S Storlule"** (Das Schiff fährt in der Saison 3 Mal täglich, bringt Wanderer nach ***Vájsáluokta*** hinüber) nach links folgen.

(193) WOMO-Stellplatz: Ritsem Kraftstation

GPS: N 67° 43' 29.6" E 17° 28' 27.8"; 544 m ü. M. **Max. WOMOs**: 3-5.

Ausstattung: Plateau mit Naturbelag, windanfällig.
Beschreibung: Zuletzt keine Verbote (mehr) gesichtet.
Zufahrt: Am Camping vorbei den Hinweisen zur „Ritsem Kraftstation" hinauf folgen, dort noch ein Stück vorbei, dann rechts.

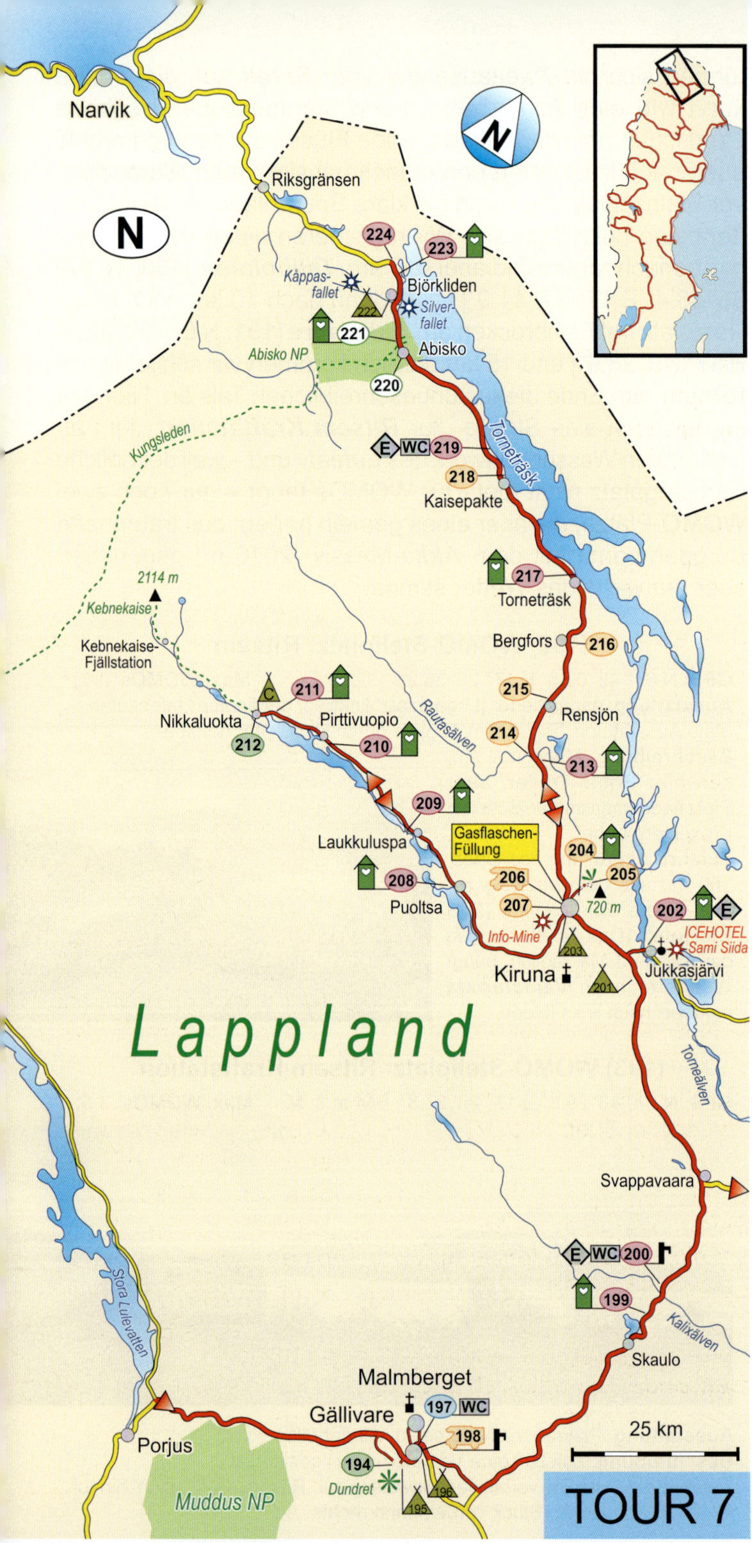
Narvik
Riksgränsen
N
224
223
Kåppas-
fallet
Björkliden
222
Silver-
fallet
221
Abisko
Abisko NP
220
Kungsleden
Torneträsk
E
WC
219
218
Kaisepakte
217
Torneträsk
2114 m
Kebnekaise
Bergfors
216
Kebnekaise-
Fjällstation
215
Rensjön
211
C
Rautasälven
Nikkaluokta
Pirttivuopio
212
210
214
213
209
Laukkuluspa
Gasflaschen-
Füllung
204
206
205
208
Puoltsa
207
720 m
202
E
ICEHOTEL
Sami Siida
Info-Mine
203
Kiruna
Jukkasjärvi
201
Lappland
Torneälven
Svappavaara
E
WC
200
199
Kalixälven
Stora Lulevatten
Skaulo
Malmberget
Gällivare
197
WC
198
Porjus
194
Dundret
196
195
Muddus NP
25 km
TOUR 7

TOUR 7 (ca. 600 km)

Gällivare/Malmberget - Jukkasjärvi - Nikkaluokta - Kebnekaise - Kiruna - Abisko - Björkliden

Stellplätze:	Gällivare, Dundret, Puoltikasjärvi, Lappesuando, Laxforsen, unterwegs nach Nikkaluokta (5), Kiruna (5), Östra/Västra Rautasälven, Rensjön, Bergfors, Torneträsk, Kaisepakte, Pessisjåkka, Rallarkyrkogård, Báktájávri.
Campingplätze:	Dundret, Gällivare, Altajärvi, Kiruna, Björkliden.
Besichtigen:	Malmberget (Kirche), Jukkasjärvi (ICEHOTEL 365, Sámi Siida, Hembygdsgården, Kirche), Kiruna (Grubentour zur InfoMine, Kirche, neue City).
Wandern:	Dundret, Luossavaara, Kebnekaise, Abisko Canyon, Abisko Naturstig, Njulla-Tour, Silverfallet, Björkliden.

Wenn eine Firma die beiden Hausberge von **Kiruna** im Namen führt, könnte es sich um einen Liftbetreiber oder einen Outdoor-Ausrüster handeln. Doch da liegt man bei der ***Luossavaara Kiirunavaara Aktie Bolag*** komplett daneben, denn mit dem Kürzel ***LKAB*** verbindet jeder Schwede sofort ***Eisenerz in Lappland***. Der High-Tech-Staats-Betrieb ist eines der weltweit größten Erzabbau-Unternehmen mit Gruben in **Malmberget** und **Kiruna**, sowie Export-Häfen in **Luleå** und **Narvik**. Nun sind Bergwerksstandorte für den Touristen selten echte „Hingucker", was in besonderem Maße für den von uns nicht sonderlich geliebten Stadtverbund **Gällivare/Malmberget/Koskulskulle** mit dem stolzen Titel ***„The Mining Captial of Europe"*** zutrifft, denn seine wahren Werte liegen ja tief im Fels verborgen. Zuerst wollen wir uns das Ganze einmal von oben anschauen, schon der besseren Übersicht wegen. Wir sind auf der **45/Gällivare** unterwegs, gerade an der Nordseite vom ***Muddus Nationalpark*** vorbei gerollt, passieren viel Sumpf und spärlichen Wald und sehen (36 km ab dem Ritsem-Abzweig) das gelb-rote Schild **„Dundret Topstugan"**, dem wir nach rechts folgen, denn hier geht es hinauf auf den Freizeitberg vor den Toren der Erz-Gemeinde. Der automobile Gipfelsturm ist erstaunlich schnell absolviert, das wellige Asphaltsträßchen schafft auf 5,8 km erstaunliche 370 Höhenmeter und bringt uns zum **WOMO**-Platz auf dem kahlen Plateau.

(194) WOMO-Wanderparkplatz: Dundret (744 m ü.M.)

GPS: N 67° 06' 00.6" E 20° 36' 24.4". **Max. WOMOs**: 3-5.

Ausstattung: Geschotterter Parkplatz, leicht schief, Info-Tafel, in der Nähe Sendemasten, Bergstationen der Winterlifte, dort prächtige Aussicht auf Gällivare, Wanderwege, Platz ist bei Schlechtwetter nicht zu empfehlen.
Beschreibung: Kurzwanderung (1,5 km) auf komfortablem Weg zur ***Toppstugan***.
Zufahrt: Am Ende der Straße links.

Ein Riesen-Loch hat man 15 km östlich von hier in die Erde gesprengt: ***Aitik***, Schwedens größter Kupfertagebau. Hier fahren 570-Tonnen-Monster-Kipper das Erz heraus. Und wenn das Vorkommen mal erschöpft ist, wird alles wieder schön renaturiert. Klar doch, kennt man. Wer sich beeindrucken lassen möchte, der suche mal im Internet nach „boliden-aitik".

Nach **Gällivare** hinein nimmt man unten die **45** nach rechts und passiert die nächste ***Dundret***-Zufahrt, auf der man zu den Lift-Talstationen, einem Freizeitdorf und final zum ***Hotel***

Dundret gelangt. Das ist hier alles auf Winterbetrieb getrimmt, so auch der schmucklose Campingplatz bei den Liftstationen, der aber auch im Sommer offen ist.

(195) WOMO-Campingplatz: Dundret Lapland

GPS: N 67° 06' 18.9" E 20° 38' 37.8". **Öffnungszeiten**: Ganzjährig.
Ausstattung: Das untere Schotter-Areal ist die WOMO-Etage, Strom, Sanitärgebäude. Preise 2022: Ab 250 SEK mit Strom.
Beschreibung: Ziemlich hässlich, aber sicherlich deutlich ruhiger als unten in der Stadt. Infos: dundretlapland.com/camping.
Zufahrt: Siehe Text. Knapp 4 km nach dem Abzweig zu **(194)** rechts rauf.
Achtung: Ramps!

Gleich darauf überquert man den ***Vassara älv***, erreicht die 10.000-Einwohner-Gemeinde **Gällivare** und sieht schon rechts voraus die örtliche WOMO-Hauptunterkunft.

(196) WOMO-Campingplatz: Gällivare

GPS: N 67° 07' 44.3" E 20° 40' 19.7". **Öffnungszeiten**: 13.4.- 4.9.

Ausstattung: Gut gestalteter Platz mit Wiese und großen Bäumen, Sauna, WiFi, Camperküche, Spielplatz, gute Sanitär-Anlagen, Hembygdsområde nebenan, Preise 2022: 220 SEK ohne, 270 SEK mit Strom.
Beschreibung: Schön am ***Vassara älv*** gelegene Plätze, Blick hinüber zum ***Dundret***, Ortszentrum in fußläufiger Entfernung. gallivarecamping.se.
Nächtliche Ruhestörung: *Bei unserem Aufenthalt Anfang Juli 2022 litten die Gäste des (vollbesetzten) Platzes bis in die Morgenstunden unter Autolärm und überlauter Musik aus dem direkten Umfeld. Die Störer – jugendliche Einheimische – wollten uns Fremden offenbar signalisieren:* ***„Gällivare gehört uns!"*** *Gerne hätten wir denen zugerufen:* ***„Wollen wir gar nicht haben, könnt ihr gerne behalten!"*** *Wir verstehen nicht, wie der Campingplatzbetreiber und die örtlichen Ordnungskräfte diesen Irrsinn (offenbar regelmäßig) durchgehen lassen.*
Zufahrt: Im Süden der Stadt am Ortseingang auf einer Landzunge am Fluss.

Wem der ***Dundret*** zu hoch und der Campingplatz zu voll ist, der findet das Quartier seiner Wahl ja vielleicht am Stadtsee ***Vassaraträsket***.

(197) WOMO-Badeplatz: Sandviken

GPS: N 67° 08' 17.1" E 20° 37' 46.3". **Max. WOMOs**: 3-5.
Ausstattung: Schotterparkplatz der Badestelle am ***Vassaraträsket***, Grünrand, Sandstrand, Wiese, Fitnessgeräte, Spielplatz, 2 WC, Müllbehälter; Wasserflugzeuge in der Bucht.
Beschreibung: Ob es hier nachts ruhig ist, können wir nicht versprechen. Ein schöner Sandstrand, der bei Sommerwetter sicher gut besucht ist.
Zufahrt: Von **(196)** stadteinwärts, am ersten Kreisel **links/Lasarettsgatan**, nach 800 m Rechtskurve, dahinter **links/Norskavägen**, nach 730 m **links/ Sandviken**, hinter den Schienen links/rechts dem Bademännchen-Zeichen folgen, noch 800 m bis zum Ziel.

(198) Offizieller WOMO-Stellplatz: Wassara Gällivare

GPS: N 67° 08' 08.7" E 20° 38' 34.1". **Max. WOMOs**: 8.
Ausstattung: Stellplatzwiese mit 8 Stromanschlüssen, WiFi, Trinkwasser, Mülltrennung, Bademöglichkeit.
Beschreibung: Dieser Platz gehört der ***Fritids och Skoterföreningen Nord (FOF Nord)*** – einem Schneemobil-Klub – und liegt zwischen den Schienen vom Güterbahnhof und dem See ***Vassaraträsket***. Gebühr 2022: 150 SEK oder 15 EUR/Nacht inkl. Strom. Auch Barzahlung möglich.
Zufahrt: Wie nach **(197)**, aber hinter den Schienen links/rechts/links halten, dann noch 300 m zum Ziel.

Die Einwohner von **Gällivare** sind gelegentlich verwundert bis frustriert, wenn in den Medien immer umfassend über die Umsiedlung großer Teile von **Kiruna** (dazu später) berichtet wird. Warum? Weil genau das auch in **Gällivare** schon seit Jahren in vollem Gange ist. Denn auch hier werden von der ***LKAB*** neue Erzgruben erschlossen, ganze Stadtteile werden aufgegeben und neue Wohnungen müssen gebaut werden. In **Gällivare** wird darüber hinaus das Ortszentrum komplett auf links gedreht, denn man soll hier künftig autofrei leben. Wir finden uns kaum mehr zurecht, riesige Baugruben prägen das Ortsbild, doch wir entdecken einen 3-Stunden-Gratis-Parkplatz (N 67° 07' 59.8" E 20° 39' 41.5") für einen Ortsrundgang. Sie stehen nun schon direkt vor dem – zumindest für uns – aufregendsten Ensemle: Jugendstil direkt neben moderner Archi-

tektur oder Altes Schulhaus mit dem ***Kulturmuseum*** mit dem angesagten, aber in den Sommerferien leider geschlossenen ***Café Vetehatten*** neben dem 2020 fertiggestellten und mit Architekturpreisen geehrten ***Kunskapshuset***, dem „Haus des Wissens“ mit Gymnasium und **Abendschule.**
Jetzt geht es auf der **E45** und dem ***Malmbergleden*** nordwärts nach **Malmberget**, einem Ort den man ziemlich genau mit „Erzberg“ übersetzen kann, der sein Schicksal also schon im Namen trägt. **Malmberget** wird es schon in wenigen Jahren nicht mehr geben, weil die ***LKAB*** sein Minen-Areal erweitert und auch die Stand-Sicherheit der Gebäude nicht mehr gegeben ist. Wegen des Einsturzes unterirdischer Hohlräume gibt es seit den 1970er Jahren, als sich das legändäre und 250 m tiefe Riesenloch ***„Gropen“*** auftat und einen ganzen Ortsteil verschwinden ließ, immer wieder kleine Erdbeben und massive Gebäudeschäden. **Malmberget** wird quasi evakuiert, wird also gerade leergezogen und die Gebäude abgerissen. Bevor wir uns in dieser menschenleeren Geisterstadt umsehen, besichtigen wir nochmal die ***Allerheiligen Kirche*** (N 67° 10‘ 20.5“ E 20° 38‘ 56.6“), ein Geschenk der ***LKAB*** aus dem Jahr 1944,

die 1974 – siehe oben – nochmal neu gebaut werden musste und die demnächst an einen sicheren Ort umgesetzt wird. Von der bemerkenswerten Innenausstattung fallen besonders der aus einem Magnetiterz-Block gehauene Altar, der Taufstein aus schwarzem Kiruna-Granit und die florale Deckenbemalung ins Auge. Jetzt sind es noch 600 m Richtung Nord-Ost zum nachgebauten historischen Bretterbudenviertel ***Kåkstan*** (Parkplatz: N 67° 10' 31.5" E 20° 39' 41.0") und wir sehen nur noch entkernte Wohnhäuser, eine gespenstige Endzeit-Kulisse, die uns sprachlos macht. Nun muss man sich als ausländischer Besucher darüber nicht über die Maßen echauffieren, denn die Mehrheit der Betroffenen denkt darüber wohl eher ***„Isso!“*** und viele Menschen profitieren von Entschädigungsleistungen, neuen Wohnungen und Häusern, aber dann halt in **Gällivare** oder sonstwo. Für uns heißt dieses **Malmberget**-Projekt: **„Erz ist Trumpf** im ***LKAB-Reich“***, Teil 1, Fortsetzung folgt!

Hoffentlich vergessen sie beim Umzug diesen dicken Kumpel nicht!

Wir lassen uns in Richtung **E10/45/Kiruna** aus dieser Bergwerksstadt heraus zur nächsten führen und schnüren auf dem ***Inlandsvägen*** durch typische Nordland-Kulisse mit Wald, Sumpf und Seen. In **Poultikasvaara** bittet uns eindringlich ein ***Bageri-Café***-Schild nach links von der Bahn und wir genießen in der gemütlichen, im Omas-Stube-Stil eingerichteten Laden die köstlichen Kreationen der Diplom-dekorierten Chefin ***Carola Enmark***.

Im Folgenden notieren wir unterwegs zwei **WOMO**-Plätze: einer gleich in der Nähe versteckt am See und der andere beim rauschenden Fluss.

(199) WOMO-Picknickplatz: Puoltikasjärvi

GPS: N 67° 27' 03.7" E 21° 07' 00.3".
Max. WOMOs: 1-2.
Ausstattung: Angler-Platz, Schutzhütte mit Kamin, Trockenklo, Müllbehälter, Info-Tafel, Picknickbank am See, Angel-/Badesteg.
Beschreibung: Weg um den See herum mit mehreren Feuerstellen.
Zufahrt: Nach 40 km auf der **E10** bzw. 1,2 km nach der Einfahrt zum Café links abbiegen, dann noch 250 m zum Ziel.

(200) WOMO-Picknickplatz: Lappeasuando

GPS: N 67° 29' 25.9" E 21° 07' 13.1". **Max. WOMOs**: 3-5.
Ausstattung: Asphaltierter Parkplatz direkt neben der Straße, WC mit Latrine und Außenwasserhahn, gute Saison-Gastronomie anbei.
Beschreibung: Weitere Plätze auf Schotter und Wiese unten am Fluss.
Zufahrt: 4,3 km nach **(199)**, hinter der ***Kalixälv***-Brücke links.

Die „Flaschenbürsten-Fichten" werden kleiner, es gibt jetzt vermehrt Birken, wir sehen baumbestandene Hügel und sumpfigen Wald. Beim Abzweig der **45**, dem ***Inlandsvägen***, beginnt dann unsere **Tour 8**, doch wir bleiben auf der **E10**. Kurz darauf „punktet" **Svappavaara** mit einer (mittlerweiler mit Sichtschutz getarnten) rostbraunen Verladestation für Eisenerz-Pellets, an der man direkt vorbei geführt wird.
Jetzt sind es noch 46 km bis **Kiruna**, wir rollen auf gut ausgebauter, mit Blitzern gespickten Straße durch **Altajärvi,** sehen links den gleichnamigen See und gleich darauf Hinweise zu einem offenbar gut frequentierten WOMO-Stopp.

(201) WOMO-Campingplatz: Camp Alta

GPS: N 67° 49' 21.5" E 20° 32' 37.6". **Öffnungszeiten**: 15.4.-15.10.
Ausstattung: Stellplätze auf verschiedenen Arealen zwischen den Hütten, auch sehr schön direkt am See. Gute Sanitäranlagen mit 2 Saunen, Feuerhütte mit Holz, freies WiFi, Gastronomie.
Beschreibung: Netter Anglerplatz. Doch was soll die „Bauernfängerei" auf dem Werbeschild an der Einfahrt („ab 200 SEK"), wo es doch in echt deutlich mehr kostet, siehe: campalta.net.
Zufahrt: 3 km vor dem Abzweig nach **Jukkasjärvi** links.

Bevor wir in **Kiruna** einreiten, biegen wir kurz vorher zu einem 7-km-Abstecher nach **Jukkasjärvi** ab, der sich wirklich lohnt. Man findet Entspannung, Kunstgenuss mit gründlicher Abkühlung, Kulturgeschichte, seelische Erbauung und all das genau in der genannten Reihenfolge. Keine 3 km nach dem Abzweig beginnen wir mit Punkt 1:

(202) WOMO-Picknickplatz: Laxforsen

GPS: N 67° 51' 21.3" E 20° 31' 32.7". **Max. WOMOs**: 3-5.

Ausstattung: Asphaltierter Parkplatz, Info-Tafel, Angelmöglichkeit, Trockenklo mit Latrine an der Rückseite, Müllbehälter, Picknickbänke und Feuerstellen am breiten Wildwasser-Fluss. Straßennah, aber auszuhalten.
Beschreibung: Sehr romantisch, so ein abendliches Picknick am Fluss!
Zufahrt: 2,8 km nach dem letzten Abzweig, hinter der Brücke über den ***Torneälv*** links.

Die weltbekannte Attraktion von **Jukkasjärvi**, das ***Icehotel***, hat in den vergangenen Jahren nicht nur in Schweden viele Nachahmer auf den Plan gerufen, weshalb man hier jetzt einen Schritt weiter geht. Aus dem (Winter-)Saison-Quartier, das im Frühjahr wieder in den Fluss geschoben wird, hat man das

Projekt **ICEHOTEL 365** (N 67° 51‘ 02.6“ E 20° 35‘ 46.8“) entwickelt. Sie ahnen es! Jetzt kann man hier auch im Hochsommer bei 30 Grad Grenzerfahrungen sammeln und in Eis-Suites auf Rentier-Fellen im Thermoschlafsack übernachten. Natürlich mit Ice-Bar und Eis-Skulpturen-Gallerie. Ohne echtes Icehotel kommt das alles etwas dürftig rüber und die Riesenhalle sieht aus wie ein Flugzeughangar mit Grasdach. Gegen reichlich Eintritt kann man sich drinnen das Ganze im Thermomantel gehülllt ansehen, doch man darf durchaus auch mal fragen, was das hier eigentlich soll, speziell im Angesicht der aktuellen Energiekrise. Das ist wie Fußball-WM in der Wüste kurz vor Weihnachten...

Fährt man weiter in den Ort, kann man links zum schwedischen Raumforschungszentrum ***Esrange Space Center*** (N 67° 53‘ 35.3“ E 21° 03‘ 51.3“, Visitor Center tgl. 8-18 Uhr) abbiegen, oder uns zum Ende der Straße zum „Kulturprogramm“ folgen. Rechts sehen wir den ***Hembygdsgård*** mit historischen Gebäuden, links das ***Sámi Siida***, ein samisches Freiluftmuseum mit Rentieren und gemütlicher Café-Kåta (Saison tgl. 10-16 Uhr, Lunch 11-15.30 Uhr, Eintritt für das Museum. nutti.se) und voraus

die kleine rote ***Holzkirche von Jukkasjärvi*** (tgl. 11-15 Uhr) aus dem Jahre 1608, die älteste Kirche Lapplands. Dieses Kleinod gehört zu unseren Lieblings-

Zielen in ***Nord-Schweden***, schon allein wegen der wunderschönen und farbenfrohen Ausstattung und diesem unglaublichen Altar-Triptychon von 1958. Vor allem links geht der Chef-Erwecker ***Lars Levi Laestadius*** mit seinen Schäfchen hart ins Gericht: *„Ihr Säufer, Diebe, Hurenböcke und Huren - bekehrt Euch!“*, und schon wird Schnaps weggekippt, ein geklautes Rentier zurückgegeben, und das sündige Paar guckt auch ganz betreten aus der Wäsche.

Nun wollen wir uns **Kiruna** (vom samischen **Girun** = Schneehuhn) zuwenden, einer ganz besonderen Stadt, die ihre Existenz ausschließlich dem Eisenerz verdankt. Als ihr Gründer gilt der erste ***LKAB***-Chef ***Hjalmar Lundbohm***, ein Geologe mit kulturellem Interesse und Visionen: **Kiruna** sollte eine Mustergemeinde werden. Um solchen Wildwuchs wie in **Malmberget** zu vermeiden, wurden die besten Architekten und Städteplaner verpflichtet und die bauten unter besonderer Berücksichtigung der klimatischen Verhältnisse diese typischen geschlungenen Straßenzüge nach unregelmäßigem Muster, um den Wind zu bremsen. Doch **Kiruna** sorgte nicht nur wegen seiner speziellen Architektur für Aufsehen, die Stadt wurde zu Beginn des 20. Jahrhunderts auch zum sozialen Experimentierfeld, wo man sich um die Arbeits- und Lebensbedingungen der Mitarbeiter kümmerte, ein zu dieser Zeit geradezu revolutionäres System bei der Berufsausbildung einführte und ein besonders vielfältiges und bis heute lebendiges Vereinsleben förderte.
Doch nun liest man über **Kiruna** immerfort diesen Satz: **Eine Stadt zieht um**. Die Erzgrube greift nach der Altstadt und so müssen für dieses Milliarden-Projekt 6000 Einwohner umziehen, also fast jeder Dritte. Auch in **Kiruna** wird die bestehende Infrastruktur wie auch der Städtebau einem riesigen Erzvorkommen geopfert. Die ***LKAB*** will diesen Schatz unter der Stadt heben und verweist auf tausende Arbeitsplätze. Die Gemeindeversammlung hat dem 2007 zugestimmt und so geschieht es nun. Nicht jeder davon Betroffene findet das gut, aber der Pragmatismus siegt auch hier: ***„Isso!“***
Wir erreichen ***Kiruna*** ziemlich genau beim neuen Zentrum und parken exakt hier (N 67° 50‘ 51.9“ E 20° 18‘ 01.3“. Wer weiß, was hier schon im nächsten Jahr steht...), um den schon beachtlichen Baufortschritt Stand 10. Juli 2022 zu dokumentieren. Der berühmte ***Rathaus-Glockenturm*** ist schon lange hier, das ***neue Rathaus*** (Name ***„Kristallen“***, also der Kristall, warum auch immer) mit dem ***Kunstmuseum*** ist kreisrund und

gilt als architektonisches Highlight. Immerhin sind die Holz-Griffe an der Eingangstür mit samischem Kunsthandwerk geschmückt. Große Bürogebäude, wie das von ***Trafikverket***, stehen schon und auch das stylische ***Scandic Hotel*** macht was her. Man kann sicher davon ausgehen, dass nach der kompletten Fertigstellung der neuen City alle sehr glücklich mit dem Ergebnis sein werden.
In der Nachbarschaft, keine 600 m Luftlinie von hier, residieren die **Gasspecialisten**, N 67° 50' 46.5" E 20° 17' 05.0", Lastvägen 44, 98138 Kiruna, nur Kartenzahlung), die Alleskönner in Sachen Propan-Gasflaschen füllen.
Nun geht es ins alte Zentrum, wo man immer noch gut beim ***Folkets hus*** mit der ***Touisten-Info*** (N 67° 51' 20.5" E 20° 13' 30.3") parken kann. Wir drehen ein Runde, sehen viele leergezogene Wohngebäude, so auch das berühmte, weil lange umstrittene ***„Brutalfunks"***-Wohnhaus-Ensemble vom Architekten ***Ralph Erskin***. Hier bröckelt die Substanz und auf den Balkonen wachsen schon kleine Bäume. Alles in Auflösung! Ein trostloser Anblick! Immerhin kann man in der **Touri-Info** noch die ***LKAB-Bergwerkstouren*** buchen, die wir vor Jahren schon getestet haben. Die Busse zum Besucherbergwerk starten hier vor der Tür, bringen die Touristen 500 m tief hinunter in den kühlen Berg, wo sie dann alles über Abbau und Verarbeitung des Eisenerzes im größten unterirdischen Bergwerk der Welt erfahren. Zum Ende der Tour darf sich jeder noch Eisenerz-Stückchen und Pellets als Souvenirs mitnehmen, bevor es zurück ans Tageslicht geht.

Das war einmal! Stand 2011

Das ***Kafe Rost*** im 1. OG vom ***Folkets hus*** bietet (leider nur noch) ***Fika***, also Kaffee+Kuchen und Sandwiches an, so dass wir das gut besuchte ***Pizza-Döner-Restaurant*** in der Nachbarschaft bevorzugen. Man glaubt es nicht: ***Döner*** in **Kiruna** und der ist gar nicht mal so übel!
Nun wollen wir die stolze falunrote ***Kiruna kyrka*** besichtigen und den Parkplatz am ***Gruvvägen*** [N 67° 51' 11.3" E 20° 13' 57.7"] genau gegenüber, wo sich am Nachmittag schon die ersten WOMOs einfinden. Das 1912 in Form einer ***Sami***-Kåta gebaute und sehr schön ausgeschmückte Gotteshaus mit dem strahlenden Altargemälde von ***Prins Eugen*** (1865-1947) wurde 2001 zu *„Schwedens schönstem Gebäude aller Zeiten"* gekürt.

Das alles wird es hier bald nicht mehr geben, denn auch diese Kirche wird umgesetzt, die ***LKAB*** bezahlt auch dafür. Dieser ganze irrwitzige Plan, der **Kiruna** noch für einige Jahre in eine Riesenbaustelle verwandeln dürfte, wird den Leuten hier als ***„Aufbruch in eine glänzende Zukunft“*** verkauft, doch für uns heißt das Projekt: **„Erz ist Trumpf** im ***LKAB-Reich“***, Teil 2. Nachfolgend wollen wir für **Kiruna** die (überwiegend legalen) Übernachtungsmöglichkeiten ganz unterschiedlicher Güte auflisten: Zuerst 3 im Norden ...

(203) WOMO-Campingplatz: Ripan

GPS: N 67° 51‘ 37.6“ E 20° 14‘ 27.1“. **Öffnungszeiten**: Ganzjährig.
Ausstattung: Asphaltierte, terrassenförmig angelegte Stellplätze, gute Sanitärausstattung mit Sauna. Spa, Mini-Golf und Restaurant anbei. Preis 2022: 300 SEK inkl. Strom. Infos: ripan.se/boende/camping.
Beschreibung: Schön gelegener Platz im Grünen am Stadtrand.
Zufahrt: Im Nordwesten der Stadt, ausgeschildert.

(204) WOMO-Stellplatz: Luossavaara Lift (571 m ü. M.)

GPS: N 67° 52‘ 21.7“ E 20° 12‘ 34.9“. **Max. WOMOs**: >5.
Ausstattung: Trockenklo, Gebühr, zu zahlen im Café Sport anbei, einsam.
Beschreibung: Der Liftparkplatz ist optisch nicht sehr ansprechend und man hört von gelegentlichen Störungen durch einheimische Autofreaks.
Zufahrt: Fährt man bei der Einfahrt von **(203)** die ***Matorjärvigata*** weiter und nimmt dann den ***Hjalmar Lundbohmvägen*** nach rechts, stößt man auf die nagelneue **E10**. Den Kreisverkehr nach links verlassen und 400 m danach den Hinweisen ***Luossavaara/Fritidsområde/Utskitsberg*** folgen, nach 450 m dann rechts.

(205) WOMO-Stellplatz: Luossavaara Utsikt (699 m ü. M.)

GPS: N 67° 52‘ 39.2“ E 20° 13‘ 25.4“. **Max. WOMOs**: 2-3.

Ausstattung: Naturbelassener Logenplatz links der Auffahrt mit Blick weit in die Berge, Kurzwanderung zum Gipfel des ***Luossavaara***.
Beschreibung: Zuletzt war an der Auffahrt ein Schild zu sehen: ***„Camping verboten“*** plus ***durchgestrichenes WOMO***, wohl wegen des Baustellenverkehrs ***(Byggtrafik)***. Entscheiden Sie selbst!
Zufahrt: Am Platz **(204)** vorbei führt ein Fahrweg von wechselnder Güte in steilen Serpentinen hinauf, zum Schluss schlimmer Schotter. 2,4 km nach dem Liftparkplatz links. **Nur für agile WOMOs geeignet.**

... und dann 2 im Süden der Stadt:

(206) Offizieller WOMO-Stellplatz: Hotell E10

GPS: N 67° 50‘ 47.5“ E 20° 15‘ 24.9“. **Max. WOMOs**: 5.
Ausstattung: 5 Stellplätze mit Strom vor dem Hotel an einem verkehrsreichen Standort mit Riesen-ICA und anderen Märkten, Tankstelle und Gewerbe. Frühstücks-Angebot im Hotel. Gebühr 2022: 180 SEK ohne/280 SEK mit Strom.
Beschreibung: Dieser Übernachtungsplatz ist etwas für robuste Schläfer.
Zufahrt: Platz liegt am **Österleden**, der Verbindungstraße vom **Lomboloden** und **Malmvägen**.

(207) WOMO-Stellplatz: Lombolo Sportstätten

GPS: N 67° 50‘ 29.2“ E 20° 14‘ 26.7“. **Max. WOMOs**: >5.
Ausstattung: Asphaltparkplatz an der **E10**, Sportstätten, Gastronomie (11-14 Uhr) und kleiner See anbei.
Beschreibung: Keine ganz feine Adresse, eventuell nicht ganz ruhig.
Zufahrt: Vom **Österleden** südwärts zum **Lombololeden**, dann auf diesem 700 m westwärts, dort Parkplätze links.

Ganz in der Nähe der „Neuen City“ nehmen wir die **870** nach **Nikkaluokta**, denn für uns geht es auf einem 64-km-Abstecher zum idealen Ausgangspunkt für Wander-Touren zum ***Kebnekaise***, dem höchsten Gipfel Schwedens, in vieler Hinsicht der Höhepunkt jeder ***Nord-Schweden***-Reise. Auf ganz passabler Asphaltpiste kommen wir halbwegs flott voran, von Hochgebirge ist noch nichts zu sehen, die Straße führt uns an Flüssen und Seen entlang und ist sogar mit einigen gut präparierten Pausenplätzen ausgestattet. Diese befinden sich alle recht dicht an der Straße, aber es herrscht tagsüber wenig und nachts gar kein Verkehr.

(208) WOMO-Picknickplatz: Puoltsa Naturrastplatz

GPS: N 67° 48' 14.6" E 19° 49' 18.8".
Max. WOMOs: 2-3.
Ausstattung: Trockenklo, Müllbehälter, Schutzhütte mit Kamin, schönes Picknickgelände mit Bänken und Feuerstellen. Max. Aufenthalt 24 h.
Beschreibung: Schöne Landschaft am Fluss.
Zufahrt: 27,4 km nach Abzweig in **Kiruna**, hinter dem Ort **Puoltsa** links.

(209) WOMO-Picknickplatz: Laukkuluspa

GPS: N 67° 49' 47.9" E 19° 37' 21.1".
Max. WOMOs: 2-3.
Ausstattung: Angelrevier, Trockenklo, Picknickbänke, Feuerstellen, Müllbehälter, Schutzhütte mit Kamin am Fluss, Dauer-Caravan-Platz nebenan. Max. Aufenthalt 24 h.
Beschreibung: Sehr schönes Picknickareal, netter Fußweg am Fluss.
Zufahrt: 9,3 km nach **(208)** links.

(210) WOMO-Picknickplatz: Pirttivuopio Naturrastplatz

GPS: N 67° 52' 05.9" E 19° 15' 50.0". **Max. WOMOs**: 3-5.

Ausstattung: Asphalt-Rondell, Trockenklo, Müllbehälter, Feuerstellen, (zuletzt leider leeres) Holzlager, Schutzhütten, Info-Tafel.
Beschreibung: Dieser geräumige Platz liegt etwas abseits der Straße.
Zufahrt: 16,7 km nach **(209)** links.

(211) WOMO-Picknickplatz: Vistadalens Naturrastplatz

GPS: N 67° 51‘ 51.6“ E 19° 03‘ 32.7“. **Max. WOMOs**: 3-5.
Ausstattung: Schön angelegtes Picknickgelände mit Bänken am Birkenhang, Schutzhütte, Müllbehälter, Trockenklo, Lageplan, Wanderwege.
Beschreibung: Das ist der letzte freie Platz vor dem Finale **(212)**.
Zufahrt: 8,8 km nach **(210)** rechts.

Nun sind es nur noch 3 km bis nach **Nikkaluokta**, wo man das Ende der Straße in diesem Tal erreicht hat. Als einer der wichtigsten Ausgangspunkte zum Einstieg ins schwedische Hochgebirge ist hier alles auf ***Kebnekaise***-Pilger eingestellt, zum freundlichen Besucherzentrum ***Nikkaluokta Sarri AB*** (9-19 Uhr) gehören Shop und Outdoor-Laden, sehr ordentliche

Gastronomie mit regionaler Küche, Aufenthaltsräume mit Bibliothek, Unterkünfte, Zelt- und Camping-Möglichkeiten sowie großzügig dimensionierte Parkplätze, hier enden die Busse aus **Kiruna** und Helikopter pendeln zur ***Kebnekaise Fjällstation***. Wir erklären an der Rezeption, dass wir weder die Einrichtungen des Sanitärtraktes noch Strom benötigen und zahlen nicht die 200 SEK fürs Camping mit Strom, sondern nur 40 SEK/Tag fürs Parken auf der großen Stellfläche vom ***Långtidsparkering*** hinter der finalen Dammstrecke links.

(212) WOMO-Wanderparkplatz: Nikkaluokta

GPS: N 67° 51‘ 05.2“ E 19° 01‘ 09.8“. **Max. WOMOs**: >5.
Ausstattung: Gebührenpflichtiger Parkplatz auf Schotter, Müllbehälter. Parkgebühr an der Rezeption zu entrichten, nicht einsam, aber ruhig. Wählt man die **Camping-Option** (Sommer: Juni bis September, Winter März bis Mai), dann sind Strom und die Nutzung der WCs, Duschen und Saunen im (weit entfernten) Sevicegebäude inklusive.
Beschreibung: In der Hauptwandersaison gut besucht. nikkaluokta.com.
Zufahrt: Siehe Text.

Wandertipp: Kebnekaise (58 bzw. 46 km / 3 Tage, Ende August 2004) Nachdem wir am Vorabend bei Regen in **Nikkaluokta** gelandet sind, überrascht uns ein blendender Spätsommer-Morgen und ich beim Frühstück meine kurzzeitig fassungslose bessere Hälfte Annegret mit der Mitteilung, diese tolle Chance unbedingt nutzen zu wollen und überrede sie zu einer 3-Tage-Tour zum ***Kebnekaise***, dem höchsten Gipfel Schwedens. Bei der umfassend hilfsbereiten Rezeption erkundigen wir uns hinsichtlich der Wetter-Prognose, lassen nach diesbezüglich positivem Bescheid in der ***Kebnekaise Fjällstation***, unserem Basislager, anrufen und dort ein 2-Bett-Quartier reservieren, verlängern unseren Parkschein und packen anschließend die Rucksäcke für unser kleines Abenteuer, das uns noch lange in Erinnerung bleiben wird.

1. Tag: Nikkaluokta - Kebnekaise Fjällstation (19 bzw. 13 km / 6-7 h)

Wir starten gegen 11 Uhr, finden den Einstieg zum ***Kebnekaiseleden*** ohne Probleme direkt neben der roten Herberge, heben uns die gleichfarbige Kapelle rechts auf dem Hügel für den Rückweg auf, marschieren auf leichtem Weg frohgemut los und sind schon mal ganz stolz auf unseren kühnen Plan. Auch ohne Zelt haben wir einiges an Gepäck dabei, doch wirklich belastend sind die Rucksäcke nicht, und so erreichen wir nach 1 ½ Stunden Wurzel-und-Steine-Pfad durch Birkenhain die Imbiss- und Bootsstation ***Nedre Båtbryggan***, wo man einfach Pause machen muss. Wir belassen es für heute bei einem Kaffee aus der Samen-Kåta und beschließen, heute noch gut bei Kräften, auf den Bootstransfer den See entlang zu verzichten, Das Boot fährt von hier aus zwischen 8.30 und 18 Uhr etwa alle 2 Stunden, man ist eine halbe Stunde unterwegs und verkürzt die Wanderung zum Tagesziel ungefähr um 6 km. Nach 1 ½ Stunden guter Wegstrecke passieren wir den Zugang zur ***Övre Båtbryggan***, heute haben wir noch 8,5 km zu gehen und es breitet sich Schritt für Schritt ein immer gewaltigeres Hochgebirgs-Bergpanorama mit schnee-

bedeckten Abschnitten vor uns aus. Zuletzt geht es auf einer Hängebrücke über den reißenden Fluss, der am Fuße einer mit Blümchen dekorierten Felsenschlucht der Schwerkraft talabwärts folgt, und gegen 17.30 Uhr kommen wir schließlich bei der ***Kebnekaise Fjällstation*** an, einem am Hang verteilten Komplex von Holz-Gebäuden. Beim Haupthaus zieht

sich jeder im Vorraum die Stiefel aus, und es empfängt uns die Atmosphäre eines freundlichen Berghotels. Wir checken ein, bezahlen für unser 2-Bett-Zimmer mit Dusche/WC auf dem Flur gerne den Luxus-Aufschlag auf den Mannschafts-Raum-Preis, schleichen ganz hinauf zur Hütte ***Liddo*** und beziehen unser spartanisches Quartier. Im Shop wird noch eine detaillierte 1:20.000er Karte vom ***Kebnekaise-Massiv*** gekauft, dann vom leckeren Abend-Büfett geschlemmt und mit allerlei Informationen unser morgiger Gipfelsturm vorbereitet. Wir entscheiden uns gegen die geführte Tour auf dem ***Östra leden*** über den Gletscher und für die Route über den ***Västra leden***: 10 km hoch auf den ***Kebnekaise*** und 10 wieder runter, das alles in 8 bis 9 Stunden gut zu schaffen, sagt man uns. In etwas banger, aber dennoch entschlossener Vorfreude krauchen wir bald in unsere Schlafsäcke und hören noch 2 Zimmer weiter die Wandersleute schnarchen.

2. Tag: Kebnekaise-Gipfeltour (20 km / 14 Stunden)

Heute war bei uns extra früh Wecken, doch als wir 7.30 Uhr nach dem Rucksack-Packen ins Haupthaus zum Frühstücks-Büfett einrücken, marschiert die geführte Tour schon los, was uns aber noch nicht weiter verunsichert. Wir starten 8.30 Uhr, sind ganz begeistert von diesem strahlenden Sonnentag und streben am Hausberg ***Kaipak*** vorbei den faszinierenden Bergriesen entgegen. Der Weg am Hang ist gut zu gehen, führt leicht bergan und man kreuzt etwa ein Dutzend Quer-Flüsschen immer nach

gleicher Prozedur: ein paar Schritte hinunter, auf Steinen über den meist zarten Wasserlauf und dann wieder hoch auf den Weg. Der ***Östra leden*** hat uns mittlerweile nach rechts verlassen, wir steigen nun längere Zeit kräftig das ***Kitteldalen*** hinauf, immer rechts vom reißenden ***Kittelbäcken*** entlang und müssen schließlich über mehrere seiner Zuflüsse nach links hinüber. Dieses komplizierte Manöver hält uns einigermaßen auf, Annegret findet lange keinen Weg, um trockenen Fußes über diesen heftig rauschenden Wildwasser-Fächer zu kommen, und wir fragen uns, wie diese Passage wohl erst zur Schneeschmelze im Juni zu bewerkstelligen sei. Unser Weg führt nun über teils schwierige Abschnitte zu einem Sattel hinauf, wo wir uns zur erste Pause niederlassen. Die nächsten 300 Höhenmeter zum ***Vierramvare*** (1711 m ü.M.) hinauf gestalten sich

mühsam, denn es geht auf steinigem Stolperweg steil bergauf. Hier oben müssen wir schon wieder eine Verschnaufpause einlegen und vor allem mental die topografische Gemeinheit dieser Route wegstecken, denn gegenüber kann man schon das Gipfelmassiv sehen, muss aber vorher 200 Höhenmeter auf bösem, teilweise bodenlosem Fein-Geröll hinunter zum ***Kaffedalen*** und drüben wieder fast 400 Höhenmeter auf selbigen Geläuf richtig steil hinauf, bevor man sie endlich zu Gesicht bekommt: die erste ***Toppstuga***, umrahmt von felsigen Schnee-Feldern. Die linke ist die neuere, präsentiert sich aber total verlottert, voller Müll, aber immerhin mit Klo. 200 m rechts davon macht die ältere Schutzhütte einen gepflegteren, wenn auch keinen behaglichen Eindruck. Von hier aus kann es nicht mehr weit sein bis zum Gipfel, doch wir sind nun in echter Zeitnot, denn es ist bereits 15.30 Uhr und im August ist es auch weit oben im Norden nicht so lange hell. Annegret ist ziemlich erschöpft und muss sich in der Schutzhütte für den Rückweg erholen, so breche ich also alleine zum finalen Gipfelsturm auf und stapfe sehr bald auf geschlossener Schneedecke über die Plateau-Kappe der Gipfelspitze entgegen. Auf dem gut gespurten „Pilger-Pfad“ kommt mir gerade eine glückstrunkene finnische Wandergruppe entgegen, so dass ich den magischen ***Sydtoppen*** des ***Kebnekaise*** (2114 m ü.M.), den höchsten Berg Schwedens, ganz für mich alleine habe. Mein Glücks-Jubel verhallt ungehört, so weit das Auge reicht liegt mir ringsum die Bergwelt zu Füßen, ich schaue auf

Riesengletscher hinab und bin schier überwältigt von der Wucht dieser Hochgebirgslandschaft, so auch von dem Monster-Klops dort drüben, der mit seinem langen Schatten schon das Tal verdunkelt. Jetzt wird es allerhöchste Zeit für den Rückmarsch, Annegret hatte eine Stunde Pause, und nun müssen wir uns sputen. Vom Hang der ***Toppstuga*** aus können wir weit in das Tal und dort hinten fast unsere Unterkunft sehen, haben aber bis zum Ziel noch 6 Stunden zu wandern, doch das ahnen wir zu diesem Zeitpunkt noch nicht. Der Rückweg über die Geröll-Pfade hinab, hinauf und hinab ist so mühsam wie auf dem Hinweg, der Abstieg zum ***Kittelbäcken*** ist fast anstrengender als der Aufstieg, und bei der anschließenden Flussquerung suchen wir mit zunehmend weichen Knien noch länger nach einem halbwegs gangbaren Weg durch die sprudelnden Flussarme. Das schaffen wir im letzten Büchsenlicht, später leuchtet uns der Mond und nachdem der sich hinter der einzigen Wolke verzogen hat, stolpern wir noch eine Stunde lang dem roten Licht vom Funkmast beim Ziel entgegen, erreichen unser Quartier gegen 22.30 Uhr in dunkler Nacht und fallen todmüde, aber glücklich in die Betten.

3. Tag: Kebnekaise Fjällstation - Nikkaluokta (19 bzw. 13 km / 6-7 h)

Der Gang zum Frühstück gerät noch ein wenig staksig, wir lassen es heute ruhig angehen, futtern uns ausgiebig ohne Hast durch das Büfett und treten gegen 10 Uhr den Rückweg zum **WOMO** an. Das Wandern klappt schon wieder erstaunlich gut, wie beflügelt schweben wir durch den sonnigen Tag und greifen heute zur Feier des Tages auf den Bootsshuttle zurück. Von Ferne hört man das Wasser-Taxi schon kommen, umgehend wird die bunte Wanderer-Fuhre mit wehender ***Sami***-Flagge zur Lappland-Wildnis-Imbiss-Station (geöffnet bis 16 Uhr) gebracht, wo wir uns dann bei ***„Lap Donalds“*** einen köstlichen ***Ren-Burger*** genehmigen. Das Wetter hat gehalten, die restlichen paar Kilometer spulen wir bei freundlicher Nachmittagssonne runter, kraxeln noch eben auf den Hügel zur Kapelle hinauf und sehen von oben sogar schon unser **WOMO** im hellen Licht des Nordens blinken.

Tipps:
Wenn Sie im Juni/Juli auf den ***Kebnekaise*** wollen, dann lassen Sie sich Zeit bei der Gipfeltour, denn es wird ja abends nicht dunkel. Planen Sie viele Pausen ein, nehmen Sie was zu kochen und reichlich Trinkwasser mit. Falls Sie sich nicht sicher sind, ob Sie die Tour gut bewältigen können, dann schließen Sie sich der geführten Gipfel-Tour über den Gletscher an. Diese Route ist wohl auch deutlich kürzer. Wenn Sie Zeit genug haben, warten Sie auf einen Tag mit freundlichem Wetter, bei Regen wird die Wanderung zur Tortur. Als Ausrüstung werden dringend stabile Bergstiefel und 2 Stöcke benötigt.

Fazit:
Wir waren auch 2004 nicht mehr die Jüngsten, auch nicht sonderlich gut trainiert, wie zu lesen auch nicht besonders clever in Bezug auf die Zeitplanung und zum Schluss so richtig platt, doch es war ein unglaubliches Erlebnis, in diesem gigantischen Gebirge unterwegs zu sein, und ein erhebendes Gefühl, es geschafft zu haben.
Trauen Sie sich die Tour ruhig zu!

Der eigentliche Boom in **Kiruna** begann erst 1903 mit Vollendung der Erzbahn nach **Narvik**, wohin bis heute die endlosen Lorenzüge durch die Berge zum Exporthafen nach Norwegen rollen. Zur damaligen Zeit galt der Bau dieses Schienenweges als sensationelle Pionierleistung, denn es war die nördlichste Eisenbahnstrecke der Welt, und alles was Ihnen von nun an in Verbindung mit dem Wort ***Rallar*** begegnet, hat mit diesem unter englischer Leitung entstandenen Bauwerk zu tun. Meist direkt neben der Bahnlinie wurde auch die **E10** nach Norwegen ausgebaut, die für die Touristen den schönen Beinamen ***Nordkalottvägen*** erhielt. Auf dem sind wir nun zu einem

110-km-Abstecher in die äußerste Nordwest-Ecke Schwedens unterwegs, um uns erneut der bezaubernden Gebirgslandschaft Nordlapplands zuzuwenden. Schon bald zeigen sich schneebedeckte Berge, Flüsse, Seen und Klein-Birken sowie die ersten straßennahen **WOMO**-Not-Quartiere: 20 km hinter **Kiruna** nach der Brücke über den ***Östra Rautasälv*** rechts [**213**: N 67° 59‘ 31.0“ E 19° 55‘ 15.0“] mit Trockenklo, Müllbehälter, Latrine und 24-h-Limit sowie 1,7 km später vor jener über den ***Västra Rautasälv*** links [**214**: N 67° 59‘ 38.8“ E 19° 52‘ 56.0“] mit Müllbehälter und 24-h-Limit. Nun geht es straff auf die Berge zu, durch ein Sumpf-Seen-Gebiet, wir sehen weitverstreut kleine Häuschen im Gelände, wieder einmal konsequent zweisprachige (schwedisch/samisch) Beschilderung und zwei weitere WOMO-Plätze für Anspruchslose auf schmucklosen Asphalt-Karrees: hinter **Rensjön** links [**215**: N 68° 04‘ 38.8“ E 19° 49‘ 53.7“] sowie 9 km danach bei **Bergfors** rechts [**216**: N 68° 08‘ 59.2“ E 19° 47‘ 00.5“] mit 24-h-Limit. Jetzt schiebt sich erstmals der riesige ***Torneträsk*** ins Bild, an dem wir auf den nächsten 60 km mehr oder weniger dicht entlang fahren werden, eine unserer **WOMO**-Traumstrecken, gespickt mit einzelnen Pausenplätzen nahe der Straße.

(217) WOMO-Picknickplatz: Torneträsk

GPS: N 68° 13‘ 18.7“ E 19° 42‘ 32.6“.
Max. WOMOs: 3-5 + 1-2.

Ausstattung: Asphalt-Parkplatz 50 m neben der Straße, Picknickbänke, Trockenklo, Latrine, Feuerstellen, Müllbehälter, 24-h-Limit, Richtung ***Brygga*** noch 2 weitere Picknick-Plätze (N 68° 13‘ 22.6“ E 19° 42‘ 32.5“, Fotos) mit Bänken und Feuerstellen am Wasser für kleine WOMOs.
Beschreibung: Gehen Sie mal zur ***Brygga*** runter. Wenn Sie dort hinpassen, unbedingt umsetzen: Traumplatz und weiter weg von der Straße.
Zufahrt: 10 km nach **(216)**, gleich nach dem Ortsschild **Torneträsk** rechts.

(218) WOMO-Stellplatz: Kaisepakte

GPS: N 68° 17‘ 23.9“ E 19° 18‘ 02.5“. **Max. WOMOs**: 3-5.

Ausstattung: Geschotterter Parkplatz und Bootseinsatzstelle für See-Angler unterhalb der Straße, 50 m zum See-Ufer, gelegentlich ein paar „stationäre“ Caravans und Bootstrailer vor Ort.
Beschreibung: Auf jeden Fall mal hinunter zum Kieselstrand gehen und das Seepanorama bestaunen.
Zufahrt: 19 km nach **(217)**, 200 m nach Ortsschild **Kaisepakte** rechts, dann 200 m hinunter.

(219) WOMO-Picknickplatz: Pessisjåkka

GPS: N 68° 18‘ 11.3“ E 19° 13‘ 52.1“. **Max. WOMOs**: 3-5.

Ausstattung: Gut ausgestatteter Rast-Platz mit WC, Latrine, Müllbehälter. Picknickbänke im Gelände, 24-h-Begrenzung.
Beschreibung: Auch hier kann man bequem zum See hinunter gehen und bei Erfordernis ein Bad nehmen. **Zufahrt**: 3,4 km nach **(218)** rechts.

Uns begeistert jedes Mal aufs Neue die grandiose Kulisse dieses Bergpanoramas mit dem unglaublichen ***Lapporten*** und dem endlosen See, die wir „im Tiefflug" passieren und schließlich in **Abisko** landen, dem Eldorado der Hochgebirgs- und Trogtal-besessenen Wandersleute aus aller Welt. Vor der Tankstelle geht es rechts zum **Campingplatz** hinunter, der aber nach unserer Wahrnehmung nicht (mehr) für Touring-Gäste vorgesehen ist. Ein kurzes Stück auf der **E10** weiter zweigen wir rechts ab (N 68° 21' 29.2" E 18° 46' 48.9") zur ***Abisko Turiststation*** (Sehr ordentliches Tages-Lunch von 11.30-14 Uhr, Outdoor-Laden, Wetter-Infos) mit dem benachbarten ***Abisko Naturum*** (8-12 u. 13-18 Uhr), wo man sich auf das Revier einstimmen und dann zu unvergesslichen Kurz-Wanderungen im ***Abisko Nationalpark*** oder gar zur ganz großen ***Kungsleden***-Trekking-Tour aufbrechen kann. Vom nördlichen Ende hier in **Abisko** bis zum südlichen in **Hemavan** (Tour 5) hat man 450 km zu wandern, was wohl für einen **WOMO**-Urlaub etwas üppig wäre, doch ein Stück zum Probieren gibt es bei uns schon.

WOMOs in Abisko

In Bezug auf die Stellplatz-Situation haben wir beim letzten Besuch im ***Naturum*** auf unsere Nachfrage eine klare Antwort erhalten, die auch der aktuellen Ausschilderung entspricht: Das hier in **Abisko** gehört alles zum Nationalpark und deshalb ist das **Übernachten im WOMO verboten**. Das gilt für den **Parkplatz am Naturum** genauso wie für den **Parkplatz am Bahnhof** gegenüber und den **Parkplatz der Linbana** etwas oberhalb. Tagsüber sind alle genannten Parkplätze kostenfrei. Warum das so ist und inwiefern ein WOMO mit Menschen drin am Tage erlaubt und nachts so schädlich ist, konnte man uns nicht erklären. Auch die Fragen, ob die Verbote jemand kontrolliert, wie man dabei herausfindet, ob da nachts drinnen geschlafen wird, oder das WOMO dort leer steht, weil die Insassen auf einer mehrtätigen Wanderung unterwegs sind, konnten nicht beantwortet werden.

Wir geben die Hoffnung nicht auf, dass sich die Lage in **Abisko** auch mal wieder ändert und verweisen derweil auf unsere Plätze **(222)** bis **(224)**.

(220) WOMO-Wanderparkplatz: Abisko T Bahnhof

GPS: N 68° 21' 25.1"
E 18° 46' 53.2".

Max. WOMOs: >5.

Ausstattung: Idealer Ausgangspunkt für den ***Kungsleden*** und kürzere Wanderungen.

Beschreibung: Aktuell gilt hier ein **Übernachtungsverbot**, siehe oben.

Zufahrt: Gegenüber der Einfahrt zur ***Abisko Turiststation/ Naturum*** links durch die Bahnunterführung (3,50 m), dann großer Schotterparkplatz links.

(221) WOMO-Wanderparkplatz: Abisko Linbana

GPS: N 68° 21' 42.4" E 18° 46' 09.3". **Max. WOMOs**: 1-2.
Ausstattung: Etwas unebenes Areal bei der Talstation vom Sessellift zum ***Njulla***-Massiv, Trockenklo.
Beschreibung: Aktuell gilt hier ein **Übernachtungsverbot**, siehe oben.
Zufahrt: Durch die Eisenbahnunterführung (3,50 m), dann nach rechts dem Fahrweg hinauf bis zum Ende folgen.

Wandertipp: Abisko Canyon (2 km/1 h)
Wir starten bei der ***Abisko Turiststation***, gehen an der Ausfahrt zur Straße vorbei, nehmen dann den ***Rallarstigen***, gehen zwischen dem ***Grenzschutzmuseum*** (Mo-Fr 10-16 Uhr, Eintritt frei) und der Feuerstelle Richtung Schlucht und finden dort den Einstieg zum ***Canyon***-Rundweg. Der reißende ***Abiskojåkka*** hat sich hier eine prima Bahn tief in den Schiefer-Fels geschliffen und strebt mit Vehemenz seinem Ziel im nahen ***Torneträsk*** entgegen. Dieses faszinierende Schauspiel entfesselter Naturgewalt können sich Unerschrockene sogar von der Nähe anschauen. Kleine Mutprobe gefällig? Fast noch in Sichtweite der Hütte führt ein schmaler, nur mit einem Drahtseil gesicherter (zuletzt leider gesperrter) Treppchenweg am Abgrund entlang links hinunter zum brodelnden Fluss, wo man zur Belohnung einen besonders exklusiven Pausen-Felsen mit Dach vorfindet. Oben geht es auf einem Bohlenweg durch Birkengrün weiter, wir passieren eine Blümchenwiese mit Erklärungstafel und sehen voraus schon das Brückchen über den Rauschefluss, auf dem wir

eine ganze Weile mit andächtigem Staunen verharren: unten der wilde smaragdgrüne Fluss, das satte Grün des Birkenteppichs ringsum, der tiefblaue ***Torneträsk*** voraus, dahinter die schneebetupften Berge und über allem dieser zartblaue Himmel des Nordens. Hinter der Brücke waren zuletzt neue, bestens ausgebaute Wege zu bestaunen, rechts am Canyon entlang kommt man nun bis zu einem finalen Aussichtsplateau. Auf der anderen Seite des Canyons geht es auf Bohlenwegen wieder hinauf, doch wir kommen nur langsam voran, da alle paar Meter ein neues Fotomotiv nach Verewigung schreit, und viele Blümchen am Wegesrand bewundert werden wollen. Oben kann man am anderen Ende des Fußgängertunnels gleich zur ***Naturstig***-Runde durchstarten, oder aber zurück zum **WOMO** streben.

WOMO-Cache Nr. 18

GPS: N 68° 21‘ 35.1“ E 18° 46‘ 39.3“. **Schwierigkeit**: leicht.
Tipp: Der Schatz ist unterhalb vom Museum, beim Einstieg zur Mutprobe versteckt.

Wandertipp: Abisko Naturstig (5 km/2 h)
Hinter dem Fußgängertunnel, unter der Bahnbrücke und der Brücke vom Fahrweg zum Lift hindurch wandern wir direkt links vom ***Abiskojåkka*** flussaufwärts, der uns immer noch heftig entgegenkommt. Der ***Kungsleden*** stößt von rechts zu uns, wir treffen auf eine Abbruchkante mit bizarr geschichteten Felsscheiben und wähnen uns in einem Marmor-Steinbruch. Wie auf einem Parkweg geht es weiter durch einen blumenbestückten Birkengürtel, die letzten Canyon-Felsen haben wir hinter uns gelassen, der Fluss rauscht nun breiter und etwas entspannter, wir dringen gelegentlich nach rechts durch die wuchernde Vegetation zum Gesprudel vor und gönnen uns ein atemberaubendes, fast kitschig

schönes Hochgebirgs-Panorama: von Birkengrün gerahmtes Wildwasser vor Schneebergen. Beim „Meditationsplats“ kann man seine Picknick-Pause mit schönem Ausblick genießen, um dann den Fluss zu verlassen und dem ***Naturstig*** mit der gelben Blume nach links zu folgen. Hier wechseln sich Bohlen-Weg durch Sumpf und Birken-Pfade ab, wir kommen an einem See vorbei, wo ein paar große alte Kiefern stehen und treffen auf einen Picknickplatz mit Feuerstelle. Durch Wald und über Bohlen setzen wir die Runde fort, sind ganz verzückt über die Berggipfel im Rund, sehen den ***Torneträsk*** schon in der Ferne, die ersten Straßengeräusche künden vom baldigen Ziel unserer Wanderung, wir nehmen den querenden Weg nach links und landen schließlich am viel fotografierten Holz-Tor vom ***Kungsleden***-Einstieg.

Wander-Tipp: Njulla-Tour (4 km/4 h)
Wenn Sie nicht schon an der Talstation vom ***Njulla***-Lift stehen, dann kommen Sie doch mal den Fahrweg hinauf, denn hier geht es los. Wir studieren den Aushang mit den Wetter-Daten von der Bergstation und beginnen die Tour zum ***Njulla***-Gipfel mit dem Sessellift (Bitte aktuelle Betriebsszeiten studieren!) der uns 25 Minuten lang ausgesprochen entspannt den Hang hinaufschweben lässt. Ringsum zwitschern vergnügt die Vöglein, es ist windstill, klar und sonnig: ein total perfekter ***Njulla***-Tag! Wer nun irgendwo etwas wie „der Lift zum Gipfel“ gelesen hat, merkt spätestens jetzt an der Bergstation, dass man noch 2 km Bergwanderung zum Ziel vor sich hat, wenn man sich nicht mit dem Blick von der neuen Balkonterrasse ins Tal hinunter begnügen möchte. Der Aufstieg ist gut ausgelatscht, nicht

weiter schwierig aber durchaus schweißtreibend und nach einer Stunde absolviert. Die Gipfel-Rast auf 1169 m genießen wir ausführlich, denn wir können nicht genug bekommen von der Fernsicht zu den tiefverschneiten alpinen Winterzacken des Hochgebirges, hinab auf die Seen und hinüber zum gigantischen ***Lapporten***, dem Markenzeichen der riesigen ***Kiruna***-Kommune. Der Abstieg geht etwas schneller und nach einer Kaffee-Pause in der Bergstation bringt uns der Lift wieder hinab. Jetzt hat man in Fahrtrichtung die bessere Aussicht, kann den Blick schweifen lassen und den Weg vom ***Naturstig*** noch einmal visuell verfolgen. Über uns kreist ein Adler, lautlos ziehen Boote über den riesigen ***Torneträsk*** und viel zu schnell sind wir wieder unten beim sonnenbeschienenen **WOMO** und messen 40°C außen/30°C innen.

Auf der **E10** in Richtung **Narvik** folgt ein Steinschlag-Abschnitt mit Halteverbot und 1,8 km nach dessen Ende parken wir hinter der ***Rakasjåkka***-Brücke rechts (N 68° 24‘ 12.6“ E 18° 41‘ 45.0“), um dieses Fluss-Finale mit dem berühmten ***Silverfallet*** bis ganz hinunter zum Steinstrand vom ***Torneträsk*** zu begleiten: eine lohnende Kraxelei mit Brückchen, vielen Trollblumen und ganz viel weißem Sturzwasser. Gleich 350 **E10**-Meter weiter biegen wir links ab und kurven hoch zu einem interessanten, wenn auch kostenpflichtigen Wander-Quartier.

(222) WOMO-Campingplatz: Björkliden

GPS: N 68° 24‘ 18.0“ E 18° 40‘ 50.9“. **Öffnungszeiten**: Ganzjährig.
Ausstattung: Stellplätze auf Feinschotter in mehreren Abteilungen zwischen Dauer-Caravanern, gute Sanitärräume, komfortabler Aufenthaltsraum. Einchecken im ***Hotell Fjället*** (Gute Küche!) oberhalb.
Beschreibung: Der Platz ist eher für den Winter gedacht und sieht im Sommer nicht so toll aus. Etwas unpraktische Anordnung der V/E-Station. Preise 2022: 345 SEK ohne / 395 SEK mit Strom. Infos: bjorkliden.com.
Zufahrt: Siehe Text.

Am nächsten Morgen fahren wir erneut beim Hotel vor und wollen nur mal eben die Wandermöglichkeiten erkunden. Wie die Marienkäfer auf dem Zeigefinger steigen wir am „Nördlichsten Golfplatz der Welt“ vorbei immer höher und höher, dann ganz fasziniert an Stromschnellen und Wasserfällen entlang bis hinauf aufs Fjäll. Hier oben pfeift mir der Wind durchs Hemd, denn wir haben nichts weiter dabei, wir wollten doch nur mal

gucken. Im Hotel erklärt man uns auf Anfrage, dass wir gerade beim ***Kåppas***-Fall waren, wir nehmen hier noch das ***Dagens lunch*** und schauen beim Tafeln im Restaurant ***„Lapporten"*** noch einmal ganz begeistert durch die Riesenfenster zum nämlichen hinüber.
Der nächste Picknickplatz in Richtung Norwegen am **Tornehamn** [**223**: N 68° 25' 55.1" E 18° 40' 16.3"] mit Trockenklo, Latrine und 24-h-Limit ist gut besucht und bietet zudem verschiedene Wanderwege, so zum 2 km entfernten ***Rallarkyrkogård***, einem merkwürdigen Friedhof für die Opfer des Erzbahn-Baus. Wir ziehen noch 4 km auf der **E10** weiter zum ***Báktájávri***, dem nördlichsten Stellplatz in diesem **WOMO**-Führer und haben drei Ratschläge.
Erstens: Die Fahrt nach ***Riksgränsen*** kann man sich getrost verkneifen, falls man sich nicht anschließend vom Büchlein ***„Mit dem Wohnmobil nach Nord-Norwegen"*** von ***Schulz/Roth-Schulz*** führen lassen möchte.
Zweitens: Kommen Sie hier nicht zu spät an, weil Sie dann keinen von den schönen Plätzen direkt am See abbekommen.
Drittens: Nehmen wir mal an, es ist ein freundlicher sonniger Abend im Juli, dann erklimmen Sie mit Klappstühlen, Imbiss und feierlichen Getränken den Birkenhang gegenüber vom Stellplatz und verbringen auf dem Fels-Plateau ein unvergessliches Picknick mit umwerfender Aussicht und Sonne bis spät abends.

(224) WOMO-Picknickplatz: Báktájávri

GPS: N 68° 26' 22.3" E 18° 35' 12.6". **Max. WOMOs**: 5-10.

Ausstattung: Asphaltierter Platz mit Schotter und fester Wiese drum herum, Müllbehälter, Picknickbänke am See, straßennah, aber die Geräusche vom Sprudelfluss übertönen den Autolärm deutlich.
Beschreibung: Dieser Platz ist ein beliebter und gut frequentierter WOMO-Treffpunkt und bietet einen herrlichen Blick über den See auf die Berge.
Zufahrt: Siehe Text.

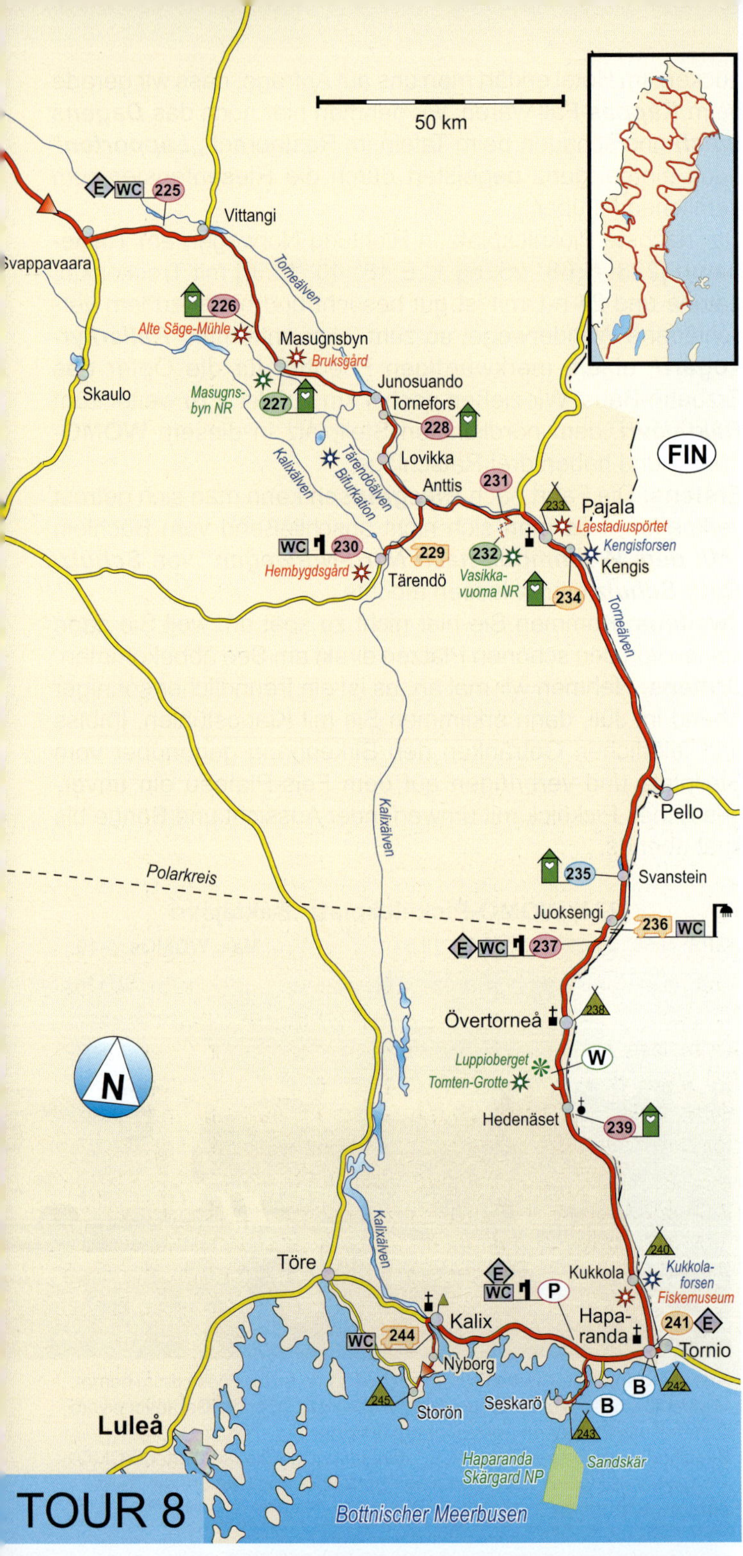

50 km
FIN
Vittangi
Svappavaara
Torneälven
Alte Säge-Mühle
Masugnsbyn
Bruksgård
Skaulo
Masugns-byn NR
Junosuando
Tornefors
Lovikka
Kalixälven
Tärendöälven Bifurkation
Anttis
Pajala
Laestadiusportet
Kengisforsen
Kengis
Hembygdsgård
Tärendö
Vasikka-vuoma NR
Pello
Svanstein
Polarkreis
Juoksengi
Övertorneå
Luppioberget
Tomten-Grotte
Hedenäset
Töre
Kukkola
Kukkola-forsen
Fiskemuseum
Kalix
Hapa-randa
Tornio
Nyborg
Seskarö
Storön
Luleå
Haparanda Skärgard NP
Sandskär
Bottnischer Meerbusen
TOUR 8

TOUR 8 (ca. 450 km)

Vittangi - Tärendö - Pajala - Svanstein - Övertorneå - Haparanda - Kalix - Seskarö - Storön

Stellplätze:	Suptallen, Säge-Mühle, Masugnsbyn, Tornefors, Arctic River Lodge, Liviöjoki, Vasikkavuoma, Svanstein, Polarkreiszentrum Juoksengi, Kattilakoski, Hedenäset, Haparanda, Filipsborg.
Campingplätze:	Pajala, Övertorneå, Kukkolaforsen, Haparanda, Sekarö, Storön.
Baden:	Svanstein, Hedenäset, Haparanda, Seskarö, Storön.
Besichtigen:	Masugnsbyn, Bifurkation, Hembygdsgård in Tärendö, Laestadiuspörtet in Pajala, Kengisbruk/Kengisforsen, Kirche in Övertorneå, Fiskemuseum Kukkolaforsen, Haparanda (Stadshotell, Kirche), Kirche in Kalix.
Wandern:	Masugnsbyn Naturreservat, Vasikkavuoma Naturreservat, Luppioberget.

Die großen Flüsse in ***Nord-Schweden*** folgen alle dem selben Schema: Sie kommen aus dem Hochgebirge, fließen von Nordwesten nach Südosten durchs Land und schließlich in den ***Bottnischen Meerbusen***, wo die Städte an der Mündung dann ihre Namen tragen. Für die beiden nördlichsten der vier schwedischen Naturflüsse gilt im Prinzip das Gleiche. Der ***Kalixälv*** speist sich aus den Gletschern des ***Kebnekaise***-Massivs, fließt frei und ohne Wasserkraft-Ausbeutung nach **Kalix**, das eigentlich **Kalixå** heißen müsste, und der ***Torneälv*** als Europas längster unregulierter Strom ist sogar noch etwas freier: Er kommt vom riesigen ***Torneträsk*** und mündet bei der schwedisch/finnischen Zwillingsstadt **Haparanda/Tornio**, manchmal liest man aber auch schon von **Torneå**, doch dazu später. Wir begleiten nun diese leicht eigenwilligen Flüsse zum Meer, reisen also durch das nordschwedische „Zweistromland" und werden bald noch von einem höchst seltenen Natur-Phänomen zu berichten haben, das die beiden miteinander verbindet.

Wir starten nun am Abzweig zur **45** Richtung **Karesuando**, rollen bis **Vittangi** sogar auf der klangvollen ***Via Lappia*** und stoppen unterwegs beim Rastplatz bei der legendären kugelköpfigen ***Suptallen***, der „Saufkiefer", wo früher die Kutscher ihre Pferde und sich selbst versorgt haben, wenn vermutlich auch mit unterschiedlichen Getränken.

(225) WOMO-Picknickplatz: Suptallen

GPS: N 67° 40‘ 09.5“ E 21° 24‘ 20.0“.
Max. WOMOs: 2-3.
Ausstattung: Aufwändig gestalteter Parkplatz, WC mit Latrine, Picknickhütte, schönes Picknickgelände. Die Saufkiefer ist von einem Podest eingerahmt. Straßennah, könnte auch nachts laut sein.
Beschreibung: Hier sehen Sie unser „Klohaus des Jahres“.
Zufahrt: 15,3 km nach dem Abzweig zur **45** links.

Nach 9 km flotter Piste durch den Wald führt uns eine neue Umgehungsstraße rechts am beschaulichen Örtchen **Vittangi** vorbei und bringt uns elegant zur **395**, der wir Richtung **Pajala** folgen und so schnüren wir weiter durch eine Landschaft aus Wald und sumpfigen Seen. Als wir uns in dieser einsamen Gegend gerade mal wieder nach einem schönen **WOMO**-Platz sehnen, wird unser Wunsch überraschend prompt erfüllt.

(226) WOMO-Picknickplatz: Alte Säge-Mühle

GPS: N 67° 31‘ 46.9“ E 21° 54‘ 49.7“.
Max. WOMOs: 1-2.
Ausstattung: Picknickgelände mit alten Gebäuden, Feuerstelle, Trockenklo, Müllbehälter, Sumpfsee mit Mücken.
Beschreibung: Zuletzt ziemlich vermüllt, verlottert und marode. Entweder dieses ***„Kvarnmiljö“*** wird mal saniert/gesichert oder dieser vormals schöne Platz wird bald geschlossen sein. Unklare Perspektive.
Zufahrt: 18 km nach dem Einfädeln auf die **395**, bzw. 2 km nach dem Abzweig nach **Merasjärvi** hinter einer Parkbucht rechts (ohne Hinweis) 100 m auf hässlichem Schotterweg zum Ziel.

Alten Spuren der traditionellen Erzverarbeitung begegnen wir in einem Dorf, das seine Bestimmung schon im Namen trägt: **Masugnsbyn**, das Schmelzofen-Dorf, also ein frühes **Eisenhüttenstadt**, klingt aber viel besser. Zum ***Bruksgård*** (N 67° 27‘ 05.9“ E 22° 02‘ 54.1“) mit dem historischen Hochofen-Ensemble geht es 1,4 km nach dem Ortseingang nach rechts, wo es auch einen ***Hembygdsgård*** mit ehrenamtlich betriebenen Sommer-Café gibt, den wir beim letzten Besuch

leider geschlossen vorfanden. Aktuell wird diese Gelände von einer nahen ***LKAB***-Grube geprägt und entsprechend verschandelt.
Hinweisschilder informieren zu nahen Naturschönheiten, die beschriebene Felsenschlucht mit der üppigen Vegetation interessiert uns sehr, wir wechseln den Standort, kehren zur **395** zurück, biegen nach rechts auf und finden 1,2 km danach rechts unseren Schlummerplatz beim (Treppen-)Einstieg zum ***Masugnsbyn Naturreservat***.

(227) WOMO-Wanderparkplatz: Masugnsbyn Naturreservat

GPS: N 67° 26‘ 59.1“ E 22° 04‘ 41.2“.
Max. WOMOs: 2-3.
Ausstattung: Feinschotter-Parkplatz, Picknickbänke, neues Trockenklo, Info-Tafel und Wanderwege, 30 m von der Straße, Windschutz mit Feuerstelle und Holzlager anbei am Hang.
Beschreibung: Nimmt man am Parkplatz den Komfort-Weg nach rechts, gelangt man zu einer Aussichtsplattform mit Picknickbank, geht man auf dem Bretterweg nach links, findet man eine Feuerstelle im Wald und hinter den kleinen Felsen die Treppe in die Schlucht.
Zufahrt: Siehe Text.

Wandertipp: Masugnsbyn Naturreservat
Eine richtige Wanderung wird das zwar nicht, sondern eher eine spannende Erkundungstour mit Fitness-Komponente. Von oben kann man schon mal einen Blick in die tiefe baumbestandene Eiszeit-Schlucht riskieren, dann bringt uns ein Bohlenweg nach links durch

den Wald zur aufwändigen Treppen-Konstruktion, und wir steigen auf (selbst gezählten) 265 Stufen am Hang hinunter ins tiefe schmale Tal. Hier unten plätschert ein munteres Bächlein, fröhlich zwitschern die Vögelchen, wir ergötzen uns an der kraftstrotzend wuchernden Vegetation mit rekordverdächtigen Farnen und genießen die besondere Atmosphäre mit dem schwül-warmen Mikroklima zu Füßen der wildromantischen Felsen-Wände auf der finalen Holz-Plattform. Einen Pfad durchs Birken-Grün gibt es nicht mehr, da eine ordentliche Portion Hang-Geröll den Weg verschüttet hat. Bleibt uns nur der Eintrag ins Besucherbuch und anschließend das schweißtreibende Treppensteigen wieder hinauf, das man bei Bedarf auf drei Pausenbänken unterbrechen kann, um sich einen ausführlichen Blick zurück zu gönnen. Oben kann man sich über die Blaubeeren hermachen, beim roten Windschutz ein Grill-Picknick zelebrieren oder vom Parkplatz aus auf dem rollstuhlgerecht ausgebauten Holz-Podest-Weg 200 m in die andere Richtung spazieren und dieses wunderschöne Tal von der finalen Aussichtskanzel genießen.

Nach weiteren 14,5 km auf der **395/Pajala** halten Sie bitte vor der Brücke rechts (N 67° 25‘ 28.9“ E 22° 23‘ 56.3“), denn der ***Tärendöälv*** vor ihnen ist nicht irgendein Fluss, sondern etwas ganz Besonderes: Er ist Teil einer ***Bifurkation***, der zweitgrößten der Welt.

Bifurkation
Unter einer ***Bifurkation*** versteht man – einfach gesagt – eine Querverbindung zwischen zwei parallel fließenden Flüssen. In unserem konkreten Fall zweigt der ***Tärendöälv*** wenige Kilometer links von hier vom ***Torneälv*** ab, fließt vor uns von links nach rechts vorbei und nach 52 km in **Tärendö** in den ***Kalixälv***. Dabei verliert der ***Torneälv*** im Durchschnitt 56% seines Wassers an den ***Kalixälv***, bei niedrigem Pegel 81%, bei hohem Pegel 43%. Man ist sich nicht sicher, wie diese ***Bifurkation*** entstanden ist. Wahrscheinlich war das ***Torneälv***-Bett irgendwann durch heftigen Eis-Gang verstopft, so dass sich die abfließenden Wassermassen ein neues Flussbett gesucht haben. Dieses seltene Naturphänomen gibt es weltweit nur einmal noch größer: in ***Südamerika*** zwischen ***Rio Negro*** und ***Orinoko***. **Wieder was gelernt!**

Wir sind nun sogar im „Dreistromland" unterwegs, werden uns in **Tärendö** noch die Mündung in den ***Kalixälv*** ansehen, haben aber ab **Junosuando** erst einmal den ***Torneälv*** zur Linken, dem man den kräftigen „Aderlass" überhaupt nicht ansieht, denn er schäumt und sprudelt nach Herzenslust, dass es uns eine Freude ist, ihm dabei zuzuschauen.

(228) WOMO-Picknickplatz: Tornefors

GPS: N 67° 24' 00.2" E 22° 34' 17.1". **Max. WOMOs**: 1-2.

Ausstattung: Kleiner Angler-Platz 30 m neben der Straße an den Stromschnellen, Trockenklo, Picknickbänke, Feuerstelle mit Holzlager.
Beschreibung: Info-Tafel zur Schmelzofen-Ruine. **Maximale Parkdauer 24 Stunden**. **Kein Camping**.
Zufahrt: An der **395**, 800 m hinter dem Ortsschild **Tornefors** links, weißes Schild: **Masugnruin**.

Nach weiteren 9 km auf der **395** erreichen wir **Lovikka**, wo traditionell eine ganz spezielle Sorte Fausthandschuhe hergestellt wird, die echten ***Lovikka-Handschuhe*** eben. Wir erleben gerade einen Super-Sommer, schwitzen seit Tagen bei 30°C und tun uns etwas schwer, an kalte Hände zu denken, doch wir wissen genau: Der nächste Winter kommt bestimmt. Leider ist die kleine Handschuhfabrik namens ***Lovikkavan-***

ten AB im Jahre 2008 geschlossen und ausgeräumt worden, so dass am Ende des gepflegten Ortes nur noch die (mittlerweile leere) „Turm-Vitrine" (N 67° 20' 18.8" E 22° 35' 33.0") übrig geblieben ist. In jener war vormals ein Riesen-Exemplar ausgestellt: *„Der größte Lovikka-Handschuh der Welt"* mit 3,50 m Höhe, 23 kg Material und 367.000 Maschen, der es sogar ins ***Guinness Buch der Rekorde*** schaffte. Angefangen hat alles mit ***Erika Aittamaa*** (1866-1952), die hier im Jahre 1892 anfing, mit vorgewaschener Wolle diese eigenwilligen verfilzten Handschuhe zu stricken. Später tat man es überall im Dorf, und die Handschuhe wurden zur Markenware: besonders dichtmaschig, strapazierfähig, extra warm und dazu mit Stickereien in den samischen Farben verziert. Bleibt abzuwarten, wer die Tradition in diesem Strick-Dorf weiterführen und in Zukunft zumindest den Touristen-Bedarf an diesen bemerkenswerten Fausthandschuhen decken wird. Neu und durchaus ortsbildprägend sind die Buswartehäuschen und die hölzernen, rot gestrichenen Schallschutzwände vor den Häusern. Ob das hilft? Da hatte die lärmempfindliche Dorfgemeinschaft wohl einen fleißigen Rechtsbeistand.

Wir biegen in **Anttis** zur **394** für einen Abstecher nach **Tärendö** rechts ab und wollen nun das Finale der ***Bifurkation*** besichtigen. Sumpfgebiete mit puscheligem Wollgras und Sandmoränen wechseln sich ab, und wer uns 10 km nach dem Abzweig für einen 1200-Meter-Stich nach rechts zur ***Arctic River Lodge*** folgt, findet dort nicht nur gepflegte Gastronomie und diverse Outdoor-Angebote, sondern auch ein Nachtquartier für Wohnmobile.

(229) Offizieller WOMO-Stellplatz: Arctic River Lodge

GPS: N 67° 10' 38.4" E 22° 40' 01.5". **Max. WOMOs**: 5.
Ausstattung: 5 Stellplätze auf Schotter mit Strom beim Hotel. Nutzung der Sanitäranlagen samt Sauna im Hotel. Husky-Wanderungen, Verleih von Kanus, SUPs und Mountainbikes, gutes Restaurant mit Lunch von 12-14 Uhr. Stellplätze nutzbar von Mitte Juni bis Mitte August, Gebühr 2023: ?
Beschreibung: Das ist ein Standort (von fünf) der Kette ***Explore the North***. 2018 hat man das vormalige ***Tärendö Tourism Forest Hotel*** übernommen und mit viel Geld aufwändig umgebaut. Schöne Lage am See. Husky-Farm mit 101 Hunden nebenan. Die Hauptsaison ist im Winter. explorethenorth.se.
Zufahrt: Siehe Text, 1200 m nach dem Abzweig rechts.

Nun also nach **Tärendö**: An der ersten Brücke kommt der ***Tärendöälv*** von rechts, an der zweiten der ***Kalixälv*** von rechts und hinter der Fluss-Insel ist letzterer dann deutlich breiter, weil vom ***Torneälv*** kräftig bezuschusst. Der örtliche ***Hembygdsgård*** (Eintritt, Führung) gehört zu den besseren der Region und präsentiert anschaulich das Leben der letzten 300 Jahre, wir erkunden zu Fuß die ***Bifurkations***- und Event- Insel ***Tärendöholmen***, adeln den Schatten spendenden Hain davor zum **WOMO**-Platz [**230**: N 67° 09‘ 44.2“ E 22° 38‘ 03.4“] – es gibt Wasserhahn und Toilette – und kehren zur **395** zurück, auf der wir weiter gen **Pajala** streben.
Majestätisch breit begleitet uns der ***Torneälv*** und beim ***Naturrastplatz Liviöjoki*** [**231**: N 67° 14‘ 50.8“ E 23° 09‘ 22.0“] findet man aktuell zwar keinen Kiosk mit *Rökt fisk* mehr, aber immer noch diese einfach ausgestattete und genial auf einer Landzunge am Fluss gelegene, auffällig gepflegte und mittlerweile gebührenpflichtige (SWISH?) **WOMO**-Wiese. Kurz darauf bekommt man jedoch im **Pajala Camping** deutlich mehr geboten, aber vorher fahren wir gleich gegenüber dem Hinweis zum ***Vasikkavuoma Naturreservat*** nach und landen nach knapp 4 km final echt schlimmer Piste auf einem kleinen Schotterparkplatz [**232**: N 67° 13‘ 34.5“ E 23° 10‘ 38.6“], dem Ausgangspunkt für die Erkundungen der örtlichen Vogel- und Pflanzenwelt in einem an Mücken reichen Feuchtgebiet.
Schließlich in **Pajala** angekommen schauen wir uns im Örtchen ein wenig um. Wer das Buch oder den Film ***„Populärmusik aus Vittula“*** kennt, wird hier mit wissender Miene herumlaufen und gelegentlich schmunzeln. In ***Nord-Schweden*** wird immer alles ordentlich groß gebaut, so auch in **Pajala**. Hier hockt ein gewaltiger hölzerner Bartkauz auf einem Pfahl, dort steht die größte Sonnenuhr der Welt und auch die gelbe ***Pajala kyrka*** (Parkplatz: N 67° 12‘ 31.1“ E 23° 23‘ 05.6“) aus dem 18. Jahrhundert ist eine der größten ihrer Art im Lande.

Auch deren Innenleben ist von skandinavisch kühler Schönheit: eine Mischung aus heller Frische und farbenfrohen Schnitzereien und im Bücher-Café gibt es frisch gebackene Waffeln. Ganz in der Nähe – 300 m Luftlinie von hier – kann man das Haus von ***Lars Levi Laestadius***, das ***Laestadiusportet*** (Mitte Juni-Mitte August 10-18 Uhr, Parkplatz: N 67° 12‘ 36.7“ E 23° 22‘ 43.4“) besichtigen, das der berühmt-berüchtigte ***Lappland***-Missionar in seinen letzten Lebensjahren bewohnte. Hier steht ein Gedenkstein mit Büste, auf dem sein Wirken in dieser Reihenfolge gewürdigt wird: Prediger, Kämpfer für die Abstinenz, Botaniker. Er ist schon mit 61 Jahren gestorben. Kein Alkohol ist eben auch keine Lösung. Auf dem nahen Friedhof kann man sich mit Hilfe des Info-Zettels namens ***„Find your way to Laestadius grave“*** führen lassen, darf aber am Ziel nicht enttäuscht sein, denn es ist eher schlicht gehalten.

(233) WOMO-Campingplatz: Pajala

GPS: N 67° 12‘ 13.1“ E 23° 24‘ 24.8“. **Öffnungszeiten**: Ganzjährig.
Ausstattung: Sehr gepflegter und schön gelegener Platz oberhalb des Flusses, Stellplätze auf Golfrasen und Asphalt, gute sanitäre Anlagen mit Sauna, Camperküche, Spielplatz, gute Ver-/Entsorgung, (etwas instabiles) WiFi. Angeln frei, Bootsverleih.

Preise 2022: 310 SEK ohne, 330 SEK mit Strom.
Beschreibung: Vor ein paar Jahren wurde der Platz von einem sympathischen Ehepaar aus Belgien übernommen, die diesen modernisiert haben und ihn ausgeprochen engagiert führen.
Zufahrt: Im Ort ausgeschildert, unter der stolzen Brücke hindurch.
Achtung: Böse Ramps auf der Zufahrt.

Etwa 4 km nachdem wir **Pajala** auf der **99/Övertorneå** verlassen haben, folgen wir den Hinweisen **Kengisbruk/Kengisforsen** nach links. Gegenüber vom alten Hüttenwerk toben sich diese berühmten Stromschnellen des ***Torneälv*** aus, die mit ihrer beeindruckenden Urgewalt eine imposante Show bieten. Das Sommercafé gibt es leider nicht mehr, aber den örtlichen Schotter-Parkplatz [**234**: N 67° 11‘ 28.6“ E 23° 30‘ 29.8“] samt Trockenklo können wir uns gut als Not-Quartier vorstellen.
Wir kehren zur **99** zurück und begleiten fortan den ***Torneälv*** südwärts bis zur Mündung. Auf den nächsten Kilometern passiert nicht viel, man sieht immer mal etwas vom Fluss, gegenüber schon ***Finnland*** liegen und kann seine Gedanken fliegen lassen, ohne aber dabei die unberechenbaren Rentiere zu übersehen. Wenn Sie dann links auf die **402** nach **Pello** abbiegen und über die ***Torneälv***-Brücke rollen, können Sie direkt in die Tour 7 unseres Reiseführers ***„Mit dem Wohnmobil nach Finnland“*** einsteigen, oder uns zu einem 7-km-Abstecher bis zur Ortsmitte begleiten, um in einem EURO-Supermarkt mal wieder Roggenbrot zu kaufen oder etwas günstigeren Diesel zu tanken.
Wieder zurück auf der schwedischen Seite rollen wir weiter das fruchtbare ***Tornedalen*** hinunter und erreichen **Svanstein** – *Dorf des Jahres 2005* –, das originellerweise seinen Namen den ersten beiden Hüttenbesitzern namens ***Svanberg*** und ***Steinholz*** verdankt. Leider müssen wir feststellen, dass der von uns geliebte Künstler-Hof ***Dränglängan*** (wohl für immer) geschlossen ist, aber den Badeplatz am Fluss 800 m danach gibt es noch.

Pracht-Orgel aus **Spandau** (damals bei, jetzt in **Berlin**), die filigran geschnitzte, üppig ausgeschmückte Kanzel und die mittelalterlichen Holzskulpturen, unter ihnen die berühmte „Schutzmantelmadonna“, werden uns besonders nachhaltig in Erinnerung bleiben.

Am nächsten Abzweig kehren wir zu unserer Straße nach **Haparanda** zurück, sehen gerade nicht so viel von unserem „Leit-Fluss“, doch das wird sich gleich entscheidend ändern, denn wir biegen 9 km später rechts zum ***Luppioberget*** ab, dem Berg, in dem vermutlich der ***Weihnachtsmann*** wohnt. Zu unserer Überraschung stoßen wir hier schon wieder auf die Adventure-Firma ***Explore the North***, die sich diesen magischen Berg „gekrallt“ hat und mit einem Riesen-Invest namens ***Lapland View Lodge*** hier dutzende (laut Plan final 38) Luxus-Ferienquartiere mitsamt Restaurant baut. Ein ganzer Berg voll

Glasfassaden, die schon von Ferne in der Sonne glitzern und jede Einheit mit freiem Blick ins Tal. Diese Monster-Anlage zielt vor allem auf zahlungskräftige Wintergäste, die hier umfassend bespaßt werden. Selbstverständlich ist dieses Ziel nun auch für Übernachtungen im Wohnmobil gestorben, doch immerhin darf man zum finalen Parkplatz (N 66° 18‘ 42.2“ E 23° 36‘ 43.0“) hochfahren und auf komplexen Bretterweg- und Treppen-Konstruktionen zwischen den Glas-Häuschen hindurch zur ***Tomte-Grotte*** und zum **Gipfel** (**„Topp“**) steigen. Oben hat man dann immer noch eine prächtige Aussicht ins ***Tornedalen***

und die schier unendlichen Wälder (wenn auch nunmehr ohne Aussichtsturm), doch man fragt sich, wer dieses Bauvorhaben genehmigt hat und warum.

Wieder auf der **99** rollen wir mit Sichtkontakt am ziemlich stoisch fließenden ***Torneälv*** entlang, biegen 10,8 km nach dem ***Luppio***-Abzweig am Ortsende von **Hedenäset** nach **links/ Hietaniemi/Kyrka** ab und finden dort schöne Pausen-Plätze.

(239) WOMO-Picknickplatz: Hedenäset

GPS: N 66° 12' 53.9" E 23° 43' 09.7". **Max. WOMOs**: 2-3.

Ausstattung: Picknickplätze am Fluss und an der Badestelle dahinter, hier Trockenklo, Feuerstelle, Holzvorrat, Windschutz.

Beschreibung: Ein wirklich traumhafter Platz!

Zufahrt: Links an der schmucken Holzkirche vorbei auf schmalem Fahrweg nach 300 m Plätze beim „Alten Marktplatz", 100 m weiter Plätze bei einer Badestelle.

Abends streifen wir noch interessiert über das Kulturdenkmal, suchen nach Resten des alten Marktfleckens, studieren verwitterte Info-Tafeln, werden aber bald von der Mücken-Meute in die Flucht geschlagen. Die folgende Flusslandschaft sieht wirklich aus wie ein besonders ertragreiches Zuchtgebiet für diese Plagegeister, man betreibt Landwirtschaft und Viehzucht und auf dem eher geruhsamen ***Torneälv*** wird von Booten aus geangelt. Ein Stückchen flussabwärts ist damit dann Schluss, denn wir erreichen die ***Kukkolaforsen***, eine unserer Lieblings-

stromschnellen. Genau wie auf der finnischen Seite gegenüber wird auch hier mit langstieligen Keschern von Holzgerüsten aus den ***Felchen*** nachgestellt. Die Fischerei-Rechte werden jedes Jahr aufs Neue versteigert und die Berechtigten keschern dann mehr oder weniger ausdauernd mit der Strömung, denn die Fische schwimmen schließlich flussaufwärts. Unten beim Besucher-Zentrum rauscht die sprudelnde Pracht kraftvoll vorbei, hier findet man Gastronomie (Lunch-Büfett 11-15 Uhr), Fischräucherei, Kunstgalerien und am Ende der alten Fischer-Kolonie ein kleines ***Fiskemuseum*** (9-21 Uhr, Eintritt: Spende).

Früher galten strikte Regeln: Es wurde hier jeden zweiten Tag Punkt 18 Uhr losgekeschert. Der dafür maßgebliche Uhrturm zeigt sogar heute noch die richtige Zeit an. Noch viel bes-

ser als die geräucherten Felchen schmecken uns allerdings die gegrillten. Das feste weiße Fleisch ist ausgesprochen köstlich. Auf der finnischen Seite werden die stattlichen Fische auf grob geschnitzte Stöcke gespießt, an den Seiten ordentlich geschlitzt, dann am Feuer gegrillt und gleich samt Holzspieß verkauft. Wie man von der Ferne sieht, gibt es dort drüben immer noch die freundliche wie kostenpflichtige **WOMO**-Wiese, doch das komfortablere Quartier findet man sicherlich hier.

(240) WOMO-Campingplatz: Kukkolaforsen

GPS: N 65° 57‘ 41.6“ E 24° 02‘ 22.9“. **Öffnungszeiten**: Ganzjährig. **Ausstattung**: Stellplätze mit Wiese und Schotter (davon 80 mit Strom), gute sanitäre Anlagen, praktikable V/E, Saunen, Camperküche mit Aufenthalts-/TV-Raum, Grillplätze. Gastronomie mit gutem Lunch und Frühstücksbrötchenservice, Souvenir-Shop, Bäckerei, Strand-Café, Fischräucherei und Fiskemuseum anbei. Preise 2023: ab 390 SEK. kukkolaforsen.se. **Beschreibung**: Die Lage am Rauschefluss hat seinen eigenen Charme, man könnte einfach am Ufer sitzen oder den Felchen-Fischern zugucken. **Zufahrt**: 36 km nach dem **Hietaniemi**-Abzweig nach links, nach 300 m Zufahrt rechts.

Nach dem heftigen Aufbegehren an den ***Kukkolaforsen*** fließt der ***Torneälv*** nun breit, ruhig und gefasst seinem Ende bei der schwedisch-finnischen Doppelstadt **Haparanda-Tornio** entgegen. So wie man jetzt die europäische Einheit wie selbstverständlich lebt, stand man früher häufig im Fokus der Weltgeschichte.

Haparanda

Im Jahre 1621 wurde **Tornio** vom schwedischen König ***Gustaf II. Adolf*** gegründet, denn Finnland gehörte damals zum schwedischen Königreich. Knapp 200 Jahre später eroberte Russland das heutige Finnland, der ***Torneälv*** war plötzlich schwedisch-russischer Grenz-Fluss und **Tornio** für Schweden verloren. So wurde **Haparanda** gegründet, zu einer wichtigen Handels- und Grenzstation ausgebaut und später gerne als Basis für Geheimdienst-Aktivitäten und Schmuggel-Geschäften genutzt. Am Ende des zweiten Weltkrieges war der Norden Finnlands zerstört, in Tornio stand kaum noch ein Haus, doch **Haparanda** war dank schwedischer Neutralität unversehrt, und der Krieg hatte in der Grenzstadt sogar zu einem wirtschaftlichen Aufschwung geführt. So wanderten tausende finnische Familien nach Schweden aus und viele blieben gleich in **Haparanda**. Da lag es nahe, im Rahmen der europäischen Einigung nunmehr die **„Eurocity Haparanda-Torneå“** zu gestalten. Viele Institutionen arbeiten zusammen, die Menschen beider Städte pendeln wie selbstverständlich über den Fluss, sogar das leidige Problem der unterschiedlichen Währungen wird gemeistert (der EURO gilt auch in **Haparanda**), bleibt also nur noch die ärgerliche Stunde Zeitverschiebung als Grund für Verstimmungen wegen fehlgeschlagener Verabredungen.

Schon vor der **Eurocity** haben wir mit der ***Green Zone*** links ein bildhaftes Beispiel für das harmonische Miteinander: ein ***Golfplatz*** mit 13 Löchern in ***Schweden*** und 5 Löchern in ***Finnland***. Zur neuen gemeinsamen ***Touri-Info*** (N 65° 50‘ 36.7“ E 24° 08‘ 21.0“) beider Städte im neuen ***Reisezentrum*** müssen wir beim zweiten Kreisverkehr links weg und werden dort umfassend beraten, so dass wir anschließend komplett im Bilde sind. In **Haparanda** hat sich in den vergangenen Jahren viel getan, so dass wir diese Stadt mittlerweile in einem etwas freundlicheren Lichte betrachten, obwohl es hier immer noch überall einigermaßen „unfertig“ ausschaut. Gerne fahren wir aber auch nach **Tornio/Finnland** hinüber, wo man nach wenigen Minuten die riesigen Einkaufszentren erreicht, wie das von uns geschätzte **PRISMA** (N 65° 50‘ 33.4“ E 24° 11‘ 47.7“) mit dem üppigen wie günstigen ***Lunch-Büfett*** im Eingangsbereich. Bevor wir uns den Sehenswürdigkeiten von **Haparanda** zuwenden, stellen wir erstmal die örtlichen WOMO-Quartiere vor:

(241) WOMO-Stellplatz: Haparanda IKEA

GPS: N 65° 50‘ 35.4“ E 24° 08‘ 08.3“. **Max. WOMOs**: >10.
Ausstattung: Großer Asphaltparkplatz, „WOMO-Sammelstelle“, Latrine, Einkaufszentrum anbei. ***Das ist das nördlichste IKEA-Kaufhaus der Welt!***
Beschreibung: Nunmehr werden auch die angrenzenden Parkplätze von WOMOs und Caravans belagert, ohne das es jemanden stört. Wer´s mag!
Zufahrt: In Sichtweite der Touri-Info.

(242) WOMO-Campingplatz: Haparanda Camping

GPS: N 65° 50‘ 11.9“ E 24° 08‘ 33.0“, Strandgatan 22.
Öffnungszeiten: Juni bis Oktober.
Ausstattung: 55 Stellplätze mit Strom auf Wiese mit Schotter, weitere ohne Strom auf der Zeltwiese direkt am ***Torneälv***, Bootseinsetzstelle, ordentliche Ver- und Entsorgung, freies WiFi, Rezeption im Motel anbei, hier auch Duschen und WC und Camper-Küche. Restaurant/Café und Einkaufsmöglichkeiten in der Nähe, Fluss-Badestelle und Sportanlagen nebenan. Preis 2022: 380 SEK inkl. Strom. haparandacamping.se.
Beschreibung: Bei unserem Besuch Mitte Juli 2022 kam es hier zu nächtlichen Ruhestörungen, weil die automobile Jugend der Stadt in unmittelbarer Nachbarschaft bis in die frühen Morgenstunden mit Gegröle, extra lauten Poser-Karren und quietschenden Reifen unterwegs war. Polizei oder andere Ordnungskräfte wurden nicht gesehen.
Zufahrt: Südlich der **E4** am ***Torneälv***, vor Ort ausgeschildert.

Die Stadt **Haparanda** hat sicher neben der schönen Lage am breiten Fluss und und ihrem offenen Eurocity-Image auch einige Sehenswürdigkeiten zu bieten, doch davon schaffen es genau 2 in diesen Reiseführer:

Haparanda kyrka (Parkplatz: N 65° 49‘ 58.4“ E 24° 07‘ 34.2“)
Östra kyrkogatan, 800 m westlich von **(242)**

Wir haben mit dieser Kirche unseren Frieden gemacht, die ob ihres gruseligen Werkshallen-Designs als hässlichste Kirche Schwedens berühmt wurde und haben dieses Unikum mittlerweile ins Herz

geschlossen, denn es war 1967 schon sehr mutig, so etwas zu bauen. Und diese Symbolik: Sehen wir da nicht einen fetten schwarzen Pfeil gen Himmel? Wenn man dann den unerwartet hellen und rein wirkenden Innenraum betritt, ist man auch gleich etwas versöhnt mit der, sagen wir, ungewöhnlichen Architektur. Doch mal ehrlich! Wie bemerkenswert wäre an dieser Stelle die ursprüngliche, 1963 abgebrannte Kirche, deren Modell im Kirchenraum zu besichtigen ist??? Wenn Sie einmal hier sind, dann schauen Sie sich auf dem Friedhof das ***Kriegsgefangenen-Denkmal*** vom Ersten Weltkrieg an mit Grabstein-Texten in allen Weltsprachen.

Haparanda Stadshotell (N 65° 50‘ 07.4“ E 24° 08‘ 08.7“)
Torget 7, 300 m westlich von **(242)**

Die Stadthotels in vielen schwedischen Städte entstanden Ende des 19. Jahrhunderts und das in direktem Zusammenhang mit der

Entwicklung der Eisenbahnen. Mit der Zunahme der Geschäftsreisenden stieg auch der Bedarf an angemessenen Unterkünften. Die Stadthotels waren damals repräsentative Luxusbauten und zählten neben Kirche und Rathaus zu den dominanten Gebäude der Stadt. Doch durch die spezielle Lage von **Haparanda** gingen hier Spione, Schmuggler und Anarchisten ein und aus, hier besprach man geheime Geschäfte, es war ein wichtiger Treffpunkt zur Zarenzeit und später für Gespräche zwischen der Sowjetunion und dem Westen. Nicht zuletzt ist der Jahrhundertwendebau heute immer noch eines der schönsten Gebäude in der Boomtown **Haparanda** und wenn Sie es schaffen, sollten Sie sich drinnen die prächtigen Kristall-Kronleuchter anschauen.

Nun sind wir also am Meer angekommen, genau gesagt am nördlichen Ende des ***Bottenviken***, oder, im reizvollen Deutsch, dem ***Bottnischen Meerbusen***, wo viele wasserreiche Flüsse münden und sich dem Badegast am folgenden Küstenabschnitt praktisch Süßwasser-Strände am Meer bieten. Eines gleich vorweg: Nicht nur wir wollen bei sommerlichen Temperaturen nun unbedingt baden gehen, sondern ganz viele Schweden ebenso, deshalb sind die nördlichsten Bade-Plätze bei entsprechendem Wetter gut besucht und meist mit Campingplätzen garniert. Beide Bedingungen erfüllt unsere erste Bucht-Station auf der ***Insel Seskarö***. Es ist Sonntag, seit Tagen gibt es Sonne pur und dazu an die 32°C, wir rollen auf der **E4/Sundsvall**, biegen 13 km hinter **Haparanda** links auf die **752/Seskarö** ab und streben zügig über Dämme, Inselchen sowie eine schwungvolle Brücke unserem ersehnten Badespaß entgegen.

(243) WOMO-Campingplatz: Seskarö Camping

GPS: N 65° 42‘ 46.1“ E 23° 45‘ 20.7“. **Öffnungszeiten**: 1.5.-15.9.

Ausstattung: 60 Stellplätze auf Wiese, Schotter oder Asphalt (teilweise) mit Buchtblick im Hochwald, wenig Schatten, gute Sanitäranlagen, Mini-Shop, ambitioniertes Grill-Restaurant, Sandstrandbucht, Spielplatz, Sauna, Minigolf, Frisbee-Golf, ordentliche Ver-/Entsorgung, Padel-„Käfig“ (Mini-Tennis), Fahrrad-, SUP- und Kajak-Verleih. Preis 2022: ab 320 SEK mit Strom. seskaro-havsbad.se.

Beschreibung: Schöner Familienplatz für ein paar Tage am Meer. Tagesgäste fahren kurz vor dem Campingplatz nach links zum **Parkplatz** (N 65° 42‘ 50.8“ E 23° 45‘ 39.6“), doch dieser ist für Übernachtungen ungeeignet.

Zufahrt: 400 m nach dem Ortseingang von **Seskarö** links abbiegen, dann den Hinweisen nach, beim Abzweig zum **Parkplatz** noch 400 m weiter.

Wieder runter von der Ferieninsel geht es auf der **E4/Sundsvall** weiter und bei Bedarf nach 1000 m rechts raus auf den **Picknickplatz Aavajoki** (N 65° 49‘ 03.4“ E 23° 49‘ 49.1“), wo man eine WC-Station mit Latrine und Außenwasserhahn vorfindet. Dann folgt beidseitig buschiger Birkenwald, in **Sangis** gibt es bei ***Militärt Överskott*** (N 65° 51‘ 19.1“ E 23° 29‘ 29.0“) diverse Armeebestände zu kaufen und anschließend ungewohnte Gerüche der Zellstoff-Fabriken in die Nase. Dann kommt schon **Kalix** in Sichtweite, eine Stadt, die nach ***Asterix*** und ***Obelix*** klingt, in der man gut einkaufen und mal wieder eine wunderschöne Kirche besichtigen kann. Wir nehmen den

Abzweig nach rechts zur **Vägkyrka**, der ***Kalix kyrka*** (N 65° 51‘ 15.2“ E 23° 07‘ 59.1“, Mo-Do 12-17 Uhr, Fr 9-12 Uhr), eine der ältesten Kirchen weit und breit mit bewegter Geschichte: Vermutlich schon Mitte des 15. Jahrhunderts gebaut, 1595 gründlich abgebrannt, anschließend unter Opfern noch einmal gebaut, dann von den Russen geplündert und später als Stall genutzt. Heute gilt sie als Kleinod für Kirchenhistoriker, man bestaunt uralte Grabplatten, wunderschöne Holzfiguren am wertvollen Altarschrein sowie die geschnitzte Kanzel.
Wir fahren zum nahen Kreisverkehr, passieren kopfschüttelnd den – wie wir meinen – untauglichen, weil viel zu straßennahen **Kalix Camping**, überqueren noch mit der **E4** die Mündung des ***Kalixälv***, um uns am nächsten Kreisverkehr Richtung **Nyborg** zu halten. Jetzt sind es noch 16 km zu unserem Tourfinale, dem Badequartier in **Storön** am Meer, doch vorher, gleich links, registrieren wir noch einen passablen Stellplatz.

(244) Offizieller WOMO-Stellplatz: Filipsborg

GPS: N 65° 50‘ 25.0“ E 23° 09‘ 22.3“. **Max. WOMOs**: 30.
Ausstattung: 30 Stellplätze, davon 20 mit Strom auf Wiese und Schotter bei einem alten Herrenhaus. WC, Grillplätze, Picknickbänke.
Beschreibung: Schön nahe dem Fluss gelegen, Fuß- und Radweg nach **Kalix**, Gebühr 2022: 300 SEK.
Zufahrt: 1,8 km nach dem Kreisverkehr-Abzweig nach **Nyborg**, hinter einem Golfplatz links.

(245) WOMO-Campingplatz: Storön Havsbad

GPS: N 65° 43‘ 42.0“ E 23° 05‘ 05.6“. **Max. WOMOs**: 5.

Ausstattung: Kleine Campingwiese mit Stromanschlüssen an einer Badestelle, einfache Ausstattung mit Dusche, WC und Küche, schöner Sandstrand, Volleyball-Feld, Spielplatz, Feuerstelle, Café (10-16 Uhr), Geöffnet von Juni bis August, Preis 2022: 250 SEK.
Beschreibung: Schöner Platz zum Baden.
Zufahrt: Über **Nyborg** nach **Storön**, dort geradeaus durchfahren und am Ende dem Bademännchen nach.

25 km
N
Kalixälven
Kalix
Töre
Påläng
Ryssbält
Storön
Nördlichster Punkt
im Bottn. Meerbusen
Råneå
Gas-
flaschen-
Tausch
Gammelstad
Kyrkstad
Luleå
Luleälven
Gammelstads-
fjärden
Kallax
Rosvik
Bottnischer
Meerbusen
Norrfjärden
Öjebyn
Piteå
Gas-
flaschen-
Füllung
Pite Havsbad
Hemmingsmark
Jävre
Nostalgie-
Raststätte
Brännlund
Ålund
Finnträsk
Fällfors
Renholmen
Laxfallen
Byskeälven
Byske
Furuögrund
TOUR 9

TOUR 9 (ca. 260 km)

Gammelstad Luleå - Piteå - Jävre - Fällfors - Byske

Stellplätze:	Töre, Gammelstad, Gammelstadsviken, Lulviken, Rosvik, Jävre, Arkeologstigen, Svartnäsudden.
Campingplätze:	Töre, Kängsjön, Luleå, Piteå Norrstrand, Pite Havsbad, Renholmen, Byske Havsbad.
Baden:	Gammelstadsviken, Lulviken, Pite Havsbad, Renholmen, Byske Havsbad, Svartnäsudden.
Besichtigen:	Gammelstad mit Nederluleå Kyrka, Hägnan, Piteå, Raststätte Jävre, Laxfallen und Lachsobservatorium in Fällfors, Kirchen in Fällfors und in Byske.
Wandern:	Högberget mit Arkeologstigen.

Man kann sich das heute kaum vorstellen: Vor 500 Jahren standen weite Flächen der heutigen Küstenlandschaft Nord-Schwedens 5 Meter unter Wasser. Doch weder ein ***Tsunami*** noch eine ***Katrina*** waren dafür verantwortlich. Nein, hier hat Erdgeschichte stattgefunden und sie geht weiter! Vom Druck des Eispanzers der letzten Eiszeit befreit, ist das Land-Niveau stetig gestiegen und diese ***Landhebung*** setzt sich fort: mit 85 cm in 100 Jahren. Auch auf dem Weg von **Storön** über **Ryssbält** und **Påläng** nach **Töre** stehen all die Häuschen, Pferde und Silos auf Neuland und die Wege zur Küste werden länger, wie noch zu sehen sein wird. Wir stoßen auf die **E4/ Luleå**, fahren gleich nach 600 m wieder runter zum **Picknickplatz Töre** [**246**: N 65° 54‘ 26.3“ E 22° 39‘ 22.1“], wo man ein WC mit Latrine, ein **WOMO**-Not-Quartier und ganz in der Nähe in **Töre Hamn** eine spezielle **Boje** vorfindet, die den nördlichsten Punkt vom ***Bottnischen Meerbusen*** markiert. Um Mittsommer herum ist im sonst gemächlichen Hafen aber so richtig was los, denn hier ist Zielpunkt der längsten ***Ostsee-Regatta***: vom südlichsten Punkt **Wismar** bis zu deren nördlichsten Ende hier in **Töre**, der ***Midsummer-Sail*** (midsummersail.de). Die schnellsten der 50 Crews haben 2022 die 900 Seemeilen (1.670 km) in weniger als 5 Tagen geschafft. Für Segel-Freunde sicher ein guter Grund, mal vorbeizuschauen, denn einen freundlichen Campingplatz gibt es hier auch.

(247) WOMO-Campingplatz: Töre

GPS: N 65° 54' 06.7" E 22° 39' 22.9".
Öffnungszeiten: Mitte März bis Ende Oktober.
Ausstattung: Stellplätze auf Rasen und Schotter rechts und links der Straße, Sanitäranlagen in Ordnung, Gasthaus ***Hamnkroa*** (15-22 Uhr), Laden, kleine Bibliothek, Aufenthaltsraum, freies WiFi, Spielplatz.
Preise 2022: Ab 200 SEK ohne Strom.
Beschreibung: Gemütlicher Platz mit freundlichen Betreibern.
Zufahrt: Siehe Text, Rezeption kurz vor dem Hafen links.

Wieder zurück auf der **E4/Sundsvall** unterwegs verlassen wir diese nach 17 km mit dem Ziel **Kängsjön**, wo uns ein angenehmes WOMO-Areal erwartet.

(248) Offizieller WOMO-Stellplatz: Kängsjön

GPS: N 65° 50' 26.6" E 22° 22' 12.5".
Max. WOMOs: >5.
Ausstattung: Vormaliges Campingplatzgelände, das nun wieder als Naturcamping betrieben wird. Nette Stellplätze auf einer Landzunge am See und einer Wiese mit Badestelle nebenan, DIXI-Klo, Latrine ohne Wasser links vor dem Schlagbaum an der Zufahrt.
Beschreibung: Gebühr 100 SEK, zu zahlen im Panorama-Café am Bootshafen. Der Padel-Käfig im nahen Wald nervt etwas, wenn abends dort lautstark gespielt wird.
Zufahrt: Richtung **Kängsjön**, dann halblinks bleiben, am Wasser angelangt an roten Häusern vorbei durch den Hafen, Schranke wird 22 Uhr geschlossen, sagt man. Insgesamt 2,5 km nach Abzweig von der **E4**.

Jetzt düsen wir weitere 25 km auf der **E4** Richtung **Sundsvall** bis zum Abzweig **Gammelstads Kyrkstad**, folgen diesem Ziel und landen nach 4 km auf dem südlichen Besucherparkplatz vom alten **Luleå**, 1996 aufgenommen ins ***UNESCO Weltkulturerbe***.

(249) WOMO-Stellplatz: Gammelstad

GPS: N 65° 38' 51.9" E 22° 01' 43.9". **Max. WOMOs**: >5.

Ausstattung: Schotterparkplatz am Ortsrand mit grünem Rahmen, Toilettenanlage (Mai-Sept. 9-19 Uhr).
Beschreibung: Zuletzt war die Verweildauer auf diesem Platz auf 6 Stunden begrenzt. Sollte sich dieses Limit verstetigen, dann findet man eine Alternative auf dem Schotter-Areal gegenüber oder fährt auf den Besucherparkplatz vom Freiluft-Museum **Hägnan**: N 65° 38' 51.2" E 22° 02' 08.8". **Zufahrt**: Siehe Text.

In den nächsten Stunden streifen wir durch die größte Kirchstadt Schwedens, wo sich über 400 Holzhäuschen rund um den Kirchberg und die imposante Kirche scharen. Schon bald nachdem hier am alten Handelsplatz an der ***Luleälv***-Mündung 1621 die Stadt **Luleå** gegründet wurde, war der Hafen wegen der ***Landhebung*** zu seicht geworden und man baute das heutige **Luleå** 10 km entfernt an die Küste. Von Wasser ist heute in der **Gammelstad** nichts mehr zu sehen, dafür aber viele interessante Winkel mit sehr geschichtsträchtigen Gebäuden, wie ***Ulla's Café*** (11-20 Uhr) neben der Touristen-Info, dem ***Kaptensgården***, der ***Sockenstugan***, dem Kirchen-Sommer-Café für die folkloristische Kaffee-Pause oder der Kunst-Scheune ***Sockenmagasinet*** (1.7.-7.8. tgl. 11-16 Uhr), einem „Souvenir-Speicher", in dem jeder was Passendes findet. Mehr über das Leben von damals erfährt man im liebevoll betreuten und historisch bespielten Freiluftmuseum ***Hägnan*** (mit SB-Ausflugs-Gaststätte, Parkplatz: N 65° 38' 51.2" E 22° 02' 08.8") im Nordosten des Kirchdorfes in Sichtweite des Stellplatzes.

Wir besichtigen nun die im Jahre 1492 geweihte ***Nederluleå kyrka*** (13.7.-14.8. Mo/Di + Do-So 10-17 Uhr, Mi 10-19 Uhr), den Mittelpunkt dieses bemerkenswerten Stadt-Ensembles. Schon von außen mit dem mächtigen weißen Turm und dem aus 90 verschiedenen Steinarten gebauten, wehrhaften Kirchenschiff eine überaus imposante Erscheinung, sind wir drinnen dann überwältigt von der überraschend reichen Ausstattung:

Mittelalterliche Kalkmalereien an Decke und Wänden, eine farbenfrohe, wunderschön gestaltete Holz-Kanzel und vor allem der barocke Altarschrank mit unzähligen filigran geschnitzten Holzfiguren, gefertigt 1520 in **Antwerpen**. Ein Traum! Unsere Besichtigung mussten wir uns beim letzten Besuch allerdings richtig erkämpfen, denn diese prominente Kirche ist speziell an Wochenenden Schauplatz von Trauungen mit großer Gesellschaft im Stundentakt. Dafür hatten wir am Abend großes Glück und konnten ein wunderbares Konzert mit Orgelmusik und Sopran-Gesang genießen. Ein ganz besonderes Erlebnis und das bei freiem Eintritt.

Eine Visite im neuen **Luleå** haben wir uns verkniffen, fahren durch die ***Gammelstad*** durch, folgen zunächst der Richtung **Piteå**, queren die **97** und biegen beim Kreisel danach **links/ Gäddvik** ab. Im nahen Gewerbegebiet findet der Bedürftige die ***Skoog-Gasstation Bränsle AB Luleå*** (Besiktningsvägen 2; N 65° 37‘ 10.4“ E 22° 02‘ 23.8“, Mo-Fr 7-16.30 Uhr, deutsche Stahlflaschen, aber nur im Tausch) und es bieten sich nachfolgend noch drei nette Plätze in der Umgebung an, der erste gleich ganz in der Nähe.

(250) WOMO-Badeplatz: Storsand

GPS: N 65° 37‘ 20.3“ E 22° 01‘ 42.3“. **Max. WOMOs**: >5.

Ausstattung: Breiter Parkstreifen an der Zufahrt, großer Sandhang mit Strand und Badesteg, Trockenklo, Feuerstelle, Müllbehälter.

Beschreibung: Bei Badewetter überlaufen.

Zufahrt: Aus dem Industriegebiet raus, dann rechts weg, nach 200 m links abbiegen und dann dem Bademännchen folgen.

(251) WOMO-Badeplatz: Lulviken

GPS: N 65° 32‘ 41.2“ E 22° 09‘ 19.8“. **Max. WOMOs**: >5.

Ausstattung: Parkstreifen am Hochwald oberhalb der Badestelle, Sandstrand, Müllbehälter, Trockenklo.

Beschreibung: Straßennah, aber wenig Verkehr auf der Straße, evtl. Lärm-Belästigung vom Flugplatz.

Zufahrt: Beim Abzweig nach **(250)** weiter Richtung **Piteå**, die **E4** queren, hinter der ***Luleälv***-Brücke links wie später rechts Richtung **Kallax**, dann links zur ***Lulviken***.

(252) WOMO-Stellplatz: Lulviken Bootshafen

GPS: N 65° 32‘ 29.8“ E 22° 10‘ 46.5“. **Max. WOMOs**: 2-3.
Ausstattung: Schotter-Parkplatz links am Hochwald ohne alles.
Beschreibung: Saisonal mehr oder minder durch Bootseigner belegt.
Zufahrt: Vom Platz **(251)** noch 1,2 km weiter der Straße folgen, vor der finalen Wendestelle links.

Für alle Freunde der Rundum-Sorglos-Familienquartiere möchten wir noch den riesigen und viel gepriesenen Campingplatz **First Camp Arcus-Luleå** [**253**: N 65° 35‘ 44.7“ E 22° 04‘ 18.0“] erwähnen, der sogar eine extra WOMO-Abteilung anbietet. Reservierung wird empfohlen: firstcamp.se/lulea.
Wir rollen von Platz **(252)** zurück zum Abzweig, passieren wieder den stolzen ***Saab Delta Jäger*** am Eingang der Airbase, biegen links ab nach **Kallax/Antnäs** und schnüren 16 km zur nächsten **E4**- Auffahrt, auf die wir Richtung **Sundsvall** auffahren. Nach 22 km verlassen wir diese Rennpiste schon wieder, um Sie im beschaulichen und vom Tourismus noch nicht entdeckten **Rosvik** zu zwei freundlichen WOMO-Zielen zu begleiten.

(254) Offizieller WOMO-Stellplatz: Rosvik Folkets hus

GPS: N 65° 25‘ 39.6“ E 21° 41‘ 03.9“, Klubbvägen 4. **Max. WOMOs**: 12+13.

Ausstattung: 25 Stellplätze (davon 12 mit Strom) auf Wiese und Schotter beim Gemeindehaus, Ver- und Entsorgung mit Latrine (Zugangs-Code gibt es per Anruf: +46701801024). WC und Duschen im ***Folkets hus*** (Die Schlüssel dafür hängen im V/E-Raum).
Beschreibung: Gebühr 150 SEK mit und 100 SEK ohne Strom. Nur Barzahlung: Cash mit Anmeldeschein in den Umschlag und den in die Box.

Zufahrt: 2,5 km nach Abzweig von der **E4** in **Rosvik** rechts halten, dann nach 300 m links.

(255) Offizieller WOMO-Stellplatz: Rosvik Bootshafen

GPS: N 65° 25' 14.2" E 21° 40' 54.5". **Max. WOMOs**: 5.

Ausstattung: 5 ausgewiesene Stellplätze auf Schotter und Wiese ohne Strom beim Bootshafen, Trockenklo, Grillplatz, Picknickbänke, Spiel- und Sportplatz, Badestelle, Ver- und Entsorgung mit Latrine (Zugangs-Code gibt es per Anruf: +46701801024). WC und Duschen im ***Folkets hus*** (Schlüssel dafür hängen im V/E-Raum).

Beschreibung: Gebühr 100 SEK ohne Strom. Nur Barzahlung: Cash mit Anmeldeschein in den Umschlag und den in die Box beim ***Folkets hus***.

Zufahrt: Bei **(254)** noch 300 m auf dem ***Pitevägen*** weiter fahren, dann links abbiegen, nach 750 m rechts weg und noch 300 m zum Ziel.

Wir fahren die **Rosvik**-Schlaufe auf dem ***Pite-*** und ***Hamnholmsvägen*** zu Ende, sind nach 2,3 km zurück auf der **E4** und verlassen jene wieder nach 12 km, denn wir wollen uns das alte **Piteå**, die historische Holzstadt **Öjebyn** anschauen. Wir staunen über einen ungewöhnlich großen Besucherandrang und wissen auch bald warum: Es ist gerade ***Öjeby Kyrkmarknad*** (kyrkmarknaden.se), der jährliche Markt mit Händlern und tausenden Besuchern aus ganz Nordskandinavien. Doch bevor wir uns ins bunte Getümmel stürzen, wollen wir unbedingt die regionale Spezialität namens ***Pitepalt***, einen mit Schinkenspeck gefüllten Kartoffelkloß, probieren und rücken dazu

zielstrebig in das berühmte und deshalb gut besuchte ***Paltzerian*** (N 65° 20‘ 45.1“ E 21° 24‘ 06.0“) neben der OKQ8-Tanke ein. In einer Mischung aus Kantine und Volksküchen-Gastronomie gibt es hier ein recht preiswertes Tages-Büfett mit ***Pitepalt*** in verschiedenen Darreichungsformen, dazu diverse Kartoffelzubereitungen, Geschnetzeltes vom Ren, die unvermeidlichen, aber immer wieder leckeren Fleischbällchen, Rohkostsalate und anderes Zubehör wie Knäcke, Butter und Getränke. So richtig konnten wir uns allerdings für die ausgesprochen kompakten Spezial-Klöße nicht begeistern, allerhöchstens noch in der Variante „gewürfelt und gebraten“. Total vollgefuttert über einen nordschwedischen Riesenmarkt zu schlendern ist nun auch ziemlich doof, denn den dortigen, diversen Imbiss-Verlockungen konnten wir dann rein gar nichts abgewinnen.

Rund um die wunderschöne ***Öjeby Kyrka*** (Parkplatz: N 65° 20‘ 46.0“ E 21° 23‘ 54.2“, tgl. 6-23 Uhr) mit ihren reizenden Pausbacken-Engeln herum steht hier für 3 Tage im Jahr eine ziemlich unübersichtliche Verkaufsbudenstadt mit einem breiten Angebotsspektrum von Klamotten über Gasmasken und Angelkram bis zu Lappland-Wurst, Tunnbröd und Rentier-Burgern. Wir lauschen noch kurz dem Landfrauen-Chor, verlassen dann diesen turbulenten Ort und wechseln zum neuen **Piteå** hinüber. Dazu verlassen wir den nächsten Kreisverkehr nach links, schlängeln uns durch das Gewerbegebiet, und präsentieren die nächste **Gasflaschen-Füllstation**: ***Piteå Transport AB***, N 65° 20‘ 05.4“ E 21° 25‘ 53.3“, Bjälkvägen 4, Mo-Fr 7-11.30 + 12.30-16 Uhr, piteatransport.se). Es geht nun in Richtung **Piteå Centrum**, wir queren die **E4,** finden unseren „Stammparkplatz“ in der ***Sundsgatan*** (N 65° 19‘ 03.8“ E 21° 28‘ 59.2“) direkt bei

der ***Kirche zu Piteå*** komplett belegt vor und parken schließlich ganz entspannt gleich um die Ecke in der ***Kyrkbrogatan*** (N 65° 19‘ 05.1“ E 21° 29‘ 13.4“). Die älteste erhaltene Holz-Kirche ***Norrlands*** gilt als kulturhistorisches Juwel der Stadt. Als 1721 russischen Truppen auf ihrem verheerenden Küsten-Streifzug ganz **Piteå** niederbrannten, blieb die Kirche wie durch ein Wunder unversehrt und verbirgt heute unter ihrem äußerlichen, dezenten Schwarz-Weiß ein ausgesprochen schmuckes Innenleben. Die reich verzierte Holz-Kanzel ähnelt der in ***Gammelstad***, der Altaraufsatz aus dem 17. Jahrhundert zeigt wertvolle Schnitzereien und auch die Orgel ist von kompakter Schönheit. Bei unserem kleinen Rundgang durch diese lebendige Kleinstadt wandeln wir durch die quirlige Fußgängerzone, erfreuen uns an gepflegten Grünanlagen, aber auch an stattlichen historischen Gebäuden wie dem ***Stadshotell*** von 1906, nahe der besagten Kirche, wo unser Stadtgang begann.

Für ein Nachtquartier in dieser Gegend hat man die Wahl zwischen zwei extrem verschiedenen Varianten und muss sich entscheiden zwischen einem innerstädtischen Campingplatz-Overflow-Areal auf Asphalt ganz in der Nähe...

(256) WOMO-Campingplatz: Norrstrand Pool & Camping

GPS: N 65° 19‘ 23.8“ E 21° 29‘ 34.7“. **Öffnungszeiten**: 11.6.-14.8.
Ausstattung: Viel Platz auf dem Overflow-Areal schräg gegenüber dem eher kleinen Campingplatz, dort Rezeption und Service-Gebäude mit Sanitäreinrichtungen und Pool. Fitnessgelände, Disc-Golf, Minigolf , Boule-Platz und Badestelle anbei. Preise 2022: 240 SEK ohne, 300 SEK mit Strom.
Beschreibung: Durch die innerstädtische Lage sind nächtliche Lärmbeeinträchtigungen möglich.
Zufahrt: Auf der ***Olof Palmes Gata*** am ***Stadshotell*** vorbei 800 m Richtung ***Messan***, dann rechts.

... und einem riesigen De-Luxe-Campingplatz südlich der Stadt. Als Testfahrer für unsere Leser schrecken wir ja vor nichts zurück und übernachten also probeweise tapfer auf dem größten Campingplatz, den wir jemals gesehen haben und registrieren Vollkomfort-Ausstattung mit Erlebnisbad, Life-Shows, Breitband-Gastronomie, vielfältiger Kinderbelustigung und Kirche. Wir fanden dieses Gewimmel ehrlich gesagt ziemlich grausam und auch den gepriesenen Bade-Strand von ***Norrlands Riviera*** eher enttäuschend, der durch Niedrigwasser und/oder Landhebung lange nur sehr flaches Wasser bietet. Wenn Sie auf all das stehen oder Ihren Kiddies für ein paar Tage Highlife gönnen wollen, dann könnte das etwas für Sie sein.

(257) WOMO-Campingplatz: Pite Havsbad*****

GPS: N 65° 14‘ 10.3“ E 21° 31‘ 48.1“.
Öffnungszeiten: Mitte Mai bis Mitte September.
Ausstattung: Siehe oben; pitehavsbad.se
Beschreibung: Sehr groß: Knapp 900 Stellplätzen und 11 Restaurants.
Zufahrt: Vom Zentrum aus 9 km auf dem ***Timmerleden*** und der ***Havsbadgatan*** in elegantem Bogen südwärts, dann links. Unverfehlbar.

Wir rollen auf der **E4** weiter südwärts, verlassen aber die flotte Piste 10 km nach dem Campingplatz-Abzweig an der Ausfahrt **Jävre** und besichtigen ein Stück Nostalgie: die alte ***Raststätte in Jävre*** (N 65° 08‘ 32.0“ E 21° 30‘ 17.9“, Mo-Fr 10-17, Sa 10-14 Uhr,

Mittagspause jeweils 12-13 Uhr) aus dem Jahre 1967: In Architektur und Innenausstattung ein echter Hingucker, nicht nur für Sixties-Fans. Heute ist hier die regionale ***Touri-Info*** zu Hause, viele Accessoires von der Bestuhlung über die immer noch gut hörbare Hitparade (Wer kennt denn heute noch die ***Hollies*** mit ***„Carrie Anne"***?) bis zum Auto erinnern an die fast vergessene Zeit, als ***Schweden*** gerade von Links- auf Rechtsverkehr umgestellt wurde, das historische Ereignis vom 3. September 1967, 5 Uhr!
Gegenüber, gleich jenseits der vielbefahrenen Straße beim markanten Leuchtturm, sieht man dutzende **WOMOs** stehen. Hier hat sich in letzter Zeit einiges in Sachen WOMO-Infrastruktur getan. Wer es gesellig mag und wen der Verkehr auf der **E4** nicht stört, dem wird das hier gefallen. Selbsttest: Lange nicht so laut wie gedacht.

(258) WOMO-Picknickplatz: Jävre

GPS: N 65° 08' 36.7" E 21° 30' 29.3". **Max. WOMOs**: 5-10.

Ausstattung: Asphaltiertes Parkplatz-Areal des Rastplatzes, maximale Aufenthaltsdauer 24 h, Kassetten-Entleerung (auf dem Rastplatz gegenüber, Fußgängerunterführung), Gastronomie und Fischräucherei anbei.
Beschreibung: Hier sollte man sich das Camping-Leben verkneifen.
Zufahrt: Brücke über die **E4**, dann rechts halten.

(259) Offizieller WOMO-Stellplatz: Jävre Ställplats

GPS: N 65° 08' 38.6" E 21° 30' 33.1". **Max. WOMOs**: 46.
Öffnungszeiten: Mai bis Oktober.
Ausstattung: 46 Stellplätze auf Feinschotter an Kunstrasen mit Strom und V/E am Platz, Gebühr 2022: 200 SEK mit Strom. Anbei noch Stellplatz-Areale auf (Echt-)Rasen. Gebühr 2022: 200 SEK mit, 100 SEK ohne Strom, zu zahlen im **ICA E-Fyren** gegenüber. Abreise bis 12 Uhr.
Beschreibung: Auf dem Kunstrasen-Platz steht man in Reih und Glied. Erstaunlich gut besuchter Platz, sogar in der Wochenmitte.
Zufahrt: Wie nach **(258)**. Der **Ställplats** liegt direkt daneben.

Auch der kleine Markt um den Leuchtturm herum ist ausgebaut worden. ***Bea's Rökeri*** ist um Souvenierläden und ein

Hamncafé erweitert worden, wo man leider überwiegend nur Standard-Fastfood bekommt. Da lassen wir uns dann doch lieber von der offenen und publikumswirksamen Räucherei betören und kaufen dort beherzt für die Bord-Küche ein.
Wer einen lauschigen Platz inmitten der Natur sucht, kommt mit uns auf den Berg. Jenseits der **E4**-Brücke knapp 300 m Richtung **Hemmingsmark**, dann **links/Elljusspår Tennisplan/Högberget** rein und dann den „Knack-Weg" zum ***Arkeologstigen*** hinauf. Das Ziel rechtfertigt die recht schmale und ziemlich rustikale 2-km-Zufahrt durchaus und bietet frühgeschichtlich Interessierten und allen Ruhesuchenden ein erquickendes Areal.

(260) WOMO-Wanderparkplatz: Arkeologstigen

GPS: N 65° 08' 03.0" E 21° 28' 53.8". **Max. WOMOs**: 2-3.

Ausstattung: Stellplätze am Hochwald (Vorsicht Sandkuhlen!), Picknickbank mit Feuerstelle, Müllbehälter; Info-Tafel mit markierten Archäologie-Rundwanderwegen zu Fundstätten, Aussichts- und Rastplätzen.
Beschreibung: Ruhige Lage mit Blaubeerwald, einsam.
Zufahrt: Siehe Text.

Es ist gerade Hochsommer und es soll mal wieder ein Platz mit Bademöglichkeit sein? Nun, dann nehmen wir Sie mal mit zu einer kleinen Camper-Idylle ganz in der Nähe. Dazu verlassen wir die **E4/Sundsvall** an der nächsten Ausfahrt in Richtung **Renholmen** und landen nach insgesamt 4,4 km auf einem entzückenden Naturcampingplatz an einer malerischen Meeresbucht.

(261) WOMO-Campingplatz: Renholmen

GPS: N 65° 00' 50.2" E 21° 23' 28.1".
Öffnungszeiten: Sommersaison.
Ausstattung: Wiesenplätze, Bootsanleger, kleiner Strand, Trockenklo, Picknick- und Feuerstellen, Gebühr/Spende 2022: 70 SEK in die Box.
Beschreibung: Der Platz wird von der Dorfgemeinschaft betreut und gepflegt. Einige Gäste haben sich offenbar für einen längeren Verbleib eingerichtet. Oberhalb im Blaubeerwald gibt es historische Wanderwege.
Zufahrt: Siehe Text. Ab Autobahnabfahrt zuerst auf guter Asphaltstraße, hinter Renholmen geradaus in den Wald, dann noch 600 m löchrige Schotterpiste den Hinweisen ***Havsbad/Naturcamping*** nach.

Nun wollen wir zum Herzen vom ***Byske Laxdal***, dem Angler-Eldorado **Fällfors** vordringen und anschließend entlang dem legendären Lachs-Fluss ***Byskeälv*** zur Küste nach **Byske** zurückkehren. Dazu biegen wir wieder auf die **E4/Sundsvall** auf, verlassen die Rennpiste schon an der nächsten Ausfahrt wieder und halten uns landeinwärts Richtung **Tåmeträsk**. Auf schmaler und recht ruppiger Asphaltpiste schnüren wir durch den Wald, biegen nach 8 km **rechts/Ålund** ab und freuen uns über die etwas breitere Straße. Hinter **Finnträsk** geht es **links/Ålund** weiter, bevor wir nach knapp 6 km links nach **Fällfors** abbiegen. Im Ort wenden wir uns nach **links/Laxdalen**, sehen den Kirchturm voraus und landen gleich hinter der ***Byskeälv***-Brücke links auf unserem angestammten **Picknickplatz** (N 65° 07' 29.3" E 20° 47' 23.1"), für den mittlerweile eine maximale Parkdauer von 3 Stunden gilt. Diese gepflegte Anlage ist ein perfekter Ausgangspunkt für den ***Laxfallen***-Rundweg. Über komfortable Bretter- und Treppchenwege kommt man zu den schönsten Plätzen auf den Felsen direkt am brodelnden Rauschemonster heran, wo man kleine Kinder besser an die Hand nimmt.

Foto: Roland Bauer

Etwas oberhalb kann man sich noch die alte Kraftwerksstation ansehen oder gleich auf einer stabilen Holzbrücke auf die andere Seite der „Fluss-Rodelbahn" zum ***Lachs-Observatorium*** wechseln. Ein paar Treppchen hinab und schon sitzt man im kühlen Auditorium und starrt auf das sprudelnde Breitwand-Aquarium, wo nun die Lachse unter Beobachtung vorbeiziehen sollten, um stromaufwärts die Lachstreppe zu passieren. Tun sie bei unserem Besuch aber gerade nicht. Wie schön, dass wir Leser kennen, die da mehr Glück hatten. Wir gehen dann auf dieser Fluss-Seite hinauf, kommen am zuletzt geschlossenen Lokal namens ***Folkets hus*** vorbei und schauen uns auf dem **Campingplatz** am Fluss um, dem aktuellen Monopolisten für WOMO-Übernachtungen in dieser Gegend, dem Basislager für Lachsangler aus nah und fern.

(262) WOMO-Campingplatz: Laxfors

GPS: N 65° 07' 35.0" E 20° 47' 13.0". **Öffnungszeiten**: Juni - August.
Ausstattung: Gepflegtes Wiesengelände am Fluss, gute Sanitäranlagen, Spielplatz, Café, Miet-Sauna, freies WiFi.
Beschreibung: Bei unserem Besuch im Juli 2022 war der Platz geschlossen und es fanden Baumaßnahmen statt. Offensichtlich soll der Schwerpunkt künftig auf Hütten-Vermietung liegen. Wie man hört, sollen aber auch Stellplätze für Wohnmobile eingerichtet werden. Schauen Sie 2023 selbst vor Ort nach oder aber vorher hier: northlandsalmonreserve.se
Zufahrt: Siehe Text.

Da Sie schon mal hier sind, schauen Sie doch bei der rotbedachten ***Fällfors kyrka*** aus dem Jahre 1913 vorbei und erfreuen sich an der modernen hellen Innenausstattung. Durch den Kirchgarten gelangt man direkt wieder zu unserem Picknickplatz am Lachsfluss.
Wenn man in dieser Gegend die Hauptstraßen verlässt, ist man sofort auf Schotter unterwegs, deshalb lassen wir Suchexkursionen zu verschwiegenen Natur-Plätzen schon bald sein und nehmen die Straße durch das ***Laxdalen*** nach **Byske** zum Meer, immer schön am rauschenden ***Byskeälv*** entlang. So dachten wir. In natura führen von der soliden Straße gelegentlich schlecht zu fahrende Angler-Pfade in den Wald, vom Fluss weit und breit keine Spur. Plötzlich sind wir auch schon in **Byske** angekommen, haben voraus die **E4** im Blick, biegen aber rechts ab, um nach den örtlichen Sehenswürdigkeiten zu schauen. Das höchst interessante ***Byske Sportfiskemuseum*** mit der schönen Café-Terrasse mit Flussblick in der Forsgatan 6 (N 64° 57‘ 17.0“ E 21° 11‘ 26.7“) gibt es offenbar nicht mehr (Schauen Sie selbst!), bleibt also die ***Byske kyrka*** oben auf

dem Berg, wo uns ein großzügiger Parkplatz (N 64° 57‘ 25.8“ E 21° 11‘ 16.6“) erwartet. Der hohe wie helle Innenraum der weißen, achteckigen Steinkirche wirkt vornehm kühl und auf Knopfdruck ertönen deutsche Erklärungen. Neben diesem speziellen Flair bleibt uns diese Kirche vor allem wegen ihrer wunderschönen farbigen Kirchfenster und dem riesengroßen Altargemälde in freundlicher Erinnerung.
Wir rollen die ***Kyrkgatan*** hinunter, fahren unter der **E4** durch und 1 km danach rechts zum ***Byske Havsbad***, wo wir an einem sommerlichen Freitagnachmittag – zudem ist am Wochenende Markt in **Byske** – auf sehr viele Menschen treffen. Der großzügig dimensionierte Parkplatz für die Tagesbesucher nimmt uns

mit letzter Kraft auf, so dass wir uns mit den örtlichen Gegebenheiten vertraut machen können. Endlich mal ein richtiges Strandbad nach unserem Geschmack! Das Gelände ist hübsch gestaltet, beim ***Café Byscaya*** lässt es sich gut aushalten, man findet Kiosk und Taverne, Schatten spendende Bäume, eine außergewöhnliche Minigolf-Anlage, Picknickbänke und Toiletten und vor allem einen weiten Sandstrand. Nach einer ausführlichen Abkühlstrecke kann man hier auch irgendwann schwimmen, das glasklare, kaum salzige Wasser intensiv genießen und wem das hier nicht reicht, der geht halt ins laute Gewimmel vom benachbarten Bezahl-Freibad und hat sogar noch eine Wasser-Rutsche. Falls Sie sich gerade in diese Badebucht verliebt haben, dann bleiben Sie doch für ein paar Tage hier und wählen zwischen der „Vollen Packung", also diesem wirklich erstklassigen Riesen-Komfort-Campingplatz, dem sehr praktikablen „WOMO-Ställplats" vor seinen Toren oder (wie wir beim letzten Besuch) der schön gelegenen Overflow-Wiese am Fluss ganz in der Nähe.

(263) WOMO-Campingplatz: Byske Havsbad*****

GPS: N 64° 56‘ 51.9“ E 21° 14‘ 04.9“.
Öffnungszeiten: Ganzjährig. Komplettservice 20.6. - 14.8.
Ausstattung: Spitzen-Platz, Restaurants, Laden, Sandstrand, sehr moderne und gepflegte Sanitäranlagen, deutsches Prospekt.
Preise 2023: Je nach Saison, Lage und Ausstattung 290 -620 SEK.
Beschreibung: Sehr großer und unübersichtlicher Platz.
Vorbuchung empfohlen: skelleftea.se/byske-havsbad/byske-havsbad.
Zufahrt: Siehe Text.

(264) Offizieller WOMO-Stellplatz: Byske Ställplats

GPS: N 64° 56‘ 47.5“ E 21° 13‘ 58.2“. **Max. WOMOs**: 42.

Ausstattung: Platz mit Asphalt und Kunstrasen, WC, Ver-/Entsorgung, Strom, Preise 2023: Je nach Saison 230-300 SEK.
Beschreibung: Ordentlich angelegter Platz mit kurzen Wegen zum Sandstrand. Auch für diesen Platz sollte man vorbuchen. Siehe **(263)**.
Zufahrt: Siehe Text.

(265) WOMO-Campingplatz: Byske Havsbad Tjärholmen

GPS: N 64° 56‘ 56.8“ E 21° 13‘ 06.0“. **Öffnungszeiten**: Sommersaison.

Ausstattung: Gepflegtes Wiesengelände für etwa 30 Einheiten am Fluss, Müllbehälter.
Beschreibung: „Overflow“ von **(263)/(264)**. Schöner 1,5-km-Fußweg zum Platz **(263)** und zum Strand, Gebühr: 100 SEK ohne Strom, Nutzung V/E und Duschen/WC auf den Plätzen **(263)/(264)** inklusive.
Zufahrt: Zurück Richtung **Byske**, an der ersten Kreuzung links in den ***Ringvägen*** abbiegen und dann nach 250 m links den Hinweisen folgen. Detaillierte Anfahrtbeschreibung mit Karte wird in der Rezeption ausgehändigt.

Sie waren auch schon vorn am Ende der Mole beim Picknick-Pavillon, haben von dort das Strandpanorama auf sich wirken lassen und stellen fest, dass Ihnen diese Touri-Sammelstelle dann doch zu quirlig ist? Ganz in der Nähe findet man eine einsame Alternative. Dazu folgt man in **Byske** den Hinweisen nach **Furuögrund**, biegt dann aber nach 4,6 km, noch vor dem Ort, nach **links/Svartnäsudden** ab und fährt 350 m später rechts zum Strand-Parkplatz ins Wäldchen.

(266) WOMO-Badeplatz: Svartnäsudden

GPS: N 64° 55‘ 04.7“ E 21° 13‘ 40.7“. **Max. WOMOs**: 1-2.

Ausstattung: Einige Plätze im lichten Wald, teilweise sandiger Boden, Trockenklo, Müllbehälter, 100 m zum vergleichsweise bescheidenen Badestrand mit Feuerstelle, gut geeignet für **WOMOs bis 6 m Länge**.
Beschreibung: Bitte diesen Platz dezent nutzen! **Camping verboten!**
Zufahrt: Siehe Text.

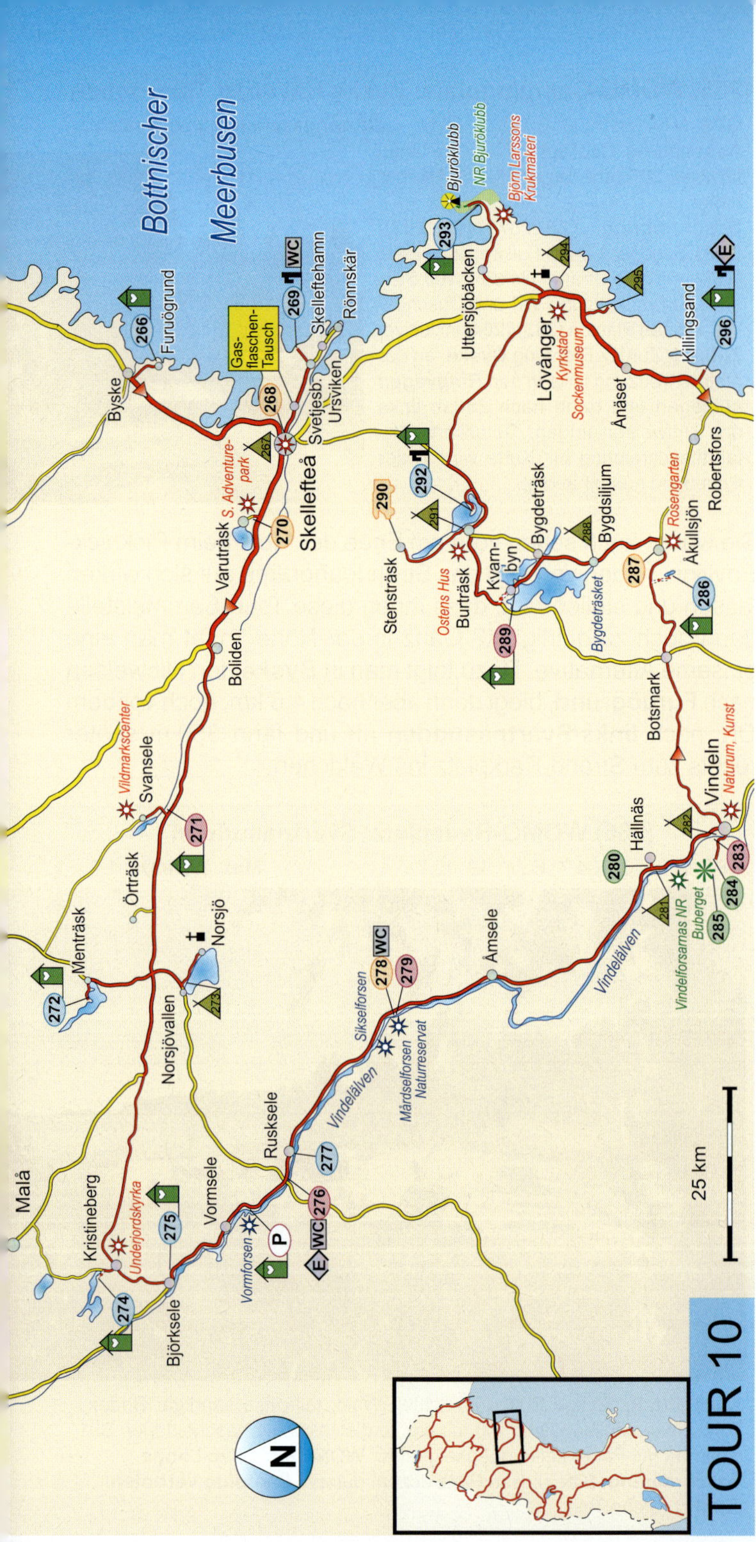
Bottnischer Meerbusen
TOUR 10
25 km
N
Byske
Furuögrund
266
Skellefteå
Skelleftehamn
Rönnskär
269
WC
Gas-flaschen-Tausch
268
267
Svetjesb.
Ursviken
S. Adventure-park
270
Varuträsk
Boliden
Bjuröklubb
NR Bjuröklubb
Björn Larssons Krukmakeri
293
Uttersjöbäcken
294
Lövånger
Kyrkstad
Sockenmuseum
295
Killingsand
296
Ånäset
Robertsfors
290
291
292
Stensträsk
Ostens Hus
Burträsk
Kvarn-byn
Bygdeträsk
Bygdsiljum
288
Bygdeträsket
289
287
286
Rosengarten
Åkullsjön
Botsmark
Vindeln
Naturum, Kunst
282
283
284
285
280
281
Hällnäs
Vindelforsarnas NR
Buberget
Vindelälven
Åmsele
Sikselforsen
278
279
WC
Mårdselforsen Naturreservat
Vildmarkscenter
Svansele
271
Örträsk
Norsjö
273
Menträsk
272
Norsjövallen
Rusksele
277
276
WC
E
Vormsele
Vormforsen
P
Malå
Kristineberg
Underjordskyrka
275
274
Björksele

TOUR 10 (ca. 550 km)

Skellefteå - Varuträsk - Boliden - Mensträsk - Kristineberg - Vindeln - Burträsk - Bjuröklubb - Lövånger - Killingsand

Stellplätze:	Skellefteå, Harrbäckssand, Skelefteå Adventure Park, Skellefteälven, Mensträsk, Hornträskbadet, Björksele, Enebacken, Rusksele, Mårdselforsen, Hjukenåsarna, Renforsen, Buberget, Bjännsjön, Åkullsjön, Kvarnbyn, Burträsk, Stenträsk, Långnäset, Bjuröklubb, Killingsand.
Campingplätze:	Skellefteå, Rännudden, Kärleksudden, Vindeln, Bygdsiljum, Burträsk, Lövånger, Lövsele-Norets.
Baden:	Harrbäckssand, Rännudden, Mensträsk, Hornträsbadet, Björksele, Rusksele, Kärleksudden, Bjännsjön, Bygdsiljum, Burträsk, Långnäset, Bjuröklubb, Lövsele-Norets, Killingsand.
Besichtigen:	Skellefteå (Stadspark, Innenstadt), Forum Museum Rönnskär, Lilleputtlandet, Skelefteå Adventure Park, Svansele Vildmarkscenter, Unterirdische Kirche in Kristineberg, Stromschnellen des Vindelälv, Rosengarten in Åkullsjön, Västerbottensost in Burträsk, Kirche in Lövånger.
Wandern:	Hjukenåsarna, Buberget, Bjuröklubb.

Von wegen *„So richtig reich ist nur der Scheich"*. Können Sie sich 175 Tonnen Gold vorstellen? Oder 46.000 Goldbarren? Dabei ist Gold nur ein winziger, wenn auch faszinierender Teil der Produktionsstatistik der Schmelzhütte **Rönnskär**, wo seit den 40er Jahren auch 3.000 Tonnen Silber, 700.000 Tonnen Kupfer und mehr als 2 Mio Tonnen Zink aus dem Erz unzähliger Gruben des ***Skellefteå***-Feldes gewonnen wurden. Die reichhaltigen Bodenschätze der Region zwischen ***Skellefteälv*** und ***Vindelälv*** waren die Basis für die wirtschaftliche Entwicklung ***Schwedens*** und trugen entscheidend zum Aufschwung dieser Region in den vergangenen 80 Jahren bei. Wir sind auf der **E4** nach **Skellefteå** unterwegs und werden gerade im ***Guldriket***, dem ***Goldreich***, begrüßt, wo uns im Verlauf dieser Tour einige hochinteressante Sehenswürdigkeiten erwarten. Doch wenden wir uns zunächst der „Goldstadt" **Skellefteå** zu, wo wir am nördlichen Stadtrand den straßennahen, aber denoch gut besuchten **Campingplatz** [**267**: N 64° 45' 40.7" E 20° 58' 28.4"] passieren, uns Richtung **Centrum** orientieren, hinter der Eisenbahn den Parkplatz-Hinweisen nach **rechts/Kanalgatan**

und kurz darauf nach **links/Stationsgatan** folgen und direkt beim ***Stadspark*** einen gebührenpflichtigen Schräg-Parkplatz (N 64° 44‘ 58.1“ E 20° 57‘ 01.7“) ergattern. Die frühere Besucherattraktion, das 11.000-teilige ***Kaktus-Kunstwerk*** mit Stadtwappen wurde umgesetzt und ist jetzt ein gutes Stück weiter flusswärts zu besichtigen, wenn auch stark dezimiert und mit einem rostigen Eisenring drum herum. Der romantische gusseiserne ***Springbrunnen „Johanna i parken“***, der an den Bau des ersten städtischen Trinkwassernetzes 1899 erinnert, ist aber erfreulicherweise im nunmehr ziemlich luftigen (um nicht zu sagen kahlen) ***Stadspark*** verblieben. Eine Rentner-Truppe ist hier sehr ernsthaft ins Boule-Spiel vertieft, als neuer Sommer-City-Treff hat sich offenbar die nahe Treppe zum Fluss hinunter etabliert, doch vom ***Stadspark*** zu Füßen des Rathauses ist es auch nicht weit zur lebendigen Innenstadt. Hier fallen uns einige Skulpturen auf, besonders die am ***Torget***. Man weiß als Fremder nicht so genau, ob man es hier am Tor zum ***Goldreich*** mit Bohrkernen aus dem Bergbau oder gar mit Fruchtbarkeitssymbolen zu tun hat. Ein kleiner Stadtrundgang gefällig? Geht man auf der ***Nygatan***, der städtischen Bummel-Meile, ostwärts, fallen vor allem zwei Kirchen ins Auge: erst eine farbenfrohe links und dann die beeindruckende ***Sankt Olovs Kirche*** (Juni - August Di-Do 9-15 Uhr) geradezu.

Nun schlendern wir auf der Fußgängerzone westwärts und werden gleich magisch von einem (in der Innenstadt selten zu findenden) historisch anmutenden Gebäude angezogen, dem

Café Lilla Mari (Köpmansgatan 13, Mo+Di 9-18, Mi 9-20, Do+Fr 9-21, Sa 9-18, So 12-16 Uhr). Umgehend sitzen wir in einem ganz entzückend eingerichteten Gastraum, genießen richtig guten Kaffee, dazu liebevoll hergestellten Kuchen und sind deshalb entsprechend begeistert, da man das alles zusammen in Schweden ja leider nicht an jeder Ecke findet. Wer gut zu Fuß ist, geht in westliche Richtung noch ein ganzes Stück weiter und gelangt zur ***Bonnstan*** (Parkplatz für Pflastermüde: N 64° 45‘ 06.7“ E 20° 55‘ 48.8“), eine gut erhaltene Kirchstadt mit vielen roten Holzhäusern, in denen sich diverse Galerien und Kunsthandwerker angesiedelt haben. Noch 500 m Luftlinie westlich davon steht die prächtige ***Pfarrkirche***, an der man ebenfalls einen geräumigen Parkplatz findet (N 64° 45‘ 08.5“ E 20° 55‘ 11.6“). Von hier aus kann man in Flussnähe wieder Richtung ***Stadspark*** zurück wandern, kommt unterwegs am Uferbreich vom ***Nordanå Kulturzentrum*** und einem besonders üppig gestalteten Kinderspielplatz vorbei.

Steht man beim Kakteen-Ring an der Treppe zum Fluss, kann man schräg gegenüber den Campus der Stadt sehen. Den offiziellen WOMO-Stellplatz gibt es dort zwar nicht mehr, aber Wohnmobile stehen auf dem ruhigen Parkplatz immer noch.

(268) WOMO-Stellplatz: Skellefteå Campus

GPS: N 64° 44‘ 46.5“ E 20° 57‘ 20.4“. **Max. WOMOs**: 3-5.
Ausstattung: Schotter-Parkplatz mit Abteilungen auf dem Uni-Gelände direkt am ***Skelefteälven***, Picknickbänke am Fluss. Geringe Parkgebühr, zu zahlen am Automaten.
Beschreibung: In den Semesterferien ist hier nix los und somit ruhig.
Zufahrt: Auf der **E4** südwärts, am ersten Kreisverkehr hinter der Flussbrücke rechts, nach 250 m rechts abbiegen und dann auf der ***Forskargatan*** und der ***Laboratorgränd*** 300 m zum Fluss.

Wenn man zum nachfolgenden Badestellen-Quartier Richtung **Skelleftehamn** zum Meer fährt, kann man unterwegs bei Bedarf links ins Gewerbegebiet ***Svetjesbyn*** fahren und bei ***Skelleftebränslen AB*** (Metallvägen 9, N 64° 44‘ 28.4“ E 21° 02‘ 19.4“, Mo-Fr 7-16 Uhr) seine leere Gasflaschen gegen volle tauschen und bei Wunsch nach Wissensvertiefung einen Abstecher zur oben erwähnten Schmelzhütte unternehmen und dort das ***Forum Museum Rönnskär*** (N 64° 40‘ 07.6“ E 21° 16‘ 14.5“) besuchen.

(269) WOMO-Badeplatz: Harrbäckssand

GPS: N 64° 43‘ 03.6“ E 21° 13‘ 51.6“. **Max. WOMOs**: 2-3.

Ausstattung: Toilette, Wasserhahn, Spielplatz, Schutzhütte, Müllbehälter, Feuerstelle, kleine, steinige und ziemlich flache Badebucht.
Beschreibung: Landschaftlich schön gelegener, aber wenig frequentierter Platz, weil der Badestrand nicht sehr verlockend ist.
Zufahrt: 16 km vom Stadtzentrum: in **Skellefteå** der **372/Skelleftehamn** folgen, 500 m hinter dem Ortsschild **Ursviken** nach links immer an den Hinweisen zur **Badestelle Harrbäckssand** orientieren.

Wir verlassen **Skellefteå** auf der **95/Bodö**, und falls Sie bei Ihren Kindern etwas gut zu machen haben, dann nehmen Sie den Abzweig zum ***Lilleputtlandet*** (N 64° 46‘ 47.1“

E 20° 53‘ 16.3“, 2022: 2.7.-9.8. Sa-Do 11-17 Uhr, Eintritt, nur Barzahlung, lilleputtlandet.se), und wenn Sie Action suchen, dann fahren Sie noch 10 km weiter und kommen mit uns nach ***Varuträsk*** zum ***Skellefteå Adventurepark*** (Ende Juni - Mitte August tgl. 10-17 Uhr, Eintritt, skellefteaadventurepark.se). Die Betreiber haben thematisch auf moderne Freizeitgestaltung umgestellt, es gibt einen Hochseilgarten, Zipline und Paintball, aber nach wie vor ein 20 ha großes, vormaliges Bergwerksareal zu erkunden. Den Hobby-Mineralogen aus aller Welt bieten sich hier ungeahnte Erfolgserlebnisse, denn man findet über 50 verschiedene, teils seltene Mineralarten wie ***Turmaline*** in vielen Farben und ***Varulith***, das nach seinem Fundort **Varuträsk** benannt wurde. Besonders spannend sind die kenntnisreichen Führungen durch die ***Wildnis-Mine***, einen 20 m tiefen unterirdischen Stollen des 1946 stillgelegten Bergwerkes, wo funkelnde Felswände für eine märchenhafte Atmosphäre sorgen.

(270) WOMO-Stellplatz: Skellefteå Adventurepark

GPS: N 64° 48‘ 02.7“ E 20° 44‘ 38.9“.
Max. WOMOs: 2-3.
Ausstattung: Von Wald gesäumter Schotterparkplatz, Müllbehälter, straßennah, wenig Verkehr.
Beschreibung: Tagsüber Publikumsverkehr, aber abends ruhig.
Zufahrt: Beim Hinweis von der **95** nach rechts abbiegen, 500 m zum Besucherparkplatz links.

Nach weiteren 19 km auf der **95** durch eine Hügel-Landschaft mit Wald, Wiesen und Seen erreichen wir den Abzweig nach **Boliden**, die nächste Station unserer ***Guldriket***-Tour. Die Gemeinde wurde 1926 mitten im Wald rund um das Bergwerk herum gebaut, es war damals das erste in ***Västerbotten*** und bald schon die reichste Goldmine Europas. Man sorgte sich sogar um die Gesundheit der Grubenarbeiter, entwickelte hier das erste Solarium ***Schwedens***, wo nach jeder Unter-Tage-Schicht künstliche Sonne getankt werden sollte und führte zur Früherkennung der im Bergbau typischen Lungenkrankheiten die ersten regelmäßigen Schirmbilduntersuchungen durch. Im ehemaligen Verwaltungsgebäude der ***Boliden AB*** hat man das Gruben- und Mineralmuseum namens ***Bergrum Boliden*** leider mittlerweile geschlossen, so dass eine umfassende Einstimmung zum Thema ausfallen muss.
Ab den 40er Jahren gewann neben der Mine auch die Erzaufbereitung in **Boliden** an Bedeutung, doch weil in den schwierigen Kriegszeiten für den Erztransport weder LKW noch

Treibstoff in erforderlichem Umfang zur Verfügung standen, entschied man sich für eine revolutionäre wie kühne technische Lösung und baute 1942 in nur einem Jahr eine 96 km lange Seilbahn zum Bergwerk nach **Kristineberg**. Auf diese Weise wurden zwischen 1943 und 1987 in 1500 Förderkörben mit je 1,2 Tonnen Ladung viele Millionen Tonnen wertvolles Erzkonzentrat und somit auch einige Tonnen Gold transportiert.
Wir nehmen ab **Boliden** die **370/Malå**, sehen die Betonmasten dieser verrückten Seilbahn in der Landschaft stehen, doch bevor wir uns deren traurige Realität anschauen, bringen wir Sie noch zu einem Highlight dieser Gegend, das man auf keinen Fall auslassen sollte. Wir biegen also von der **370** nach **rechts/ Svansele** ab und finden auf diesem Abstecher sogar noch ein nettes Quartier für eine Pause oder mehr.

(271) WOMO-Picknickplatz: Skellefteälven

GPS: N 64° 57‘ 40.8“ E 19° 53‘ 13.7“. **Max. WOMOs**: 1-2.
Ausstattung: Kleiner Schotterparkplatz mit Waldrand, Picknickbänke, Trockenklo, Feuerstelle, Schutzhütte, Müllbehälter, Fluss anbei.
Beschreibung: Gepflegter Platz in schöner und ruhiger Lage.
Zufahrt: 80 m nach dem Abzweig von der **370** in Richtung **Svansele** vor der ***Skellefteälv***-Brücke rechts.

Hinter der ***Skellefteälv***-Brücke geht es nach links noch knapp 3 km weiter und schon rollen wir auf den Parkplatz vom ***Svansele Vildmarkscenter*** (Ende Juni bis Mitte August tgl. 11-18 Uhr, Büfett ab 11.30 Uhr, Eintritt, N 64° 58‘ 53.3“ E 19° 50‘ 52.4“; svansele.com). Was von außen aussieht wie eine große Traktoren-Halle entpuppt sich drinnen als besonders liebevoll eingerichtetes Besucherzentrum mit einer ausgesprochen aufwändigen Ausstellung zur heimischen Natur in den verschiedenen Jahreszeiten. In insgesamt 11 Räumen werden an die 700 lebensecht arrangierte Tierpräparate gezeigt, eine unglaubliche

Vielfalt und ein Riesenerlebnis. Und es kommt noch besser! Vor der Tür steht der Chef am großen naturellen Feuerherd und kümmert sich um das sensationelle Büfett. Man bezahlt das Essen mit dem Eintrittsgeld, bekommt die Uhrzeit gesagt, zu der das Essen fertig ist und kann sich in der Zwischenzeit schon was von der grandiosen Ausstellung ansehen. Das Büfett ist einfach großartig:

Über offenem Feuer hängen die Tiegel, in denen ***Rentier***-, ***Elch***- und ***Lachs***-Gerichte sowie Kartöffelchen und Gemüse zubereitet werden. Zum Nachtisch gibt es Pfannkuchen und einen echten Kochkaffee aus dem tiefschwarzen Kessel. Dazu das übliche Zubehör an Brot, Butter und Getränken, man isst von dünnen Spanholz-Tellern und natürlich mit Holzbesteck. Für Kinder gibt es draußen allerlei Spielmöglichkeiten, einen Fahrrad-Verleih und sogar kleine Motor-Quads. Alles in allem ein wunderbares Urlaubserlebnis für alt und jung.
Zurück über den Fluss und nach rechts auf der **370/Malå** weiter sind wir dann unterwegs zur Sektion IV dieses gigantischen Seibahn-Bauwerkes, wo von 1989 bis 2016 auf einer Strecke von 13 km zwischen **Örträsk** und **Mensträsk** Touristengondeln verkehrten. ***Världens längsta linbana*** oder auch ***Die längste Seilbahn der Welt*** war ein absolutes Muss für jeden

Nord-Schweden-Liebhaber. Als der langjährige Besitzer ***Bosse*** in Rente gegangen ist und diese überregional bekannte Attraktion geschlossen wurde, suchte man fieberhaft nach einem Investor, der das Ganze übernimmt. Bei einem Sicherheits-Check stellte sich jedoch heraus, dass die Betonpfeiler irreparabel marode sind und so beschloss man 2020, die Anlage zu verschrotten. Ein Trauerspiel! Wir haben die ***Linbana-Tour*** einige Male genossen und erinnern uns gerne an die unvergesslichen Erlebnisse.
Lassen Sie sich nicht von den ***Linbana***-Hinweisschildern verwirren, die noch 2022 am Abzweig nach **Örträsk** standen. Wenn Sie mal Endzeitstimmung erleben wollen, dann schauen Sie selbst vorbei: N 65° 00‘ 30.5“ E 19° 36‘ 43.6“. Auch 9 km weiter, wo die **365** die **370** kreuzt, gibt es **Linbana**-Hinweise nach rechts, aber auch in **Mensträsk** ist natürlich alles tot, das Restaurant ***Krogen i skogen*** verlassen und einiges sogar schon demontiert, aber immerhin gibt es noch den schönen Platz am See.

(272) WOMO-Badeplatz: Mensträsk

GPS: N 65° 04' 28.2" E 19° 22' 12.2". **Max. WOMOs**: 3-5.
Ausstattung: Asphaltparkplatz gegenüber der Badestelle mit Rutsche und kleinem Spielplatz, Toilette (zuletzt geschlossen), Picknickbänke.
Beschreibung: Vormals war der Platz kostenpflichtig, zuletzt nicht mehr. Etwas unbetreute Optik, Perspektive unklar.
Zufahrt: Beim Abzweig nach **Örträsk** noch 9 km auf der **370** weiter, dann rechts auf die **365/Glommersträsk** abbiegen und den ***Linbana***-Hinweisen folgen, 200 m vor der Seilbahn-Station **Mensträsk** links.

Nach der Enttäuschung um die verlorene ***Linbana*** gibt es von dieser Gegend auch Positives zu berichten. Nimmt man an der Kreuzung von **370** und **365** letztere südwärts Richtung **Norsjö**, sollte man den unscheinbaren Hinweis zum Campingplatz nach rechts nicht übersehen, denn es ist – wie der Name verspricht – ein friedvoller und richtig guter.

(273) WOMO-Campingplatz: Fridfulla Rännudden

GPS: N 64° 56' 19.5" E 19° 22' 16.2".
Öffnungszeiten: Ganzjährig.
Ausstattung: 80 Stellplätze mit Strom auf einer sehr gepflegten und schön gelegenen Anlage mit mehreren Abteilungen und herrlichem Blick auf den ***Norsjön***, gute Ver- und Entsorgung, solide Sanitäranlagen, Restaurant mit Voll-Lizenz und sehr guter Küche, Feuer- und Picknickstellen, Badestelle, 4 Ruderboote zur freien Nutzung, Angeln frei, Sauna frei. Preise 2022: 240 SEK ohne, 290 SEK mit Strom.

Beschreibung: Der Inhaber ***Charlie Johansson*** ist ein echtes Unikum und als Gastgeber charmant wie hilfsbereit, also genau so wie man es sich vorstellt. Im Restaurant gibt es jeden Abend ein Tagesgericht (auch außer Haus), das man am Vortag bestellen muss, gerne auch telefonisch: +46(0)706254839). Auf der kleinen Bühne finden regelmäßig Musikveranstaltungen statt. Alle Infos: rannudden.com.
Zufahrt: Nach 6 km auf der **365/Norsjö** links abbiegen, nach 900 m rechts, über eine Brücke, dann nach 250 m rechts.

Mit Blick auf den breiten Fluss geht es weiter, dann queren wir Waldgebiete, passieren kleine Ufer-Siedlungen und halten rechts bei der nächsten Stromschnelle, dem ***Sikselforsen*** (N 64° 41‘ 24.5“ E 19° 12‘ 25.7“), wo schon einmal das ***Naturreservat Mårdseleforsen*** angekündigt wird, für uns der imposanteste Abschnitt des ***Vindelälv***. Nach genau 1,8 km lotst uns ein Kaffee-Tassen-Symbol nach rechts auf den Parkplatz vom ***Wild River*** (N 64° 40‘ 56.6“ E 19° 14‘ 21.5“), einem Sommer-Restaurant mit gehobener Küche, das leider nur zeitweise geöffnet hat, siehe auch hier: wildriver.se.
Vom Parkplatz führt eine solide Holztreppen-Konstruktion zum tobenden Fluss hinunter, der hier in breiter Front zwischen insgesamt 40 Inselchen hindurchbraust, die über einige Hängebrücken miteinander verbunden sind: ein ideales Picknickgelände mit vielen Feuerstellen im rauschenden Naturparadies. Neuerdings kann man nur ein paar Schritte entfernt, sozusagen

eine Etage tiefer mit dem **WOMO** über Nacht bleiben. Wer den ***Mårdsele***-Dauerton aushält, für den findet sich sogar ein **WOMO**-Plätzchen ganz unten am Fuße der Hangtreppe, dann muss man zum Genuss-Tempel allerdings die Treppen hinauf.

(278) WOMO-Stellplatz: Mårdseleforsen oben

GPS: N 64° 40‘ 57.3“ E 19° 14‘ 18.9“. **Max. WOMOs**: 2-3.
Ausstattung: Geschützte Schotterparkplatz-Terrasse in der Nähe vom Restaurant-Parkplatz, dort auch WC, Picknickplatz und Feuerstelle.
Beschreibung: Maximale Verweildauer 48 h.
Zufahrt: Vom Restaurant-Parkplatz führt ein Fahrweg im Links-Bogen hinunter.

(279) WOMO-Picknickplatz: Mårdseleforsen unten

GPS: N 64° 40‘ 54.7“ E 19° 14‘ 21.4“. **Max. WOMOs**: 1-2.

Ausstattung: Picknickbank, Feuerstelle, Hütte mit Holzvorrat, WC oben am Parkplatz, Wanderwege im Naturreservat.
Beschreibung: Schöne Plätze am Sprudelfluss mit Dauer-Rauschen.
Zufahrt: 450 m nach der ***Sikselforsen***-Parkbeule bzw. 300 m nach dem **„Vindelns kommun“**-Schild rechts rein (grüner+roter Radweg), zuerst Asphalt, dann naturell aber glatt am Fluss entlang, 1,4 km nach dem Abzweig Stellplätze auf dem Seitenstreifen.

Der untere Fahrweg trifft 1000 m später wieder auf die **363**, schon hat sich der ***Vindelälv*** wieder beruhigt, vor **Åmsele** fährt man auf der Notlandebahn des benachbarten Flugplatzes, anschließend wieder durch Hügellandschaft mit Wald und Sumpf, während unser Fluss in einem ausführlichen Rechtsschlenker den schwer erreichbaren ***Trollforsen*** herunter sprudelt. Wem der Sinn gerade mal wieder nach Wandern steht, der verlässt die **363** nach **links/Hällnäs**, biegt gleich 50 m später erneut links ab und findet nach 100 m schmalem Schotter-Weg ein verschwiegenes Quartier im Kessel und Tafeln mit interessanten Vorschlägen für Kurzwanderungen. Wer gerade nicht wandern, sondern lieber am Fluss chillen möchte, der interessiert sich vielleicht für die Quartieralternative nur 1000 m Luftlinie entfernt.

(280) WOMO-Wanderparkplatz: Hjukenåsarna

GPS: N 64° 18‘ 50.4“ E 19° 35‘ 36.5“. **Max. WOMOs**: 1-2.
Ausstattung: Schotter-Parkplatz; markierte Wanderwege mit Aussichtspunkten, Müllbehälter, Info-Tafeln.
Beschreibung: Geschützte Lage obwohl nahe der Straße.
Zufahrt: Siehe Text.

(281) WOMO-Campingplatz: Kärleksudden

GPS: N 64° 18‘ 26.8“ E 19° 36‘ 30.6“.
Öffnungszeiten: Mitte Mai bis Ende September.
Ausstattung: Kleiner Naturcamping auf einer Landzunge etwas unterhalb der Straße, 16 Wiesenplätze mit Stromanschlüssen am Fluss, Badestelle, Service-Haus mit WC, Duschen und Camperküche, Ver- und Entsorgung, Müllbehälter, Feuerstelle mit Holzvorrat, Info-Tafeln, straßennah.
Beschreibung: Preis 2022: 200/250 SEK ohne/mit Strom.
Zufahrt: 1100 m hinter dem Abzweig nach **Hällnäs** rechts.

Auf der **363/Umeå** sind es noch 12 km bis nach **Vindeln**, wir bewegen uns jetzt zwischen Eisenbahnlinie und ***Vindelälv***, der hier gerade wieder etwas munterer wird, und wenn man dem Hinweis zu ***Vindelforsarnas naturreservat*** nachfährt, kann man ihn noch einmal in Bestform erleben. Man findet das ***Hotell Forsen*** und ***Vindelälvens Naturcentrum***, die Verkaufsausstellung ***„Konst i Kvarn“*** (Sommer 11-17 Uhr) in der alten Mühle direkt an den ungestümen Stromschnellen, und man kann sich auf einem Uferweg mit Brückchen noch einmal ganz hautnah dem brodelnden Wildfluss nähern, bevor sich unsere Tourstrecke von ihm ab- und sich anderen Höhepunkten zuwendet. Wer sich noch nicht

trennen mag, kann gleich hier sein Komfort-Quartier beziehen, auf die andere Seite vom Sprudelfluss fahren oder sich zur einsamen Variante ganz in der Nähe verkrümeln.

(282) WOMO-Campingplatz: Vindelns Camping

GPS: N 64° 12' 39.3" E 19° 42' 29.9". **Öffnungszeiten**: Ganzjährig.
Ausstattung: 45 Stellplätze mit Strom oberhalb der Stromschnellen, Spielplatz, Mini-Golf, gute Sanitärausstattung und Ver-/Entsorgung. Picknickgelände mit Feuerstellen unten am Fluss. Preis 2022: 350 SEK mit Strom. Rezeption und gute Gastronomie (Büfett 18-20 Uhr) im ***Hotell Forsen***.
Beschreibung: Der Platz wurde zuletzt ausgeschrieben und 2022 vom Hotel betrieben. Perspektive offen. **Zufahrt**: Siehe Text.

(283) WOMO-Picknickplatz: Renforsen

GPS: N 64° 12' 37.6" E 19° 42' 03.9". **Max. WOMOs**: 1-2.

Ausstattung: Parknischen mit Picknickbänken, Müllbehälter. Trockenklo, Schutzhütte mit Feuerstelle anbei, Platz liegt direkt am ***Vindelälv***, vis-a-vis der ***Vindelälv***-Promenade, 150 m Luftlinie entfernt. Wandergebiet.
Beschreibung: Das heftige Dauer-Rauschen muss man mögen. Fährt man die Straße noch 750 m weiter, findet man einen weiteren, etwas leiseren Picknickplatz mit Wandergebiet anbei: N 64° 12' 59.6" E 19° 42' 02.4".
Zufahrt: Von **(282)** aus zurück zur **363**, rechts in den Ort, 2 Mal rechts halten, Richtung ***Buberget***, 250 m hinter der ***Vindelälv***-Brücke rechts abbiegen, dann nach 1.100 m rechts.

(284) WOMO-Wanderparkplatz: Buberget unten

GPS: N 64° 12' 45.6" E 19° 40' 46.4". **Max. WOMOs**: 1-2.
Ausstattung: Natur-Parkraum rechts des Fahrweges, einsam.
Beschreibung: Wer nicht unbedingt nach oben fahren will, findet hier ein ruhiges Plätzchen für die Nacht.
Zufahrt: Auf der **363** nach **Vindeln** hinein, dann nach **rechts/Buberget**, 1,2 km nach der Fluss-Querung rechts die Rubbelstraße hinauf, 800 m nach dem Abzweig Parkraum rechts.

In **Åkullsjön** fahren wir erst noch 2,5 km Richtung **Robertsfors**, bevor es nach **links/Burträsk** weiter geht. Nach 10 km erreichen wir dann das Örtchen **Bygdsiljum**, vermerken links einen kleinen **Campingplatz am See** [**288**:N 64° 20' 52.1" E 20° 30' 03.7"], knapp 9 km später sind wir in **Bygdeträsk** und biegen dort links ab nach **Kvarnbyn**, obwohl unser nächstes Ziel **Burträsk** geradeaus eleganter zu erreichen wäre. Wozu also der Haken? Na wegen der Birken! Wir schnüren gemächlich und zumindest optisch gesehen auf absoluter Genuss-Strecke, einer fast 10 km langen ***Birkenallee***, der längsten in Europa mit insgesamt 1.300 mehr oder weniger ausgewachsenen Exemplaren. Unterwegs sehen wir Galerien, ein Museum und die für diese Gegend so typischen achteckigen roten Holzscheunen. Nach 5 km Asphalt erreichen wir in ***Kvarnbyn*** den sprudelnden Mühlenbach, der den ***Bygdeträsket*** links mit dem ***Göksjö*** rechts verbindet und finden vor der Brücke links ein knappes, aber idyllisches **WOMO-Quartier**.

(289) WOMO-Picknickplatz: Kvarnbyn

GPS: N 64° 27' 07.7" E 20° 28' 48.2". **Max. WOMOs**: 1-2.

Ausstattung: Wiese am Sprudelbach mit schönen alten Birken. Picknickbänke, Grillstelle, Feuerhütte, Holzvorrat, Trockenklo, Badestelle anbei.
Beschreibung: Das hier ist das Kulturzentrum der Gegend mit kleinem Veranstaltungssaal. Manchmal bespielt, häufig leer. Pfleglich behandeln!
Zufahrt: Siehe Text.

Hinter der Brücke (10 Tonnen, 4,40 m hoch) setzt sich die Birken-Orgie erst auf Asphalt dann auf Schotter bis zur **364** fort, für uns geht es dort rechts nach **Burträsk** weiter, wo wir 14 km später ankommen. Vom Tagesparkplatz am Sportbootshafen (N 64° 31' 00.5" E 20° 39' 35.2") sind es nur 500 m ortseinwärts zur örtlichen Hauptattraktion, dem ***Västerbottensost Besucherzentrum der Meierei*** (17.6.-14.8. 10-16 Uhr, vasterbottensost.com), dem Zentrum vom ***Ostriket***, dem ***Käsereich***. In dem modernen Gebäude erfährt man auf unterhaltsame Weise alles über den viel gerühmten ***Västerbottenkäse***, der 1872 von der ledigen, tüchtigen und gestrengen Meierin ***Eleonora Lindström*** vermutlich versehentlich erfunden wurde.

Der Knecht, der an jenem Tag die Milch lieferte, soll ihr den Kopf verdreht haben, so dass diese Käse-Charge vermeintlich misslang, die aber später beim Verkosten ob der speziellen Qualität überrascht, denn sein spezielles Aroma verdankt er der einjährigen Lagerung. Zuletzt waren auch wir sehr angetan von diesem Käse, decken uns im Laden entsprechend ein und genehmigen uns als Lunch einen überaus köstlichen Käse-Pie. Kalorien waren nicht ausgewiesen...
Wer hier über Nacht bleiben möchte, kann wählen: Die Straße an der ***Meierei*** vorbei 14 km nördwärts auf einem kleinen, leider wenig charmanten Bezahlstellplatz in **Stenträsk** beim Bauern auf der Wiese [**290**:N 64° 37' 02.9" E 20° 37' 14.2"], hier im Ort auf einem hübschen Campingplatz am See oder auf der Landzunge gegenüber mit Badestrand, schon in Richtung weitere Tourstrecke.

(291) WOMO-Campingplatz: Burträsk

GPS: N 64° 31‘ 00.1“ E 20° 40‘ 04.8“.
Öffnungszeiten: 12.5.-10.9., Fullservice 24.6.-6.8.
Ausstattung: 45 Stellplätze auf Wiese und Schotter, sehr gepflegter und schön gelegener Platz am See, gute sanitäre Anlagen, ordentliche Ver- und Entsorgung, Badestelle, Mini-Golf, Boule-Platz, Café,
Preise: Je nach Saison und Platz 250-300 SEK ohne Strom, 300-335 SEK mit Strom. Alle Infos: burtraskcamping.se.
Beschreibung: Die Betreiber sind ein freundliches Ehepaar aus den Niederlanden (sprechen deutsch), die den Platz professionell und umsichtig wie liebevoll führen.
Zufahrt: An der Kirche vorbei, neben der ***Hembygdsomrade***.

(292) WOMO-Badeplatz: Långnäset

GPS: N 64° 30‘ 29.8“ E 20° 42‘ 38.2“. **Max. WOMOs**: >5.

Ausstattung: Geräumiger Rasen-Parkplatz unter Birken, breiter Sandstrand, Trockenklo, Picknick- und Feuerstellen, Müllbehälter.
Beschreibung: Im Hochsommer bei Badewetter auch schon mal voll.
Zufahrt: In **Burträsk** Abzweig auf die **364/Skellefteå**, nach 7,5 km **links/Åbyn/Nymyran** weg und dann noch 3 km Schottterpiste bis zur Badestelle. Schauen Sie sich unterwegs mal die prächtige **Gärtnerei Nymyran** an!

Wir rollen weiter auf der **364** gen **Skellefteå**, biegen 5 km hinter dem Badeplatzabzweig nach **rechts/Lövånger** ab und streben auf asphaltierter, wenn auch leicht rumpliger Straße durch den Wald, an Seen entlang, an Pferden, Kühen und roten Häusern vorbei dem Meer entgegen. Nach 28 km treffen wir in **Mångbyn** auf eine querende Straße, folgen ihr nach **rechts/Lövånger**, werden zur **E4/Umeå** geleitet, die wir aber 1,1 km später nach links wieder verlassen, um zum ***Naturreservat Bjuröklubb*** (24 km) hinaus zu fahren, einer in vielen Belangen interessanten Halbinsel im Meer. Auf welliger Straße schaukeln wir unserem Ziel ***Bjuröklubb*** entgegen und registrieren 8,5 km nach dem Abzweig in **Uttersjöbäcken** hocherfreut, dass

Björn Larssons Krukmakeri (N 64° 27‘ 00.2“ E 21° 32‘ 42.7“, Ende Juni bis Mitte August Mi-So 11-16 Uhr, larssonskrukmakeri.com) geöffnet hat. Wir haben ja schon einige Stücke von ihm im Schrank und kaufen auch dieses Mal wieder sehr gerne hier ein, obwohl, sicher auch auf Grund der großen Nachfrage, die Preise gesalzen sind. Der Designer und Keramik-Künstler, der zudem auf einen Ehrendoktor der Philosophie der ***Universität Umeå*** verweisen kann, ist persönlich vor Ort und berät und betreut seine Kundschaft mit Hingabe. Nur 2,5 km danach haben wir unser Quartier erreicht und freuen uns schon mal auf das Bad im Meer.

(293) WOMO-Badeplatz: Bjuröklubb

GPS: N 64° 27‘ 40.7“ E 21° 35‘ 02.2“. **Max. WOMOs**: 3-5.

Ausstattung: Waldgesäumter Parkplatz 30 m neben der Straße, Heide, Sandstrand-Bucht, Picknickbänke, Spielplatz, Trockenklo.

Beschreibung: Schon viele Jahre WOMO-Treffpunkt. Immer wieder herrlich. Man sollte darauf achten, nicht in den tiefen Sand zu fahren.

Zufahrt: Siehe Text, 1,7 km nach dem blauen Reservatsschild unangekündigt links rein.

Vom finalen Parkplatz (N 64° 28‘ 32.0“ E 21° 34‘ 33.3“) am Ende der erlaubten Straße brechen wir zur Erkundung dieser bizarren Landspitze auf, die sich erst vor 4000 Jahren aus dem Meer erhoben hat. Der Name ***Bjuröklubb*** – klingt immer irgendwie nach „After-Work-Party mit dem Chef“ – ist nicht nur fester

Bestandteil des schwedischen Seewetterberichtes, sondern gilt auch als Geheimtipp für Freunde stiller Naturbeobachtungen auf diesem abwechslungsreichen Areal mit einsamen Sandstränden und schärenartiger Felsenküste. So sitzt hier manch einer stundenlang mit dem Fernglas am Ufer und hält Ausschau nach seltenen Vögeln. Oberhalb gibt es ein gemütliches Café, von dem aus eine aufwändige rollstuhlgerechte Holzweg-Konstruktion über einen mit unzähligen großen und kleinen Wackersteinen übersäten Felsenhang hinauf zum Leuchtfeuer führt, wo sich, wie erwartet, ein großartiger Rund-Blick bietet. Wir kehren auf gleicher Route zur **E4/Umeå** zurück, verlassen sie aber nach 1000 m gleich wieder nach links, um in **Lövånger** die trutzige ***Steinkirche*** (N 64° 22‘ 06.2“

E 21° 19‘ 00.7“, Sommersaison tgl. 9.30-15.30 Uhr) aus dem Mittelalter zu besichtigen, in der uns die historischen Sternengewölbe, die reich geschmückte Kanzel, die farbigen Glasfenster und die alten Holzskulpturen besonders beeindruckt haben. Gefallen hat uns die kreative Nutzung der roten Kirchstadt-Holzhäuschen gegenüber als Außen-Quartiere der benachbarten Jugendherberge, wo man im Restaurant des Haupthauses, dem ***Lövångergården***, neben einem guten ***Frühstück*** (8-10 Uhr) auch ein ausgezeichnetes ***Lunch-Büfett*** (11-15 Uhr) bekommt. Wir empfehlen den (kostenfreien) Besuch des ***Sockenmuséet***, dem alten Gemeindehaus, in dem man die hiesigen Lebensumstände in der Zeit kurz nach 1900 besichtigen kann, sogar einen richtig schicken Oldtimer, einen ***Adler*** aus dem Jahre 1913. Wie haben die den bloß hier hinein bekommen? Hinter dem Gebäudekomplex, sozusagen „in der Tiefe des Raumes“ befindet sich der gut versteckte wie gepflegte und zudem günstige Campingplatz nahe des Naturreservates.

(294) WOMO-Campingplatz: Lövånger Kyrkstad

GPS: N 64° 22' 14.6" E 21° 19' 08.1". **Öffnungszeiten**: Mai bis September.
Ausstattung: Schöne Campingwiese mit 25 Stellplätzen, WC, Duschen, Sauna, Entsorgung, Gastronomie anbei; Preise 2022: 100 ohne, 150 SEK mit Strom, zu zahlen im ***Lövangergården***.
Beschreibung: Ruhige wie geschützte Lage. Empfehlung!
Zufahrt: Hinter der Kyrkstad, grobe Richtung: rechts hinten.

Die weitere Strecke der **E4/Umeå** führt durch ländliches Gebiet mit sanften Hügeln und saftigen Kuh-Wiesen, nach 6 km biegen wir erst noch einmal für einen Abstecher nach links ab, folgen dann 4 km lang den Hinweisen zum „Camping am Hafen" und finden schließlich ein solides Quartier am Meer, das neben vielen Dauergast-Parzellen auch Platz für Touring-Camper hat.

(295) WOMO-Campingplatz: Lövsele-Norets Camping

GPS: N 64° 18' 13.7" E 21° 14' 58.8". **Öffnungszeiten**: Sommersaison.
Ausstattung: Touring-Plätze auf der Wiese am Kai ohne Strom, weitere oberhalb mit Strom, ordentliche Sanitäranlagen, Kassetten-Entsorgung, kleiner Badestrand, Spielplatz, Grillplatz, verglaste Grillhütte am Ufer, Sauna gegen Gebühr.
Preise 2022: 180 SEK/18 EUR ohne, 200 SEK/20 EUR mit Strom. Barzahlung im Umschlag in die Box. Auschecken: 13 Uhr. Siehe Info-Tafel.
Beschreibung: Viele Dauer-Camper, aber auch Touring-Gäste sind herzlich willkommen. Schöne Basis für Angler mit Boot.
Zufahrt: Von der **E4** nach **links/Lövsele** abbiegen, siehe Text.

Wieder unterwegs auf der **E4** gen Süden stehen bei **Ånäset** wie als letzter ***Ostriket***-Abschiedsgruß zwei riesige Käsehobel an der Straße und 10 km später verlassen wir die **E4** nach links Richtung ***Killingsand*** zum Meer. Nun trennen uns nur noch 700 m Straße und nach der Gabelung nach links noch 1,4 km Kilometer Lehmpiste vom komfortabel ausgestatteten **WOMO**-Quartier mit Sandstrand, wo nach einem warmen Sommertag der abendliche Badespaß folgt.

(296) WOMO-Badeplatz: Killingsand

GPS: N 64° 10' 38.8" E 21° 02' 05.5". **Max. WOMOs**: >5.
Ausstattung: Schöne Badebucht mit Sandstrand, Trockenklo, Edelstahl-Latrine bei der Einfahrt, Trinkwasser-Pumpe. Auf einer Wegschlaufe mehrere Husvagn-und WOMO-Parkbuchten im Wald oder mit Seeblick mit Feuerstellen und Stellplätze auf dem Grün-Park-Streifen am (rechten) Fahrweg zum Strand.
Beschreibung: Geräumiges und großzügig ausgestattetes Freizeit-Areal. Frühes Kommen sichert gute Plätze.
Zufahrt: Siehe Text.

ten und Eisenbahnwaggons, Exponaten aus Eisenhütte und Gießerei sowie allerlei Sammelsurium. Der Führer erklärt uns sein Reich mit Feuereifer, wenn auch schlecht verständlich und zeigt uns auf dem weiten Areal noch einen Schuppen mit restaurierten E-Loks, sogar mit einer aus **Berlin** aus dem Jahre 1915. Zu langweilig für die mitreisenden (Klein-)Kinder? Beim Parkplatz werden diese möglicherweise ihre Freude am liebevoll im Bruksmiljö-Style gestalteten Spielplatz haben.

Die **E4/Umeå** führt uns durch Wiesenlandschaft, wir nehmen den Abzweig nach **Bygdeå** und wem der Sinn nach einer Kirchenbesichtigung steht, findet hier ein äußerst lohnendes Ziel aus dem Mittelalter in Altrosa, der ***Bygdeå kyrka*** (N 64° 03‘ 46.1“ E 20° 51‘ 45.9“, Audio-Erläuterung auch auf deutsch, Knopf rechts), und im ansonsten schmucklosen Dorf den Hinweis nach **Ratan**, der uns auf Waschbrett-Piste durch Felsen-Wald auf eine Biege zum Meer führt.

(297) WOMO-Campingplatz: Storsand

GPS: N 64° 00‘ 07.9“ E 20° 53‘ 33.8“. **Öffnungszeiten**: Sommersaison.

Ausstattung: Naturcamping, Toilette, Freiluft-Küche mit Wasserhahn, gepflegte Campingwiese mit Picknickbänken, Müllbehälter, Spielplatz, Feuerstelle mit Holzvorrat, Badestrand gegenüber (Hundeverbot), Preis 2022: 100 SEK/10 EUR, ab dem 4. Tag 50 SEK/5 EUR bar in den Umschlag in die Box. Trinkwasser und WC-Latrine bei (**298**) inklusive.
Beschreibung: Sehr schöner Platz für Naturfreunde ohne Strombedarf.
Zufahrt: Nach 5 km Naturstraße rechts.

Im beschaulichen Hafenörtchen **Ratan** können Sie Ihren Wissens- und Wortschatz erweitern, indem Sie ***Mareografen*** kennen lernen: Apparaturen zur Messung der Landhebung, also des Meeresniveaus. Eine Vielzahl von historischen Sehenswürdigkeiten wie alte Wasserstands-Marken warten darauf, entdeckt zu werden, und im eleganten ***Tullgården*** gibt es nicht nur eine Touri-Info und ein interessantes und sogar kostenloses ***Heimatmuseum***, sondern auch ein ***Gasthaus***

(Di-Do 11-16 Uhr + Fr-So 11-21 Uhr) mit Snack-Küche. Wer hier in **Ratan** eine Kurzzeit-Bleibe mit Ausstattung sucht, findet sie in zentraler Lage bei den Speicherhäusern am Gästehafen.

(298) Offizieller WOMO-Stellplatz: Ratan Gästehafen

GPS: N 63° 59' 26.3" E 20° 53' 24.1". **Max. WOMOs**: 6.

Ausstattung: Quick-Stopp für maximal 24 Stunden neben dem „Magazin" (Souvenirs) beim Gästehafen und daneben beim Anleger, Schotterplatz, Strom, Sanitärhaus mit WC, Dusche, Aufenthaltsraum, Küche, Waschmaschine und Trockner, Picknickbänke, Wasser und WC-Latrine, Feuerstelle, Müllbehälter.

Gebühr 2022: 200 SEK/20 EUR, bar in die Box.

Beschreibung: Etwas eng und tagsüber reichlich Besucher, aber nett.

Zufahrt: 1,2 km nach **(297)**, im Ort links (unterhalb) der Straße.

Nun geht es weiter nach **Djäkneboda**, dort Richtung **E4**, aber wir halten uns vorläufig von der Rennpiste fern, folgen beharrlich den Schildern zum ***Passbåt Holmön*** nach **Norrfjärden** und rollen durch schwedisches Küstenhinterland zum Ausgangspunkt für einen Ausflug zur Insel ***Holmön*** (Infos zu Sommertheater und den Musik-Festivals: visfestivalen.nu). Die Fähre verkehrt 4-mal am Tag, transportiert nur Fußgänger und Fahrräder, die Überfahrt dauert 45 Minuten und das Schönste: Alles ist gratis!

(299) WOMO-Stellplatz: Norrfjärden

GPS: N 63° 51' 50.6" E 20° 44' 15.7". **Max. WOMOs**: 3-5.

Ausstattung: Schotterparkplatz hinter den roten Garagen, tagsüber WC im Fähr-Warteraum, Infos zu ***Holmön***, abends ruhig. Wer abends nach der Ankunft des letzten Schiffes anreist, hat gute Chancen auf einen Parkplatz, weil dann die letzten Tagesbesucher nach Hause gefahren sind.

Beschreibung: Bei unserem letzten Besuch Ende Juli 2022 fand gerade besagtes Festival statt, weshalb wir eine katastrophale Parkplatzsituation vorfanden: Schon an der Zufahrt Autos am Straßenrand und beim Hafenareal gesperrte Parkflächen und „Pop-Up"-Bezahl-Areale. Schauen Sie auf die genannte WEB-Site und vermeiden Sie den Besuch rund um den Festival-Termin. **Zufahrt**: Am Ende der Zufahrt links.

Holmön, eine Radtour auf der Entschleunigungsinsel
30 km, 7 Stunden, aber mit vielen langen Pausen

An einem unauffälligen Wochentag Anfang Juli (Es ist kein Festival auf der Insel!) wollen wir die Insel **Holmön** mit dem Fahrrad erkunden. Um dieses Vorhaben möglichst umfassend zu verwirklichen, nehmen wir das Schiff 8.10 Uhr und sind ziemlich alleine an Bord der **Capella**, unserem

gelben, einem Landungsboot ähnlichen Fährschiffchen. Ein sonniger, windstiller Morgen, wir sitzen auf Deck und gleiten sanft zur Zielinsel hinüber, eine echte Mental-Kur für uns. Kurz vor der Ankunft gegen 9.00 Uhr fahren wir in eine Seenebel-Walze und schon ist es vorbei mit den Thema „Sommer-Sonne-Inselleben". Um vorzugreifen: Es bleibt hier grau und diesig bis zu unserer Abreise am Nachmittag. Im Hafen **Byviken**, bei der „Fahrradausleih-Station" von ***Holmöns Båtmuseum*** (dazu später) bereuen wir zum ersten Mal, dass wir keine eigenen Räder dabei haben, denn die Auswahl ist erschreckend und erinnert uns (radtechnisch eher Verwöhnte) spontan an eine Sperrmüllsammlung. Was soll's, wir wollen losradeln und beginnen unseren Ausflug Richtung Norden, Ziel: ***Trappsand***. Die Beschilderung ist in Ordnung, wir erreichen die Badebucht nach kurzem Gestrampel, stolpern die letzten 450 m auf schmalem Pfad durch den Wald und finden einen netten Picknickplatz mit Feuerstelle, Holzvorrat und einen kleinen Sandstrand. Am ***Trappsand*** sind wir ganz für uns alleine, es ist halt kein Badewetter und wir haben nicht mal Würste dabei, schön blöd! Ach ja, „Selbstverpflegung" ist ein ganz wichtiger Begriff auf dieser Insel, man hätte sich was kaufen können im **Lanthandel** am Hafen. Zurück in **Byviken** machen wir erstmal Siesta am Strand vom **Gästehafen**, wo es Picknickbänke, WC, Strand, Feuerstelle und einen Spielplatz gibt. Dann geht es weiter zur nächsten Insel-Sehenswürdigkeit, zum ***Berguddens fyr***, dem hölzernen Leuchtturm, dem Wahrzeichen von ***Holmön***. Das ist nicht weit zu fahren, wir entern das Picknickbank-Podest, verzehren Teile unseres Proviants (Wasser und Obst) und radeln dann weiter Richtung Insel-Süden. Mit den schlimmen Rädern ist das recht mühsam, die Landschaft präsentiert sich sehr übersichtlich und irgendwie glaubt man es, dass diese Insel erst vor 2.000 Jahren aus dem Meer gestiegen ist. Diese Landhebung setzt sich bis heute fort und beträgt aktuell noch ca. 1 cm im

Jahr. Es sind kaum Menschen unterwegs, in **Skatan** machen wir Rast und schauen einer einsamen Anglerfamilie bei ihrem Zeitvertreib zu. Sie stehen auf der Brücke und fangen sehr kleine Barsche. Das ist die perfekte Entschleunigungsinsel. Doch jetzt haben wir Hunger und wollen uns der Inselgastronomie anvertrauen, also zurück nach **Byviken**. Ganz erstaunt stellen wir fest, dass es hier genau **eine** geöffnete Gaststätte gibt, also hinein ins ***Holmön Havsbad Restaurant***, wo uns recht ordentliches Essen kredenzt wird. Die nachfolgende Mittagsruhe findet wieder am **Gästehafen** statt, bevor wir dann noch zum Naturreservat ***Kammen*** radeln. Die Exkursion zur Klapperstein-Küste brechen wir nach 500 m finalem Fußweg wegen heftiger Mückenattacken ab, kehren nach **Byviken** zurück und beschließen, noch ***Holmöns Båtmuseum*** zu besichtigen, nachdem wir unsere Leihräder ziemlich schmallippig wieder zurückgegeben haben. Das Museum ist ausgesprochen interessant und behandelt vor allem die Geschichte der Seehundjagd, dem vormaligen Haupterwerbszweig der örtlichen Wirtschaft.
Bei freundlichem Sommerwetter, mit den eigenen Fahrrädern und einem prall gefüllten Picknickkorb wäre das ganz bestimmt ein sensationeller Ausflug geworden. Unser Schiff zurück nach ***Norrfjärden*** geht um 17.00 Uhr und eine Stunde später sind wir wieder beim WOMO.
Infos und aktuelle Fahrpläne: trafikverket.se, Sök: Holmöleden.

Nun rollen wir auf mittelprächtiger Asphaltpiste zur **E4** und auf dieser nach **Umeå**, einer pulsierenden Stadt mit 26.000 Studenten und auffallend vielen Birken, die nach dem großen Stadtbrand von 1888 großflächig angepflanzt wurden. **Umeå** war im Jahre **2014** gemeinsam mit **Riga** zur ***Kulturhauptstadt Europas*** ausgerufen worden, was der Stadt einen kräftigen Entwicklungsschub verpasst und für sehr moderne Neubauten samt neuen Sehenswürdigkeiten gesorgt hat. Später mehr davon. Wir biegen gleich an der ersten Kreuzung links ab zur Fähre nach **Vaasa/Finnland**, doch nur für 600 m bis zum freundlichen Komfort-Quartier links.

(300) WOMO-Campingplatz: First Camp Umeå****

GPS: N 63° 50' 33.6" E 20° 20' 24.4". **Öffnungszeiten**: Ganzjährig.
Ausstattung: Schöne Stellplätze auf Rasen zwischen Bäumen und Büschen, sehr gute Sanitärräume, nette Kinder-Einrichtungen, Sportanlagen, Gastronomie, aufwändig gestaltete Minigolf-Anlage.
Preise: Nach Saison und Platz-Ausstattung gestaffelt. In der Hochsaison ist hier viel Betrieb, da sollte man besser vorbuchen: firstcamp.se/destinationer/nydala-umea.
Beschreibung: Ein Vollkomfort-Platz der First-Camp-Kette mit viel Action und Entertainement, eher nix für Ruhesuchende. **Zufahrt**: Siehe Text.

Gleich hinter den benachbarten Sportanlagen sieht und hört man schon das Spaßbad ***„Umelagun“*** und das Freibad am ***Nydalasjö***, wo es an schönen Sommer-Tagen schon mal eng werden kann auf dem Bezahl-Parkplatz. Wir kehren zurück zur Empfangs-Kreuzung, fahren nun Richtung **Centrum** und lassen uns ab 3. Kreisel nach ***Gammlia*** (2022: 27.6.-14.8. 10-16 Uhr), einem weitläufigen, von Birken dominierten Freiluft-museum führen. Wir parken gleich rechts bei der Zufahrt beim Gasthaus ***Sävargården*** (N 63° 49‘ 41.3“ E 20° 17‘ 27.6“, max. 6 Stunden), einem restaurierten Gutshofgebäude von 1806

und pilgern über das liebevoll gestaltete Areal, wo in der Sommersaison sehr authentisch in historischen Bauernhöfen und Herrenhäusern wie in alten Zeiten gearbeitet wird. Man kann allerlei Bauersleuten, Knechten und Gesinde bei ihrem Tagewerk zusehen, den Frauen am Webstuhl auf die flinken Finger schauen, die alte Schule samt (junger und) ziemlich strenger Lehrerin besichtigen, beim Sami-Lager vorbeischauen und in der ***Back-Stuga*** miterleben, wie ***Tunnbröd***, das traditionelle schwedische Fladenbrot, hergestellt wird. Die Bäckerin verrichtet auf mehligen Holzdielen routiniert wie behände und in stetiger Zwiesprache mit den interessierten Zuschauern ihren Job, der Teig wird ausführlich gewalzt und geriffelt, anschließend überraschend kurz am offenen Feuer auf Stein gebacken und das lederne Endprodukt noch warm an das Publikum verkauft. Bei der Recherche vor einigen Jahren hatten wir Bäckerin

Maria (oben rechts) kennengelernt, beim vorletzten Besuch ihre Vertretung ***Hanna*** (oben links) und bei der 2022er Visisite sind wieder ***Maria*** zusammen mit Ihrer Schwiegertochter ***Lotta*** (unten) am (Back-)Werke. Das ist mal Kontinuität! Draußen gibt es Pony-Reiten für Kinder, auf der Wiese grasen die Schafe und der stolze Ziegenbock entspannt sich unter seiner Lieblingsbirke im Schatten. Auf dem Gelände findet man unschwer das Klinkerhaus mit ***Västerbottens Museum*** (Di-Fr 10-17, Sa/So 11-17 Uhr, Eintritt frei) mit verschiedenen Ausstellungen und dem ***Svenska Skidmuseum***, wo man nicht nur den mit 5200 Jahren ***„Ältesten Ski der Welt"*** bestaunen kann, sondern auch unzählige Exemplare, wie man sie zu Hause im Keller sammelt und die Ausrüstung samt Anzügen und Mützen von prominenten Wintersportlern wie ***Ingemar Stenmark*** und ***Anja Pärson***. Als feierlichen Abschluss unseres ***Gammlia***-Besuches

schauen wir noch bei der bezaubernden, schön ausgemalten ***Helena Elisabeth Kyrka*** (Mo-Fr 13-17 Uhr) vorbei, die einst 1802 auf ***Holmön*** errichtet, dort seit 1891 nicht mehr genutzt und schließlich 1957 hierher umgesetzt wurde. Besonders empfehlen möchten wir einen Besuch im ***Sami-Kulturzentrum Tráhppie*** (tgl. 12-16 Uhr, sahkie.se/trahppie) in Parkplatznähe, wo es im geschmackvoll eingericheten Gastraum nicht nur Infos zum Thema, sondern auch ein gepflegtes Souvenir-Sortiment und ein Lunch mit typisch samischen Spezialitäten nebst Waffeln mit Molte und Sahne gibt. Wir haben jedoch eine andere Idee für den kleinen Hunger: Gleich auf dem Parkplatz zaubert Annegret mit dem immer noch lauwarmen ***Tunnbröd***, Räucherfisch aus den Bordbeständen und reichlich ***Meerrettich-Creme*** fantastische Imbiss-Röllchen, die man zu Hause ***Wraps*** nennen würde, in dieser Rezeptur wohl aber nirgends bekommt. Nun wollen wir zum Hafen von **Umeå** hinunter, folgen dazu Hinweisen zum **Centrum N**, sehen den Backstein-Bahnhof, dann Wegweiser zum Hafen, staunen über den ziemlich futuristisch anmutenden **Bibliotheks-Komplex**, der leider unseren angestammten Parkplatz am **Hamnmagasinet**, wo die Ausflugs- und Gastro-Schiffe liegen und der wegen seiner City-

Nähe interessant war, hat erheblich schrumpfen lassen. Die (übrigens sehr gut sortierte) ***Touri-Info*** hat uns eine Alternative am Bahnhof empfohlen und sei es nur als Tagesparkplatz.

(301) WOMO-Stellplatz: Umeå Hafen

GPS: N 63° 49‘ 29.5“ E 20° 15‘ 26.0“. **Max. WOMOs**: 3-5.
Ausstattung: Parkplatzareal direkt am ***Umeälv***, tagsüber (werktags 9-19 Uhr, Wochenende 9-17 Uhr, 3-h-Limit) gebührenpflichtig, citynah. Nach akademisch genauem Studium der Beschilderung sind 2 Parkplatzabteilungen nahe dem ***Hamnmagasinet*** **nicht** mit einem nächtlichen Parkverbot belegt. Das kann sich aber ändern. Unklare Perspektive.
Beschreibung: Wer innerstädtische Schlafplätze mag und gelegentliche Störungen aushält, könnte das hier mal ausprobieren.
Zufahrt: Siehe Text, an der ***Västra Strandgatan*** neben dem ***Hamnmagasinet***, nahe der ***Tegsbron***.

(302) WOMO-Stellplatz: Umeå Bahnhof

GPS: N 63° 49‘ 51.4“ E 20° 15‘ 49.4“. **Max. WOMOs**: 5-10.
Ausstattung: Kostenpflichtiges Parkplatzareal (10 SEK/h, 50 SEK am Tag, 0-24 Uhr erlaubt) zwischen Straße und Gleisen an der ***Järnvägsallén***.
Beschreibung: Wahrscheinlich nachts nicht ganz ruhig, aber gut als Tagesparkplatz für eine umfängliche City-Runde geeignet.
Zufahrt: Neben dem Bahnhof, in der Nähe der stadtquerenden **E4/E12**.

Ein Stadtrundgang lohnt sich in **Umeå** tatsächlich, denn es hat sich ab **2014** viel getan in der Stadt, so gibt es auch eines unserer schwedischen Lieblings-Museen seit jenem Jahr, von dem wir nachfolgend überschwänglich schwärmen wollen.

Guitars The Museum
Das Museum ist 2019 umgezogen. Man findet es also nicht mehr im alten Schulgebäude in der Vasagatan, sondern in der 3. Etage (Guter Rat: Nehmen Sie den Aufzug!) vom ***Umeå Folkets Hus***, Skolgatan 59, nahe der Fußgängerzone. Geöffnet Mo-Sa 12-16 Uhr, Eintritt, Studenten und Rentner ermäßigt, Führungen 13 +15 Uhr. guitarsthemuseum.com.

Die Zwillinge ***Samuel*** und ***Michael Åhden*** haben schon in frühester Jugend damit begonnen, von ihrem zusammengesparten Geld E-Gitarren zu kaufen, weil sie von diesen Instrumenten fasziniert waren und ihre Gitarren-Idole wie ***Chuck Berry***, ***Brian Jones*** und ***Jimi Hendrix*** anhimmelten. Als sie zum ersten Mal ***Eric Clapton*** und seinen nie zuvor gehörten, bahnbrechenden Gitarren-Sound lauschten, war die nächste Eskalationsstufe ihrer Leidenschaft erreicht und das Sammeln begann. ***Jimi Hendrix*** spielte sein ***Purple Haze*** auf einer ***Fender Stratocaster***, so eine mussten die Zwillinge auch haben. Mit dieser Sammelei ging es immer weiter, beflügelt durch ein Netzwerk von Freunden und Händlern, die auch manch rares Exemplar aus den USA beschaffen konnten. Sie spezialisierten sich auf Instrumente aus den Anfängen der Elektrischen Gitarren der 1950er und 1960er Jahre, wo man diese noch handwerklich und in begrenzter Stückzahl fertigte. Der Wert der Sammlung mit seltenen Exemplaren der ***Gibson Les Pauls***, der ***Gibson Flying V***, der ***Fender Broadcaster*** und ***Fender Telecaster*** stieg ständig, da die Nachfrage nach solchen gebrauchten Instrumenten wuchs. In den 90ern gingen dann die Preise endgültig durch die Decke,

doch die Zwillinge haben nichts von ihrer Sammlung verkauft, um Kasse zu machen. Nein, sie hatten Spaß, auf diesen Instrumenten zu spielen und das taten sie in ihrer Freizeit in verschiedenen Bands. Inzwischen repräsentiert die Sammlung einen Millionen-Wert und so gab es den Plan, sie mit professioneller Unterstützung im Rahmen einer Ausstellung zu zeigen. Das Ergebnis, ***Guitars The Museum***, wurde Anfang **2014** eröffnet und war eines der Highlights des Kulturhauptstadt-Europas-Jahres in **Umeå**. Mittlerweile ist das hier zur Pilgerstätte von Musik-Freaks aus der ganzen Welt geworden. Wer also mal sehen möchte, auf welchem Modell ***Keith Richards*** das Riff bei ***„Honky Tonk Women“*** spielte, wie das Instrument aussah, auf der ***Eric Clapton*** das Solo von ***„Layla“*** zelebrierte oder welches Modell ***Jimi Hendrix*** beim Festival in ***Monterey*** abfackelte, der sollte sich einen Besuch hier auf keinen Fall entgehen lassen. Bei der Führung durch diese einmalige Gitarren-Sammlung, die an die 300 Exemplare umfasst und noch andere Raritäten wie das Schlagzeug von Drummer-Ikone ***Ginger Baker*** zeigt, werden viele spannende Geschichten erzählt, so dass für den Besucher die aufregende Zeit aus den Anfängen der Beat- und Rockmusik wieder lebendig wird.

Und hier der Spezial-Bonus für die Leser, die diesen WOMO-Führer vorweisen können: Beim Eintrittspreis für Erwachsene gilt die Studenten-Ermäßigung!

Wir ziehen weiter, verlassen die ***„Stadt der Birken“*** auf der **E12/Mo i Rana** und rollen auf dem ***Blå vägen*** durch das Tal des ***Umeälv***, eine grüne Wiesen-Welt mit bewaldeten Hängen. Bei der Abfahrt nach **Norrfors** und **Hällristningra** verlassen wir die Piste, folgen den Hinweisen zur (letztgenannten) vielversprechenden Sehenswürdigkeit beharrlich und landen erst einmal auf einem Mini-Parkplatz in der Nähe der Staumauer, um uns schließlich doch den Fahrweg links am Kraftwerkstor vorbei hinab zu wagen, wo uns ein freundlicher Wiesenplatz erwartet.

(303) WOMO-Picknickplatz: Fiskodlingen

GPS: N 63° 52‘ 48.2“ E 20° 01‘ 30.2“.
Max. WOMOs: 1-2.
Ausstattung: Leicht unebenes Wiesengelände mit Info-Tafel, Schutzhütte, Feuerstelle, Holzvorrat, Picknickbänken, Trockenklo und Müllbehälter.
Beschreibung: Landschaftlich schöne und zudem geschützte Lage. Laufen Sie nicht beim Zugang zu den Felszeichnungen vorbei! War zuletzt ziemlich zugewachsen.
Zufahrt: Siehe Text.

Also mal wieder Felszeichnungen aus grauer Vorzeit! Im Jahre 1984 sind etwa 60 davon im trocken liegenden Flussbett entdeckt worden. Sie sollen über 4000 Jahre alt sein und wir sind auch schon auf dem hölzernen Komfort-Weg unterwegs, um sie zu suchen. Hier ein kleiner Tipp, weil die sicherlich seinerzeit mühsam eingeritzten Urzeit-Tiere so blass sind: Sie finden sie am Ende des Holz-Steg-Weges links.

Zurück zur Tourstrecke rollen wir durch **Norrfors**, überqueren per Brücke die Gleise, halten uns **links/Lycksele** und bewegen uns eine ganze Weile parallel zur **E12**, bevor wir diese bei **Gubböle** wieder Richtung **Mo i Rana** entern. In **Vännäs** queren wir den breiten ***Vindelälv***, wechseln auf die **92/Dorotea**, kreuzen ein letztes Mal den ***Umeälv*** und erfreuen uns auf den folgenden Kilometern auf dem ***Konstvägen Sju Älvar*** an vielen hintersinnigen, meist bizarren Kunstwerken in der Landschaft, von denen allerdings leider einige in den letzten Jahren demoliert oder gar entfernt wurden. Doch hier bei der Zufahrt zum **Vännäs Centrum** finden wir gleich eins: das ***Feuer-Sofa*** (N 63° 55‘ 21.3“ E 19° 45‘ 17.9“), eine beheizbare

Auf der **92/Dorotea** schnüren wir nun 17 km durch ein Anglerparadies, und rechts vor der ***Lögdeälv***-Brücke lädt ein freundlicher Picknickplatz [**305**: N 63° 59' 27.8" E 18° 47' 55.5"] samt Trockenklo und buntem ***Konstverk*** zur Pause, die man zu einer Wanderung in die unberührte Landschaft vom ***Ekopark Käringberget*** ausweiten könnte. Direkt hinter dem Fluss geht es rechts zu lauschigen Plätzen am selbigen und 6,8 km später in einer Rechtskurve (versteckt) nach links

zu einem Anglerplätzchen am wunderschönen ***Stensjön*** [**306**: N 64° 00' 58.3" E 18° 41' 08.7"]. Unsere Wellenschaukel-Straße führt uns wieder mal nach ***Lappland*** hinein und sogleich reisen wir durch landschaftlich besonders reizvolles Terrain, rechts hinter dem Wald blinkt ein stiller See, doch bevor es für Sie auf dieser Genuss-Tour weitergeht, fahren Sie doch einmal nach **Fredrika** hinein, wo es einen liebreizenden Campingplatz zu entdecken gilt.

(307) WOMO-Campingplatz: Fredrika-Braber

GPS: N 64° 04' 33.3" E 18° 25' 04.4". **Öffnungszeiten**: Ganzjährig.

Ausstattung: Familiär und ausgesprochen freundlich geführter Platz (Betreiber aus NL), schöne Wiesenplätze am See, Badestelle, Gastronomie, Angelrevier, Bootsverleih, Minigolf, gepflegte Sanitärräume, Waschmaschine und Trockner. Preise: 265 SEK ohne / 295 SEK mit Strom.
Beschreibung: Ruhiger, herrlich am See gelegener Platz für Freunde der Natur. Alle Infos: campingfredrika-braber.com.
Zufahrt: Siehe Text, vor Ort gut ausgeschildert.

Nun passieren wir ein sumpfiges Grasbüschel-Gewässer und danach im goldenen Abendlicht den Damm über den ***Norrgravsjö***, der mit seinen felsigen Bauminseln links aussieht wie ein Indianer-See. Ganz verzaubert von der Szenerie stoppen wir an der nächsten Parkbeule (N 64° 04' 47.1" E 18° 17' 48.2") beim ***Geweih-Konstverk*** und gehen zu Fuß noch einmal zurück, um diesen ausgesprochen stimmungsvollen Anblick gründlich auszukosten. Schon 4,5 km später verlassen wir die komfortable Straße nach links und poltern auf 24 km Rubbel-Piste dem ***Nationalpark Björnlandet***, unserem nächsten Wanderrevier, entgegen, dies gelegentlich sogar mit 50 Sachen und erreichen nach schier endlosen 45 Minuten leicht verstaubt und einigermaßen entnervt unser einsames Quartier am Bären-Wald, doch diesmal gilt: Das Ziel lohnt den Weg! Beim abendlichen Rundgang am See genießen wir die unglaublich friedliche Atmosphäre, ein Schwanenpaar gleitet vornehm über das spiegelglatte Wasser, und über allem liegt eine fast feierliche Stille. Das Umfeld hier wurde in den letzten Jahren komplett umgestaltet und bietet alles, was man für ein WOMO-Wanderquartier so braucht, neuerdings sogar einen eigenen WOMO-Parkplatz.

(308) WOMO-Wanderparkplatz: Björnlandet (330 m ü.M.)

GPS: N 63° 58‘ 11.0“ E 18° 03‘ 30.9“. **Max. WOMOs**: 3-5.

Ausstattung: Ausgewiesener WOMO-Parkplatz links vor der finalen Wendeschleife, dort Trockenklo und Picknickbank, nach 150 m Bretter-Wanderweg gibt es links ein Picknickareal mit Feuerstelle und Holzvorrat und unterwegs dorthin eine Relief-Karte mit den Wanderwegen und eine Quelle samt hölzerner Schöpfkelle.
Beschreibung: Nachts ruhig und einsam.
Parkplatz-Alternative für kurze WOMOs: An der finalen Wendestelle, siehe oben.
Zufahrt: Siehe Text, zuletzt den Hinweisen **Entré Angsjö** folgen.

Wander-Tipp 1:
Guldbäcksleden / orange Markierung (7,7 km/4 h).
Leichte Bergschuhe und Stöcke empfohlen.

Das verspricht heute wieder ein warmer Tag zu werden, denn schon zum Frühstück haben wir bei wolkenlosem Himmel 20°C, perfekt für unsere Wanderung. Heute geht es auf komfortabel angelegten und neu markierten Wegen durch einen sehr jungen und dazu eher kleinen Nationalpark, eines der wertvollsten Urwaldgebiete Schwedens. Das

Gelände wird von Kiefernwald dominiert, der mit gewaltigen Felsblöcken durchsetzt ist. Wir starten bei der Picknick-Station auf dem Bohlenweg am ***Angsjö*** entlang, dann folgt ein Sumpfgebiet mit üppigen Moltebeer-Vorkommen. Nach 10 Minuten ist erstmal Schluss mit Bohle, es geht dann auf Wurzelpfad durch den Felsen-Wald stetig bergan. Unterwegs sieht man riesige abgestorbene Bäume und kann an markierten Exemplaren Spuren von Waldbränden der letzten Jahrhunderte erkennen. Jetzt geht es durch Heidelbeerwald, ringsum sieht man bemooste Felsen und Bartflechten von den alten Bäumen hängen, eine Kulisse wie aus dem Märchen. Bei der Weggabelung halten wir uns rechts, nun blasen wir zum Gipfelsturm, doch der

Anstieg fällt dezent aus. Wir erreichen nach insgesamt 90 Minuten entspannten Wanderns den Rastplatz auf dem Felsen-Stapel des ***Björnberget*** (484 m ü.M.; N 63° 58' 56.8" E 18° 02' 11.6"), zelebrieren hier ein ausführliches Picknick und schauen ganz versonnen hinab auf den ***Angsjö***, unseren „Haussee“ im Tal. Wir halten uns anschließend weiter an die orange Markierung, schlängeln uns durch Felsen, schnüren auf einem Holzbohlen-Pfad entlang, dann geht es auf einem weichen Waldweg hinab, an einem Orchideensumpf vorbei und gleich auch wieder bergauf. Hier oben kann man schon wieder eine schöne Aussicht genießen: ein herrlicher

Blick über den Sumpf und die Bäume hinüber zu den bewaldeten Bergen. An der folgenden Gabelung halten wir uns links, der weitere Weg führt durch ein Bachtal, am ***Guldbäcken*** plätschert malerisch das Wasser talwärts, dann geht es schier endlos durch mit Felsbrocken gespickten Wald und wir biegen schließlich zur Schutzhütte ***Angsjökojan*** ab, in der es 6 Schlafplätze und davor einen komfortablen Picknickplatz mit Feuerstelle, Holzvorrat und Trockenklo gibt. Unten am Ufer kann man schon über den „Zielsee“ hinweg den Wanderparkplatz vom ***Entré Angsjö*** sehen, zu Fuß sind es noch 1,3 km bis dahin, die aber zügig abgespult werden, denn am Ziel lockt ein Erfrischungsbad im See.

Wander-Tipp 2:
Angsjöleden / rote Markierung (4,9 km/4 h).
Stabile Bergschuhe und Stöcke empfohlen.

Das sollte eigentlich die Senioren-Wanderung werden. Einmal um den kleinen ***Angsjön*** herum, schnell erledigt. Denkste! Es ist abschnittsweise ein mühsames Gekraxel, absolut nix für in irgendeiner Weise mobilitätseingeschränkte Kandidaten.
Der Start ist natürlich elegant: Direkt beim Wohnmobil-Parkplatz geht es los, wir absolvieren die Runde also im Uhrzeigersinn und beginnen mit einem Bohlenweg am Sumpf entlang. Anschließend wandern wir auf schmalem Wurzelpfad durch den Wald, queren einen Bach über eine kleine Brücke, kämpfen uns dann eine Viertelstunde lang den steilen Anstieg hinauf und sind nun endgültig auf Betriebstemperatur. Am Hang geht es auf der Höhenlinie weiter und dann nochmal steil hinauf, doch wir werden oben mit einer prächtigen Aussicht auf den See, der still und friedlich in der Tiefe daliegt, belohnt. Wir freuen uns über die Pausenbank und üppige Blaubeervorkommen, die erste Trinkflasche ist schon mal leer und der Puls wieder im Normalbereich. Also weiter! Nach 15 Minuten gabelt sich der Weg, wir bleiben dort **geradeaus/ Entré Angsjön/Angsjökojan**, kämpfen uns tapfer auf gelegentlich steilem Weg auf und ab durch den Wald, sind heilfroh, dass wir die Stöcke dabei haben, erfreuen uns an wunderschönen Ausblicken und können sogar schon die Rauchfahne unserer Brotzeithütte erahnen. Doch bevor wir den gemütlichen Rentnerpfad dorthin erreichen, geht es erst einmal richtig steil und ziemlich anspruchsvoll an Felsen vorbei und mit Baum-Gehangel vorsichtig hinab. Dann schnüren wir weiter, haben nun die kniffligsten Passagen hinter uns, naschen von den reifen Moltebeeren am Wegesrand, queren per Brückchen einen Bachlauf und erreichen dann schließlich die ***Angsjökojan***, wo wir Feuer machen und uns dem (für uns) üblichen Imbiss widmen: Geröstete Würste am Teleskop-Spieß. Der Rest des Weges entspricht den letzten 6 Zeilen vom **Wander-Tipp 1** plus das kurze Stück vom See zum Stellplatz zurück.
Resümee: Herrliche Wanderung, aber bitte nicht unterschätzen!

Mit Blick auf bewaldetes Mittelgebirge fahren wir in angemessenem Tempo zurück zur **92**, halten uns Richtung **Åsele** und stoppen nach 11 km in **Tallsjö** (N 64° 08‘ 28.3“ E 18° 01‘ 28.0“), um eine Runde im klaren See zu schwimmen. Die nächsten Möglichkeiten für eine gepflegte **WOMO**-Pause bieten sich 14 km weiter in **Borgsjö**: eine zum Baden, eine fürs Picknick und beide am gleichen See.

(309) WOMO-Badeplatz: Borgsjö

GPS: N 64° 11' 30.2" E 17° 47' 02.3". **Max. WOMOs**: 1-2.

Ausstattung: Badestelle mit Sandstrand und Steg, Feuerstelle, Picknickbänke, Trockenklo, Müllbehälter. Gut geeignet für **WOMOs** bis 7 m Länge.
Beschreibung: Geschützter Platz für Badefreunde, ruhiger als **(310)**.
Zufahrt: Dem Abzweig nach **Borgsjö/Nordanås** nach rechts folgen, nach 500 m links auf schmalem Fahrweg in den Wald, an der Gabelung links halten, am Ende Parkbuchten zwischen den Bäumen.

(310) WOMO-Picknickplatz: Borgsjö

GPS: N 64° 11' 36.5" E 17° 46' 25.4". **Max. WOMOs**: 2-3.
Ausstattung: Parkplatz am See mit geschotterten Buchten unter Bäumen, Wasserpumpe, Picknickbänke, Schutzhütte mit Feuerstelle, Trockenklo, Müllbehälter, Bademöglichkeit.
Beschreibung: Gute Ausstattung, aber straßennnah.
Zufahrt: An der **92**, 500 m hinter dem Abzweig **Borgsjö/Nordanås** rechts.

Die **92** windet sich nun leicht bergan wie ein Wurm durch die bewaldeten Berge voraus, die **365** gesellt sich zu uns und wir erreichen **Åsele**, einen alten Handelsplatz in Lappland. Wir queren die **90** – nach rechts geht es zum **Rastplats Kullerbacka mit Latrine** (N 64° 10' 09.0" E 17° 22' 16.8") und zum Campingplatz – und den ***Ångermanälv*** und dringen zum **Centrum** vor. Unterwegs sehen wir die lustige Ortswappen-Skulptur mit roter Schwarzwald-Bommel und folgen dem Hinweis nach links zur **Touri-Info**, wo man stets reichlich Parkraum vorfindet. Dann geht's zu Fuß durch den fast menschenleeren Ortskern in die ***Lillgatan*** zur ***Konditori Kronan*** (Di-Fr 9-17, Sa 10-15 Uhr, So 11-15 Uhr), die 1943 gegründet wurde und heute mit ihrer altmodischen Ausstattung, dem besonderen Flair

und den ofenfrischen Leckereien aus der Souterrain-Bäckerei bei Gästen aus nah und fern Kultstatus genießt, selbst wenn das Sortiment deutschen Genuss-Ansprüchen nicht ganz genügt. Zuletzt haben wir hier Umbauten registriert: Man hat sich mit dem benachbarten Blumen- und Geschenkeladen zusammengetan.

Vom Café aus sieht man schon die imposante ***Åsele kyrka*** , die man von hier aus auf elegantem Weg erreicht. Man kann sich kaum vorstellen, dass sich in diesem Geister-Ort am 3. Wochenende im Juli um die 100.000 Besucher zum ***Åsele Marknad***, dem größten Volksfest ***Nord-Schwedens*** treffen.

Wir kehren zurück zur **90**, biegen rechts ab Richtung **Sollefteå**, fahren nun auf dem ***Sagavägen*** gen Süden und registrieren zwei kleine von den Gemeinden betriebene WOMO-Stellplätze: der erste in **Östernoret** und der zweite in **Gafsele**.

(311) Offizieller WOMO-Stellplatz: Östernorets Bygdegård

GPS: N 64° 06‘ 10.2“ E 17° 19‘ 29.5“. **Max. WOMOs**: 3.
Ausstattung: 3 Stellplätze auf Schotterwiese, Strom, freies WiFi, Grillhütte mit Holzvorrat oberhalb vom ***Ångermanälv***, Stühle und Bänke auf der überdachten Terrasse vom **Bygdegård**.
Beschreibung: Ruhige Lage, weil etwas weg von der Tourstraße. Gebühr 2022: 50 SEK ohne / 100 SEK mit Strom, bar in die Box.
Zufahrt: In **Östernoret** den Hinweisen nach rechts auf den „Orts-Bypass“ folgen, dann nach 450 m rechts.

(312) Offizieller WOMO-Stellplatz: Gafsele Bygdegård

GPS: N 64° 00‘ 17.3“ E 17° 16‘ 22.1“. **Max. WOMOs**: 6.
Ausstattung: 6 Stellplätze auf Schotterwiese am Waldrand beim **Bygdegård** mit Strom, Grillhütte mit Holzvorrat, freies WiFi, Wasserhahn. Badestelle am ***Ångermanälv*** ganz in der Nähe.
Beschreibung: Schöner Platz. Gebühr 2022: 100 SEK, bar in die Box.
Zufahrt: 11 km nach dem Ende des **Östernoret-Bypasses** 100 m rechts rein, dem Hinweis nach.

Die **90** führt uns an Seen vorbei und durch ausgedehnte Wald- und Sumpfgebiete nach **Hälla**. Dort gibt es gegenüber dem Abzweig zur **348** in einem eher unauffälligen Häuschen ein weiteres und zu Recht gerühmtes Ziel für Nostalgiker: das ***Hälla 50-tals Café*** (N 63° 56‘ 17.4“ E 17° 16‘ 50.6“, Juni - August tgl. 10-18 Uhr), seit 2011 engagiert geführt von der Niederländerin ***Christien Fox***. In der originalen

Ersteinrichtung von 1953 findet man liebevoll gepflegtes Mobiliar und Stilelemente, die man schon fast vergessen hatte. Das Ambiente ist toll, der Kaffee schmeckt richtig gut, ein Pausenerlebnis, das man nicht auslassen sollte. Besonders stolz ist die Chefin auf den ersten Platz bei cafekartan.se, einem Ranking der beliebtsten Cafés in **Schweden**.

In **Hälla** geht es auf der **348/Bredbyn** weiter, wir schaukeln auf kurvenreicher Strecke und welliger 60er-Piste durch recht eintönige Nord-Landschaft mit Sumpf-Seen und freuen uns deshalb über kleine Abwechslungen wie den **Badeplatz am Gafselsjön** [**313**: N 63° 47' 32.3" E 17° 34' 34.0"] rechts und die stolze ***Kirche von Solberg*** (8-20 Uhr; N 63° 47' 32.4" E 17° 38' 15.1"), zu der es 3 km weiter links für 300 m steil den Berg hinauf geht, und die uns mit ihrer ungewöhnlichen Architektur überrascht. Sie wurde 1917 im Stil der schwedischen National-Romantik gebaut, den norwegischen Stabkirchen nachempfunden und zeigt innen schlichte Eleganz mit viel Holz.

In **Solberg** staunen wir über den kleinen „Wir-haben-alles-Landhandel namens ***HANDLA'N***, wo man von 12-13 Uhr bei Bedarf sogar Lunch bekommt. Wir streben nun weiter auf der **348**, dem ***Sagavägen***, der Küste entgegen, wo uns auf relativ ereignisfreier Strecke mit Wald, Fluss und Oser-Landschaft noch zwei bemerkenswerte Badeplätze auffallen.

(314) WOMO-Badeplatz: Åskasjö

GPS: N 63° 36' 44.8" E 17° 53' 24.4". **Max. WOMOs**: >5.

Ausstattung: Langer Badestrand, Schutzhütte, Trockenklos, Müllbehälter, Picknickbänke, Feuerstellen.

Beschreibung: Beliebter **WOMO**- und Caravan-Treffpunkt.

Zufahrt: 10,5 km hinter **Pengsjö** bzw. 3,7 km hinter dem Abzweig nach **Rödvattnet** nach rechts (ohne Hinweis) auf einen Schotterweg abbiegen, nach 500 m Parkraum am See im Hochwald rechts.

(315) WOMO-Badeplatz: Flärkensbadet

GPS: N 63° 30' 23.8" E 18° 05' 01.1". **Max. WOMOs**: 2-3.
Ausstattung: Liebevoll gestaltetes Freizeitareal, Badestrand mit Steg (Badethermometer) und Sprungturm, Picknickbänke, Sport- und Spiel-Anlagen, Buddelspielzeug, Toilette mit Wasserbehälter, Seifenspender und Handtuch, Hundeverbot.
Beschreibung: Knapper Parkraum. Bitte dezent nutzen, denn das ist die sorgfältig betreute Badestelle der Dorfgemeinschaft.
Zufahrt: In **Norrflärke** 400m, nach Ortseingang dem Badplats-Hinweis nach links folgen, nach 1 km Badestelle am See.

Die liebliche Landschaft mit bewaldeten Bergen und weiten Wiesen mit roten Holzscheunen ist eine Wohltat fürs Auge, wir fahren an **Bredbyn** vorbei, sehen rechts einen eigenwilligen Schindel-Turm, wollen den von der Nähe betrachten und folgen am nächsten Abzweig dem Hinweis zur ***Anundsjö k:a*** (N 63° 26' 42.0" E 18° 07' 02.9") nach rechts. Vom extra prächtigen, 20 m hohen Glockenturm angelockt, schauen wir uns

auch die eher unscheinbare Kirche an und entdecken ein wahres Juwel mit wunderschönem Rokoko-Altarbild, einer farbenfrohen und reich verzierten Holzkanzel und einem sehenswerten Taufbecken aus dem 17. Jahrhundert. Auf Knopfdruck am Pfeiler gibt es sogar Hör-Infos auf Deutsch samt Orgel- und Glockenklang.
Die **348/Örnsköldsvik** verlassen wir schließlich (Achtung! Kurz vor der **E4**!) nach rechts zur **335/Sollefteå** und sind unterwegs zu einer, zumindest für schwedische Verhältnisse exotischen Sehenswürdigkeit, der ***Straußen-Farm*** (N 63° 17' 43.9" E 18° 25' 23.7", Ende Juni bis Ende August tgl. 12-19 Uhr, Eintritt 2022: Erw. 20 SEK, Kinder unter 6 J. 10 SEK, unter 1 J. frei; strutsfarmen.se) in **Gerdal**, halten uns dazu nach 1,5 und weiteren 6,7 km jeweils rechts und folgen dann den **Strutsfarm**-Hinweisen zum nahen Ziel. ***Mona*** und ***Niklas Persson*** haben hier in den letzten 25 Jahren mit viel Enthusiasmus und Liebe

zum Detail ein Kleinod geschaffen, wo man diesen faszinierenden und neugierigen Tieren hautnah begegnen kann, eine besondere Erfahrung, die nicht nur Kinder begeistert. Doch es handelt sich keineswegs nur um einen reizenden Klein-Zoo, denn die Tiere werden nicht nur gezüchtet, sondern auch geschlachtet und ziemlich komplett verwertet, was man im Gäste-Blockhaus auf der Restaurant-Speisekarte (getestet und sehr zu empfehlen: Straußenfilet mit Madeira-Sauce) und den kreativen Souvenirs im Shop sehen kann, wo das Sortiment von Lesezeichen mit Federpuscheln über interessanten Schmuck bis zu Schuhen aus Straußenleder reicht. Der unumstrittene Star der Truppe ist Chef-Strauß ***Egon***, der wiegt 150 kg und sorgt mit seinen Lieblingshennen fleißig für Nachwuchs, der dann zuerst in der Brutstation aufgepäppelt wird und später im Extra-Gatter zur Schlachtreife heranwächst. Übrigens gibt es das Sinnbild vom „Vogel-Strauß-Prinzip" auch im Schwedischen, doch die Tiere stecken den Kopf nicht in den Sand, um der Realität zu entfliehen, sondern es sieht von weitem nur so aus, wenn sie in der Nest-Grube ihr Gelege umsorgen. Nun sind wir schon vor den Toren der bunten und trubeligen Küstenstadt **Örnsköldsvik** gelandet und haben quasi als „Sprungbrett" dahin einen komfortablen Touringplatz gefunden.

(316) WOMO-Campingplatz: Överhörnäs

GPS: N 63° 17' 16.8" E 18° 34' 35.3". **Öffnungszeiten**: Sommersaison.

Ausstattung: Sehr gut ausgestatteter, perfekt organisierter wie gepflegter und zudem schön am ***Moälven*** gelegener Platz. Moderne Sanitäranlagen, gute Ver- und Entsorgung, Grillplatz, Spielplatz, kostenlose Elektroautos für Kinder, Boule-Platz, Bootsverleih, Badestelle, freies WiFi.

Beschreibung: Seit 2018 betreiben ***Matias*** und ***Jens*** diesen Platz. Man kann wohl sicher davon ausgehen, dass sie Rotwein-Freunde sind, wenn die Wege auf ihrem Platz solche Namen wie ***Pinot noir***, ***Merlot***, ***Malbec*** und ***Zinfandel*** tragen. Bemerkenswert ist das hochmoderne Self-Check-in-System.

Preise 2022: Ab 240 SEK mit Strom, overhornascamping.se

Zufahrt: Die **335** Richtung **Örnsköldsvik** fahren, beim Abzweig der **348 geradeaus/Överhornäs** bleiben, dann nach 500 m links.

Straußenfarm
Gerdal
Ö-vik
Domsjö
Aktivator Park
Bjästa
Köpmanholmen
Näske
Skuleberget
Skuleskogens NP
Docksta
Käl
Käxed
Höga Kusten
Gallsäter
Nordingrå
Nora
Ångermanälven
Höga Kustenbron
Berghamn
Detail-Karte im Text
Bottnischer
Meerbusen
Härnösand
Technichus u. Bilmuseum
Härnön
Ypsilon
Timrå
Alnön
Hartungviken
Sundsvall
Svartvik
Gasflaschen-Füllung
Bänkårsviken
Bergafjärden
Njurundabommen
25 km
TOUR 12

TOUR 12 (ca. 350 km)

Örnsköldsvik - Skuleskogen - Nordingrå - Härnösand - Alnön - Sundsvall

Stellplätze:	Örnsköldsvik, Skuleskogen Nationalpark, Näske, Gällstasjön, Bönhamn, Naturreservat Rotsidan, Omnebadet, Storsand, Högklinten, Berghamn, Hornöberget, Härnösand, Smitingen, Bänkåsviken, Sundsvall, Svartvik, Bergafjärden.
Campingplätze:	Skuleberget Havscamping, FryluftsByn, Barsta Hamn, Norrfällsviken, Smitingen, Bergafjärden.
Baden:	Skuleskogen Nationalpark, Käxed, Bönhamn, Naturreservat Rotsidan, Omnebadet, Storsand, Smitingen, Hartungviken, Bänkårsviken, Bergafjärden.
Besichtigen:	Örnsköldsvik (Stadtbild, Själevads kyrka), Skuleberget Naturum, Nordingrå kyrka, Barsta Kapelle, Mannaminne, Härnösand (Stadtbild, Bilmuseum und Technichus), Ypsilon in Timrå, Sundsvall (Stadtbild, Norra Stadsberget).
Wandern:	Skuleskogen Nationalpark , Naturreservat Rotsidan, Smitingen.

Wenn man so aus dem verträumten Binnenland ***Nord-Schwedens*** zurück zur Küste kommt, muss man sich an das vergleichsweise geschäftige Treiben erst einmal gewöhnen. Doch obwohl wir seit **Umeå** nur 100 km „Waterkant" ausgelassen haben und uns immer noch 600 km nördlich von **Stockholm** befinden, spürt man in **Örnsköldsvik**, der Provinzhauptstadt von ***Ångermanland***, deutlich, dass es einen direkten Zusammenhang zwischen Wohlstand, wirtschaftlichem Aufschwung und Umweltbelastung gibt, denn in dieser landschaftlich wunderschön gelegenen Stadt ist es laut und die Industrieanlagen sondern Gerüche ab, die man in den stillen Wäldern ***Lapplands*** nicht vermisst hat. Der berühmteste Sohn dieser „Boomtown" am Schärenmeer, die nach dem verdienstvollen Regierungspräsidenten ***Per Abraham Örnsköld*** (1762-1769) benannt wurde und hier nur **Ö-vik** heißt, ist zweifellos der Eishockey-Profi ***Peter Forsberg*** (geb. 1973), der zu Beginn seiner Karriere beim städtischen Kultverein ***MoDo*** gespielt hat, seit 1995 in der ***NHL*** Dollar-Millionen scheffelte, zu den Weltbesten seiner Zunft gehört, gegen Ende seiner Karriere zu seinem Heimatclub zurückkehrte, um diese dann 2011 nach einem Jahr bei ***Colorado Avalance*** engültig zu beenden.

Ö-vik war in den vergangenen Jahren einigermaßen gezeichnet durch Großbaustellen für das ehrgeizige Bahnprojekt ***Botniabanan***, der 190 km langen Hochgeschwindigkeitstrasse zwischen **Nyland** und **Umeå**, die nun in der Stadt an zwei neuen Bahnhöfen Station macht. Damit Sie im weit verästelten Städtchen nicht orientierungslos herumirren, führen wir Sie auf getesteter Route zu den Sehenswürdigkeiten. Kurz nach dem ***Strutsfarmen***-Abzweig trifft die **348** auf die **E4**, wer diesen Abstecher auslassen möchte, rollt schon mal Richtung **Sundsvall** weiter, die Teilnehmer der Stadtrundfahrt kommen mit uns Richtung **Ö-vik.** An der Ausfahrt von (**316**) halten wir uns links,

fahren parallel zur **E4** auf dem ***Hörnäsvägen***, queren nach 1,7 km eine Kreuzung und pausieren sogleich bei der ***Själevads Friluftscentralen*** links [**317**: N 63° 17‘ 24.4“ E 18° 36‘ 52.0“], einem freundlichen Naturrastplatz am ***Moälv*** mit Bootsverleih, Sommercafé, Picknickbänken und Minigolf. Gegenüber thront die prächtige ***Själevads kyrka*** (Di-Fr 8-15 Uhr) auf dem Hügel, die man von hier aus nach

einem kurzen Fußweg über die Brücke (für Lauffaule hier der Parkplatz: N 63° 17' 36.0" E 18° 36' 32.1") schnell erreicht und das achteckige Schmuckstück aus der Nähe und von innen betrachten kann.
Keine 400 m nach [**317**] parken wir rechts beim außen eher unscheinbaren, aber innen wirklich riesigen Outdoor-Kaufhaus ***Naturkompaniet*** (N 63° 17' 18.1" E 18° 37' 15.4"), dem Outlet-Center der in **Ö-vik** ansässigen Weltfirma ***Fjällräven***. Da findet man all das Zeugs, von dem man bis eben noch nicht wusste, dass man es brauchen könnte. In meinem Falle ist es eine weitere Eisenpfanne. Was soll man machen? Die Produktvielfalt ist riesig, aber selbst die Schnäppchen sind hier teuer.
Fährt man nun auf der ***Brogatan*** weiter, erreicht man in **Domsjö** eine Kreuzung mit ***Gulf***-Tanke, wo wir rechts abbiegen, 500 m darauf links den Schildern nach ***Genesmon*** nachfahren und 1,6 km danach zum Parkplatz rechts im Sandkessel [**318**: N 63° 15' 07.7" E 18° 41' 56.5"] abbiegen, dem perfekten Ausgangspunkt für die Erkundung der Umgebung.

Wir schlendern durch den Hochwald hinunter zur Bucht zum ***Gene fornby***, wo ein 2000 Jahre alter Bauernhof ausgegraben und rekonstruiert wurde. Diese vormals anspruchsvoll gestaltete Besucherattraktion war leider zuletzt eingezäunt und wegen Baufälligkeit gesperrt. Die Perspektive ist unklar: Reparatur, Abriss oder weitere Verwahrlosung. Schauen Sie selbst! Vielleicht interessiert Sie ja die Badebucht oder gar der ***Aktivator Park*** mit Kletterpark und sonstigen familientauglichen Angeboten.
Auf gleicher Strecke geht es zurück zur ***Gulf***-Kreuzung, dort geradeaus rüber, kurz durch stinkende Industrie-Abgase und dann in Richtung Kirche zum zentralen Kreisverkehr, doch kurz vorher überrascht uns ein neues, ambitioniertes WOMO-Quartier der besseren Sorte.

(319) Offizieller WOMO-Stellplatz: Ö-vik Gästehafen
GPS: N 63° 17‘ 04.5“ E 18° 42‘ 33.2“. **Max. WOMOs**: 14 + 14 + X.

Ausstattung: 14 großzügig dimensionierte Asphalt-Stellplätze mit Strom, 14 weitere ohne und noch einige drum herum, Sanitärgebäude (WC und Duschen) mit Zugangs-Code, WiFi, Wasserhahn, Grauwasser-Entsorgung und Kassetten-Latrine. Gebühr 2022: 220 SEK ohne / 300 SEK mit Strom, zu zahlen im Restaurant. In der Hauptsaison sollte man hier nicht zu spät anreisen. Reservierung/Buchung nur für die Stromplätze möglich: ornskoldsviksgasthamn.se.
Beschreibung: Schöner Blick über die Hafen-Bucht zur bunten Sky-Line von **Ö-vik**, sehr ordentliches Italienisches ***Restaurant Saltmagasinet*** (11-14 Uhr Lunch) am Platz. Sehr straßennah.
Zufahrt: Siehe Text, 500 m vor dem City-Kreisel.

Für einen Tagesaufenthalt empfiehlt sich der Bezahl-Parkplatz auf der gegenüberliegenden Seite des Hafenbeckens an der ***Tullgatan*** [**320**: N 63° 17‘ 11.6“ E 18° 42‘ 56.7“], wo zwar ein spezielles Areal für Wohnmobile ausgewiesen ist, jedoch die Plätze direkt entlang der „Waterkant“ die beliebtesten sind.

Unterwegs dorthin sehen wir links voraus diese unglaubliche City-Sprungschanze, deren Auslauf spektakulär unter der ***Botniabana***-Brücke hindurch geht, halten uns am Groß-Kreisverkehr halbrechts und kommen am Spaßbad ***Paradiset*** vorbei, berühmt durch seine Wasserrutschbahn, mit 180 m eine der längsten weltweit. Wir starten unseren Rundgang durch das gepflegte **Ö-vik**, sehen uns im ***Rathaus***-Garten das ***„Lebens-Labyrinth"*** an, staunen über viele Skulpturen im Stadtbild und bewundern aufwändig angelegte Grünanlagen wie den ***Örnpark*** mit Granit-Adler von 1916 gleich neben dem ***Stora torget***.
Nun geht es auf der flott ausgebauten **E4/Sundsvall** aus der Stadt heraus und neuen Abenteuern entgegen. Auf uns wartet die spektakuläre Landschaft der ***Höga Kusten*** (zu Deutsch ***Hohe Küste***), die zum ***UNESCO-Weltkulturerbe*** gehört und mit besonders ausgeprägten Spuren die Landhebung vor Augen führt, denn die ehemalige Uferlinie liegt extrem hoch über dem heutigen Meeresniveau. Dieses einzigartige Naturphänomen lässt selbst heute, 20.000 Jahre nachdem das 3 km mächtige Inlandeis zu schmelzen begann, das Land 1 cm im Jahr aus dem Meer emporsteigen. Am eindrucksvollsten erlebt man die Landschaft im ***Nationalpark Skuleskogen***, unserem nächsten Ziel. Unterdessen sind alle drei Eingänge zu diesem faszinierenden Wandergebiet neu gestaltet, zuerst fahren wir zum **Entré Nord**, unserem Startpunkt für zwei erlebnisreiche Wanderungen. Auf dem Weg dorthin verlassen wir genau 10 **E4**-Kilometer nach dem **348**-Abzweig die hektische Rennpiste in Richtung **Köpmanholmen** und lassen uns über **Näske** dorthin führen.

(321) WOMO-Wanderparkplatz: Skuleskogen Entré Nord

GPS: N 63° 08' 06.6" E 18° 30' 58.1". **Max. WOMOs**: 3-5.
Ausstattung: Aufwändig gestalteter Zugangsbereich, geschottertes Parkplatz-Rondell, Trockenklos, Schutzhütte, Feuerstelle, Mülltrennung, Info-Tafel mit ***Skuleskogen***-Faltblättern auf Deutsch zum Mitnehmen, einsam.
Beschreibung: Keine WOMO-Abteilung mehr, aber hinreichend Parkraum ohne Beschränkungen.
Zufahrt: Anfahrt 12 km: Von der **E4** rechts auf die Landstraße nach **Köpmanholmen**, dort im Ort nach rechts, wie später auch in **Näske**, beharrlich den ***Nationalpark***-Hinweisen folgen, zuletzt 2,6 km naturell.

Wandertipp 1: Zur Slåttdalsskrevan (11 km / 5 h)
200 m nach Start auf dem Holzbohlen-Weg stoßen wir auf den eigentlichen Wanderweg, es geht zunächst leicht bergab durch den Wald auf die Küste zu und wir streifen nach 800 m die kleine Sandstrand-Bucht ***Salsviken***, wo man gut baden könnte. Wir sind auf dem ***Höga Kustenleden*** unterwegs, der uns schon mal an düsteren Felsen-Gebilden oberhalb vom Wasser entlang lotst und nach 1,6 km rechts abbiegt, unser Ziel ***Slåttdalsskrevan*** in 2,5 km in Aussicht stellt und auf rot markiertem

Wurzel-Felsen-Stolper-Pfad einigermaßen steil durch den Wald aufwärts führt. Wir queren eine verwunschene, üppig grüne Berg-Bach-Schlucht mit kleinem Wasserfall auf einer Holzbrücke, sind schon lange auf Betriebstemperatur und müssen immer mal ausgiebig trinken. Die Kraxelei geht noch 20 Minuten auf urigem, mit bemoosten Felsen gespickten

Parcours weiter, wir treffen auf einen Bergsee, hangeln uns an seinem Steinufer entlang und erreichen schließlich ein zauberhaftes Terrain mit Felsen, dünnem Nadelwald und einer Schutzhütte an einem See namens ***Tärnättvattnen*** und wären in dieser Karl-May-Filmkulisse zu gern Baden gegangen, haben aber nicht einmal ein Handtuch dabei. Zu diesem märchenhaften Areal sind wir nun fast eine Stunde lang aufgestiegen und befinden uns doch noch knapp unterhalb der einstigen Küstenlinie, denn durch das vormalige Ufer-Gelände aus Grobgeröll und rundgeschliffenen Granitblöcken geht es nun das letzte Stück in Richtung „fetter Bergklotz" hinauf. Man sieht sie erst, wenn man unmittelbar davor steht: Wie mit einem Zaubermesser durch den Bergfels gezogen tut sich die ***Slåttdalsskrevan*** vor uns auf, eine 7 m breite und 200 m lange Schlucht mit

40 m hohen, senkrecht aufragenden Felswänden zu beiden Seiten. Über ein mit Farnbewuchs dekoriertes Stein-Chaos stolpern wir sprachlos durch diese verrückte Rinne weiter aufwärts und streben der finalen Holztreppe entgegen, die zu einer Bank mit Gästebuch führt. Wenn man dann noch rechts auf die Felsen-Plattform hinaufturnt, kommen echte Gipfelgefühle auf, denn die ***Hohe Küste***-Landschaft liegt einem zu Füßen. Ein prima Picknick-Platz mit Aussicht auf das wüste Fels-Areal mit der Hütte gleich unterhalb am See, die zerfurchte Küstenlinie weiter hinten und die Inseln draußen im Meer, einfach betörend schön.

Unten am See gehen wir nicht auf dem rot markierten Hinweg zurück, sondern nehmen die blaue Markierung für den Rückweg, der allerdings für kleine Kinder und unsichere Gelegenheitswanderer zu gefährlich ist. Es geht Richtung ***Grotta***, dazu erst ein Stück um den Bergsee herum, dann links weg zu einem Felsplateau mit schönem Panorama und über einen Steg mit Blick in die gähnende Tiefe, doch die Grotte kommt erst danach. Wir halten uns Richtung **Näskebodarna**, bleiben weiter strikt auf blauer Markierung, gehen respektvoll an einer heiklen Passage um den Felsen herum, bevor wir ganz vorsichtig eine Furcht erregend steile Wackelstein-Rinne hinunterzittern, auf der man auf keinen Fall ins Straucheln kommen möchte. Schließlich führt uns ein Wurzel-Pfad abwärts, wir folgen dem querenden Weg nach links und haben noch 3 km auf vergleichsweise milder Strecke zurück zum Parkplatz **Näske** zurückzulegen.

Hinweis: Stabile Bergschuhe tragen und wenn vorhanden Stöcke benutzen, mehr als reichlich Proviant und vor allem Getränke mitnehmen, Badesachen nicht vergessen und Vorsicht bei Regen mit rutschigen Felsen und glitschigen Wurzeln.

Wandertipp 2: Küstenrunde mit Tärnättholmarna, Näskebodarna und Tärnättvattnen (15 km / 6 h)

Der Tourbeginn gleicht dem von **Wandertipp 1**, unterwegs registrieren wir reichlich frische Spuren von Biber-Aktivitäten am Birkenbestand, bleiben beim ersten Abzweig zur ***Slåttdalskrevan*** in Küstennähe und halten uns Richtung ***Näskebodarna***. Der Wurzelpfad mit seinen kleinen Kletterpassagen lässt sich flott gehen, nach einer Wanderstunde passieren wir den

Abzweig **„Slåttdalskrevan 2 km“** mit Steilaufstieg – von uns der „Grausame“ genannt – folgen aber dem Hinweis **„Tärnättholmarna 0,8 km“**, denn dort wollen wir zunächst hin. Nun wandern wir auf blauer Markierung, es geht abwärts durch den Wald, der Weg bietet gelegentlich Felsbrockenhindernisse und Bohlenpassagen und man erreicht bald die erste kleine Bucht mit Schutzhütte und Feuerstelle. Dank Landhebung und/oder Niedrigwasser gelangt man trockenen Fußes auf die erste Insel, trifft sogleich auf die nächste Komfort-Hütte im Wald, schnürt auf einem angenehmen Pfad durch den selbigen und stapft auf Strandsand hinüber auf die zweite Insel, die Rasthütte links voraus am Wasser schon fest im Blick. Hier zelebrieren wir unser Picknick, man könnte Feuer machen, die göttliche Ruhe genießen und ewig verweilen, doch wir haben ja heute noch einiges abzuwandern. Zunächst also eine halbe Stunde

lang zurück zum letzten Abzweig auf dem „Festland“ und dort nach links weiter: **„Näskebodarna 1,2 km“**. An dieser Bucht gibt es einige Ferienhäuser mit Booten, eine weitere offene Wanderhütte mit Trockenklo, einen Steg und eine Badestelle mit Sandstrand. Wir folgen nun stets der blauen Markierung erst auf schmalem, bemoostem Waldpfad und später über felsiges Terrain immer dem Ziel ***Slåttdalsskrevan*** folgend hinauf, erfreuen uns an zunehmend schönen Ausblicken auf die Schärenküste und lassen uns schließlich an der Feuerstelle an der Wanderhütte am ***Tärnettvattnen*** für eine ausgiebige Pause nieder, dieses Mal mit der kompletten Zeremonie: Baden im Bergsee und anschließender Brotzeit mit ***Köttbullar*** am Spieß am Trapperfeuer.

Den Aufstieg zur ***Slåttdalsskrevan*** lassen wir heute aus, denn zunehmende Bewölkung beeinträchtigt nun die Aussicht. Der Rest der Wanderung entspricht dem Anmarsch von **Wandertipp 1**, nur eben rückwärts: Immer Richtung **Näske** zunächst am steinigen Ufer des nächsten Sees entlang, dann über Bohlen durch den Sumpf, später den Wurzel-Stolperstein-Weg bergab, auf der Brücke über den Rauschbach, weiter hinab zur Küstenlinie und schließlich auf bekanntem Weg zum **WOMO** zurück.

Wir kehren auf bekannter Strecke nach **Näske** zurück und gehen dort den ***Ställplats***-Hinweisen nach, die wir schon auf der Hinfahrt registriert hatten und landen schließlich in einem beschaulichen Bootshafen, der einiges zu bieten hat.

(322) Offizieller WOMO-Stellplatz: Näske Lax

GPS: N 63° 09‘ 28.0“ E 18° 31‘ 11.0“. **Max. WOMOs**: 10.

Ausstattung: 8 Schotter-Stellplätze mit Strom und noch ein paar ohne. Sehr schöne Plätze an der Wasserfront, Picknickbänke, Grill-/Feuerstellen mit Holzvorrat, Wasserhahn, Toiletten-Container, Bootseinsetzstelle, kleiner Laden mit Räucherfisch und Tunnbröd. Gebühr 2022: 100 SEK ohne, 150 SEK mit Strom, bar in den Briefkasten oder während der Öffnungszeiten im Laden.
Beschreibung: In einem mit Netzen abgegrenzten Areal des Bootshafens schwimmen Lachse, die man angeln darf und anschließend nach Gewicht bezahlt: 125 SEK/kg. Angelgerät kann man vor Ort ausleihen. naskelax.se
Zufahrt: In **Näske** den Hinweisen folgen.

Über **Köpmanholmen** gelangen wir zur **E4** zurück, biegen Richtung **Sundsvall** auf, düsen durch Wald- und Wiesengebiet und sehen alsbald die Abfahrt zum **Skuleskogen Entré Väst**. Fährt man diesem Hinweis nach, erreicht man nach etwa 3 km Schotterpiste das nächste neu gestaltete Basislager am Rande des Nationalparks.

(323) WOMO-Wanderparkplatz: Skuleskogen Entré Väst

GPS: N 63° 07‘ 16.6“ E 18° 25‘ 25.4“. **Max. WOMOs**: 3-5.
Ausstattung: Sehr schön gestalteter Zugangsbereich, raffiniert gebaute Parkplatz-Doppelschlaufe mit viel Grün, sogar mit reifen Moltebeeren, Trockenklos, Schutzhütte, Feuerstelle, Mülltrennung, Wanderkarte. Von den 3 Eingangsbereichen ist dies für Übernachtungen der ruhigste.
Beschreibung: Der Parkplatz liegt am weitesten von den Park-Highlights entfernt und ist deshalb auch zu Spitzenzeiten nie richtig voll.
Zufahrt: Siehe Text.

Von der **E4** aus sehen wir voraus schon den prägnanten Bergklops ***Skuleberget*** liegen, der vor 10.000 Jahren als Felseninsel gerade mal 9 Meter aus dem Meer ragte. Hier kann man das ausgesprochen interessante ***Naturum Höga Kusten***

(9-19 Uhr, Eintritt frei, Café im Sommer 12-17 Uhr) besichtigen oder sich sogar an die ***Via Ferrata*** (viaferrata.se) wagen, die größte derartige Anlage Europas, um dort gegen Eintritt auf einem der mehr oder weniger extremen Klettersteigen über die Ostwand den Gipfel des ***Skuleberget*** zu erklimmen. **Achtung!** Das ist spektakuläres Steilwandklettern am Seil, die Ausrüstung kann ausgeliehen werden. Direkt bei diesem Alpinisten-Paradies kann man sich zum Picknick niederlassen und nach der erfreulichen Parkplatzumgestaltung stehen hier auch **WOMOs** über Nacht, komfortabler steht man aber sicherlich auf den beiden Plätzen danach auf dem Weg zum dritten Wanderstartpunkt vom ***Skuleskogen Nationalpark***, zu dem es genau gegenüber hinein geht.

(324) WOMO-Picknickplatz: Naturum Höga Kusten

GPS: N 63° 04‘ 17.8“ E 18° 21‘ 22.9“. **Max. WOMOs**: >10.
Ausstattung: Asphaltierter Parkplatz mit WOMO-Abteilung, Picknickareal, WC-Haus mit Latrine, Wasserhahn, straßennah.
Beschreibung: **Camping verboten!** Parkdauer maximal 12 Stunden.
Zufahrt: Siehe Text.

(325) WOMO-Campingplatz: Skuleberget Havscamping

GPS: N 63° 03‘ 58.6“ E 18° 21‘ 56.8“. **Max. WOMOs**: 39.

Ausstattung: Dieser Campingplatz ist eigentlich ein Bezahl-Stellplatz der modernsten Kategorie. Geschotterte Terrassen mit schönem Ausblick auf die Meeresbucht, Strom, freies WiFi, WC, Duschen, Picknickbänke, Spielplatz, Trinkwasser, Kassetten-Entleerung, Rezeption mit Kiosk, Restaurant ***Veåsand*** (16-22 Uhr). Keine (ausgefahrenen) Markisen erlaubt. Badestelle anbei. Geöffnet von Mai bis Oktober.
Preis 2022: 350 SEK inkl. Strom, Kartenzahlung am Automaten.
Ab 3 Tage Aufenthalt kann man vorbuchen: skulebergethavscamping.se.
Beschreibung: Direkt vor dem Platz starten und enden die Boots-Tages-Touren zur Insel ***Mjaltön***, Schwedens höchster Insel mit einem 236 m hohen Gipfel (im Juli an den Wochenenden). Trotz der Nähe zur **E4** nachts ruhig. Zuletzt war hier die nächste Ausbaustufe zu besichtigen: Es sind einige Miethütten am Hang hinzugekommen.
Zufahrt: Siehe Text, nur 750 m ab Abfahrt von der **E4**.

(326) WOMO-Wanderparkplatz: Skuleskogen Entré Syd

GPS: N 63° 05' 01.4" E 18° 28' 38.7". **Max. WOMOs**: 5.
Ausstattung: Das ist der als letzter umgebaute Nationalpark-Zugang, große Parkplatzschlaufe, Trockenklo, Picknickbänke, Kästen mit Info-Material auch auf Deutsch, große Übersichtskarte, Mülltrennnung, vom Info-Punkt aus schöner Blick auf die Küste. Von hier sind es nur 3 km bis zur ***Slåttdalsskrevan*** zu wandern.
Beschreibung: Das ist der meistfrequentierte Parkplatz am Nationalpark.
Zufahrt: Anfahrt 8 km ab Abzweig von der **E4**, immer den Nationalpark-Hinweisen folgen.

Keine 1,5 km auf der **E4** weiter hat der müde Wandersmann dann gute Chancen auf Erholung und Zerstreuung. Verlassen Sie die Turbo-Piste und schauen Sie sich ruhig mal um im ***FriluftsByn*** und am ***Gällstasjön*** an der südlichen ***Skuleberget***-Basis.

(327) WOMO-Campingplatz: FriluftsByn

GPS: N 63° 03' 56.1" E 18° 20' 07.3". **Öffnungszeiten**: Juni - September.
Ausstattung: Schöne Wiesenplätze, ordentliche Sanitäranlagen (Duschen 10 SEK), Rezeption mit Butik, Minigolf, Badesee, Bootsverleih, Indoor-Spielplatz, sowohl Wanderweg als auch Lift zum Skuleberget anbei. Preise 2022: 290/340 SEK ohne/mit Strom. friluftsbyn.se.
Beschreibung: Viele Freizeit-Angebote, etwas rummelig.
Zufahrt: Siehe Text, 900 m ab Abfahrt von der **E4**.

(328) Offizieller WOMO-Stellplatz: Gällstasjön

GPS: N 63° 04' 02.5" E 18° 20' 03.8". **Max. WOMOs**: 48.

Ausstattung: Wiesen- und Schotterplätze beidseits der (kaum befahrenen) Straße, also mit See-/Berg-Blick oder am Waldrand. Sanitärgebäude mit WC, Duschen und Camper-Küche, Picknick-/Feuer-Stellen, Abwasserentsorgung. Haltestelle vom Nationalpark-Bus. Preise 2022: 260/320 SEK ohne/mit Strom, zu zahlen am Automaten mit Karte. Mit dem Ticket erhält man den Code für das Sanitärgebäude.
Beschreibung: Praktikable Alternative zu Platz **(327)**.
Zufahrt: Nur 200 m hinter **(327)**.

Es geht dann durch **Docksta**, wo uns schon lange interessiert, was es mit dem örtlichen Schuh-Werksverkauf und der Schokoladen-Manufaktur auf sich hat. Also runter von der **E4**, gesucht und getestet:

Die ***Docksta Skofabrik*** (dockstasko.se) bietet in einem vergleichsweise hübsch gestalteten Outlet (Parkplatz: N 63° 03‘ 28.5“ E 18° 20‘ 10.2“) handgefertigte Schuhe an, doch bei genauer Betrachtung nur eine Sorte **Edel-Latschen** in vielen Varianten zu Mond-Preisen. Nix für uns.

Fährt man auf der Bypassstraße, dem ***Dockstavägen***, knapp 500 m in den Ort hinein, findet man rechts in einem eher

unscheinbaren Häuschen ***Jeltsjes Chokladpraliner*** (N 63° 03‘ 20.4“ E 18° 19‘ 38.5“, Mo-Sa 10-17, So 11-16 Uhr, jeltsjeschokladpraliner.se). Ein auskunftsfreudiger Herr aus den Niederlanden bietet Kaffee-Spezialitäten und Designer-Pralinen an, die im Nebenraum in Handarbeit hergestellt werden. Wir probieren jeder zwei Stück davon und befinden: Schön anzuschauen und hochpreisig, aber nach unserem Geschmack viel zu süß.

Wir fahren den **Docksta**-Bypass zu Ende, entern schließlich wieder die **E4** und rollen dann, speziell hinter **Sjöland**, wunderschön am Wasser entlang mit herzerfrischender Aussicht auf bewaldete Hänge und rote Häuser. Als nächstes steht ein ausschweifender Ausflug über die ***Nordingrå-Halbinsel***, einer beliebten Sommerfrische, auf dem Programm. Wir verlassen die **E4** genau 12,5 km hinter der ***Circle***-Tanke von **Docksta** in **Ullånger** nach **links/Nordingrå** und fahren auf unserer 130-km-Schlaufe erst einmal zum Zentralörtchen **Nordingrå**,

wo wir unterwegs einen **Info-Picknickparkplatz mit Latrine** (N 62° 56‘ 38.4“ E 18° 15‘ 07.1“) registrieren und uns dann direkt der ***Nordingrå kyrka*** (Parkplatz direkt gegenüber: N 62° 55‘ 44.2“ E 18° 17‘ 19.6“) zuwenden, die innen wesentlich mehr zu bieten hat, als man von außen vermutet. Uns überrascht ein freundlicher heller Innenraum mit viel Gold an der Kanzel, einem faszinierenden Altarbild mit filigran

geschnitzten Figuren und wertvollen Holz-Statuen. Der gut gelaunte wie beflissen agierende Kirchen-Guide führt uns ausgiebig die variable Bank zu Füßen der Madonna vor, deren Lehne wahlweise nach beiden Seiten geklappt werden kann. Draußen schreiten wir dann noch die Parade der falunroten Kirchenstallungen ab, von denen die mit der Nummer 7 zur Besichtigung geöffnet ist.

Weiter geht es nun Richtung **Bönhamn/Häggvik** auf der „Blümchen-Route“ und wir haben rechts den ***Vågsfjärden***, eine abgeschnittene Meeresbucht, die noch vor 150 Jahren durch einen schmalen Sund mit der Ostsee verbunden war und jetzt im Ergebnis der Landhebung zum Binnensee geworden ist. Für einen Fotostopp halten Sie am besten hier: N 62° 55‘ 15.1“ E18° 17‘ 56.3“. Kurz nach dem **Häggvik**-Abzeig kommt man zum beliebten Ausflugsziel ***Mannaminne*** (N 62° 54‘ 39.1“ E 18° 18‘ 08.6“, 25.6.-31.8. 10-18 Uhr, Eintritt, bis 18 J. frei, mannaminne.se), das auf jeden Fall eine Besichtigung wert ist.

Hier hat der Stockholmer Künstler ***Anders Åberg*** (1945 -2018) zusammen mit seiner Frau ***Barbro*** schon 1980 damit begonnen, sein kleines Reich, so eine Art Museumsdorf zu schaffen, das in keine Schublade passt. Der Besucher weiß nie so recht, ob das eine Kunstausstellung mit kreativen, meist hintersinnigen Installationen, ein Freilichtmuseum mit einer Sammlung von Gebäuden aus aller Welt oder ein Technikmuseum ist. Die Philosophie von ***Manneminne*** erklärt ***Anders Åberg*** so:

„Der Zweck von Mannaminne besteht darin, zu zeigen, wie „alles" zusammenhängt. Die Kultur hängt von Geschichte, Technik und Einflüssen aus nah und fern ab. Der Mensch ist getrieben von Neugier, Rastlosigkeit und der Fähigkeit, durch das kurze Leben für seinen Nächsten zu empfinden."

Da kann man mal drüber nachdenken! Ein ausführlicher Aufenthalt lohnt sich und ist ausgeprochen spannend. Bleibt zu ergänzen, dass das (selbstverständlich ausgesprochen hübsch gestaltete) ***Gasthaus*** (11-18 Uhr) gute Küche bietet und hier regelmäßig kleine Festivals von Jazz bis Dixieland stattfinden.

Nun bleiben wir strikt Richtung **Bönhamn**, es geht auf guter Straße durch eine Landschaft mit felsigem Bergwald und ausgedehnten Wiesen, bergauf und bergab und schließlich auf schmaler Schlängelzufahrt zum pittoresken Fischerdorf, wo man sich gleich am ersten Parkplatz rechts mit dem **WOMO** gut aufgehoben fühlt.

(329) WOMO-Stellplatz: Bönhamn

GPS: N 62° 52' 32.3" E 18° 26' 46.4".
Max. WOMOs: 3-5.
Ausstattung: Feinschotter-Parkplatz auf drei Etagen mit Felsen und Kiefern, Picknickbank, Müllbehälter. Gebühr 2022: 100 SEK/Nacht oder 10 SEK/Stunde bar in die Box. Am 2. Parkplatz 200 m weiter Toilettenhaus.
Beschreibung: Schöner Parkplatz mit lauschigen Ecken.
Zufahrt: Siehe Text.

Im reizenden **Bönhamn** saßen wir 2005 noch in ***Arnes Sjöbod*** draußen auf der See-Terrasse, aßen gebratenes Heringsfilet mit Kartoffelbrei, verfolgten dabei interessiert die Manöver der Freizeit-Käpitäne im Bootshafen und das lustige Treiben an der

Badestelle. Das ist lange her. Die aktuelle Dorfgastronomie fällt etwas bescheidener aus, findet in ***Bönhamns Brygga*** (9-20 Uhr, bonhamnsbrygga.se) statt und bietet kleine Speisen sowie Kaffee und Kuchen. Auf dem Rückweg zum Parkplatz stapfen Sie gerade an der kleinen unscheinbaren ***Kapelle*** aus dem Jahre 1659 vorbei, schauen Sie mal rein, es lohnt sich.
Wir fahren die Stichstraße zurück, folgen dem Hinweis **Nordingrå** nach rechts, dann zwei mal denen nach **Barsta** links,

wo uns in der blau schimmernden Bucht voraus ein beliebtes Urlauber-Ziel mit Hafen und Campingplatz erwartet.

(330) WOMO-Campingplatz: Barsta Hamn

GPS: N 62° 51‘ 47.8“ E 18° 23‘ 44.6“. **Öffnungszeiten**: Mai-September.
Ausstattung: Schön gelegen, Wiesen-Plätze beim Hafen, im Sommer sehr gut besucht, ordentliche Sanitäranlagen.
Beschreibung: Der Platz wird jetzt offenbar vom Restaurant ***Skutskepparn*** betrieben. Im Sommer sollte man vorab buchen: barstacamping.com.
Zufahrt: Siehe Text.

Hocherfreut stellen wir fest, dass das Restaurant ***Skutskepparn*** (12-21 Uhr, skutskepparn.se) nach langer Schließzeit wieder geöffnet hat, ein Lokal so recht nach unserem Geschmack mit Theke und amtlicher Küche. Steigen Sie unbedingt die Treppen am Hang hinauf zur ***Barsta Kapelle*** aus dem 17. Jahrhundert, die drinnen mit einer schlichten, aber liebevoll gestalteten Ausstattung überrascht und es umso eindrucksvollere Malerein zu bewundern gilt. Wir hängen den Schlüssel wieder an den Nagel zurück, verharren noch eine Weile und lassen die Blicke

über die malerische Idylle schweifen (Foto S. 290). Wer hier Station macht, kann die 2 km zu unserer nächsten Station im ***Naturreservat Rotsidan*** wandern, doch wir setzen samt **WOMO** dorthin um, kehren zur Rundfahrtstrecke zurück, biegen **links** Richtung **Sörle** und dann links zu besagtem Reservat ab. Gleich beim Abzweig werden die Caravans geparkt, denn die Zufahrt ist für Gespanne tabu. Warum? Zum Ziel-Parkplatz geht es auf schmalem Schotter-Fahrweg über recht steile Auf- und-Ab-Passagen durch den Wald.

(331) WOMO-Badeplatz: Rotsidan

GPS: N 62° 51‘ 02.8“ E 18° 22‘ 48.8“. **Max. WOMOs**: 3-5.
Ausstattung: Parkplatz im Hochwald, Trockenklo, Picknickbank, Feuerstelle (Holzvorrat) auf dem Weg zum Felsenstrand, Müllbehälter, Info-Tafel, 500 m zum Wasser. Ein Traumplatz!
Beschreibung: Der Parkplatz wurde etwas erweitert und bietet gute Chancen auf gepflegtes Meeresrauschen.
Zufahrt: Siehe Text, 1,8 km vom Abzweig.

Wir folgen den anderen Badegästen durch den Wald, die sich schließlich auf dem weitläufigen Felsenplatten-Areal gut verteilen, einem Refugium für Sonnenanbeter, die sich auf dem warmen Gestein aalen oder sich in familiären Campingstuhl-Verbänden beim Picknick vergnügen. Kaum jemand badet, was bei dem glasklaren Wasser verwundert, doch beim Selbstversuch (vor einigen Jahren) wird klar, warum: Es ist ziemlich kalt! Als ich mein mutiges Vorhaben äußerlich ungerührt, aber möglichst vorsichtig umsetzen will und über glitschige Algen-Steine balanciere, kommt es zur überraschenden Blitzabkühlung, dem ein tapferes Kurzbad folgt, so dass es aussieht wie

geplant. An so etwas ist bei unserem 2022er Besuch nicht zu denken, denn das Meer tobt und poltert, aber man kann prächtig über die Felsenplatten pilgern und dieses Naturschauspiel ausführlich genießen.

Nach 1,8 km sind wir wieder auf der Straße, der wir nach links und dann der Richtung **Häggvik** folgen. Nach einer wunderschönen Strecke am malerischen ***Sörleviken*** entlang schließt sich unsere kleine Südrunde, wir passieren noch einmal den Fotostopp mit dem Motiv „Weiße Kirche am anderen Ufer“, dann geht es in **Nordingrå** rechts Richtung **Mjällom** weiter, denn wir wollen uns auch im Norden der Halbinsel umschauen, Ziel: **Norrfällsviken**. Zunächst bergauf führt die Route am Wasser entlang und gegenüber zeigen sich schöne Felsenberge mit

Waldsaum. Dieses Terrain lässt sich komfortabel erwandern, das passende Basislager finden wir sogleich beim Örtchen **Omne** am See namens (Na klar!) ***Omnesjön***.

(332) WOMO-Badeplatz: Omnebadet

GPS: N 62° 57' 02.8" E 18° 20' 59.9".
Max. WOMOs: 3-5.
Ausstattung: Kleiner Schotterparkplatz 100 m neben der Straße. Gepflegter Badeplatz: Wiese, Badestrand, Badesteg, Picknickbänke, Trinkwasser, Müllbehälter, Spielplatz, Feuerstelle, Trockenklo; Wandergebiet ***Naturreservat Omnneberget***, Gebühr 2022: 100 SEK/24h in die Box.
Beschreibung: Bei entsprechendem Wetter viele Tagesgäste, was man gut verstehen kann bei diesem herrlich klaren Badewasser.
Zufahrt: 4,8 km nach dem Abzweig in **Nordingrå**, am Ende vom ***Omnesjön*** nach links dem Hinweis zum ***Naturreservat Omneberget*** folgen, dann noch 150 m zum Parkplatz.

Diese von uns bislang unbeachtete Ecke von ***Nordingrå*** scheint deutlich besser entwickelt und frequentiert zu sein als der Rest der Halbinsel, die Straße nach **Norrfällsviken** ist breit und glatt, wir gleiten an einer Bucht entlang, queren die lebendigen Örtchen **Björnån** und **Mjällom** und haben dann die Quartier-Wahl zwischen einem Meer-Badeplatz mit großem Strand und einem auch jenseits der Hauptsaison gut besuchten, also offenbar sehr beliebten Campingplatz mit viel Komfort, oder (wem das nicht gefällt, auf der Rückfahrt) einem einsamen Wanderquartier auf der Höh'.

(333) WOMO-Badeplatz: Storsand

GPS: N 62° 59' 16.9" E 18° 31' 38.6". **Max. WOMOs**: 3-5.

Ausstattung: Großer Schotterparkplatz am Hochwald, 100 m zum Dünenstrand, Trockenklo, Wasserhahn, Müllbehälter, Feuerstellen, auch FKK, Hundeverbot am Strand.
Beschreibung: Diese Ecke wurde zum Touristen-Hotspot entwickelt samt Tennisplätzen und Golf-Club. Wohl auch deshalb galt für diesen Parkplatz 2022 ein Übernacht-Parkverbot. Sanktionen bei Nichtbeachtung sind nicht bekannt. Ob sich das Verbot in der Praxis umsetzen lässt, ist ungewiss.
Zufahrt: 5,3 km hinter dem Ortseingang von **Mjällom** nach links für 1,7 km dem **Bademännchen**-Zeichen und später den **Havsbad**-Hinweisen nach.

(334) WOMO-Campingplatz: Norrfällsviken****

GPS: N 62° 58‘ 25.2“ E 18° 31‘ 33.5“. **Öffnungszeiten**: 30.4.-1.11.
Ausstattung: Komfortabel augestatteter und gut geführter Platz, saubere Sanitäranlagen, Restaurants ***Fiskarfänget*** und ***Kompassen*** anbei, Stellplätze in verschiedenen Abteilungen am und im Kiefern-Hochwald, auch ein Luxus-Stellplatz-Areal mit Buchtblick (Steinstrand) und Vollausstattung, Preise 2022: 305 bis 435 SEK. Für die Hochsommersaison ist eine Vorbuchung zu empfehlen: norrfallsvikenscamping.com
Beschreibung: Alles was das Herz des Komfort-Campers so begehrt.
Zufahrt: Einfahrt 900 m nach dem Abzweig zu **(333)**.

(335) WOMO-Wanderparkplatz: Högklinten

GPS: N 62° 59‘ 01.8“ E 18° 24‘ 39.2“. **Max. WOMOs**: 2-3.
Ausstattung: Geräumiges Schotter-Rondell mit Waldrand, Wanderkarte.
Beschreibung: Von hier aus kann man auf den 281 m hohen ***Högklinten*** wandern und oben eine phänomenale Aussicht genießen.
Zufahrt: Am Ortseingang von **Mjällom** gegenüber der Bucht nach **rechts/ Högklinten** abbiegen, dann auf schmaler Schotterstraße (mit knappen Ausweichstellen) hinauf. Nach 400 m 2-mal links halten. Insgesamt 1000 m ab Abzweig. Gut geeignet für agile WOMOs bis 7 m Länge.

Nun wollen wir diese bemerkenswert vielfältige Halbinsel wieder verlassen, sind schon mal die 20 km zum schon bekannten **Info-Picknickplatz** von **Nordingrå** (Kassetten-Klo voll? Latrine nutzen!) zurückgedüst und halten uns dort Richtung **Gallsäter**. Auf kurzem Weg zurück zur **E4** geht es jedoch erstmal nicht, denn wir haben noch einen schönen Platz (für all jene, die auch mal ohne Strom auskommen), den wir Ihnen nicht vorenthalten möchten: die kleine Marina in **Berghamn**. Dieses Ziel lohnt sich durchaus, obwohl wir dafür ein ganzes Stück fahren müssen, aber das immerhin durch eine wunderschöne Landschaft.

(336) Offizieller WOMO-Stellplatz: Berghamn

GPS: N 62° 48‘ 50.2“ E 18° 14‘ 29.4“.
Max. WOMOs: 10.
Ausstattung: 10 Stellplätze auf gepflegtem Rasen gegenüber der Marina, dort Picknickareal, Trockenklo, Aufenthaltsraum und Wasserhahn.
Beschreibung: Liebevoll gestalteter Platz in ruhiger und reizvoller Lage. Gebühr 2022: 60 SEK, bar in die Box am Bootssteg.
Tipp: Ein kleiner Spaziergang hoch zur alten Fischer-Kapelle aus dem 18. Jahrhundert, die größte ihrer Art in Schweden.
Zufahrt: Ab dem **Info-Parkplatz Nordingsgrå** zunächst **Richtung Gallsäter**, 400 m nach Orteingang **Binböle links** nach **Nora** und dann den Hinweisen **Höga Kusten Södra** und **Berghamn** nach zum Ziel.

Es geht zurück nach **Nora** und von dort auf die **E4**, auf der wir nun zügig zwischen all den Transit-Rasern südwärts Richtung **Härnösand** und **Sundsvall** streben. Einige Seen und Meeresbuchten später sieht man schon über den Baumwipfeln die Spitzen der 180 m hohen Pylonen der ***Höga Kustenbro***, dem gigantischsten Brückenbauwerk der letzten Jahre in ***Schweden*** und eine der längsten Hängebrücken weltweit. **Achtung:** Falls Sie für Ihre volle Klo-Kassette gerade eine Latrine brauchen, nehmen Sie die (erste) Ausfahrt zum Parkplatz. Für eine Pause mit richtig schönem Ausblick hier unser Tipp:

(337) WOMO-Picknickplatz: Hornöberget Ost

GPS: N 62° 48‘ 15.3“ E 17° 57‘ 04.6“. **Max. WOMOs**: >10.

Ausstattung: Asphalt-Parkplatz mit mehreren Abteilungen, auch Logenplätze mit Brückenblick, WC, Picknickbänke, Müllbehälter, schöne Spielplätze, Gastronomie, Souvenirläden, Verkehrsgeräusche vernehmbar. Stets gut besuchter **WOMO**-Treffpunkt.
Beschreibung: Lassen Sie Ihre Kinder mal den tollen Wasserspielplatz entdecken, dann haben Sie Ruhe und können die Aussicht genießen.
Zufahrt: Bei Fahrtrichtung Süd vor der Brücke direkt nach der Parkplatzzufahrt rechts abfahren (oder durch den Parkplatz fahren), unter der Brücke durch, dann rechts.

Bei der genüsslichen Überfahrt schaut man dann wie aus dem Flugzeug auf die riesige ***Ångermanälv***-Mündung hinab, jedes mal aufs Neue ein atemberaubendes Erlebnis. Nach einigen

Kilometern lieblicher Landschaft mit Wald, Wiesen, Seen und Meeresbucht kündigt sich **Härnösand** an, eine hübsche Hafenstadt, die einen Besuch wert ist.
Bei unserer letzten Visite haben wir hier eine für uns ausgesprochen beeindruckende Touristen-Attraktion entdeckt: ***Härnösands Bilmuseum*** (N 62° 38‘ 12.9“ E 17° 56‘ 04.3“, Djuphamnsvägen 4, Mitte Juni bis Ende August tgl. 11-17 Uhr, September und Oktober Fr-So 12-17 Uhr, Eintritt, Kinder bis 14 J. frei, harnosandsbilmuseum.se) mit 250 Fahrzeugen das größte Automuseum Schwedens. Es wurde 2015 eröffnet und

basiert auf der umfangreichen Sammlung von ***Calle Lundquist***. Hier findet man in mehreren Hallen so ziemlich alles aus den Jahren zwischen 1899 und 1990, vom echt alten Oldtimer bis zum Trabi, aber am meisten imponieren uns die vielen Ami-Schlitten: ein wahres Fest für's Auge. Und an Besucher, die mit dem Wohnmobil anreisen, hat man auch gedacht:

(338) Offizieller WOMO-Stellplatz: Härnösands Bilmuseum

GPS: N 62° 38‘ 14.9“ E 17° 56‘ 15.2“. **Max. WOMOs**: 10.
Ausstattung: 10 Stellplätze mit Strom auf Asphalt hinter den Museumshallen in einem Gewerbe-Areal in der Nähe vom Bootshafen. Servicegebäude mit WC und Duschen anbei. Gebühr 2022: 200 SEK, zu zahlen an der Museums-Kasse.
Beschreibung: Die Lage des Platzes ist leider nicht ganz so geschützt, wie man meinen sollte. Beim Selbstversuch 2022 kam es an einem Freitag im August zu massiven nächtlichen Ruhestörungen durch eine pausenlose fröhliche-aggressive Auto-Polonaise durch das ganze Städtchen mit extra lauten „Sonder-Fahrzeugen“ samt ganz besonders lauter, speziell auf Störung ausgelegter Bord-Musik, auch direkt an den WOMOs vom Stellplatz vorbei. Weder der Gastgeber, noch Polizei oder Ordnungskräfte haben das unterbunden. Für uns ist das keine Jugend-Folklore, sondern Anarchie, die diese Stadt tyrannisiert und ein großes Ärgernis für deren Besucher. **Zufahrt**: Im Ort über die ***Varvsgatan*** oder die ***Magasingatan***.

Beim Stadtrundgang haben wir das prächtige ***Rathaus***, die stolze ***Domkirche*** und das historische Holzhaus-Viertel ***Ostanbäcken*** gesehn und sind schließlich auf den ***Stora torget*** und dort im **APA**, dem Burger-Restaurant gelandet: Sehr ordentliches Essen, aber kein Schnäppchen!

In **Härnösand** findet man neben einem weiteren Bezahlplatz am **Bootshafen Torsvik** [**339**: N 62° 37‘ 59.2“ E 17° 55‘ 46.6“] noch drei Parkplätze, auf denen man (nach aktueller Lage) legal über Nacht stehen darf: Auf der **Insel Mellanholmen** hinter dem **Technichus** [**340**: N 62° 37‘ 51.9“ E 17° 56‘ 08.0“], in der **Magasingatan** beim Bootshafen [**341**: N 62° 38‘ 10.5“ E 17° 56‘ 17.1“] (Foto links) und bei der **Schwimmhalle**, Zufahrt Prästgränd [**342**: N 62° 37‘ 39.3“ E 17° 56‘ 36.5“] (Foto rechts).

Wer nach einem Badeplatz mit schöner Umgebung sucht, fährt raus an die Küste nach **Smitingen**, wo es neben dem geräumigen Besucherparkplatz [**343**: N 62° 36‘ 01.6“ E 18° 01‘ 38.6“] noch rechts unten ein kleines **(Pop up) Camping-Geviert** [**344**: N 62° 36‘ 00.0“ E 18° 01‘ 38.4“] beim Strandzugang gibt.

Gerade noch sind wir auf der flotten **E4** durch bezaubernde schwedische Küstenlandschaft gerollt, steuern dabei den freundlichen **Rastplatz Bölesjön** (N 62° 32‘ 25.5“ E 17° 33‘ 43.0“, mit Latrine und Wasserhahn) an, doch dann kommt’s wieder dicke: Rauchende Schlote voraus künden von Wirtschaftskraft. Das Ballungsgebiet **Timrå-Sundsvall** begrüßt uns! Wir steuern geradewegs auf den unübersehbaren Hingucker von **Timrå** zu und fahren Richtung **Midlanda/Flugplatz**

runter, um auf dem Picknickareal dieses ***Größte Ypsilon der Welt*** mit ***Touri-Info*** (N 62° 31' 10.1" E 17° 26' 00.7") aus der Nähe zu bewundern. Das nach Entwürfen von ***Bengt Lindström*** im Jahre 1995 fertiggestellte knallbunte 30,5 m hohe Monstrum erinnert eher an eine sehr grob gestutzte Eiche, wiegt etwa 700 t und diente wohl auch als Leistungsschau für kreativen Beton-Bau. Nun rauschen wir an der Eishockey-Hochburg **Timrå** vorbei, sehen moderne Neubauten auf dem Berg und links voraus auch schon die große Brücke, die wir gleich überqueren werden, denn vor unserem Besuch in **Sundsvall** drehen wir noch eine Runde auf der benachbarten Insel ***Alnön***, der „Badewanne" der Stadt. Nachdem uns noch die bizarre Szenerie mit schmucker Kuppelkirche vor Papierfabrik und Ski-Hang geboten wird, verlassen wir die **E4** und folgen den **Alnön-**Hinweisen, nehmen flugs die Sund-Brücke, registrieren ihr aufwändiges, alle Selbstmord-Pläne vereitelndes Geländer, fahren geradeaus durch Pferdeland Richtung **Grönviken** und genießen das Traumbild vom offenen Meer mit kleinen Inseln. Auf der Uferstraße geht es im Uhrzeigersinn nun rund um den Südzipfel von ***Alnön***, wo sich zwischen all den Privat-Grundstücken seltene Alibi-Badestellen zur öffentlichen Nutzung finden lassen, die auch für **WOMO**-Gäste geeignet sind.

(345) WOMO-Badeplatz: Hartungviken

GPS: N 62° 23' 29.8" E 17° 31' 02.8". **Max. WOMOs**: 1-2.

Ausstattung: Kleiner geschotterter Parkplatz nahe der Straße, schöner Sandstrand, Servicegebäude mit WC, Picknickbänke, Feuerstelle, Müllbehälter, nachts ruhig. Gut für **WOMO**s bis 6 m Länge geeignet.

Beschreibung: Zuletzt waren hier nicht nur Hunde und Caravans, sondern auch Pferde und Zelte verboten. Zusätzlich war noch ein Schild mit durchgestrichenem WOMO angebracht. Rechtswirkamkeit hin oder her: Uns mag man hier aktuell nicht.

Zufahrt: 250 m nach Ortseingang **Hartungviken** links.

(346) WOMO-Badeplatz: Bänkåsviken

GPS: N 62° 22‘ 01.5“ E 17° 27‘ 01.8“. **Max. WOMOs**: 2-3.

Ausstattung: Parkplatz gegenüber vom Strand im Birkenhain, schöner Sandstrand, neues Servicegebäude mit WC, Picknickbänke, Feuerstelle und Müllbehälter. **Caravans verboten.**
Beschreibung: Das ***Café Sommargård*** (12-16 Uhr) wird offensichtlich von der örtlichen Kirchengemeinde betrieben und bietet angenehme Atmosphäre bei Kaffee und Kuchen.
Zufahrt: 600 m nach Ortseingang von **Bänkåsviken** Badebucht links und Stellplatz rechts.

Hinter **Raholmen** ist es dann vorbei mit der Inselidylle, links am gegenüberliegenden Ufer zeigen sich fette Industrieanlagen und riesige Baumstamm-Lager, wir registrieren noch nette Einkaufs- wie Einkehr-Möglichkeiten, verlassen die Insel ***Alnön*** Richtung **Sundsvall** wieder über die Brücke und lassen uns zum **Centrum** führen, wo wir schließlich auf einem Avgift-Parkplatz an der Hafenbucht landen, der offenbar auch gerne als **WOMO**-Nachtlager genutzt wird.

(347) WOMO-Stellplatz: Sundsvall Hafen

GPS: N 62° 23‘ 32.3“ E 17° 18‘ 52.0“. **Max. WOMOs**: 5-10.
Ausstattung: Asphalt-Parkplatz mit Abteilungen und Bäumchen direkt an der Hafenbucht, tagsüber (8-16 Uhr) gebührenpflichtig (Kartenzahlung), Müllbehälter. Nachts könnte es hier eher laut sein, ein Platz für robuste Schläfer, aber citynah.
Beschreibung: An der Hafen-Bucht ganz in der Nähe haben wir nach schlimmer Baustellendurchfahrt noch einen Alternativ-Platz gefunden, nennen wir ihn **Bootshafen Ost** [N 62° 23‘ 17.6“ E 17° 19‘ 24.6“], aber vielleicht steht hier demnächst ein neuer Wohnblock
Zufahrt (347): Nachdem man auf der ***Tivolibron*** das Wasser überquert hat, links abbiegen, dann noch zwei Mal links.

In den nächsten 3 Stunden wird die „Steinstadt" erkundet, die mit einer Vielzahl von prunkvollen Bürgerhäusern ihrem Namen alle Ehre macht. Schauen Sie sich nur einmal diese Backstein-Giganten am ***Stora torget*** an, lassen Sie sich verzaubern von dem harmonischen Stadtbild mit einem Springbrunnen-Park wie aus dem Bilderbuch, gehen Sie mutig hinein ins Nobel-Hotel ***Knaust*** (Storgatan 13), vormals das Stadtpalais eines reichen Holzbarons, und bestaunen dieses prächtig ausgeschmückte Treppenhaus mit seinen Marmorstufen. Auf der Fußgängerzone lässt's sich nett flanieren, vielfältig shoppen und für jeden Geschmack findet sich ein passendes Lokal mit Lunch-Büfett. Ein besonders gut gelungenes Beispiel für modernen Städtebau, mit dem vermutlich auch der Stadtkonservator glücklich ist, kann man im ***Kulturmagasinet*** besichtigen. Restaurierte Lagerhäuser vom Ende des 19. Jahrhunderts sind unter einer Glaskuppel vereint und beherbergen verschiedene Kultureinrichtungen wie das städtische Museum, die Bibliothek, ein Kino und Gastronomie.

Nun geht es von unserem Parkplatz aus immer den Hinweisen **N Stadsberget** nach, das **WOMO** muss den steilen Hang hinauf, der Ausblick weitet sich und wir erreichen schließlich den ***Norra Stadsberget*** (sundsvall.se/norraberget), den nördlichen „Hausberg" der Stadt mit einem riesigen Volkspark. Auch hier gibt es ein „Trachten-bespieltes" Freiluftmuseum mit 40 historischen Gebäuden wie den ***Torpsgård***, man zelebriert Tunnbröd-Backen, für Kinder gibt es Schweine und Ziegen zu streicheln, einen Kräutergarten und natürlich einen großen Spielplatz. Fährt man vom unteren zum oberen Parkplatz, kommt man an der Jugendherberge, dem komfortablen Pick-

nickgelände, dem Handelshof ***Vinfabriken***, dem ***Handwerks-Museum*** sowie diverser Gastronomie vorbei und findet am Ende der Straße nicht nur ein gepflegtes Restaurant, sondern daneben einen luftigen, blütenweißen und 22 m hohen Aussichtsturm. Geschwind sind wir die 112 Stufen hinaufgestürmt und oben ganz beseelt von der irren Aussicht auf die gesamte Stadt, über die Meeres-Bucht bis hin zu den Schornstein-Batterien der Industrie-Peripherie.

(348) WOMO-Stellplatz: Norra Stadsberget unten

GPS: N 62° 23' 58.9" E 17° 18' 08.7".
Max. WOMOs: >5.
Ausstattung: Gleich an der Einfahrt; geschotterter Großparkplatz mit Abteilungen beim Hochwald, Picknickgelände, viele Attraktionen, zuletzt sogar ein Zirkus.
Beschreibung: Hier ist immer was los, für jeden ist etwas dabei.
Zufahrt: Von **(347)** zurück zur Durchfahrtstraße und auf dieser nach links, nach 250 m **rechts/Köpmangatan**, nach 700 m **rechts/Skolhusallén**, Brücke über das Wasser und dann bergauf den Hinweisen folgen.

(349) WOMO-Stellplatz: Norra Stadsberget oben

GPS: N 62° 23' 56.3" E 17° 17' 38.3".
Max. WOMOs: >5.
Ausstattung: Asphaltierter Parkplatz beim Aussichtsturm.
Beschreibung: Gepflegte Gastronomie anbei: ***Restaurant „Grankotten"*** (11-16 Uhr).
Zufahrt: Links vom unteren Parkplatz der Straße bis zum Ende folgen.

Unten haben wir uns dann schnell zur **E4/Stockholm** durchgehangelt, achten aber genau darauf, dass wir nicht auf die **Maut-Autobahn** geraten, fahren in Hafennähe parallel zu ihr, unterqueren sie schließlich und nehmen die **86/Hudiksvall**, denn nun sind wir auf der alten **E4**, dem ***Kustvägen*** links der **Maut-Strecke**. Wir passieren noch 5 Aluminium-Fabrik-Schlote, bevor wir in **Svartvik** links zwei wichtige Ziele ansteuern, Nummer 1 ist der **WOMO**-Platz unten am Wasser:

(350) WOMO-Picknickplatz: Svartvik

GPS: N 62° 19' 14.9" E 17° 22' 14.3". **Max. WOMOs**: >10.
Ausstattung: Schönes Picknickgelände mit einzelnen Abteilungen und Bänken auf einem ehemaligen Industrieareal am Pier, viel Grün, viel Platz. Info-Tafeln über die vormalige Nutzung. Ein gut besuchter **WOMO**-Treffpunkt.
Beschreibung Stand 2022: Der Platz ist für Fahrzeuge noch immer gesperrt, da sich in Ufernähe der Boden gesenkt hat. Bleibt zu hoffen, dass dieses Problem bald gelöst wird, denn es wäre echt schade, wenn sich die WOMOs weiterhin oben auf dem staubigen Parkplatz stapeln würden.
Zufahrt: 200 m nach Ortseingang **Svartvik** links abbiegen.

Nummer 2 ist eine zuverlässige Anlaufstelle für alle, die knapp bei Gas sind, denn bei ***Gasol Depån*** (Svartvik, Hyvelvägen 8, N 62° 18' 55.5" E 17° 22' 22.2"; Mo-Fr 8-16 Uhr, Sa 8-14 Uhr) kann man die grauen deutschen 11-kg-Flaschen füllen lassen. Preis 2022: 400 SEK für 11 kg.

Nun aber mal wieder ein Bad im Meer!?! Bei einem freundlichen ICA-Supermarkt in **Njurundabommen** geht es links weg nach **Bergafjärden**, wir folgen der Richtung **Lörudden/Björkön** sowie den **Bade- und Campingplatz**-Hinweisen zuletzt links rein und finden beim dortigen Super-**Havsbad** tasächlich beides vor, schön in respektvoller Distanz gelegen.

(351) WOMO-Badeplatz: Bergafjärden

GPS: N 62° 15' 54.4"
E 17° 26' 49.4".
Max. WOMOs: >5.
Ausstattung: Großer Rasenschotter-Parkplatz mit einigen Birkenreihen, 500 m Fußweg zum breiten Sandstrand.
Beschreibung: **Kein Camping! Keine Zelte!** Bitte keine Langzeitaufenthalte und keine Wagenburgen, also dezent nutzen.
Zufahrt: Ausgeschildert, 150 m nach dem letzten Abzweig rechts.

(352) WOMO-Campingplatz: Bergafjärden***

GPS: N 62° 16' 05.5" E 17° 27' 05.4". **Öffnungszeiten**: 13.5.-11.9.
Ausstattung: Schöner wie komfortabler und gepflegter Platz direkt an der Sandstrand-Bucht, Rezeption mit kleinem Laden, Restaurant, Adventure-Golf, Spielplätze. Preise 2022: 310/370 SEK ohne/mit Strom.
Beschreibung: Sehr beliebter Platz, deshalb in der Hochsaison besser vorbuchen: bergafjarden.nu **Zufahrt:** 500 m hinter **(351)**.

Sundsvall
Gasflaschen-Füllung
Svartvik
Njurandabommen
Detail-Karte im Text
Galtström
Norrfjärden
Sörfjärden
Hårte
Mellanfjärden
Gnarp
Jättendal
Harmånger
Stocka
Strömsbruk
Via
Rogsta
Kuggö-rarna
Hornslandet
Hölick
Arnö-viken
Hudiksvall
Forsa
Snäckmor
Masugn Kunst im Hafen
Moviken
Fönebo
Ora
Norrdellen
Sördellen
Friggesund
Bjuråkers Forngård
Bjuråker
Delsbo Forngård
Delsbo
Ljusdal
Ljusdals Hembygdsgård
Ljusnan
Järvsö
Stenegård
Föränge
Änga
Medsand
Hemslöjdsgård Gästgivars
Vallsta
Träslottet
Lottefors
Bollnäs
Söder-hamn
Bottnischer Meerbusen
Hembygdsgård Ol-Nils
Hårga
Bergviken
Skog
Axmar
Axmar Hytta
Hagsta
Trödje
Hillevik
Utvalnäs
Fisch
Bönan
Gävle
Skutskär
25 km
N
TOUR 13

TOUR 13 (ca. 460 km)

Norrfjärden - Hornslandet - Hudiksvall - Delsbo - Bjuråker - Ljusdal - Järvsö - Bollnäs - Bönan

Stellplätze:	Lörudden, Njurundaküste, Skatan, Galtströms Hafen, Norrfjärden, Vattingen, Hårte, Sörsjön, Långsjön, Rogsta, Håksta, Hörnebukten, Kuggörarna, Hölick, Hudiksvall, Sördellen, Delsbo forngård, Moviken Hamn, Ora, Torön, Träslottet, Lottefors, Tönnebro, Högbacka, Hillevik, Bönan, Utvalnäs.
Campingplätze:	Mellanfjärden, Hölick, Norra Dellen, Fönebö, Skogsand, Axmarbrygga.
Baden:	Galtström, Norrfjärden, Gnarpsbaden, Hårte, Sörsjön, Långsjön, Hörnebukten, Storsand, Hölick, Sördellen, Norrdellen, Lottefors, Bergviken, Tönnebro, Hillevik, Bönan, Utvalnäs.
Besichtigen:	Fischerdörfer Junibodsand, Lörudden, Skatan und Mellanfjärden, Galtströms Bruk, Naturreservat Vattingen, Kirche in Rogsta, Kuggörarna, Hölick, Hudiksvall, Delsbo forngård, Bjuråkers forngård, Kirche in Bjuråker, Movikens Masugn und Kunst am Hafen, Ljusdals Hembygdsgården, Kirche und Stenegård in Järvsö, Gästgivars in Vallsta, Träslottet, Ol-Nils in Hårga, Åkerblom's Fisk & Rökeri.

Fast immer wenn eine ***Meerjungfrau*** oder ***Nixe*** im Spiel ist, geht es um melancholische Affären mit tragischem Ende, denn am Schluss ist das weibliche Fabelwesen meist tot und der verliebte Menschenjüngling nachhaltig unglücklich. Wenn uns auf dem Logo der ***Jungfrukusten***, der nun folgenden 200 km langen Ostsee-Küsten-Touri-Route, ein solch rätselhaftes Geschöpf verlockend anlächelt, dann wollen uns die Erfinder der ***Jungfrauküste*** (englisch: ***Virgin Coast***, auch sehr schön!) aus den Fremdenverkehrsbüros von ***Hälsingland*** und ***Gästrikland*** sicher nicht ins Verderben stürzen, sondern vielmehr einladen, diesen vormals jungfräulich unberührten Landstrich zu erkunden. Etwas verwirrend ist das aber mit dem nunmehr regelmäßig ausgewiesenen ***Jungfrukustvägen*** schon, denn da gibt es auch noch den ***Kustvägen***, der zwischen **Sundsvall** und **Hudiksvall** die Urlauber in die alten Fischerdörfer lockt und die kommen gerne, auch die **WOMO**-Gäste, denn hier hat sich einiges in Sachen **WOMO**-Freundlichkeit getan.
So fahren wir von **Bergafjärden** kommend nicht zurück nach

Njurundabommen, sondern nach **links/Lörudden** auf die Halbinsel ***Björkön***. Knapp 10 km auf Asphalt durch den Wald und gelegentlichem Buchtblick später biegen wir links nach **Junibodsand** ab, nehmen dort jedoch nicht den ausgewiesenen Kundenparkplatz am Ortsanfang links, sondern jenen Parkplatz (N 62° 14‘ 18.7“ E 17° 36‘ 38.6“) im mit Ferienhäusern zugepflasterten Fischerdorf. Frohgelaunt gehen wir hinüber zum ***Restaurant Salteriet*** (10.6.-21.8. So-Do 11-20 Uhr, Fr/Sa 11-21 Uhr, gehört nun auch zu ***Sillmans***: sillmans.se), denn es hat geöffnet und uns steht der Sinn nach einem gepflegten Lunch, und zwar bitteschön mit **Fisch**. Nach und nach wird es hier richtig voll, denn das Gasthaus zählt wegen seiner traditionellen und dennoch modernen Küche zu den angesagtesten in der Region. In der Tat: Die Speisen sind vorzüglich. Das ist wohl nicht nur ein Paradies für Erwachsene, sondern auch für deren Kinder, denn die können sich auf dem benachbarten Spielplatz und dem kleinen Sandstrand austoben, während die Eltern auf der Terrasse entspannt tafeln.

Zurück auf dem ***Kustvägen*** setzen wir unsere Reise Richtung **Lörudden** fort, denn wir wollen bis zum Ende der Halbinsel ***Björkön*** vordringen. Es ist Wochenende und Bestwetter: Der alternativlose Ortsparkplatz ist schon recht gut gefüllt.

(353) WOMO-Stellplatz: Lörudden

GPS: N 62° 13‘ 57.1“ E 17° 39‘ 25.0“.
Max. WOMOs: 2-3.
Ausstattung: Großer Parkplatz mit Abteilungen und Grünrand links vor dem Fischerdorf.
Beschreibung: Felsen-Küste ganz in der Nähe und bis zum Hafen ist es auch nicht weit.
Zufahrt: Siehe Text.

Dieses Fischerdorf erkundet man zu Fuß, es gibt einen bunten Hafen, mit dem ***Restaurant Lörudden*** (Infos zu Öffnungszeiten: sillmans.se) gepflegte Gastronomie samt einer Theke mit **Fisch** in jeder denkbaren Variante. Ein Traum!

Nur einen Steinwurf vom Parkplatz entfernt brutzeln die Sonnenhungrigen auf den Felsen: Eine Idylle mit Meerblick, die perfekte Sommerfrische.

Nun rollen wir 7,4 km zurück, um hinter dem Örtchen **Björkön** dem ***Kustvägen*** südwärts zu folgen. Unterwegs zu diesem Abzweig registrieren wir nach 800 m und weiteren 1.100 m noch zwei kleine Wanderparkplätze rechts mit interessanten Zielen an der ***Njurundaküste***: zu maritimen **Felszeichnungen** [**354**: N 62° 14‘ 00.5“ E 17° 38‘ 28.3“] und einer mit einem Pfad zum **Klapperfält** [**355**: N 62° 14‘ 05.6“ E 17° 37‘ 14.5“], eine

für diese Gegend typischen Steine-Wüste, doch davon gibt es später noch viel mehr.
Nun also in **Björkvik** links weg nach **Skatan**, dem nächsten Fischerdorf mit Besichtigungs-Potential und einem zuletzt verbessert ausgestatteten **WOMO**-Parkplatz am Ortsrand rechts.

(356) Offizieller WOMO-Stellplatz: Skatan

GPS: N 62° 11' 56.6" E 17° 29' 44.0". **Max. WOMOs**: >5.
Ausstattung: Großer für WOMOs ausgewiesener Schotter-Parkplatz am Ortsrand mit Kassetten-Entsorgung, Wasserschlauch, Abwasserentleerung und Service-Haus mit WC und Duschen. Badestelle und Ortskern/Hafen mit Gastronomie und Fischräucherei in fußläufiger Entfernung.
Beschreibung: Der Platz wird vom gemeinnützigen Verein ***Föreningen Tomtarna*** betreut. Aushang der Verhaltensregeln auch in deutscher Sprache. Gebühr 2022: 100 SEK/10 EUR bar (Nur Scheine!) in die Box.
Zufahrt: Siehe Text.

Weiter südwärts auf dem ***Kustvägen*** freuen wir uns über die schöne Asphaltstraße, es geht durch den Wald und dann auch gleich links weg nach **Galtström**, ein Kleinod an der Küste, das man sich anschauen sollte. Man landet nach 750 m direkt auf

dem Besucherparkplatz (N 62° 09' 46.0" E 17° 29' 51.5") von ***Galtströms Bruk***, wo es im auffallend gepflegten Örtchen außer der schon oft gesehenen historischen ***Eisen-Hütte*** noch mehr zu besuchen gilt: ein feines ***Herrenhaus*** samt Garten, ein hübsches auf alt dekoriertes ***Café-Restaurant*** mit Sommerterrasse und ***Nisses Bod***, eine Antik- und Trödel-Scheune. Im Sommer werden Führungen über das Gelände angeboten: Sa/So 13 Uhr, Do 18 Uhr, 100 SEK. Links am Café vorbei führt ein Fahrweg zum alten Hafen und sogleich registrieren wir rechts ein Häuschen mit einer vorbildlichen **V/E-Station für WOMOs** (N 62° 09' 47.6" E 17° 30' 02.2"), sogar mit WC und Dusche. Der Verein, der das hier betreut, bittet für die Nutzung um eine Spende. Wir sind also in **WOMO**-freundlichem Revier, und fährt man die 700 m durch den Wald zum Hafen, findet man dort alte Anlagen, das Schiffrestaurierungsprojekt ***„Ophelia"*** und auch noch ein nettes **WOMO**-Quartier.

(357) WOMO-Picknickplatz: Galtströms Hafen

GPS: N 62° 09' 59.2" E 17° 30' 43.7". **Max. WOMOs**: 8 + 6 unterwegs.
Ausstattung: Stellplätze an der finalen Parkschlaufe am Waldrand, Picknickbänke, WC mit Innen-Wasserschlauch, Müllbehälter, Bademöglichkeit mit Steg. Die Nutzung ist kostenlos, Spende (in die Box) erbeten.
Beschreibung: Man darf nur auf den ausgewiesenen Plätzen stehen und das maximal 2 Tage am Stück. Bitte angemessen spenden!
Zufahrt: Siehe Text. 300 m vor dem Ziel „Overflow"- Schotter-Platz links.

Nun ist es gleich vorbei mit schöner Straße, gleich hinter dem **Galtström**-Abzweig fahren wir in **Richtung Oxsand** auf zunehmend schmaler und welliger Piste durch Bauernland mit roten Häusern, passieren den ***Armsjön*** samt Badestelle und Mini-Parkplatz und stoppen dann auf dem liebevoll gestalteten Picknickplatz **Havsviken** (N 62° 07' 55.1" E 17° 24' 53.5"), hoch über dem ***Skarhålssjön***, dem unteren Zipfel vom ***Armsjön***. Abstecher zu den Stränden von **Oxsand**, **Ragvaldsnäs** und **Moningsand** sind nichts für **WOMOs**, wir bleiben auf dem ***Kustvägen***, lesen Warnungen vor schlechter Straße, sehen diese bestätigt und empfehlen die beiden nächsten Plätze an der Bucht von **Norrfjärden**.

(358) WOMO-Badeplatz: Norrfjärden Strand

GPS: N 62° 03' 57.7" E 17° 25' 48.2". **Max. WOMOs**: 1-2.

Ausstattung: Kleiner, sandiger Wiesen-Parkplatz an einer schönen Badebucht, Trockenklo, Feuerstelle, Müllbehälter, Hundeverbot, nahe bei Ferienhäusern. Nur für kurze/leichte **WOMOs** geeignet.
Beschreibung: Bitte diesen Platz dezent nutzen, denn wir wollen hier keine neuen Verbotsschilder sehen!
Zufahrt: Am Ortsbeginn links rein, gleich links halten, unbeirrt durch die Ferienhaussiedlung hindurch, dann Strandparkplatz rechts.

(359) Offizieller WOMO-Stellplatz: Norrfjärden Bootshafen

GPS: N 62° 03‘ 38.6“ E 17° 25‘ 55.0“. **Max. WOMOs**: >5.

Ausstattung: WOMO-Wiese am Sportbootpier, Strom, Picknickbänke, Wasserschlauch, Café (Ende Juni - Anf. August Mo-Fr 18-21 Uhr, Sa/So 15-21 Uhr) anbei, hier WC (5 SEK) und Dusche (2 mal 10 SEK für 7 min). Gebühr 2022: 200 SEK/oder in EUR, zahlbar im Café oder bar in die Box.
Beschreibung: Maximaler Aufenthalt 14 Tage.
Zufahrt: Auf dem ***Kustvägen*** durch **Norrfjärden**, dann links den Kaffeetassen- und Parkplatz-Zeichen nach.

Beim Ortsausgang von **Norrfjärden** rollen wir nun auf dem ***Jungfrukustvägen*** Richtung **Sörfjärden**, riskieren aber nach 600 m erst einmal einen Abstecher nach links und wollen schauen, was es mit dem ***Vattingen Naturreservat*** auf sich hat. Der Schotterweg durch den Wald endet für uns nach

1,6 km auf einem **Kleinst-Parkplatz** [**360**: N 62° 03‘ 09.8“ E 17° 27‘ 12.1“] und wir lernen, dass es sich hier um ein altes verlassenes Fischerdorf aus dem 18. Jahrhundert handelt, von dem noch einige Spuren wie alte Treppen und Grundmauern zu finden sind. Wer mag, kann ein Stück auf dem ***Kustleden*** wandern.

Wieder zurück auf Asphalt geht es links weiter und nach 2,8 km ohne Meer-Blick in **Sörfjärden** links weg, dann rechts über die Brücke an Häusern vorbei und dann nach links auf dem **Strandvägen** durch das Feriendorf an der lang gestreckten Badebucht entlang. An den Privatgrundstücken und Sandfallen-Parkflächen vorbei gibt es am Ende des neuen Asphalt-Bandes dann auch noch ein Plätzchen für **WOMO**s, doch wer es komfortabler wünscht, findet mit dem örtlichen Campingplatz eine gepflegte Alternative.

(361) WOMO-Badeplatz: Gnarpsbaden

GPS: N 62° 01' 05.0" E 17° 24' 46.8". **Max. WOMOs**: 2-3.

Ausstattung: Kleiner Parkplatz 1,2 km hinter der Brücke am Ende der Straße. Schöne Sandstrand-Bucht, Trockenklo,
Beschreibung: Zuletzt fanden wir hier eine neues, komplexes Verbotsschild, wobei dessen Deutung zu diskutieren ist. Wir machen doch hier kein Camping, oder? Mal sehen, wie lange das dort hängt...
Zufahrt: Siehe Text.

(362) WOMO-Campingplatz: Sörfjärdens Camping

GPS: N 62° 02' 00.0" E 17° 24' 58.0". **Öffnungszeiten**: 27.5 - 28.8.
Ausstattung: Gut ausgestatteter Platz mit 110 Strom-Stellplätzen, neuem Service-Haus, Rezeption mit kleinem Laden und Minigolf-Anlage.
Preise 2022: 300/330 SEK ohne/mit Strom.
Beschreibung: Etwas „höhergelegter" Platz. Infos: sorfjardenscamping.se.
Zufahrt: An der Tourstrecke, am Ortsende links.

Wer im Ort dem Hinweis zum ***Klasudden Naturreservat*** folgt, der wird sich (wie wir) wundern, dass es dort am Ende der Straße keinen lauschigen Parkplatz auf der Landzunge mit See-Blick mehr gibt, sondern genau hier ein recht angesagtes, ziemlich hippes **Restaurant** namens ***„en liten sjökrog"*** (enlitenkrog.se) samt kleinem Gästehafen gebaut wurde und das direkt neben dem Naturreservat!
Zur nächsten Bucht unserer ***Jungfrukusten***-Visite fahren wir Richtung **Mellanfjärden**, am Golfplatz vorbei, rollen auf schmaler wie welliger Asphaltspur durch ansehnlichen Wald und biegen schließlich **links** zu unserer nächsten Station, dem Küstendorf **Hårte** ab. Die etwas unaufgeräumte Siedlung, diese Komposition aus Ferienhäusern und verblasster Fischer-Romantik, macht zwar nicht viel her, bietet aber immerhin zwei **WOMO**-Ziele mit Buchtblick.

(363) WOMO-Picknickplatz: Hårte 1

GPS: N 61° 59‘ 25.7“ E 17° 23‘ 05.2“. **Max. WOMOs**: 1-2.

Ausstattung: Kleiner geschotterter Parkplatz mit Info-Tafel, Picknickbänke, Müllbehälter, Badestelle in der Nähe.

Beschreibung: Man steht hier wie auf dem Präsentierteller und gleich nebenan ist ein neues Eigenheim gebaut worden. Das ist nicht gemütlich.

Zufahrt: 400 m nach dem Ortseingang rechts.

(364) WOMO-Picknickplatz: Hårte 2

GPS: N 61° 59‘ 24.1“ E 17° 23‘ 38.2“. **Max. WOMOs**: 1-2.

Ausstattung: Naturboden, feste Wiese, Steinufer, schöne Aussicht, Badestelle in der Nähe.

Beschreibung: Vor Ort gab man uns zu verstehen, dass dies Privatgelände sei, doch wir konnten keine entsprechenden Hinweise entdecken.

Zufahrt: 600 m hinter **(363)**: Der Dorfstraße weiter folgen, an Trockengestellen und am Hafen vorbei, dann auf unbefestigtem Fahrweg geradezu Richtung Landzunge, Wäldchen und Picknickbank.

Wie es aussieht haben sich die Tourismus-Werber an diesem Küstenabschnitt nur mangelhaft abgestimmt, denn unser folgender Tourabschnitt führt uns sowohl auf dem ***Jungfrukustvägen*** wie auch auf dem ***Kustvägen*** Richtung Süden, konkret auf gefälliger Asphaltpiste nach **Mellanfjärden**. Doch schon auf dem Weg dorthin gilt es, erfreuliche Infrastruktur zu bestaunen und zu nutzen: Ein prächtiger Picknickplatz (N 61° 58‘ 07.3“ E 17° 22‘ 52.0“) mit Bank auf einem Podest und Bretterpfade über Steinfelder hinunter zum Wasser wie auch durch dünnen Wald hinauf auf den Hügel, sehr schön angelegt mit Pausenplätzen und Grillstellen.

Nach all den eher menschenleeren Küstenorten überrascht uns **Mellanfjärden** nicht nur mit einem gepflegten Fischerdorf-Outfit im klassischen Falunrot mit Kutter- und Sportboothafen, sondern vor allem mit bemerkenswert umfassender Ausstattung: Hotel, Laden, Sommer-Theater, die Kunsthandwerk-Scheune ***Hamnmagasinet***, Küstenmuseum, ein ***Deli*** mit Fisch und Fladenbrot (mellanfjardensdeli.se), das Hafen-Restaurant ***Sjömärket*** (mellanfjarden.se) mit vielversprechender Karte und sogar ein angenehmes **WOMO**-Quartier mit Buchtblick.

(365) WOMO-Campingplatz: Mellanfjärden

GPS: N 61° 57' 24.4" E 17° 20' 21.7".
Öffnungszeiten: Juni bis August.
Ausstattung: Stellplätze am Bootshafen auf Wiese und Rasenschotter, z.T. mit Strom, Picknickbänke, V/E-Station, neues Service-Gebäude mit WC, Duschen und Waschmaschine sowie Camper-Küche und Aufenthaltsraum, Café, Läden, Minigolf, Spielplatz und kleiner Badestrand mit Bootseinsetzstelle anbei.
Preise 2022: 260/310 SEK ohne/mit Strom. Kartenzahlung in der Rezeption oder bar in die Box.
Beschreibung: Platz ist küzlich erweitert worden. Infos: mellanfjarden.se.
Zufahrt: Beim Bootshafen.

Das total angesagte Urlauber-Örtchen **Mellanfjärden** wird uns lange in sehr guter Erinnerung bleiben. Gerade an der Küste sind wir immer auf der Suche nach Fisch-Gaststätten, denen man hier sowieso ein gewisses Grundvertrauen entgegenbringt. Doch im ***Sjömärket*** ist das dann besonders speziell, denn wir sitzen im Gastraum auf der überdachten Terrasse auf Holzplanken im Hafenbecken über dem Wasser und genießen gute regionale Fisch-Gerichte.

Hinter **Mellanfjärden** wird die Straße breiter, wir gondeln durch Wald mit großen Felsbrocken, die hügelige Landschaft mit blühenden Kuhwiesen und Pferdehöfen erfreut das Auge und wir erreichen **Jättendal**, ein beschauliches Dorf mit See. Dort halten wir uns 600 m nach dem Ortseingang links, erreichen 1,5 km später die **E4/Hudiksvall**, die wir aber schon nach 4,3 km in **Harmånger** wieder nach **links/Strömsbruk** verlassen, um zwei Badeplätze zu präsentieren. Den ersten haben wir sogleich erreicht, biegen 250 m hinter dem Abzweig nach **Stocka** nach rechts auf das freundliche Freizeitareal vom ***Sörsjö-Badet*** ab und suchen uns eine Nische zwischen den Bäumen.

(366) WOMO-Badeplatz: Sörsjön

GPS: N 61° 53' 10.9" E 17° 17' 58.7".
Max. WOMOs: 2-3.
Ausstattung: Parkraum auf der Wiese oder naturell zwischen den Bäumen, Sandhang am schönen Badesee, Feuerstelle, Trockenklo, Badesteg, leichtes Grundrauschen von einer Industrieanlage in **Strömsbruk** ist gelegentlich zu hören.
Beschreibung: Ziemlich straßennahe aber dennoch geschütze Lage.
Zufahrt: Siehe Text.

Zum nächsten Plansch-Platz geht's nach rechts weiter auf einem Damm übers Wasser nach **Strömsbruk** hinein, einem gepflegten Ort mit Gastronomie, Galerien, Kamera-Museum und Bootsverleih, der eigentlich zu schade ist für eine flotte Transit-Durchfahrt. Wir halten uns **rechts/Hudiksvall**, 7,5 km später **rechts/Långsjö** und dann noch 1 km auf Schotter zum Ziel links.

(367) WOMO-Badeplatz: Långsjön

GPS: N 61° 50' 13.9" E 17° 13' 35.2".
Max. WOMOs: 1-2.
Ausstattung: Der obere Parkplatz für größere, der untere (wegen der steilen Zufahrt) für agilere WOMOs bei der gepflegten Badewiese an der kleinen Badebucht. Auffallend klares Wasser, Badesteg, Picknickgelände mit Grill- und Feuerstelle, Trockenklo und Müllbehälter.
Beschreibung: Die Über-Nacht-Nutzer dieses schönen Platzes werden um Spenden gebeten.
Zufahrt: Siehe Text.

Zurück zur Tourstraße, dort rechts weg, dann via **Via** (Diesen Satz wollte ich unbedingt so schreiben!) und kurz vor der **E4** links rum: Schon sehen wir den Hinweis zur ***Rogsta k:a***, dem wir konsequent folgen, auch wenn die kleine Asphaltstraße bald zur Naturpiste wird, doch sie führt romantisch durch echte Schweden-Landschaft mit Feldern, Wiesen und roten Häusern. Die stolze ***Kirche von Rogsta*** (N 61° 45‘ 55.9“ E 17° 11‘ 36.1“) kommt in Sicht, wir fahren die Rampe hoch, öffnen die

Eisentür mit dem Riesenschlüssel und sind überrascht vom freundlich hellen Innenraum mit seinen vielen interessanten Details wie der neoklassizistischen Kanzel und dem uralten Taufstein. Anmerkung: Bei unserem letzten Besuch (2022) war die Kirche leider nicht zugänglich. Das war hoffentlich eine Ausnahme.

Nach links rollen wir nun auf rötlichem Asphalt zur Halbinsel ***Hornslandet***, die vor allem mit ihren ursprünglichen Naturschönheiten von Wald und Küste punktet. Knapp 500 m nach der Kirche und 100 m vor der Kreuzung, an der die Straße aus **Hudiksvall** zu uns stößt, registrieren wir hocherfreut den ersten und 5 km danach den zweiten ***Ställplats*** an der Tourstrecke nach ***Hornslandet***.

(368) Offizieller WOMO-Stellplatz: Rogsta Hembygdsgård

GPS: N 61° 45‘ 52.1“ E 17° 12‘ 06.0“. **Max. WOMOs**: 15.

Ausstattung: Stellplatzareal auf Rasen mit Birken und einigen Stromanschlüssen vor dem Hembygdsgård, dort WC, Kassetten-Latrine, Wasser, Müllbehälter und Picknickbänke. Freis WiFi, Wanderwege.
Beschreibung: Der Platz ist von April bis September geöffnet.
Gebühr 2022: 120 SEK, Strom 30 SEK, V/E 30 SEK, zahlbar auch in EUR, bar in die Box. Ein Gemeindemitarbeiter bittet uns darum, das Gatter-Tor zum Hembygdsgård-Areal immer schön geschlossen zu halten, da sonst der Mähroboter abhaut. **Zufahrt**: Siehe Text.

(369) Offizieller WOMO-Stellplatz: Håcksta

GPS: N 61° 44' 51.7" E 17° 17' 02.8". **Max. WOMOs**: 12.
Ausstattung: Wiese mit Auffahr-Spuren direkt neben der Straße, Strom, Servicehaus mit WC, Duschen und Wasserhahn, See mit Badeplatz (auch Hundebadeplatz) und Grillplatz gegenüber. Trotz Straßennähe ruhige Lage.
Beschreibung: Der Platz ist ganzjährig geöffnet. Gebühr 2022: 120 SEK, Strom 40 SEK, zahlbar auch in EUR, bar in die Box. **Zufahrt**: Siehe Text.

Nun gleiten wir auf Asphalt entspannt wie erwartungsvoll dem ökologisch wertvollen Areal des vormaligen ***Ekoparks*** entgegen, das wir auf einem Rundkurs erkunden wollen. Noch vor der ***Hornslandet***-Schlaufe kann man nach links abbiegen und gelangt nach 3 km zunehmend schmalerer Rumpelpiste durch den Wald zu einem einsamen Platz an der Bucht.

(370) WOMO-Badeplatz: Hörnebukten

GPS: N 61° 43' 38.3" E 17° 23' 35.3". **Max. WOMOs**: 2-3.

Ausstattung: Kleiner Parkplatz oberhalb der Badebucht, kleine **WOMOs** finden unten nette Nischen, Mülleimer, Wanderwege.
Beschreibung: 400 m zur Landspitze ***Hörneudden***, dort Windschutz.
Zufahrt: Siehe Text. Knapp 7 km nach [**369**] ohne Hinweis links abbiegen. Kaum zu erkennendes Schild: ***Hörneuddenväg***.

In **Arnöviken** gibt es eine Fischerei am See, die man auf kurzer wie schmaler Einbahn-Piste erreicht: ***Sjögodis Arnöviken Fisk & Deli*** (N 61° 42' 16.0" E 17° 23' 01.4", Infos: sjogodis.se). Hier kann man nicht nur Fisch kaufen (Selbstbedienung), sondern arttypische kleine Speisen aus dem Bistro gleich vor Ort auf der Freiluftterrasse am See genießen. Etwa 300 m danach biegen wir **links/Kuggören** ab und rollen dann auf schmaler Asphaltstraße in langen Wellen durch den Wald. Zum Schluss landet man am unaufgeräumten Bootshafen und einem hölzernen Fischer auf der Mole, man fährt also besser gleich rechts zum alten Fischerdorf, wo man am Ende der Straße neben den vermieteten Anwohner-Plätzen parken kann. Bevor wir zu Fuß durch das straßenfreie **Kuggörarna** streifen, müssen wir erst einmal über dieses unglaubliche ***Klapperstensfält***, einen Hang voller Geröll, zum Wasser hinunter balancieren, die für ***Hornslandet*** typische Küstenform. Beim Dorfrundgang hat man den Eindruck, die Bewohner sind noch ein wenig irritiert von den neugierigen Gästen in ihrer Mikro-Welt, die Häuser mit den gepflegten Gärtchen schmiegen sich eng an die kleine Bucht und oben auf dem Mondlandschaft-Hügel

steht nur die winzige ***Fischer-Kapelle*** aus dem Jahre 1778 (Schlüssel am Haken neben der Tür) mit anrührend schlichter Holz-Ausstattung, wunderschönem Altar und Fenstern ringsum. Gottesfürchtigkeit dürfte sich hier bei einem kräftigen Herbststurm wohl ganz von selbst einstellen. Folgt man den handgemalten Schildern in den nördlichen Zipfel der kleinen Halbinsel, findet man den aktuellen Selbstbedienungs- „Fischladen“ des Dorfes, ein schlichtes rotes Lagerhaus, aber mit erfreulichem Sortiment.

(371) WOMO-Stellplatz: Kuggörarna

GPS: N 61° 41‘ 59.4“ E 17° 31‘ 02.6“. **Max. WOMOs**: 2-3.
Ausstattung: Am Ende der Straße nach **Kuggörarna** geschotterte Parkstreifen auf beiden Seiten, 300 m zum Fischerdorf, Badestelle und Trockenklo anbei.
Beschreibung: Ausführliche Erkundung dieses Ort wird empfohlen.
Zufahrt: Siehe Text. Knapp 8 km nach dem Abzweig in **Arnöviken**.

Auf unserem Weg nach **Hölick** am Südende von ***Hornslandet*** rollen wir erfreulicherweise auf ziemlich gnädiger Schotterpiste, es geht durch Wald mit Felsen, wir stoppen 3,7 km nach dem letzten Abzweig in einer Parkbucht links, schnüren auf dem Trampelpfad Richtung Wasser und schauen uns noch

ein besonders eindrucksvolles ***Klapperstensfält*** an, ein unbeschreibliches Steinchaos vor dem weiten Meer. An der folgenden Kreuzung nehmen wir dankbar die glatte Asphalt-Straße nach links und erreichen nach 500 m den Parkplatz (N 61° 37‘ 46.3“ E 17° 26‘ 13.4“) gegenüber dem malerischen ***Storsand***-Dünen-Strand, wo man im ***Restaurant „Sand & Kök“***

(gehört zum ***Havsresort***) nett tafeln und dabei auf den traumhafen Strand schauen kann. Für einen Tagesaufenthalt dürfen **WOMOs** auf den finalen Parkplatz am Hafen (N 61° 37' 32.8" E 17° 26' 20.8"), von dem aus man das alte Fischerdorf zu Fuß „erobern" kann. Für eine Übernachtung vor Ort kommen nach unseren aktuellen Recherchen die beiden nachfolgenden Plätze in Frage: Der vom urigen **Natura Camping** zum ziemlich luxeriösen Rundum-Sorglos-Paket **Hölick Havsresort** mutierte Campingplatz oder der 600 m Luftlinie in Richtung Nordwesten entfernte kleine **Picknickplatz** am See. Also **Sekt** oder **Selters**? Wir nehmen **Selters** und holen am Abend trotzdem noch ein ***Piccolöchen*** aus dem Kühlschrank.

(372) WOMO-Campingplatz: Hölick Havsresort****

GPS: N 61° 37' 36.4" E 17° 26' 25.9". **Öffnungszeiten**: 17.6.-26.8.
Ausstattung: Stellplätze im Hochwald auf Kunstrasen, sehr gute Ausstattung, großer Kinder-Spielplatz, Volleyball, Minigolf, Rezeption mit kleinem Laden; Preise 2022: Komplett 495 SEK. Alle Infos: holick.se.
Beschreibung: Das ist hier wohl dann eher **Glamping.**
Zufahrt: Direkt nördlich vom Hafen-Parkplatz.

(373) WOMO-Picknickplatz: Hölick am See

GPS: N 61° 37' 53.6" E 17° 26' 04.0".
Max. WOMOs: 1-2.
Ausstattung: Rasenschotter-Platz an einem kleinen See, Picknickbank, Feuerstelle und Grillhütte, Müllbehälter. Nur ein kurzer Fußweg zum ***Storsand***-Strand links gegenüber.
Beschreibung: Dicht an der Straße gelegen, aber nachts kein Verkehr.
Zufahrt: 700 m südlich vom Abzweig der Straße aus **Kuggörarna**.

Nun schließen wir unsere ***Hornslandet***-Runde, fahren auf der Asphaltstraße bergauf, nehmen Abschied von diesem herrlichen Refugium mit einem Ausblick auf Bucht und Inseln, rollen hinter **Sörbyn** auf schon bekannter Route nach **Rogsta** zurück und von dort immer den Hinweisen **Hudiksvall Centrum** nach. Ursprünglich als Fischerei- und Handels-Platz groß geworden, ließen hier später die reichen Holzbarone die „Puppen tanzen", so dass man damals vom ***„Fröhlichen Hudik"*** sprach, was man jetzt gerne mit dem ***„Glada Hudik"*** wieder aufgreift und damit die freundliche Gastlichkeit dieses bunten Urlauber-Städtchens meint. Für einen Kurzaufenthalt empfiehlt sich der Parkplatz an der **Hamngatan**, links beim Hafen (N 61° 43' 36.9" E 17° 06' 41.3"). Nun aber los zur Stadterkundung! Das schönste Fotomotiv der Stadt, die rote Lagerhaus-Zeile am

Hafen, beherbergt heutzutage einen Touri-Mix von Eisbar über diverse Gastromie bis Kunstgewerbe- und Souvenir-Läden, wir wählen als Lunch das preiswerte Büfett beim ***Inder*** und sind sehr zufrieden damit. Dann pilgern wir zur ***Jakobskirche*** aus dem 17. Jahrhundert hinauf, deren überaus prächtige Innenausstattung uns überwältigt, denn es sieht aus wie in einem Prunkschloss, oder einfach mal nach wohlwollenden und zudem richtig reichen Sponsoren.

Vor Jahren haben wir ***Dorothea Guth*** kennengelernt, die 2010 aus Deutschland ausgewandert ist, um hier in **Hudiksvall** Sauerteig-Brot in Bio-Qualität zu backen. Für die Schweden war das etwas Neues, aber für Besucher aus Deutschland eine Offenbarung: Richtig gutes Brot, auch glutenfreie Sorten, und das in Schweden! Inzwischen beliefert ihre Firma ***Hudik Bröd*** (hudigbrod.de) einige Supermärkte, aktuell den ***ICA Nära Träffpunkten*** (in Hudiksvall, Djupegatan 47, N 61° 43‘ 33.3“

E 17° 08' 20.3") und im ***ICA Nära Forsa*** (in Sörforsa, Lundvägen 35, N 61° 43' 02.7" E 16° 58' 09.9") an der weiteren Tourstrecke, etwas westlich von hier. Im ersteren verabreden wir uns im August 2022 mit ihr und probieren etwas aus ihrem Sortiment, das sie hier gerade ins Brotregal einsortiert: Echt köstlich!
Die aktuelle Situation für Besucher mit Wohnmobil, die in Hudiksvall übernachten wollen, hat sich verändert: nicht mehr am Hafen wie vormals (dort stehen jetzt Häuser) sondern etwas nördlich vom Zentrum in der Nähe vom Stadtsee ***Lillfjärden***:

(374) Offizieller WOMO-Stellplatz: Hudiksvall Arena

GPS: N 61° 44' 12.4" E 17° 06' 33.3". **Max. WOMOs**: 8.
Ausstattung: 8 markierte Stellplätze auf Asphalt mit Grünrand und Bäumen nördlich der City bei den Sportanlagen gegenüber einem Stadtpark. Die gut ausgestattete Ver- und Entsorgungs-Anlage findet man, wenn man auf dem Parkplatz zwischen Sporthalle und Fußball-Feld in die rechte hintere Ecke fährt: N 61° 44' 12.4" E 17° 06' 21.2".
Beschreibung: Der Platz wird betrieben durch die ***Glysisvallen AB*** (Die Sporthalle, das ***Holmen Center***) und liegt dicht an der Straße. Gebühr: 100 SEK, V/E 50 SEK, zu zahlen werktags 7-14.30 Uhr bar in der Sporthalle, per SMS oder per App und Karte.
Zufahrt: Da man von verschiedenen Seiten dorthin gelangen kann, vertrauen Sie bei der Zielsuche Ihrem Navi!

Bei den netten wie auskunftsfreudigen Damen in der **Touri-Info** sollte man sich unbedingt Material zum nun folgenden Tourschwerpunkt besorgen: die ***Bauernschlösser von Hälsingland***. Fragen Sie unbedingt nach der jahresaktuellen Broschüre der ***Hälsingegårdar***, die seit 2012 zum **UNESCO Weltkulturerbe** gehören, aktuell 36 historische Bauernhöfe der Region umfasst und über deren Öffnungszeiten und Veranstaltungsprogramme informiert. In temporärer Abkehr von der ***Jungfrukusten*** werden wir einige davon auf einem Ausflug ins schwedische Binnenland besuchen. Dazu geht es auf der Straße am schicken Bahnhofsgebäude vorbei zunächst Richtung **E4**, die wir dann aber queren und uns der **84/Sveg** anvertrauen. Bald schon rollen wir durch bewaldete Hügellandschaft mit Seen und Weiden, sehen in **Forsa** gepflegte Bauernhöfe und dann schiebt sich die riesige Wasserfläche des ***Sördellen*** ins Blickfeld, in dem man zu gerne baden würde, nicht wahr? Also hin zum See!

(375) WOMO-Badeplatz: Sördellen

GPS: N 61° 47' 02.9" E 16° 41' 26.1". **Max. WOMOs**: >5.

Ausstattung: Badeplatz mit Dauercamper-Gemeinde, Tagesaufenthalt frei, Über-Nacht-Stellplätze auf gepflegtem Rasen gegen Gebühr (zu zahlen im Eigenheim bei der Einfahrt), Bootseinsetzstelle, Badesteg, Trinkwasser, Trockenklo, Hundeverbot.

Beschreibung: Sehr schöne Badestelle mit gastfreundlichen Dauernutzern.

Zufahrt: Insgesamt 1,7 km: 3,1 km hinter dem Orts-Schild von **S Sannäs** nach **rechts/N Sannäs** abbiegen, nach 20 m kommt Schotter, durch Wald, über die Gleise, 200 m später an der Gabelung dem Fahrweg links folgen, dann noch 300 m zum Ziel.

In **Delsbo** kann man komfortabel einkaufen und tanken, im Ort geht es nun auf der **305/Bjuråker** weiter, und nach 2,4 km folgen wir dem Hinweis nach links zum ***Delsbo forngård***

(Mitte Juni bis Ende August 11-17 Uhr; hembygd.se/delsbo), doch hier sind wir heute zu spät dran und müssen uns mit einem Schnell-Rundgang über das gepflegte Gelände mit den historisch wertvollen Holzhäusern wie ***Backstuga***, ***Skolmuseum*** und ***Bygdemuseum*** begnügen. Dem schwedischen

Wohnmobil-Hype hat man hier Rechnung getragen und am traditionellen Gatter-Zaun einen **Ställplats** eingerichtet.

(376) Offizieller WOMO-Stellplatz: Delsbo forngård

GPS: N 61° 49‘ 10.1“ E 16° 33‘ 31.8“. **Max. WOMOs**: 12.
Ausstattung: 12 Plätze auf Schotter mit Strom, WC, Buchen und bezahlen mit Angabe der Stellplatz-Nummer unter husbilhudik.se.
Gebühr 2022: 150 SEK ohne, 200 SEK mit Strom.
Beschreibung: Hier steht man ruhig inmitten des historischen Umfeldes.
Zufahrt: Siehe Text.

Nach 4,5 km erreichen wir unsere nächste Heimathof-Station ***Bjuråkers forngård*** (N 61° 51‘ 36.3“ E 16° 33‘ 29.6“, Mittsommer bis Mitte August 11-17 Uhr; hembygd.se/bjuraker), bekunden dort im Café unser aufrichtiges Interesse, schon hat sich eine Kleingruppe von Gleichgesinnten versammelt und die Kurzführung kann beginnen. In der ***Herrstuga*** sind wir von der liebevoll behüteten Ausstattung und den großflächigen Innen-Malereien aus dem 18. Jahrhundert sofort begeistert. Wie Kamele und Giraffen aussehen, das wusste man damals allerdings noch nicht, so dass deren bildliche Darstellung zu lustigen Ergebnissen führte. Weiter geht's auf dem Gelände zum

Frisbogård in der traditionellen Gestaltung des 19. Jahrhunderts mit Standuhr, den typischen Tapeten (später mehr davon), und dem Gästezimmer für den Pastor. In der ***Sockenstuga***, dem Gemeindehaus, gibt es traditionelle Handarbeiten, alte Schulutensilien mit Bänken und Buchstabentafeln und oben etwas zu Weberei und Schuhmacher-Handwerk zu besichtigen. In der robust gebauten ***Kyrkstuga*** wurden zu Kirchen-Events Gäste untergebracht und das in schlichten Schlafkammern über dem Stall. Ganz am Ende des weitläufigen Areals finden wir noch die ***Backstuga***, in der regelmäßig Schaubacken für ***Tunnbröd*** stattfinden und gegenüber einen ***Kramladen*** für fast alles, was man so braucht. In ein paar Tagen, am 3. Sonntag im Juli findet hier das ***Bjuråkersstämman***, ein traditionelles Folklore-Festival mit Umzug und viel Musik statt, einige Akteure sind schon angereist und bevölkern in einem bunten Pop up-Caravan- und **WOMO**-Lager die Wiese nebenan.
Schon in Sichtweite wartet bereits die nächste Sehenswürdigkeit: ***Bjuråkers kyrka*** (4.7.-28.7. 11-14 Uhr) mit extra Glockenturm aus schwarzen Schindeln. Drinnen kann man eine herrliche Kanzel, einen wertvollen Altarschrank mit geschnitzten Figuren aus dem Mittelalter und einen geheimnisvollen Ritter zu Pferd mit kniender Maid davor bewundern. Wer ganz in der Nähe ein Komfort-Quartier sucht, nimmt an der Kreuzung die Straße nach **Norrbo** und findet nach 2,6 km einen liebevoll gestalteten Campingplatz.

(377) WOMO-Campingplatz: Norra Dellen Familiencamping

GPS: N 61° 51‘ 24.2“ E 16° 36‘ 33.8“.
Öffnungszeiten: Ganzjährig, Hauptsaison Mai - September.
Ausstattung: 38 naturnahe Stellplätze im luftigen Hochwald, Sandhang-Badestelle, Angelsee, originelle Abenteuer-Minigolf-Anlage im Wald, Kajak-, Kanu- und SUP-Verleih, neues Sanitärgebäude, Sauna, Rezeption und Kiosk, Café im Sommer mit Frühstück, frischen Brötchen und Speisen. Preise 2022: 230 SEK ohne Strom, 260 SEK mit Strom. Alle Infos: norra-dellen-camping.se

Beschreibung: 2018 haben ***Nicole und Reto Bachofner*** aus der ***Schweiz*** diesen Platz (vormals **Camping Rävnäset**) übernommen und sorgen für eine sehr entspannte Atmosphäre. **Zufahrt**: Siehe Text.

Wir bleiben auf der **305** bis nach **Friggesund**, halten uns dort Richtung **Strömbacka** und rollen durch ein ausgeprägtes Pferde-und-Kühe-Revier am riesengroßen ***Norrdellen*** entlang. Dieser See gehört genau wie auch der ***Sördellen*** zum ***Dellenkrater***, den ein unvorstellbarer Meteoriteneinschlag vor

90 Millionen Jahren hinterlassen hat. An der Nordseite vom ***Norrdellen*** geht es später auf Schotterpiste zu zwei WOMO-Plätzen, doch zuvor würdigen wir ausführlich die *„Kunst im Hafen"* (Mittsommer bis 3. Augustwochenende) in ***Movikens Hamn*** und ***Movikens Masugn*** (N 61° 55' 55.2" E 16° 39' 19.4", Mo-Fr 11-17 Uhr, Eintritt, Führungen), die alte Eisenhütte.

(378) WOMO-Stellplatz: Movikens Hamn

GPS: N 61° 55' 33.3" E 16° 38' 53.6". **Max. WOMOs**: 1-2.

Ausstattung: Parkraum am Pier, Picknickbänke, Feuerstellen, Trockenklo anbei. Kleine Camper passen auch an den Rand der Wendeschleife am Ende der von Birken flankierten Landzunge bei der ***„Dellen"***.
Beschreibung: Bitte dieses Kultur-Areal dezent nutzen. **Camping verboten!** **Zufahrt**: Ab Straße 500 m Birkenallee zum kleinen Hafen.

(379) WOMO-Campingplatz: Fönebo

GPS: N 61° 55' 17.7" E 16° 42' 45.3". **Öffnungszeiten**: Sommersaison.
Ausstattung: Kleiner, gepflegter Platz am ***Norrdellen***, Sandstrand, Spielplatz, Minigolf, Restaurant, ordentliche Sanitäranlagen.
Beschreibung: Störend empfinden wir hier die vielen Langzeit-Camper.
Zufahrt: In **Moviken** nach rechts dem Hinweis **Fönebo** folgen, nach 3,6 km Schotterpiste rechts.

(380) WOMO-Badeplatz: Ora

GPS: N 61° 54‘ 07.7“ E 16° 45‘ 54.4“.
Max. WOMOs: 2-3.
Ausstattung: Parkplatz-Wiese mit Bäumen am Strand, Picknickbänke, Feuerstelle, Müllbehälter, Trockenklo.
Beschreibung: Herrlicher Platz mit Traumstrand.
Zufahrt: 3,7 km nach **(379)** rechts.

Zur Fortsetzung unserer ***Bauernschlösser***-Tournee kehren wir zur **305** und dann auf eben dieser über **Bjuråker** nach **Delsbo** zurück, um dort der **84** westwärts nach **Ljusdal** zu folgen, einer erfreulichen Route durch harmonische Landschaft: bewaldete Hügel, Seen und Wiesen mit Kühen, Pferden und Schafen. Das Städtchen empfängt uns mit seinem Gewerbegebiet, am Bahnhof stehen Waggons mit Holzstämmen, wir bleiben auf der **84/Sveg**, verkneifen uns den ***Leinen-Laden*** links wie auch die sehenswerte ***Kirche*** rechts und lassen uns zu ***Ljusdals Hembygdsgård*** (N 61° 49‘ 11.6“ E 16° 04‘ 35.5“; Juni - August 11-15 Uhr Lunch, ljusdalshembygdsforening.se) führen. Hier kann man sich ausgiebig den historischen Holz-Gebäuden

widmen, die restaurierten Decken- und Wandgemälde im ***Per Arvidsgård*** bestaunen und sich in stilvoller Umgebung dem preiswerten Lunch-Büfett hingeben, was uns offensichtlich viele Berufstätige der Umgebung in ihrer Mittagspause gleichtun. Während in der hiesigen ***Back-Stuga*** die Vorbereitungen für die ***„Tunnbröd-Show“*** noch im Gange sind, ist man im ***Stenegård*** in **Järvsö** (N 61° 42' 29.8" E 16° 11' 08.7"; Sommersaison tgl. 11-17 Uhr; stenegard.com) schon am Backen. Zu dieser nächsten Station überqueren wir die ***Ljusnan***-Brücke und rollen anschließend auf der **83/Bollnäs** durch das fruchtbare Flusstal südwärts, zweigen in **Järvsö** links ab, besuchen zuerst die imposante ***Järvsö kyrka*** und anschließend den besagten Großhof aus dem 19. Jahrhundert mit dem Flair des Mondänen und vornehmen Gebäuden des Holz-Klassizismus. Hier gibt es neben ***„Tunnbröd-Backen live“*** reichlich Kunsthandwerk, Antiquariat, großräumige Gastronomie, einen romantischen Springbrunnen-Park und einen bezaubernden

wie interessanten (Heil-)Kräutergarten (angelegt nach Krankheitsbildern) mit hölzernen Kurort-Pavillon.

Wir bleiben gleich auf der östlichen ***Ljusnan***-Seite, rollen weiter südwärts nach **Föränge** und verlassen nach 2,3 km die freundliche Asphalt-Straße nach **rechts/Änga**, wo es nun auf Schotter-Piste mit Blick auf den ***Ljusnan*** und Kuhwiesen weiter geht. Nach 3,2 km registrieren wir den Parkplatz vom wunderbaren wie beliebten Sommerrestaurant ***„Torönkrog“*** (Mo-Do 11-16 Uhr, Fr 11-22 Uhr, Sa 11-16 und 18-01 Uhr, So 11-18 Uhr, toronkrog.se) mit super Ambiente, Badestelle, coolem Personal und gelegentlicher Live-Musik, zu dem eine Ponton-Fußgängerbrücke übers Wasser zur Fluss-Insel führt. Ein Platz wie für **WOMOs** gemacht. Wenn am Abend auf der anderen Flussseite die beleuchtete Eisenbahn entlang fährt, sieht das aus wie auf der Modellbahnanlage aus Kindertagen.

(381) WOMO-Badeplatz: Torön

GPS: N 61° 39' 43.9" E 16° 12' 02.9".
Max. WOMOs: 2-3.
Ausstattung: Schotterparkplatz mit Bootseinsetzstelle.
Beschreibung: Schöner Platz direkt am Fluss.
Zufahrt: Siehe Text.

Sogleich erreicht man das weit verstreute Dorf ***Änga***, wo wir 2,7 km nach **(381)** links abbiegen und nach 2,2 km wieder Asphalt erreichen. Es geht rechts weiter durch Schmeichel-Landschaft nach **Medsand** und später nach rechts über die ***Kyrksjön***-Brücke. Links voraus im Hafen liegen lange, den historischen Kirchbooten nachempfundene Ruderboote, mit denen heutzutage im Verein Ausfahrten stattfinden, sogar Regattas gefahren werden und im Sommer zum „Allgemeinen Rudern" eingeladen wird: Mai bis September sonntags und zusätzlich im Juli mittwochs, jeweils 19 Uhr. Wer sich das genauer anschauen möchte, findet links hinter der Brücke einen kleinen Parkplatz mit Picknickbank oder schaut hier nach: arbrakyrkbatsroddare.se.

Etwa 500 m danach biegen wir in **Vallsta** rechts ab zum ***Gästgivars Vallsta*** N 61° 31' 55.9" E 16° 22' 05.1"; 4.6. - 21.8. 11-17 Uhr), unserer nächsten Traditionshof-Station. In nordischer Frische erstrahlt der Herrenhaus-Vorzeige-Raum mit seiner ausgesprochen liebevollen Ausgestaltung vom ***Hälsingland***-

Kunstmaler ***Jonas Wallström.*** Hier sieht man auch das typische Tapetenmuster der Region, das sich im Kunstgewerbe-Shop auch auf den Souvenir-Servietten wiederfindet. Pünktlich zu unserem Besuch findet ein Kunsthandwerkermarkt statt, bei dem man Schnitzern und geschickten Damen beim Spinnen, Klöppeln und dem geheimnisvollen Bänder-Weben zuschauen kann.

Zum letzten Abzweig zurück, nach rechts über die Schienen, gleich darauf links auf die **83/Bollnäs** und schon sind es nur noch 9 km zum gut beworbenen ***Träslottet*** in ***Arbrå*** (N 61° 27‘ 08.8“ E 16° 22‘ 47.4“; Juni - August tgl. 11-17 Uhr; traslottet.nu), dem „Holz-Schloss“. Hier hat sich in den letzten Jahren einiges zum positiven verändert, das Areal wurde um einen schönen Spielplatz erweitert, die Tünnbröd-Bäckerei ist aktiv, die Gastronomie ausgebaut und der Traditionsgarten gepflegt. Es gibt Glas und Kunst in alten Häusern, eine Kinder-Spiel-Scheune, Ausstellungen mit Fotos nebst historischen Tapeten und neuerdings sogar einen **Husbil-Ställplats**.

(382) Offizieller WOMO-Stellplatz: Träslottet

GPS: N 61° 27‘ 08.7“ E 16° 22‘ 44.7“. **Max. WOMOs**: 4-6.
Ausstattung: Terrassierte Schotterplätze unter Bäumen.
Beschreibung: Ein kleiner Nebenparkplatz auf dem Areal. Gebühr 2022: 200 SEK ohne, 250 SEK mit Strom, zu zahlen bis 17 Uhr im Café.
Zufahrt: Siehe Text, unübersehbar ausgeschildert.

Schon 2,2 km später kann man von der **83** nach **links/Lottefors** abbiegen und erreicht nach 2,1 km eine eher bescheidene Badestelle mit kleiner **WOMO**-Parkwiese [**383**: N 61° 25‘ 20.4“ E 16° 24‘ 55.7“] etwas oberhalb. Wir rollen nun zügig südwärts Richtung **Bollnäs**, dort im Transit hindurch und auf der **83/Gävle** weiter dem vorläufig letzten ***Hembygdsgård*** dieser Reise entgegen: ***Ol-Nils*** (N 61° 16‘ 13.3“ E 16° 33‘ 45.3“, 2022: 7.-10.7. und 14.-17.7. 12-17 Uhr, hembygd.se/hanebo) in **Hårga**. Genau 12,5 km nach der großartigen ***Bollnäs kyrka*** geht es links weg zum Ziel, als späte Gäste haben wir es eilig, doch wir erleben hier statt Feierabendstimmung geschäftiges Treiben mit Parkplatzanweiser auf der Wiese und überraschendem Besucherandrang: Heute ist Kulturprogramm! Gerade gelingt uns noch ein flüchtiger Rundgang durch das Hauptgebäude, dann sitzt schon Jung und Alt erwartungsfroh vor der Bühne, auf der sogleich die musikalische Darbietung der Freizeit-Combo beginnt. Keine große Kunst, auch keine authentische Folklore, doch die Leute freut's und sie genie-

ßen ganz offenbar die willkommene Abwechslung und das gesellige Beisammensein an diesem herrlichen Sommerabend. Als die einzigen Auswärtigen im Publikum fallen wir kaum auf, denn auch wir essen den traditionellen ***Ostkaka*** in rotem Sirup mit großen Löffeln aus tiefen Tellern, doch dieser ***Käsekuchen*** ist gar keiner, sondern eine dicke Scheibe einer recht geschmacksneutralen, aber sicherlich proteinreichen Masse, von der wir bis zum nächsten Morgen satt sind. Zur Konzert-Pause geht die Musikanten-Sammelbüchse herum, wir verkrümeln uns vorzeitig, kehren zur Tourstraße zurück und verlassen die **83/Gävle** 22 km später hinter einer (fast unsichtbaren) Kirchen-Ruine und eindeutiger Beschilderung nach links, wo uns nach 500 m ein bemerkenswerter **WOMO**-Platz am südlichen Zipfel des großen ***Bergviken*** erwartet, den man mittlerweile zum naturnahen Campingplatz umetikettiert hat. Den sonnigen Abend genießen wir ausführlich am Strand.

(384) WOMO-Campingplatz: Skogs Camping

GPS: N 61° 10‘ 12.6“ E 16° 49‘ 23.7“.
Öffnungszeiten: Mitte Mai bis September.

Ausstattung: Rasenschotter-Parkplatz für Caravans und **WOMOs**, Sandstrand-Bucht mit Picknickbänken und Feuerstelle direkt vis-à-vis, in 150 m Kiosk bei der Badestelle und Trockenklo mit Kassetten-Entleerung (an der Rückseite vom Klo-Haus), Wasserschlauch, Müllbehälter.
Gebühr 2022: 100 SEK/10 EUR, 7 Nächte 500 SEK/50 EUR, Barzahlung an den Platz-Betreuer, der abends vorbeikommt.
Beschreibung: Wunderschön gelegener und meist gut besuchter Platz (Nicht zu spät ankommen!). Etwas störend ist die nahe Straße.
Zufahrt: Siehe Text.

Nun pirschen wir uns langsam wieder an die ***Jungfrukusten*** heran, die **83** bringt uns auf flotter Trasse zur **E4**, zum Doppelkreisverkehr von **Tönnebro**, bei dem man zur legendären Raststätten-Anlage einfach unter der Autobahn hindurch fährt, wo dann robuste Schläfer im gut verschlossenen **WOMO** sogar ein Nachtquartier finden.

(385) WOMO-Picknickplatz: Tönnebro

GPS: N 61° 04' 15.7" E 16° 58' 04.7". **Max. WOMOs**: >5.
Ausstattung: Tankstelle, Brummi-Platz, Rasthaus-Gastronomie mit Reise-Shop, Spielplatz, Badestelle, Picknickareal, Toiletten, **WOMO**-Treffpunkt.
Beschreibung: Am nördlichen Ende des Rastplatzes stehen **WOMOs** in Nischen im Hochwald direkt an der Straße. Sicherlich ziemlich laut.
Zufahrt: Siehe Text.

Uns wäre dieses Straßen-Dauerrauschen ja viel zu nervig, was auch für den schön angelegten, sogar mit Latrine ausgestatteten **E4**-Rastplatz **Högbacka** [**386**: N 61° 00' 26.3" E 16° 58' 58.6"] 8 km weiter in Richtung **Stockholm** gilt und so fahren wir nach weiteren 7 km von der **E4** ab, um uns den neuen Star unter den **WOMO**-Plätzen Schwedens, den unterwegs permanent beworbenen Yachthafen **Axmarbrygga** anzuschauen, den wir auf der schnellen Asphalt-Piste des ***Jungfrukustvägen*** nach 13 km durch den Wald erreichen und dort einen bereits am Nachmittag gut gefüllten Platz an der schönen Schärenküste sehen: Endlich zurück am Busen der ***Meerjungfrau***!

(387) WOMO-Campingplatz: Axmarbrygga Havscamping

GPS: N 61° 02' 54.7" E 17° 09' 26.3". **Öffnungszeiten**: Ganzjährig.

Ausstattung: 32 Plätze mit und 8 Plätze ohne Strom auf einem großen, aber immerhin unterteilten Schotter-Areal beim Yachthafen, Ver- und Entsorgung und Kassetten-Entleerung, WC und Duschen mit Code-Zugang, ziemlich nobles Fischrestaurant ***Axmarbrygga Havskog*** (12-22 Uhr) anbei, Kunstscheune ***Bläckhornet*** (Edelsouvenirs, Juli bis Mitte August 11-17 Uhr) gegenüber.
Preise 2022: 160 ohne, 205 SEK mit Strom, Dusche 20 SEK zu zahlen im Restaurant. Wer möchte, kann vorbuchen: axmarbrygga.se.
Beschreibung: Komfortabler Platz, aber ziemlich viele **WOMOs** auf einem Fleck. **Zufahrt**: Siehe Text.

Ganz in der Nähe kann man sich die ***Axmar Hytta*** (Di-So 12-18 Uhr) und weitere Gebäude aus frühindustrieller Epoche anschauen, ein wertvoller Tipp speziell für jene Leser, die sämtliche historischen Eisenhütten- und Hochöfen-Besichtigungen in diesem Buch bisher geschwänzt haben.

Nach dem vielen weißen Blech in **Axmarbrygga** sehnen wir uns nach den einsameren Plätzen am Meer und so düsen wir auf gleichem Weg zur **E4** zurück, nehmen die Richtung **Stockholm**, fahren aber an der nächsten Abfahrt (Nr. 201) wieder runter und rollen zu unserem Spezial-Platz zur Küste.

(388) WOMO-Badeplatz: Hillevik

GPS: N 60° 48' 33.0" E 17° 14' 21.4". **Max. WOMOs**: >5.

Ausstattung: Großer von Bäumen gesäumter Parkplatz auf Rasenschotter vor der Badestelle rechts, dort Badesteg, Uferrasen, Grillplatz, Müllbehälter, Trockenklo.
Beschreibung: Das Befahren der Badeplatzwiese wurde zuletzt physich (Betonklotz plus Verbotsschild, also gleich doppelt) unterbunden.
Zufahrt: Die **E4** Richtung **303/Hamrånge** verlassen, am Rastplatz **Hagsta** vorbei, durch **Hamrånge** durch, **rechts/Trödje**, hinter **Trödje** dann **links/Hillevik** und später **links/Badplats**, nach 400 m Fahrweg am Ziel.

Nun wollen wir noch die kulinarischen Kleinodien dieser Region verraten: zwei lukullische Höhepunkte für alle Freunde der Fisch-Spezialitäten. Auf dem Weg zum Tour-Abschluss könnte man die deutlich kürzere küstennahe Route auf Nebenstraßen wählen, also nach **links/Hillevik** abbiegen, hat aber an die 7 km zum Teil schmale Schotterpiste von der hässlichen Sorte. Das können wir nicht empfehlen. Für uns geht es also auf Asphalt **nach rechts** weiter, nach 2,2 km **links/303** und weiter Richtung **Gävle**. Nachdem wir eine Aussichtsplattform zum Wasservögel-Gucken und einen Golfplatz passiert haben, halten wir uns strikt an die Hinweise nach **Bönan**. Durch eine gepflegte Freizeit-Landschaft mit Jugendherberge, Bade- und

Campingplatz vorbei streben wir unserem Ziel entgegen, fahren in **Bönan** geradeaus weiter und biegen 200 m hinter der Bootsbucht **rechts/Sjöfartsverket** (zur Lotsenstation) ab, wo man gleich links einen Parkplatz findet, genau gegenüber von ***Åkerblom's Fisk och Rökeri*** (Di-Fr ab 12 Uhr), unserem Pilgerziel mit einer kleinen Auswahl an heiß geräucherten Fischen. Nirgendwo sonst freuen wir uns so sehr über beißende Rauchschwaden auf einem **WOMO**-Stellplatz, denn das bedeutet hier Vorfreude pur. Man arbeitet hier mit frischem Tannengrün, was dem Räucherfisch eine unverwechselbare Note gibt.

(389) WOMO-Stellplatz: Bönan

GPS: N 60° 44' 20.8" E 17° 18' 46.9". **Max. WOMOs**: 2-3.
Ausstattung: Feinschotter-Parkplatz gegenüber ***Åkerblom's Fisk & Rökeri***, WC, 200 m zur Lotsenstation. **Beschreibung**: Schotterparkplatz ohne Nutzungs-Einschränkungen.
Zufahrt: Siehe Text.

Auch das Angebot im Nachbar-Fischerdorf **Utvalnäs** (gegenüber der Bootsbucht rein: 4 km von hier) ist nicht zu verachten. Das beliebte Fischrestaurant ***Skärgårdskrogen*** (Ostern bis Ende September 11-21 Uhr, Rännavägen 18; N 60° 45' 28.8" E 17° 20' 50.3"; skargardskrogenutvalnas.se) mit schöner Terrasse und Buchtblick, kreativer Küche und unschlagbar frischen Zutaten lockt Gäste aus nah und fern. Direkt am Parkplatz steht noch ein Verkaufswagen mit Fischprodukten, was bedeutet: Kühlschrank auffüllen!
Stellen wir uns mal vor, heute ist ein richtig warmer schwedische Sommertag, die Sonne lacht vom blauen Himmel, Sie haben sich gerade mit regionalen Fischspezialitäten vollgefuttert und brauchen dringend einen Ort, wo Sie sich entspannen und gelegentlich baden können. Wir hätten da einen Tipp:

(390) WOMO-Badeplatz: Gammelannabadet

GPS: N 60° 45' 28.3" E 17° 19' 55.1".
Max. WOMOs: 3-5.
Ausstattung: Parkplatz oberhalb der Straße, Badestelle 100 m schräg gegenüber, sehr gepflegte Anlage, Badesteg, Picknick-Wiese mit Bank, Feuerstelle, Trockenklo, Müllbehälter, Hundeverbot.
Beschreibung: Bei Sommerwetter leider auch schon mal voll.
Zufahrt: Vom Fischrestaurant zurück, nach 300 m spitz rechts weg, nach 600 m rechts abbiegen, 350 m danach Parkplatz links oberhalb.

391
WC
389
390
Gas-
flaschen-
Füllung
Utvalnäs
Bönan
Gävle
Eisenbahn-
Museum
Furuvik
392 WC
Zoo
Skutskär
Skärplinge
393
Lövstabruk
Forsmark
Bruksmiljö
394
Öre-
grund
Sund
Gräsö
Gräsö
Detail-Karte
im Text
WC
403
Östhammar
404
Älvsnäs
402
Harg
Historisches
Dorfensemble
WC
405
Grisslehamn
406
Häverödal
Häverö
Uppsala
Älmsta
Söderby-
Karl
Erken
Svanberga
407
Norrtälje
Penningby
408
Bergshamra
Brottby
411
410
409
Furusund
Kappelskär
Köpmanholm
Wira Bruk
Yxlan
Blidö
Roslags-Kulla
Åkers-
berga
C
Tyresö
WC
412
Stockholm
Ostsee
25 km
TOUR 14

TOUR 14 (ca. 350 km)

Gävle - Lövstabruk - Öregrund - Stockholm

Stellplätze:	Gävle, Sandbankarna, Lövstabruk, Sund, Öregrund, Insel Gräsö, Älvsnäs, Östhammar, Grisslehamn, Kvarnsand, Svanberga, Solö, Furusund, Bergshamra, Largen.
Campingplätze:	Gräsöbaden, Klackskärs, Flatenbadet.
Baden:	Sandbankarna, Lövstabruk, Sund, Älvsnäs, Insel Gräsö, Östhammar, Kvarnsand, Svanberga, Solö, Bergshamra, Largen.
Besichtigen:	Museen in Gävle, Lövstabruk, Forsmark Bruksmiljö, Öregrund, Insel Gräsö, Harg, Häverö Kyrka, Grisslehamn, Penningby Slott, Wira Bruk.

Wie nun? ***Hälsingland*** gehört gerade noch zu ***Nord-Schweden***, der südliche Nachbar ***Gästrikland*** ganz amtlich zu ***Mittel-Schweden***, doch **Gävle**, die Hauptstadt dieser Region mit 3 Ankern im Wappen, gilt als die älteste Stadt ***Nord-Schwedens***. Immerhin gehört sie damit noch in diesen Reiseführer, wenn auch ohne detaillierte Würdigung. Diese Rückreise-Tour führt uns nach **Stockholm**, was auf der **E4** in Windeseile erledigt wäre, doch nicht mit uns! Wir haben noch einige interessante Ziele auf Lager und werden uns gemächlich im Küsten-Bogen an die Hauptstadt heranpirschen. Doch erst einmal nach **Gävle** hinein, eine Stadt, die uns zuletzt immer sympathischer wurde. Wir kommen von **Bönan** daher, biegen rechts ab, queren dann quasi einen riesigen Golfplatz und nehmen am Kreisel die Richtung **links/E4/Gävle**. Wir folgen nun dem Ziel **Centrum**, biegen von der ***Norra Kungsgatan*** nach links auf die ***Staketgatan*** ab, registrieren stolze Bürgerhäuser, Grünanlagen mit Stadtgewusel und nehmen dann den ***Fältkärsleden*** nach rechts. Warum wir das alles so genau beschreiben? Weil es in der Stadt keine Hinweise gibt, nicht einmal beim Überqueren der Flussbrücke, nach der wir direkt links auf die ***Södra Skeppsbron*** abbiegen. Jetzt sind es nur noch 350 m bis zum speziell für **WOMOs** eingerichteten und kürzlich sogar erweiterten Übernachtungsplatz am Fluss, ein echter (aktuell leider nicht mehr kostenloser) Luxus, den wir in **Gävle** noch vor ein paar Jahren nicht für möglich gehalten hätten. Nun bietet es sich an, sich die bunte Stadt doch einmal genauer anzuschauen, denn unser erfreuliches Basis-Quartier liegt in fußläufiger Entfernung zur City.

(391) Offizieller WOMO-Stellplatz: Gävle

GPS: N 60° 40‘ 36.3“ E 17° 09‘ 36.2“. **Max. WOMOs**: 9.

Ausstattung: 9 großzügige WOMO-Parkflächen auf Asphalt mit Stromanschlüssen am ***Gävleån*** am zentrumsnahen Sportboothafen. Servicegebäude (Mitte Mai bis Mitte September Mo-Fr 10-20 Uhr, Sa/So 10-18 Uhr, Eintritt 100 SEK) mit WC, Duschen, Sauna und Waschmaschine 200 m in Zufahrtsrichtung weiter. Maximal 48 Stunden Parkdauer. Infos: visitgavle.se. Gebühr 2022: 150 SEK mit Strom, zu zahlen per App Parkster (?), aber sicherlich auch beim Personal am Servicehaus.

Beschreibung: Eine Ver- und Entsorgungsstation findet man 650 m vom Stellplatz links der ***Södra Skeppsbron***: N 60° 40‘ 43.0“ E 17° 10‘ 15.2“.
Tipp: 300 m Luftlinie von der V/E kann man im ***„Salt Studio“*** (Atlasgatan 8, saltstudio.nu) gut und preiswert essen. **Zufahrt**: Siehe Text.

Wir verlassen **Gävle** auf der ***Södra Skeppsbron*** seewärts, dann weiter auf der ***Atlasgatan*** im Rechtsbogen durchs Gewerbegebiet und biegen am 2. Kreiskehr rechts ab. Beim folgenden Kreisel gelangt man rechts zum absolut sehenswerten ***Schwedischen Eisenbahn-Museum*** (N 60° 39‘ 41.5“ E 17° 10‘ 17.0“, Rälsgatan 1, jarnvagsmuseet.se) und links ins Gewerbegebiet zu einer Gasfüllstation, die wirklich alle Flaschen füllen kann, so auch die deutschen 11er: ***Gasol Fyllarna*** (gasolfyllarna.se, Utmarksvägen 21, N 60° 39‘ 28.2“ E 17° 11‘ 07.8“, April - September Mo-Fr 8-17 Uhr, Sa 10-14 Uhr. Preis 2022: 400 SEK für 11 kg). Selbst getestet: Zu empfehlen! Am folgenden Kreisverkehr halten wir uns links, verlassen die Stadt auf der **76/Furuvik** und schon rollen wir wieder auf dem ***Jungfrukustvägen***. In **Furuvik** lockt ein Riesen-Vergnügungspark samt Zoo mit Affen und beim ersten Kreisverkehr in **Skutskär** geht's für uns links weg zum Baden an die ***Gävle-Bucht***.

(392) WOMO-Badeplatz: Sandbankarna

GPS: N 60° 38‘ 37.9“ E 17° 25‘ 41.9“. **Max. WOMOs**: 3-5.

Ausstattung: Geschotterter Parkplatz im Wald, 150 m zum herrlichen Dünen-Sandstrand, WC und Müllbehälter.

Beschreibung: Bei Sommerwetter ist der Parkplatz voll, darum sollten **WOMOs** dann lieber gegenüber der Einfahrt parken: **GPS**: N 60° 38‘ 33.4“ E 17° 25‘ 26.7“, 400 m Fußweg zum Strand.

Zufahrt: Anfahrt 1,8 km: Am ersten Kreisverkehr (vor der ***Q-STAR***-Tanke) links rein Richtung **Idrottsplats**, dann dem Bademännchen nach und am Ende der Asphaltstraße den Waldweg auf 300 m halblinks rein.

Immer weiter auf der **76** schnüren wir durch ländliches Gebiet mit Gehöften und kleinen Ortschaften, hier werden Kartoffeln und Getreide angebaut, Pferde gehalten und manchmal sieht man links in der Ferne sogar die Ostsee blinken. Hinter **Skärplinge** zweigen wir links ab und fahren den Hinweisen zu ***Lövstabruk*** nach, ein „Bypass"-Ausflug, den man nicht auslassen sollte. Wir rollen staunend durch einen vornehmen Torbogen und stellen das **WOMO** hinter ***Lövstabruks Värdshus*** (lovstabruksvardshus.se) auf den Parkplatz (N 60° 24' 31.8" E 17° 52' 36.8"). Das heutige *Dagens Lunch* heißt *„Burger-Büfett"*, da sind wir dabei und erfinden ganz neue Kombinationen. Anschließend schlendern wir mit zunehmender Begeisterung durch den riesigen Herrengut-Garten, eine unerwartete Perle unserer Rückreise-Route.

Lövstabruk war die erste der ***Wallonen-Eisenhütten*** in ***Uppland***, benannt nach der südbelgischen Heimat ihres Gründers ***Louis De Geer*** (1587-1625). Das ***Herrenhaus*** von 1720 (Foto oben) kann besichtigt werden (Infos: lövstabruk.com), wir begnügen uns mit einem beschaulichen Spaziergang im aufwändig gepflegten Garten, die von außen eher unscheinbare ***Lövstabruks kyrka*** aus dem frühen 18. Jahrhundert beherbergt eine besonders schöne Barock-Orgel und auch der grazile Glockenturm gegenüber hat seinen Reiz. Das riesige Gut wird heute bewirtschaftet, es gibt ein Gestüt, Kutschfahrten, Kunstausstellung, Café sowie Hantverk und zu allem Überfluss auch noch eine kleine, aber fürstliche Badestelle kurz hinter dem Ausgangs-Tor.

(393) WOMO-Badeplatz: Lövstabruk

GPS: N 60° 24‘ 11.3“ E 17° 52‘ 56.8“.
Max. WOMOs: 2-3.
Ausstattung: Kleine gepflegte Badestelle am Mini-See mit Steganlage und Sprungturm, Sprudelfluss, Picknick-Wiese mit Bank, Grillstelle, Spielplatz, Müllbehälter. Dezente Nutzung empfohlen.
Beschreibung: 50 m vom Parkplatz, über eine Fußgängerbrücke zum Bad.
Zufahrt: Auf der ***Lövstabruk***-Allee weiter, 150 m nach dem Ausfahrtstor links.

Nach 250 m sind wir wieder auf der **76**, nach **links/Östhammar** geht es nun weiter und nach 16 km freundlicher Straße durch den Wald kann man in **Forsmark** gleich das nächste ***Bruksmiljö*** besichtigen. Die sicherlich kostspielige Pflege dieses hübsch gestalteten historischen Areals mit Teich, Restaurant und Sichtachse vom Herrenhaus zur Kirche obliegt dem Energieriesen ***Vattenfall***, wohl auch als Kompensation

für das nahe Kernkraftwerk des Konzerns an der Küste.

Wir bleiben auf der **76**, sehen links noch eine bemerkenswerte Steinbrücke (*„Gammlabro“*) und biegen 7,5 km später zu einem Abstecher nach **Öregrund** links ab, doch schon nach 3 km wollen wir Sie erstmal zur freundlichen Badestelle nach **Sund** (ent)führen.

(394) WOMO-Badeplatz: Sund

GPS: N 60° 18‘ 34.4“ E 18° 20‘ 14.8“.
Max. WOMOs: 2-3.
Ausstattung: Besucherparkplatz auf Rasen, kleiner geschützter Kinder-Sandstrand, Spielplatz, Schwimmsteg, Strandwiese, Picknickbänke, Toilette, Müllbehälter, Hundeverbot und Pferdeverbot.
Beschreibung: Sehr gepflegte Anlage am ***Granfjärden***.
Zufahrt: 2,4 km Anfahrt: vom Abzweig schmale Asphaltstraße durch den Wald nach **Sund**, dort Richtung **Långalma**, nach 1,1 km Badeplatz-Parkwiese rechts.

Über **Sund** gelangen wir nun nach **Öregrund** und sind sofort ganz verzaubert vom Charme dieses quirligen wie sympathischen Urlauber-Magneten, der gleich am Ortsbeginn rechts (Hinweis: „Tourist Parkering“) einen kostenlosen Stellplatz mit Komfort und später in der Ortsmitte zwei Bezahl-Stellplätze in schöner Lage für uns bereit hält.

(395-397) Offizielle WOMO-Stellplätze: Öregrund

(395) Tennishalle
GPS: N 60° 20‘ 03.1“ E 18° 26‘ 09.4“. **Max. WOMOs**: 10.
Ausstattung: Unterteilter Schotterparkplatz mit Ver- und Entsorgung.
Beschreibung: Neu gestalteter Stellplatz in ruhiger Lage.
Zufahrt: Am Ortsbeginn nach rechts dem Hinweis *„Tourist Parkering“* folgen, dann an der Tennishalle vorbei.

(396) Västerhamn
GPS: N 60° 20‘ 22.6“ E 18° 26‘ 11.2“.
Max. WOMOs: 5.
Ausstattung: Asphaltierter Parkplatz mit WC, Mülleimer und Picknickbänken bei einem haushohen Schären-Felsen, 5 markierte WOMO-Plätze, innerorts. Gebühr 2022: 120 SEK per Handy-App, 24-h-Limit.
Beschreibung: Mit viel Glück findet man hier im Sommer einen Platz.
Zufahrt: An der Kreuzung bei der Kirche links/Kyrkogatan abbiegen, nach 200 m Parkplatz mit Buchtblick.

(397) Hamnpiren
GPS: N 60° 20‘ 27.1“ E 18° 26‘ 28.8“. **Max. WOMOs**: 3.
Ausstattung: Asphaltierter Parkplatz am Pier, 3 markierte WOMO-Plätze, Gebühr 2022: 125 SEK per Handy-App, 24-h-Limit.
Beschreibung: Kleiner, sehr beliebter Platz, meistens belegt.
Zufahrt: An der Kreuzung bei der Kirche geradeaus auf der Rådhusgatan bleiben, nach 150 m rechts zum Pier vom Bootshafen.

In den Cafés und Restaurants am Yachthafen sitzen fröhliche Menschen, andere pilgern durch die bunten Läden, doch auch die stillen Ecken haben ihren Reiz, wie die alten Häuschen vom ***Hembygdsgård***, der rote Schindel-Glockenturm auf dem Schärenfelsen oder die trutzige weiße Steinkirche.

Besonders interessant wäre ein Ausflug mit der großen gelben Gratis-Kurz-Fähre zur Insel ***Gräsö*** hinüber, wo Strände, geschichtsträchtige Dörfer und Naturschönheiten warten. Dieser Ausflug ist mit den Fahrrädern gut zu bewältigen, doch wir gehen mit dem **WOMO** auf Erkundung und wollen für Sie nachschauen, ob das gut funktioniert (ja, für Fahrzeuge bis etwa 7 m Länge) und was es dort zu entdecken gibt. In der ***Touri-Info*** bekommt man deutschsprachige Broschüren über diese interessante Schäreninsel, kurzum: Man kann dort Baden gehen, historische Fischerdörfer besichtigen, einen alten Leuchtturm bestaunen, durch ein Naturreservat streifen und sogar über Nacht drüben bleiben. Doch der Reihe nach! Die Fähre geht alle halbe Stunde (0 und 30 zur Insel, 15 und 45 zurück) und braucht gerade mal 5 Minuten für die Überfahrt. Drüben landet man ganz in der Nähe der ***Gräsö kyrka***, wir wenden uns nordwärts (also nach links), fahren auf passablem Asphalt Richtung **Öskärssund**, doch gleich schon wieder links rein zum ersten Quartier direkt neben einem Sandstrand-Badeplatz.

(398) WOMO-Campingplatz: Gräsöbaden***

GPS: N60° 21' 04.5" E18° 26' 56.7". **Öffnungszeiten**: Mai-Sept.
Ausstattung: Gepflegter Platz mit Rasen und Felsen, gute Ausstattung, Restaurant (ab 12 Uhr), Badestrand anbei, zur Hochsaison gut besucht. Preise 2022: 400 - 550 SEK je nach Ausstattung und Lage.
Beschreibung: Ziemlich teures Vergnügen! Das sind halt „Inselpreise"! grasobadenscamping.se.
Zufahrt: 900 m ab Fähre, 700 m nach links hinein. Ist gut ausgeschildert.

Die Inselhauptstraße wird hier noch von einem Radweg flankiert und sie führt uns durch Wald und kleine Siedlungen mit roten Häusern. Genau 3,1 km nach dem letzten Abzweig folgen wir dem Hinweis nach **links/Djursten**, parken nach 600 m auf Schotter und stiefeln vor zur Felsenküste zum urigen Leuchtturm. Das Sommercafé und die Kunstbutik haben im August schon geschlossen, so dass wir uns auf dem menschenleeren Areal ganz der Natur, dem Blätterrauschen in den Wipfeln, der leichten Felsenbrandung und dem Ausblick auf die Inselwelt mit Leuchtfeuer und Kernkraftwerk hingeben können. **Achtung:** Lassen Sie sich nicht verleiten, mit dem **WOMO** durch das enge Tor zu fahren, denn dahinter gibt es nur noch Anwohnerparkplätze.

Zurück auf der „Magistrale“ gen Norden, die wieder ohne Seeblick durch Wald und schmucke Örtchen führt, bieten sich nun drei lohnende Ziele links der Piste an: Nach 3,9 km eine höchst interessante **Badestelle** am ***Storsand*** mit riesigen Schärenfelsen (und leider nur sehr kleinem Parkplatz: N 60° 24‘ 05.3“ E 18° 23‘ 59.9“), 6,3 km danach bleibt man in einer Rechtskurve geradeaus und erreicht nach 1,2 km den

Fischerhafen von **Söderboda** (N 60° 26‘ 54.8“ E 18° 23‘ 11.2“) mit Aussichtspunkt und Picknickbank samt Feuerstelle. Biegt man 2,7 km nach dem letzten Abzweig in einer Rechtskurve nach links ab, gelangt man nach 900 m zum kleinen Fischer-

hafen von **Norrboda** (N 60° 28‘ 04.8“ E 18° 23‘ 41.3“), dem westlichsten Hafen der Insel mit Trockenklo und Picknickbank. Die Zufahrt zu den beiden Häfen ist recht schmal, am Ende findet sich nicht viel Platz zum Parken und man möchte nicht wissen, was hier in der Hochsaison los ist. Fahrradfahrer haben es dann bestimmt leichter!

Vom letzten Abzweig sind es nur noch 4 km bis zum Nordende der Insel. An der finalen Wendestelle gibt es eine Picknickbank, eine Gedenktafel für ein Schiffsunglück von 1877 und Anlegestege an der Felsenküste. Von hier gehen Boote hinüber zur Insel ***Örskär***, einem Naturschutzgebiet mit Leuchtturm und Jugendherberge.

Bis zum Abzweig beim Fährhafen sind es nun 21 km Genussfahrt zurück, wir passieren jenen, um nunmehr den Südzipfel von ***Gräsö*** zu erforschen. Jetzt sieht man öfter Wasser und wir zelebrieren nach 4,5 km eine Großpause mit Buchtblick auf einer Landzunge rechts.

(399) WOMO-Stellplatz: Getskärsudden

GPS: N 60° 19' 25.6" E 18° 31' 10.5".
Max. WOMOs: 2-3.
Ausstattung: Schöner Schotterrasen-Platz auf einer Landzunge mit Seeblick etwas unterhalb der Straße.
Beschreibung: Ein Platz mit herrlicher Lage, nachts sehr ruhig, außerorts. **Zufahrt**: Siehe Text.

Auf den restlichen 5 km bis zum Ende der Straße beim Bootshafen **Äspskäret** quert man das ***Naturreservat Idön***, eine spannende Landschaft mit Spuren alter Besiedlung, Urwald, reichlich schützenswerter Fauna und Flora sowie zwei Parkplätzen als Basislager für Erkundungen und zum Verweilen.

(400) WOMO-Wanderparkplatz: Idön 1

GPS: N 60° 18' 13.6" E 18° 34' 58.1". **Max. WOMOs**: 1-2.
Ausstattung: Kleiner, leicht schiefer Schotterparkplatz, Info-Tafel samt Kasten mit Info-Material.
Beschreibung: Platz nahe an der Straße, aber nachts ohne Verkehr.
Zufahrt: 4,5 km hinter **(399)** links.

(401) WOMO-Wanderparkplatz: Idön 2

GPS: N 60° 18' 05.2" E 18° 35' 27.5". **Max. WOMOs**: 2-3.
Ausstattung: Schotterparkplatz im Wald bei einem Bootshafen, Müllbehälter. Leider meist gut belegt von Autos und Bootstrailern.
Beschreibung: Am Ende der Straße führt ein Weg links ins Grün zu einem idyllischen Picknick-Pavillon. **Zufahrt**: Knapp 500 m hinter **(400)** rechts.

Wir verlassen die Insel mit der Gratis-Fähre nach ***Öregrund*** und resümieren: Ein Ausflug nach ***Gräsö*** ist absolut empfehlenswert, ganz besonders zu besucherarmen Zeiten.
Wir empfehlen noch eine Schlaufe über die landschaftlich ausgesprochen schöne Halbinsel im Südosten, folgen ab Ortsausgang von **Öregrund** strikt der Richtung **Älvsnäs** und erreichen nach 18 km einen **Badplats** am ***Raggaröfjärden***.

(402) WOMO-Badeplatz: Älvsnäs

GPS: N 60° 13' 19.4" E 18° 33' 00.4". **Max. WOMOs**: 1-2.
Ausstattung: Parkstreifen oberhalb der Badestelle, Picknickbänke, Toiletten, Badewiese, kleiner Sandstrand, Badesteg, Spielgeräte, Grillstelle.
Beschreibung: Zunehmende Bebauung: Häuser in der Nachbarschaft.
Zufahrt: Siehe Text, 400 m nach Ortseingang von **Älvsnäs** rechts.

Jetzt möchten wir Sie zu einer beschaulichen Genussfahrt einladen und biegen dazu auf der Rückfahrt vom Badestopp beim nächsten Abzweig nach **links/Tuskö** ab. Die schmale Asphaltstraße führt wie eine Achterbahn durch Bauernland und Wald, wir fahren durch wunderschöne Wachholderheide mit Kühen und staunen nicht schlecht über diese Landschaft, die man in ***Schweden*** so nicht erwartet. Ab **Tuskö** streifen auch noch Schafe durch die Heide und in **Långalma** erreichen wir wieder bekannte Straße, der wir nach **links/Öregrund** folgen. Schließlich biegen wir hinter **Börnäs** links nach **Östhammar** ab, wo das vergleichsweise blasse Städtchen seine **WOMO**-Gäste mit einem hübschen ***Ställplats*** am Yachthafen und einem richtig schön gelegenen Campingplatz verwöhnt.

(403) Offizieller WOMO-Stellplatz: Östhammar

GPS: N 60° 15' 38.4" E 18° 22' 38.6". **Max. WOMOs**: 5.

Ausstattung: 5 Stellplätze auf Asphalt bei der historischen Feuerwache am Yachthafen. Gebühr 2022: 120 SEK, Dusche (35 SEK) im Service-Gebäude. Den Zugangscode erhält man nach Zahlung der Gebühr im Büro des Hafenmeisters.
Beschreibung: Schön gelegener Platz unter Bäumen.
Zufahrt: Auf dem Weg zu **(404)** rechts zum Hafen abbiegen.

(404) WOMO-Campingplatz: Klackskärs Camping

GPS: N 60° 15‘ 45.4“ E 18° 22‘ 48.7“. **Öffnungszeiten**: Mai-September.
Ausstattung: Gepflegter Platz mit viel Rasen auf einer Landzunge, also viele Ufer-Stellplätze, gute Ausstattung, Sauna, Spielplatz, Grillstellen, Rezeption mit Kiosk, Badestrand, Minigolf.
Preise 2022: 350/400 SEK ohne/mit Strom, Zuschlag an Mittsommer, Dusche kostet extra. klackskarscamping.se.
Beschreibung: Im ***Restaurang „Kina Thai“*** bei der Rezeption gibt es ein üppiges, schmackhaftes und zudem preiswertes Lunch-Büfett (Mo-Fr 11-14 Uhr, Sa/So 12-20 Uhr). **Zufahrt**: In **Östhammar** ausgeschildert.

Wieder auf der **76** nach **Norrtälje** kommen wir durch das puppige **Harg**, einem Gesamtkunstwerk mit dem historischen und wunderschön erhaltenen Dorfensemble mit herrschaftlichem Gutshof, der romantischen Lindenallee, einer Kirche samt Friedhof, einem prächtigen Uhrturm und einer frühen Form von Reihenhäusern. Parken Sie am besten gegenüber vom ***Uhrturm*** (N 60° 10‘ 59.6“ E 18° 23‘ 50.8“) oder 250 m danach im Schatten gegenüber vom nunmehr geschlossenen ***Brukshandeln*** (N 60° 10‘ 52.4“ E 18° 23‘ 57.2“). Nehmen Sie sich die Zeit und schauen sich mal in aller Ruhe in diesem bezaubernden Örtchen um.
Nach ziemlich genau 21,5 km durch eine Landschaft aus Wald, Feldern und Wachholderheide verlassen wir die **76** für einen weiteren Schwenk nach links, biegen nach **Häverödal** ab, fahren dort Richtung **Älmsta** leicht bergauf und wollen uns im 4 km entfernten **Häverö** die besonders eindrucksvolle, weil uralte und wehrhafte ***Häverö kyrka*** (Öffnung auf Anfrage: Handy-Nummer hängt aus) anschauen und biegen dazu noch

vor dem Ort links ab. Wir begnügen uns mit einem Rundgang übers Gelände und um die Feldstein-Kirche herum, der uns zwangsläufig auch durch diesen geheimnisvollen Gang an der Außen-Mauer führt.
Zurück zur Hauptstraße setzen wir unsere Reise nach links fort und folgen in **Häverö** den Hinweisen nach **Grisslehamn**, die nächste Station unserer Küsten-Tournee. Auf der prächtigen ***Trästabron*** queren wir die ***Väddövik***, nehmen die **283** nach links und fahren dann unbeirrt Richtung Hafen. Kurz vor dem Ziel könnte man noch preiswert beim Griechen einkehren und ambitionierte Ware in einer Handwerks-Bäckerei einkaufen. Den Parkplatz von ***AKKILLES TAVERNA*** (tgl. ab 12 Uhr) und ***Ronjas Bageri*** (Mi-Sa 8-14 Uhr) finden Sie genau hier: N60° 05‘ 33.2“ E18° 47‘ 38.1“.
In der Hafenbucht von **Grisslehamn** tobt das Leben, hier findet man Fischer-Romantik, dazu auch 2 pralle Fischläden mit all den Spezialitäten, die man so erwartet und sogar eine richtige Fischgaststätte. Je nach Saison bis zu 3-mal täglich wird es

hier dann richtig voll, wenn die beliebten Fähren der ***Eckerö Linjen*** anlegen, die Besucher von und zu den ***Åland-Inseln*** bringen oder die Freunde der ***Day Trips*** wieder ausspucken, die ganz offensichtlich den Taxfree-Dampfer für wenig Geld als Gruppen-Event genutzt und sich nicht nur an den Speisen gelabt haben. Hocherfreut stellen wir fest, dass man hier mittlerweile sogar spezielle **WOMO**-Parkplätze eingerichtet hat, direkt am Fischer-Hafen in der ersten Reihe.

(405) Offizieller WOMO-Stellplatz: Grisslehamn

GPS: N 60° 05‘ 59.2“ E 18° 48‘ 40.0“. **Max. WOMOs**: 6.
Ausstattung: WOMO-Plätze auf Beton am Pier, Strom, WC anbei, Gastronomie anbei; innerorts. Gebühr 2022: 200 SEK mit Strom, zahlbar per App oder SMS.
Beschreibung: Wie man hört, sind nächtliche Ruhestörungen möglich.
Zufahrt: Siehe Text, am Hafen.

Wem der Sinn jedoch nach einer schönen Badebucht steht, der fährt mit uns auf der Tourstrecke weiter, kehrt zurück zum Ortsanfang und biegt 300 m hinter dem ***Griechen*** links ab.

(406) WOMO-Badeplatz: Kvarnsandsbad

GPS: N 60° 04' 32.2" E 18° 49' 18.5". **Max. WOMOs**: 3-5.

Ausstattung: Schotterparkplatz (Caravans verboten) am Waldrand, 400 m durch den lichten Blaubeer-Wald zur Badebucht, Badestege, Picknickbänke, Trockenklo, Hunde und Zelten am Strand verboten, Wanderwege durch das Naturreservat.
Beschreibung: Fahren Sie nicht samstags bei Badewetter hier hin!
Zufahrt: Siehe Text, 1,9 km nach dem Abzweig links, nach 500 m rechts, dann noch 200 m auf Schotter zum Ziel.

Nach 700 m sind wir zurück auf der Straße, stoßen mit dieser nach 8 km mittelprächtiger Piste wieder auf die **283**, auf der es Richtung **Norrtälje** nun weiter gen Süden geht. Die ***Väddövik*** schimmert rechts durch die Bäume und hinter der Klappbrücke ankern wir erst einmal in **Älmsta** beim gut sortierten ICA-Markt rechts, um unsere Vorräte aufzufüllen.
Dann erreichen wir mit unserer **283** in **Söderby-Karl** schließlich wieder die **76/Norrtälje**, wo man gleich in **Svanberga** eine ansprechende **Badestelle** am ***Erken*** findet.

(407) WOMO-Badeplatz: Svanberga

GPS: N 59° 50' 12.2" E 18° 39' 21.0". **Max. WOMOs**: 3-5.
Ausstattung: 3 terrassierte Schotter-Parkplatzabteilungen, gepflegte Badestelle (Hundeverbot), Badesteg, Spielplatz, Trockenklo, Außendusche, etwa 50 bis 100 m neben der Straße.
Beschreibung: Am Ende der unteren Parkplatz-Abteilung steht man halbwegs geschützt, zusammen mit anderen WOMOs.
Zufahrt: Siehe Text, 1,4 km nach Ortseingang **Svanberga** rechts.

Auf der **76** geht es weiter, an der „Ankerstadt" **Norrtälje** fahren wir auf neuer Piste vorbei, schließlich auf die **276** rauf und queren die **E18**, die nach **Kapellskär** führt, wo die Fähren

zu den ***Åland-Inseln*** an- und ablegen. Wir bleiben auf der **276/Åkersberga** und empfehlen in **Penningby** einen Abstecher an der ***Leinen-Scheune*** (Fr-So 11-16 Uhr) vorbei zum dicktürmigen ***Penningby slott*** (N 59° 40‘ 55.6“ E 18° 40‘ 23.5“) samt leicht verwildertem Englischen Garten (Führungen) nach rechts. Gleich 100 m danach gehts links weg, wir nehmen die **278/Furusund**, fahren in langen Wellen in Richtung Schärengarten und finden auf der ersten Insel 200 m nach dem Ortseingang von **Solö** unser Lager rechts unten.

(408) WOMO-Badeplatz: Solö

GPS: N 59° 40‘ 40.2“ E 18° 45‘ 42.8“. **Max. WOMOs**: 3-5.

Ausstattung: Etwas schmale geschotterte Zufahrt mit Gefälle (Wieder hinauf: Anstieg!), geräumiger Schotterparkplatz, schöne Badewiese, Picknickbank, Trockenklo, Müllbehälter, Hundeverbot.
Beschreibung: Der ausgesprochen gepflegte Platz wird von der Dorfgemeinschaft betreut. Bitte geben Sie keinen Anlass für Verbotsschilder. **Zufahrt**: Siehe Text.

Am Ende der 12 km langen Schären-Straße nach **Furusund**, dieser faszinierenden, gelegentlich achterbahnartigen Route über Brücken und Dämme von Insel zu Insel schieben sich die großen Fähren von und nach **Stockholm** durch eine schmale

Schären-Gasse. Genau vor dieser Jumbo-Wasserstraße kann man, wenn auch mit zeitlicher Begrenzung, mit dem **WOMO** über Nacht bleiben und spätabends hautnah miterleben, wenn einer der hell erleuchteten Riesenpötte der ***Viking Line*** hier durchfährt, ein echt gespenstisches Schauspiel.

(409) WOMO-Stellplatz: Furusund

GPS: N 59° 39‘ 49.7“ E 18° 55‘ 28.4“. **Max. WOMOs**: 2-3.
Ausstattung: Von Hecken gerahmter Schotterparkplatz für max. 12 Stunden Parkdauer.
Beschreibung: Während der Fährbetriebs-Zeiten nicht ganz ruhig.
Zufahrt: Siehe Text, am Fähranlager links.

Zurück auf der **276/Åkersberga** kommen wir so langsam zum Buch-Finale, hätten aber in **Bergshamra** (Hinweis **Bergshamra varv** folgen) noch eine verschwiegene **Badestelle** [**410**: N 59° 37‘ 57.6“ E 18° 40‘ 10.7“] zu vermelden und raten 14 km danach, rechts abzubiegen und sich ***Wira Bruk*** (N 59° 34‘ 16.5“ E 18° 32‘ 40.4“, Mittsommer bis Mitte August tgl. 11-16 Uhr, wirabruk.se) anzuschauen. Dieses wunderschöne,

an einem rauschenden Bach gelegene alte Dorfensemble aus dem 18. Jahrhundert verzaubert uns immer wieder aufs Neue, wir schauen bei der wasserkraftgetriebenen Schmiedehalle vorbei, kehren in das historische ***Tingshuset*** ein und kaufen Souvenirs im verführerischen Kunstschmiede-Shop.
Wer den Stich an ***Wira Bruk*** vorbei weiter Richtung **Largen** fährt, findet nach 3,8 km einen Badeplatz am glasklaren See.

(411) WOMO-Badeplatz: Largen

GPS: N 59° 35‘ 45.8“ E 18° 31‘ 40.2“. **Max. WOMOs:** 2-3.
Ausstattung: 2 Schotterparkplätze, gepflegte Badestelle mit Wiese, Sandstrand und Badesteg, Hundeverbot, Trockenklo, Feuerstelle.
Beschreibung: Straßengeräusche hörbar, nachts ruhig.
Zufahrt: Siehe Text, 800 m nach dem Ortseingang von **Largen** nach **links/ Rumsättran**, nach 300 m links.

Kleinere **WOMOs** können dann gleich von hier aus 22 km durch allerliebste Hügellandschaft mit Wald, Felsen und edlen Pferden auf verschlungenen, schmalen Sträßchen zur **E18/ Stockholm** kurbeln, größere Fahrzeugen sollten das lieber lassen, zur **276** zurückkehren, sich hinter **Åkersberga** besagter Autobahn anvertrauen und auf ihr nach **Stockholm** düsen. Doch wohin mit dem **WOMO** in der riesigen Hauptstadt **Schwedens**? Nachdem alle Parkplätze auf der vormaligen „WOMO-Insel" ***Djurgården*** entweder verbalkt wurden oder **Horror-Parkgebühren von 300 SEK pro Tag** (Das war 2017! Wir haben die Preise zuletzt nicht mehr überprüft.) kosten, kann man auch gleich auf einem **Campingplatz** an der Peripherie einchecken, und das machen wir dann auch, aber immerhin auf einem mit separatem **WOMO**-Hafen.

(412) Offizieller WOMO-Stellplatz: Flatenbadet

GPS: N 59° 15' 00.1" E 18° 09' 42.4". **Max. WOMOs**: 48.
Ausstattung: Gut gestaltetes **WOMO**-Areal mit 48 Stellplätzen mit Rasenrand neben dem **City Camping Stockholm**. Strom, Spielplatz, Badesee in der Nähe, Ver-/Entsorgung, auch Kassetten-Entleerung, Sanitär-Gebäude allerdings zu klein, zu wenig WC und Duschen.
Preis 2022: 310 SEK mit Strom, moderner Self-Check-In-Automat mit Kartenzahlung. Bevor Sie gänzlich verzweifeln: Man kann auch an der Rezeption vom benachbarten CP für den WOMO-Platz einchecken.
Beschreibung: In 200 m Haltestelle vom Bus. Die Linie B 816 fährt 2 mal pro Stunde in die City. Tickets gibt's für 1, 2 oder 3 Tage über App mit Kartenzahlung. Die freundlichen Damen in der Rezeption helfen gerne, auch mit weiteren Infos zu Stockholm. Ganzjährig geöffnet.

Zufahrt: Es geht an den südlichen Stadtrand und es gibt viele Möglichkeiten der Zufahrt. Hier sollten Sie Ihrem Navi vertrauen und auf die Beschilderung achten. Insgesamt etwa 38 km ab Auffahrt auf die **E18** bei **Åkersberga**. Also hier mal grob beschrieben: Auf der **E18** bis zum Ende, dann längs durch die City, anschließend auf der **73** südwärts am kugelrunden ***Globen*** vorbei, dann auf die **229/Tyresö** abbiegen und nach knapp 5 km von dieser nach **Flaten/Campingplatz** abfahren.

Im Wohnmobil nebenan blättert vielleicht tatsächlich jemand im Reiseführer ***„Mit dem Wohnmobil nach Süd-Schweden"*** vom **WOMO Verlag**, in dem in Tour 12 ein umfassendes Hauptstadt-Besichtigungsprogramm und noch viele weitere Übernachtungsplätze für einen **Stockholm**-Besuch zu finden sind.

Unsere gemeinsame Rundreise endet hier, für Sie geht es, wenn's beliebt, mit besagtem **Band 54** weiter, wir fahren nach Hause und wünschen noch viele spannende Reisen durch unser geliebtes ***Schweden***.

Man sieht sich!

ADRESSEN

Visit Sweden - Touristeninformation der Schweden-Werbung für Reisen und Touristik GmbH
Große Bäckerstraße 10, **D-20095 Hamburg**
Fon: +49-40-32551310, visitsweden.de

Hier gibt es Infos zum ***Schweden***-Urlaub, und es kann ein umfassendes Sortiment an Prospekten abgerufen werden wie die jährliche ***Schweden***-Broschüre, die Campingplatz-Übersicht und vieles mehr.
Weitere interessante Websites zu ***Schweden***:
schwedentipps.se

Schwedische Botschaft in Deutschland
Rauchstr. 1
D-10787 Berlin
Fon: +49 30 50 50 60
Fax: +49 30 50 50 67 89, swedenabroad.com

Deutsche Botschaft in Schweden (Tyske Ambassaden)
Skarpögatan 9
S-115 27 Stockholm
Fon: +46-8-6701500
Fax: +46-8-6701572 stockholm.diplo.de

ALKOHOL

Noch immer wird in ***Schweden*** ein Großteil der alkoholischen Getränke (ausgenommen ist Bier bis 3,5% Alkoholgehalt, das gibt's überall) staatlich kontrolliert abgegeben und nur im so genannten ***Systembolaget***, der staatlichen Alkohol-Handelskette an Personen über 20 Jahre verkauft. An diesem Staatsmonopol wird sich auch in absehbarer Zeit nichts ändern.
Nach wie vor ist der gepflegte Rausch in ***Schweden*** ein ausgesprochen teures Vergnügen, doch mit Blick auf die aktuellen Höchstmengen, die man als EU-Bürger nach ***Schweden*** mitbringen darf (siehe **EINREISE / ZOLL**), dürfte man als Urlauber nicht in die Verlegenheit geraten, in diesen „Wucher-Buden" einkaufen zu müssen.

ANGELN

Manch einer fährt nur zum Angeln nach ***Schweden***, denn für Sportangler gibt es eine Vielzahl hervorragender Reviere. Es ist kein Jahres-Fischereischein erforderlich, doch für die meisten Gewässer muss man vor Ort einen Erlaubnisschein kaufen (***Fiskekort***), die kostet ab 50 SEK am Tag, bei Edelfisch-Revieren bis 240 SEK.
Das Angeln an/auf dem Meer sowie an/auf den großen Seen (***Vänern***, ***Vättern***, ***Hjälmaren***, ***Mälaren***) ist erlaubnis- und kostenfrei.

ARZT **Notruf: 112**

Das Gesundheitswesen in Schweden wird vom Staat betrieben, die medizinische Versorgung ist auf hohem Niveau sichergestellt. Bei Erkrankungen oder Unfällen wendet man sich an eines der lokalen Ärzte-Center (***vårdcentralen***) oder an die Unfallambulanz (***akutmottangningen***) eines Krankenhauses (***sjukhus***). Zwischen Schweden und den EU-Mitgliedsländern besteht ein Sozialversicherungsabkommen, das im Bedarfsfall die ärztliche Hilfe regelt. Sie benötigen nur noch die Chipkarte ihrer Krankenkasse.

Ein in Schweden ggf. zu zahlender Eigenanteil wird i.d.R. von Ihrer Krankenkasse zurückerstattet. Sprechen Sie vor Reiseantritt mit Ihrer Krankenkasse und lassen Sie sich zu den aktuellen Regelungen informieren.
Eine zusätzliche (private) Reisekrankenversicherung ist allerdings sehr sinnvoll, da sich im Ernstfall einiges unproblematischer abwickeln lässt. Bei manchen Kreditkartenanbietern ist das im Paket mit enthalten.

CAMPINGPLÄTZE

In Schweden gibt es unzählige Campingplätze in unterschiedlicher Lage und Ausstattung, viele davon in landschaftlich reizvoller Umgebung und ansprechender Ausstattung. Schöne ***Touring-Plätze*** entlang unserer Fahrt-Route haben wir im Text benannt und mit GPS-Daten versehen, damit man sie besser findet.
Wer schon vor seiner ***Schweden***-Reise weiß, dass er Camping-Plätze aufsuchen wird, sollte vorbereitet sein. Auf der WEB-Site **Camping.se** von ***Sveriges Camping & Stugföretagares Riksorganisation***, dem Dachverband der ca. 300 schwedischen Camping-Platz-Betreiber, finden Sie alle Informationen zu den Plätzen (Die deutschsprachige 163-Seiten-Broschüre liegt in schwedischen Touri-Infos) und können sogar buchen. Hier gibt es auch die für die ***SCR***-Plätze obligatorische ***Camping Key Europe*** zu kaufen (**199 SEK** für 12 Monate, im **ADAC-Shop** kostet diese für Mitglieder sogar nur **12 EUR**), die mittlerweile auf 14.000 Camping-Plätzen in 20 europäischen Ländern akzeptiert wird und das Ein- und Auschekken beschleunigen hilft. Die Familie des Karten-Inhabers ist auf den ***SCR***-Camping-Plätzen unfallversichert und kann eine ganze Reihe von Vergünstigungen in Anspruch nehmen: von (etwas) billigeren Fährtickets für die Anreise, über vergünstigte Eintrittspreise zu Sehenswürdigkeiten bis hin zum Einkaufsrabatt bei einigen Touri-Shops.

EINREISE / ZOLL

Nach dem Schengener Abkommen gibt es innerhalb der EU-Mitgliedländer keine Grenzkontrollen mehr und man braucht weder Personalausweis noch Reisepass vorzuweisen. Bitte nehmen Sie Ihren Personalausweis dennoch mit, um bei sonstigen Kontrollen durch Zoll und Polizei Ihre Identität ausweisen zu können. Auch beim Bezahlen mit VISA (ohne PIN) an der Tankstelle wird regelmäßig der Personalausweis verlangt.
Die ***Grüne Versicherungskarte*** ist nicht erforderlich, wird aber empfohlen.
Für Besucher aus EU-Ländern gelten für die Einfuhr folgende Richtlinien für den persönlichen Bedarf (pro Erwachsenen ab 20 J.):
10 Liter Spirituosen, 20 l bis zu 22%, 90 Liter Wein, 110 Liter Bier usw.

FERIEN / HAUPTSAISON

Die Ferien- und Sommer-Hauptsaison erstreckt sich in **Schweden** von Mittsommer (Ende Juni) bis Mitte August. Das bedeutet zwar nicht zwangsläufig Überfüllung von Stränden oder Massenwanderungen im Gebirge, aber in den Corona-Jahren hat man in **Schweden** zwangsläufig den „Inland-Urlaub" entdeckt, was schon gelegentlich zu ungewöhnlichen „Menschen-Ballungen" führte. Wenn man Mittsommerfeiern, gelegentlich einen lebendigen Hembygdsgård oder Märkte sehen will, sollte man sich an diesem Termin-Fenster orientieren, denn spätestens ab Mitte August sind dort oben „alle Messen gesungen" und viele Sehenswürdigkeiten und sogar einige Campingplätze bereits geschlossen. Dann ist man wirklich ganz alleine unterwegs, so dass man glaubt, das ganze „Indian-Summer"-Fjäll nur für sich zu haben.

GAS

Eine komfortable, flächendeckende Lösung, um in **Schweden** die in deutschen Wohnmobilen am häufigsten genutzten grauen 11-kg-Flaschen zu tauschen oder füllen zu lassen, gibt es immer noch nicht!
Zu diesem Thema folgende Hinweise:

Volle Gasflaschen mitnehmen

Bevor Sie zur Urlaubsreise nach **Schweden** aufbrechen, lassen Sie sich all Ihre Gasflaschen zu Hause füllen. Wenn Ihre „Propan-Tanke" keine halb vollen Flaschen füllen kann oder mag, suchen Sie sich eine andere. Nach unserer Erfahrung reichen zwei volle 11-kg-Flaschen für 4 bis 6 Sommer-Wochen. Wir gehen mittlerweile auf Nummer sicher und haben 2 weitere Flaschen an Bord, natürlich ordnungsgemäß gesichert in der Garage.

Gas sparen

Verwenden sie Ihren Gasvorrat bewusster! In kühlen Lappland-Nächten können Sie Ihren Kühlschrank getrost ausstellen. Die Heizung muss nicht ständig für T-Shirt-Temperatur im **WOMO** sorgen. Ziehen Sie sich etwas Warmes an! Sie heizen manchmal sogar nachts? Dann brauchen Sie bessere Betten oder dickere Schlafsäcke!

Tankflasche

Eine zunächst kostspielige, aber auf Dauer elegante und wirtschaftliche Lösung ist die Anschaffung einer Gastankflasche (z.B. Wynen-Gas, wynen-gas.de), die von ihren Abmessungen der „grauen deutschen" entspricht und (europaweit) bei jeder Auto-Gas-Tankstelle gefüllt wird.

Graue 11-kg-Gasflaschen und 11-kg-ALU-Flaschen füllen

Neben den Adressen im **Band 54 *„Mit dem Wohnmobil nach Süd-Schweden*** kennen wir auch in ***Nord-Schweden*** einige Stationen, die leere deutsche Gasflaschen füllen oder gegen volle tauschen:

Gasol påfylling Orsa (Tour 1)
N 61° 11‘ 17.3“ E14° 42‘ 54.8“

Gasspecialisten (Tour 7)
Kiruna, Lastvägen 44
N 67° 50‘ 46.5“ E 20° 17‘ 05.0“

Skoog-Gasfüllstation Bränsle AB (Tour 9)
Luleå, Besiktningsvägen 2; Mo-Fr 7-16.30 Uhr, nur Tausch)
N 65° 37‘ 10.4“ E 22° 02‘ 23.8“

Piteå Transport AB (Tour 9)
Piteå, Bjälkvägen 4, Mo-Fr 7-11.30 + 12.30-16 Uhr, piteatransport.se
N 65° 20‘ 05.4“ E 21° 25‘ 53.3“

Skellftebränslen AB (Tour 10)
Skellefteå (Svetjesbyn), Metallvägen 9, Mo-Fr 7-16 Uhr
N 64° 44‘ 28.4“ E 21° 02‘ 19.4“

Gasol Depån (Tour 12)
Svartvik, Hyvelvägen 8, Mo-Fr 8-16 Uhr, Sa 8-14 Uhr
N 62° 18‘ 55.5“ E 17° 22‘ 22.2“

Gasol Fyllarna (Tour 14)
Gävle, Utmarksvägen 21, April-September Mo-Fr 8-17 Uhr, Sa 10-14 Uhr
N 60° 39‘ 28.2“ E 17° 11‘ 07.8“
Das ist eine Gas-Füllstationen-Kette, die Station in Gävle ist die nördlichste Filiale, südlich gibt es noch 11 weitere, siehe: gasolfyllarna.se

Die Preise waren 2022 alle ähnlich und deutlich höher als zu Hause (23 EUR im Tausch bei HORNBACH): Alle um die 400 SEK, also 40 EUR!
Für alle Fälle hat man dazu noch den ebenfalls beim Camping-Händler erhältlichen Adapter-Satz vom ***Euro-Füllset*** dabei.

GELD

Schweden ist schon lange Mitglied der EU aber kein EURO-Land, und das wird wohl (wenn man so rumfragt) auf absehbare Zeit auch so bleiben. Deshalb wird man nach wie vor Geld umtauschen müssen.

Die schwedische Währungseinheit ist die **Krone (SEK)**, **1 SEK = 100 Öre**. Man bringt sich also ein wenig schwedische Barschaft von zu Hause mit, tauscht auf der Fähre oder holt sich die Scheine in **Schweden** mit seiner EC-Karte + Geheimzahl aus einem der zahlreichen Geldautomaten.

Aktueller Umtauschkurs: **1 EUR = 11,40 SEK**, also etwa **1:11**.

Man kann den Umgang mit schwedischem Bargeld aber recht elegant einschränken, wenn man sich der in **Schweden** absolut üblichen Kreditkarten-Zahlung bedient. So bezahlen wir seit jeher z.B. an Tankstellen, Supermärkten und Gaststätten soweit möglich immer mit Karte! Bei unserer **VISA-Card** ist übrigens eine Auslandskrankenversicherung mit dabei!

Das 2012 in **Schweden** eingeführte und weit verbreitete Handy-App-Zahlsystem **SWISH** ist für Ausländer leider nicht anwendbar, denn dafür braucht es eine schwedische Mobil-Phone-Nummer, ein schwedisches Bankkonto, was man nur mit einer schwedischen Personennummer eröffnen kann und dafür muss man wiederum an einem schwedischen Wohnsitz gemeldet sein.

GPS / GEOCACHING

Das **GPS** (Global Positioning System) ist ein vom US-Verteidigungsministerium entwickeltes Satellitensystem zur weltweiten Standortbestimmung. Man kann sich sehr schnell daran gewöhnen, sich täglich dieser faszinierenden Technik zu bedienen und sich bei Nacht und Nebel zu einem Ort führen zu lassen, von dem man die Koordinaten kennt.

In diesem Reiseführer sind für alle Übernachtungsplätze und viele sonstige Ziele die Koordinaten im Kartenbezugssystem **WGS 84** im Positionsformat **hddd°mm'ss.s"** angegeben. Wir haben zur Daten-Erfassung ein **Garmin nüvi 3598** (im WOMO) und ein **Garmin Dakota 20** (für Wanderungen) verwendet. Die in diesem Buch enthaltenen Koordinaten sollten vor dem Urlaub in das eigene GPS-Gerät eingelesen werden. Wer es bequemer haben möchte, fordert beim **WOMO-Verlag** die entsprechende Datei zum **Download** an und alle GPS-Daten werden automatisch vom PC auf das GPS-Gerät überspielt.

Geocaching ist ein interessantes Spiel für GPS-Freunde! Man versteckt einen „Schatz“ (wettergeschützt in einer Plastik-Schachtel) und veröffentlicht die Koordinaten des Versteckes. Wer den Schatz findet, trägt sich im beiliegenden Heftchen ein, entnimmt dem „Schatz“ ein Teil, legt etwas aus seinem „Fundus“ hinein, verschließt alles wieder sorgsam und versteckt das Ganze wieder an der gleichen Stelle. Finden Sie die beiden **WOMO-Caches** im Buch!

HAUSTIERE

Nach den neuen, EU-einheitlichen Regeln ist bei Reisen innerhalb der Europäischen Union für Hunde, Katzen und Frettchen(!) seit 1. Oktober 2004 ein **EU-Heimtierpass** vorgeschrieben. Dieser Pass muss dem Tier eindeutig zugeordnet werden können, das Tier muss also mittels Tätowierung oder Mikrochip gekennzeichnet und die Nummer im Pass eingetragen werden. Der Pass muss neben Angaben zum Besitzer und seinem Haustier außerdem insbesondere den tierärztlichen Nachweis erhalten, dass ein gültiger Impfschutz gegen Tollwut besteht.

Infos (auch auf Deutsch) unter sjv.se, bei der Schwedischen Botschaft in Berlin oder beim Tierarzt Ihres Vertrauens.

Um Überraschungen zu vermeiden: Klären Sie mit der Fährgesellschaft Ihrer Wahl, ob Haustiere auch tatsächlich befördert werden.

Hinweis: Beachten Sie bitte, dass in **Schweden** teilweise andere Sitten für den Umgang mit Hunden als in Deutschland herrschen. So werden Hunde üblicherweise an der Leine geführt und Hundekot vom Halter aufgenommen und entsorgt. Und: Auf einigen Campingplätzen, vielen Badestellen, in schwedischen Restaurants und den meisten Läden sind Hunde verboten!

KARTENMATERIAL / LITERATUR

Neben Auto-Karten möglicher Transit-Länder empfehlen wir für ***Schweden***:

Michelin Nr. 711: *Skandinavien mit Finnland* 1:1,5 Mio (shop.womo.de)
Freytag & Berndt: *Schweden* 1:600.000 (shop.womo.de)
Freytag & Berndt: *Schweden* auf 6 Karten (1:250.000 und 1:400.000)
Lantmäteriets Fjällkarta: *Fjällregion* in 23 Karten 1:100.000

Hier noch unser Lieblingskartenladen in **Berlin**:
SCHRO*PP*, Knesebeckstraße 20/21, 10623 Berlin, landkartenschropp.de.

Außer dem Büchlein, in dem Sie gerade schmökern, möchten wir Ihnen noch weitere Literatur zur optimalen Vorbereitung empfehlen:

WOMO-Reihe: Dänemark, Schweden Süd, Norwegen Süd, Norwegen Nord, Finnland (gibt's bei **www.womo.de**)
Reise Know-How: *Durch Lappland im Winter* von Thomas Momsen
Rother Wanderführer: *Schweden* (www.womo.de)
Kauderwelsch: *Schwedisch Wort für Wort* (www.womo.de)
Kosmos NaturReiseführer: *Skandinavien*
Langenscheidt: *Taschenwörterbuch Schwedisch*

MITTERNACHTSSONNE

Die charakteristischen hellen Sommernächte in ***Nord-Schweden*** sind wohl verantwortlich für den besonderen Zauber, der viele deutsche Besucher immer wieder wie magisch hier hoch lockt: 100 Tage ohne Nacht! Am Polarkreis bleibt die Sonne an **Mittsommer** (21. Juni) zu Mitternacht (Sommerzeit: 1 Uhr) am Horizont, weiter nördlich lacht sie nachts wie zu Hause an einem Spätsommer-Nachmittag.

MÜCKEN

Dem böswilligsten aller wilden Tiere ***Schwedens*** begegnet man für gewöhnlich nur im Zeitraum von Anfang Juni bis Ende Juli. An Seen, in Sümpfen und Wäldern wird es dann ungemütlich, wenn diese Plagegeister ihre blindwütigen Angriffe zum hemmungslosen Blutsaugen starten. Viele der üblichen Abwehrmaßnahmen helfen wenig, wir verbrauchen dann immer große Mengen von ***Anti Brumm*** als Spray aus der Pumpflasche. Man sollte in dieser Zeit eher die offenen und windigen Fjälls bevorzugen und sich lieber erst Ende Juli in die Mücken-Gebiete begeben, nachdem die ersten Nachtfröste deren Aktivitäten schlagartig beenden.

NATIONAL-FLÜSSE

In ***Schweden*** gibt es 4 Nationalflüsse, die in ihrer Ursprünglichkeit belassen wurden und nicht zur Stromerzeugung dienen:
Vindelälven, ***Piteälven***, ***Kalixälven und Torneälven***.
Wir haben sie alle im Programm und sind nachhaltig beeindruckt von der wilden Urgewalt der Wassermassen.

NATURSCHUTZ / ALLEMANSRÄTTEN (JEDERMANNSRECHT)

Für den Aufenthalt in der freien Natur gibt es ein allgemeines (ungeschriebenes) Nutzungsrecht: das **Allemansrätten**, zu Deutsch **Jedermannsrecht**, ein Grundrecht in ***Schweden***, das zur nationalen Tradition, zum Kulturerbe gehört. Diese oft zitierte Regelung enthält neben einigen Rechten (wilde Blumen pflücken, Pilze und Beeren sammeln, Baden, geschützt Feuer machen, aber nur mit aufgesammeltem Holz, und Zelten) auch Pflichten, die den Naturschutz und den Schutz der Privatsphäre betreffen. Es ist nicht erlaubt, die Natur zu zerstören, mit Motorfahrzeugen im Gelände zu fahren, Hausgrundstücke zu betreten (am besten außerhalb der Sichtweite bleiben) und Abfälle in der Natur zurückzulassen. Man darf keine Tiere stören, auf keinen Fall Vogelnester mit- oder Eier entnehmen (oder gar ohne Lizenz jagen) und auf Felsen, Klippen oder bei Waldbrandgefahr kein Feuer machen. Für Nationalparks und Naturreservate gelten spezielle Regelungen.

PORTO

Sie schreiben noch Ansichtskarten aus dem Urlaub? Sehr löblich! Das Porto für Brief oder Postkarte innerhalb Europas beträgt **12 SEK**.

SAMI

Schon seit Urzeiten bewohnt das Volk der ***Sami*** (vormals als ***Lappen*** bekannt, diese Bezeichnung wird aber heute als herabwürdigend empfunden) den nördlichen Teil ***Skandinaviens***, ***Finnlands*** und der ***Kola-Halbinsel***. Insgesamt leben heute noch an die 60.000 ***Sami*** in diesem Gebiet, davon etwa 17.000 auf dem schwedischen Staatsgebiet. Nur noch 3.000 von ihnen leben direkt von der angestammten Rentierzucht und vom Fischfang, zwei der Bereiche, in denen sie noch Privilegien genießen. Die schwedische Regierung ist sehr bemüht, Tradition und Kultur der ***Sami*** schützen zu helfen, doch die ***Sami*** selbst fühlen sich gelegentlich diskriminiert und zunehmend vom Fortschritt überrollt.

Sámi Duodji ist eine Stiftung zur Information, Förderung und Vermarktung des samischen Kunsthandwerks. Das Kulturerbe der Urbevölkerung soll damit bewahrt, und Techniken zur Herstellung von Schmuck und Gebrauchsgegenständen wieder entdeckt und praktiziert werden. Was ist schon ein billiges Urlaubs-Souvenir gegen eine kunstvoll gearbeitete Tasche aus Rentier-Leder oder eine phantasievolle Silber-Brosche.

SPRACHE / GRAMMATIK

Schwedisch ist eng mit dem Deutschen verwandt, viele Schilder braucht man bloß laut vorzulesen, um sie zu verstehen. Die Aussprache ist allerdings oftmals überraschend anders als angenommen. Großschreibung findet nur am Satzanfang statt. Bis auf ***hej*** (Hallo) und ***tack*** (Danke) sprechen wir kein Schwedisch, ansonsten klappt die Verständigung auf Englisch ganz gut, manchmal sogar auf Deutsch.
Ein besonderes Kapitel ist die Grammatik. Der Artikel wird im Schwedischen immer an das Hauptwort angehängt: **See** = ***sjö***, aber **der See** = ***sjön***, oder **Fluss** = ***älv***, aber **der Fluss** = ***älven***. Wir haben versucht, dies auch in unseren Texten zu beachten. Wundern Sie sich also nicht, wenn auf dem Schild ***Vindelälven*** steht und wir schreiben „Wir fahren am ***Vindelälv*** entlang". Das ist Absicht! Klappt aber nicht immer. ***Ursäkta*** (**Tschuldigung**) schon mal vorab!

STRASSENVERKEHR

Autofahren in ***Nord-Schweden*** macht Spaß, denn die Straßen sind weitgehend gut bis sehr gut ausgebaut, es gibt wenig Verkehr, also keine Staus oder irgendwelche sonstige Hektik. Abseits der Hauptstraßen oder in wenig frequentierten Gegenden fährt man auch schon mal längere Zeit auf den ungeliebten Schottersträßchen, die wir „Waschbrett-Pisten" nennen. Bei Trockenheit sind sie staubig, bei Regen schmierig und man saut sich das **WOMO** gelegentlich gehörig ein.

Einige wichtige Verkehrs-Regeln:

- Abblendlicht ist auch am Tage vorgeschrieben.
- Es besteht Anschnallpflicht auf allen Sitzen.
- Die Promille-Grenze liegt bei 0,2 ‰, Alkohol-Sünder werden streng bestraft!
- Straßenbahn hat immer Vorfahrt! (Falls sie irgendwo eine sehen!)
- Langsame Fahrzeuge dürfen auf dem Seitenstreifen fahren, um schnellere Verkehrsteilnehmer komfortabler überholen zu lassen.
- Nehmen Sie die **Elch-Warnschilder** ernst, und achten Sie besonders auf die unberechenbaren **Rentier-Herden**! Langsam vorbei fahren!

Zulässige Höchstgeschwindigkeiten:

In Ortschaften:	50 km/h,
Außerorts:	70-90 km/h gemäß Beschilderung, **WOMOs** über 3,5 t: max. 80 km/h
Schnellstraßen:	90-110 km/h gemäß Beschilderung, **WOMOs** über 3,5 t: 80 km/h
Autobahnen:	110 km/h, **WOMOs** über 3,5 t: 90 km/h

Geschwindigkeitsübertretungen können teuer werden, und 30 km/h zuviel (in 30er Zone 20 km/h zuviel) kann zu Führerschein-Entzug und Fahrverbot in ***Schweden*** führen!
Vorsicht: Bei mündlichen Auskünften werden Entfernungsangaben gelegentlich in schwedischer „Meile“ (**1 Mil = 10 km**!) bemessen.

TOILETTEN / ENTSORGUNG

Landesweit gibt es in einer erfreulichen Dichte **öffentliche Toiletten**. Die entsprechenden Häuschen findet man meist an Parkplätzen und Badestellen. Wenn es sich einrichten lässt, sollte man vorzugsweise diese Toiletten benutzen und nicht das Bordklo unnötigerweise behelligen.
Als besonderen Service für Caravan- und **WOMO**-Touristen findet man an vielen Rastanlagen hinter der Tür mit dem Zauberwort ***Latrin*** eine lupenreine Entsorgungsstation für **Kassetten-Toiletten**. **Ab 2017** wird die jährlich aktualisierte **Rastplatskarta** von ***Travikverket*** leider nicht mehr gedruckt, sondern ist über trafikverket.se zu finden. Hier gibt es Angaben zur Lage und Ausstattung (mit ***Latrin*** oder ohne) aller Rastplätze, so dass eine regelmäßige und komfortable Toiletten-Entsorgung gewährleistet ist. Nehmen Sie täglich die Entsorgungs-Möglichkeiten wahr, auch wenn das Bord-Klo noch nicht voll ist. Auf vielen dieser WC-Komplexe findet man zudem einen Außenwasserhahn: Das ist dann die Luxus-Ausführung.
Chemie im **WOMO**-Klo haben wir noch nie gebraucht und schwören seit jeher auf Tankentlüftungssysteme. Wenn Sie solche Zusätze unbedingt verwenden müssen, dann dosieren Sie wenigstens gewissenhaft und entsorgen Sie auf einem **Campingplatz** oder bei den ***Latrinen***.

WOMO-Mieter lassen sich zum **Thema Toilette** bitte alles ganz genau erklären. Kippen Sie niemals den Inhalt Ihres Bordklos verstohlen in die freie Natur, denn das ist schlichtweg eine Schweinerei!

TRINKWASSER / ABWASSER

Die **Trinkwasser-Versorgung** ist völlig unproblematisch. Außer den öffentlichen Wasserhähnen an manchen Rastanlagen kann man an fast jeder **Tankstelle** Wasser bunkern. Wir haben vorsichtshalber immer um Erlaubnis gefragt und wurden niemals abgewiesen. Zum eleganten Befüllen des Bordtankes ist das Mitführen eines eigenen Wasserschlauches sowie von 1/2 - und 3/4 -Zoll Adaptern nützlich. Für ungewöhnliche Hahn-Dimensionen verwenden wir den ***„Wasserdieb“***, einen im Durchmesser variablen Anschluss-Stutzen aus dem Garten-Center. Manchmal kann man beim besten Willen nicht an die „Wasserstelle“ heranfahren. Für diese Variante haben wir einen 20-Liter-Wasserkanister an Bord, mit dem man dann schrittweise seinen Tank füllen kann.
Die **Abwasser-Entsorgung** stellt sich etwas schwieriger dar. Außerhalb der Campingplätze, die i.d.R. über praktikable Entsorgungseinrichtungen verfügen, gibt es in Schweden nur vereinzelt **WOMO**-gerechte Abwasserentsorgungs-Stationen. Da es in ***Schweden*** verboten ist, werden wir keine Empfehlung zum Abwasser-Ablassen auf Ödland geben, man kann das nur gering verschmutzte Abwasser aber in die Abflüsse von Autowaschanlagen leiten oder eimerweise in die ***Latrinen*** der Rastanlagen kippen.

ÜBERNACHTUNGSPLÄTZE

Für das „Freistehen“ von **WOMO**s sind uns für ***Schweden*** keine klaren Regelungen bekannt. Grundsätzlich gilt als Erlaubnis das an anderer Stelle erörterte **Allemansrätten**, das **Jedermannsrecht**, ohne die damit verbundenen Pflichten zu vergessen. Wir interpretieren dieses schwedische Gewohnheitsrecht für uns **WOMO**-Touristen wie folgt:

- Das Abstellen von **WOMOs** (und das Übernachten darin) ist für einzelne Tage auf Parkplätzen und Straßenrändern erlaubt.
- Bei öffentlichen Parkplätzen ist das Übernachten im **WOMO** überall dort erlaubt, wo es nicht ausdrücklich verboten ist.
- Schilder mit ***Caravan-Verbot*** oder Hinweisen wie ***Gäller ej husvagn*** gelten nicht für **WOMOs**, sondern sollen die in ***Schweden*** übliche Unsitte unterbinden, Wohnwagen die gesamte Saison an Badestellen oder anderen schönen Plätzchen als Wochenend-Quartiere abzustellen.
- ***Camping förbjuden*** bedeutet, dass man kein Campingleben entfalten sollte, Markise und Möbel bleiben drin. Über Nacht ***Parken*** ist erlaubt. Schilder mit durchgestrichenen Zelten verbieten das Zelten, oder?
- Bei Plätzen bei oder auf privatem Land sollte man die Erlaubnis des Eigentümers (also ggf. des Museums oder der Sehenswürdigkeit) einholen.

In diesem Reiseführer werden jedenfalls ausschließlich Übernachtungsplätze an der Tourenstrecke beschrieben, an denen bei der Recherche keine für **WOMOs** zutreffenden Verbote erkennbar waren. Das bedeutet aber nicht, dass nicht irgendwo von heute auf morgen neue Schilder aufgestellt werden können, was aber speziell in ***Nord-Schweden*** eher unwahrscheinlich ist. Mit Veränderungen ist dennoch immer zu rechnen, vor allem dann, wenn **WOMO**-Urlauber vergessen, sich an den Stellplätzen rücksichtvoll und dezent zu bewegen. So können ärgerliche Verbotsschilder vermieden werden, wenn Massenzusammenkünfte unterbleiben und auch keine Müllberge oder gar Schlimmeres zurück gelassen werden.

Pünktlich zur Reisezeit gibt es jedes Jahr für ***Schweden*** Warnungen zu Gasüberfällen und Berichte als auch Gerüchte über nächtens ausgeraubte **WOMOs** (zumeist deutsche), verbunden mit der Empfehlung, zur Übernachtung Campingplätze aufzusuchen. Wir wissen aus dem Freundeskreis, dass es in der Vergangenheit in den Ballungsgebieten Süd- und Mittel-Schwedens in der Tat Einbruchs-Serien gegeben hat, doch für die Weiten Nord-Schwedens ist nichts dergleichen bekannt. Von dort oben gibt es dann eher mal die Nachricht, dass bei **Jokkmokk** ein Bär einen Jäger erschlagen hat.

Allgemeine Sicherheitsvorkehrungen gelten aber natürlich auch für den Norden: Keine Wertsachen sichtbar im Fahrzeug liegen lassen und auch bei kurzzeitiger Abwesenheit das **WOMO** **immer** verschließen. Haben Sie schon einen **WOMO-*Knackerschreck***? Gibt's beim **WOMO-Verlag**! Die gut sichtbare wie wirksame Einbruchssperre sichert die Fahrkabine der gebräuchlichen Basis-Fabrikate und ist in Sekunden angelegt.

UNFALL / PANNE

Der Universalnotruf für Notarzt, Polizei und Feuerwehr ist die **112**.

Bei einem Unfall sollte **immer** die Polizei gerufen werden, bei Personenschäden auf jeden Fall, doch auch nach einer Wildkollision und/oder einem beteiligten Rentier.

Pannenhilfe-Telefon: 020 – 912 912, falls Sie kein Mitglied in einem Automobilclub sind und keinen Notservice Ihres Fahrzeuherstellers anfordern können.

WOMO-FORUM – der Treff für Wohnmobilurlauber

Seit 2002 gibt es das WOMO-Forum, einen kostenlosen Service unseres Verlages, unter: **forum.womoverlag.de**. Wer sich hier einklickt und nach einem Thema sucht, wird wohl kaum ohne Antwort bleiben.

Natürlich lebt das Forum von einem regen Erfahrungsaustausch. Deshalb ist es in vielerlei Rubriken aufgeteilt, in denen man gezielt Fragen stellen oder versuchen kann, die Fragen anderer zu beantworten.

Weiter geht es mit Fragen und Antworten zu Urlaubszielen, Reiseberichten und Korrekturen für alle WOMO-Bücher.

Also: Schauen Sie mal rein, machen Sie mit – es lohnt sich für Sie und andere!

ZEITZONE

Schweden hat **Mittel-Europäische Zeit** (MEZ) mit Sommer- und Winterzeit, also keine Zeitverschiebung gegenüber ***Deutschland***.

Beachte: Im benachbarten ***Finnland*** gilt **Ost-Europäische Zeit** (+1 Stunde) mit Sommer- und Winterzeit.

Zum Schluss:
IN EIGENER SACHE - ODER DER SACHE ALLER!?

Urlaub mit dem Wohnmobil ist etwas ganz besonderes. Man kann die Freiheit genießen, ist ungebunden, dennoch immer zu Hause, lebt mitten in der Natur - **wo man für sein Verhalten völlig selbst verantwortlich ist!**

Seit mehr als 30 Jahren geben wir Ihnen mit unseren Reiseführern eine Anleitung für diese Art Urlaub mit auf den Weg. Außer den umfangreich recherchierten Touren haben wir viele Tipps allgemeiner Art zusammengestellt, unter ihnen auch solche, die einem WOMO-Urlauber eigentlich selbstverständlich sein sollten. Weil wir als Wohnmobiler die Natur in ihrer ganzen Schönheit und Vielfalt hautnah erleben dürfen, haben wir auch besondere Pflichten ihr gegenüber, die wir nicht auf andere abwälzen können.

Jährlich erhalten wir viele Zuschriften, Grüße von Lesern, die mit unseren Reiseführern einen schönen Urlaub verbracht haben und sich herzlich bei uns bedanken. Wir erhalten Hinweise über Veränderungen an den beschriebenen Touren, die von uns bei der Aktualisierung der Reiseführer Berücksichtigung finden.

Aber: Wir erhalten auch Zuschriften über das Verhalten von Wohnmobilurlaubern, die sich **egoistisch, rücksichts- und verantwortungslos** der Natur und ihren Mitmenschen - nachfolgenden Urlaubern und Einheimischen - gegenüber verhalten. In diesen Briefen geht es um die Themen Müllbeseitigung, Abwasser- und Toilettenentsorgung. Es soll immer noch Wohnmobilurlauber geben, die ihre Campingtoilette nicht benutzen, dafür lieber den nächsten Busch mit Häufchen und Toilettenpapier „schmücken", die den Abwassertank nicht als Tank benutzen, sondern das Abwasser unter das WOMO trielen lassen, die ihren Müll neben dem Wohnmobil liegenlassen und davondüsen, alles frei nach dem Motto: **„Nach mir die Sintflut!"**

Liebe Leser!

Wir möchten Sie im Namen der gesamten WOMO-Familie bitten: Helfen Sie aktiv mit, diese Schweinereien zu unterbinden! Jeder Wohnmobilurlauber trägt eine große Verantwortung, und sein Verhalten muss dieser Verantwortung gerecht werden.

Sprechen Sie Umweltferkel an, weisen Sie sie auf ihr Fehlverhalten hin und machen Sie mit dem WOMO-Urlaubs-Aufkleber deutlich:

Ich verhalte mich unweltgerecht!
Der nächste freut sich, wenn er den Stellplatz sauber vorfindet, denn auch er hat sich seinen Urlaub verdient! Vor allem aber: Wir erhöhen damit die Chance, dass uns unsere über alles geliebte Wohnmobil-Freiheit noch lange erhalten bleibt.

Helfen Sie mit, den Ruf der Sippe zu retten! Verhindern Sie, dass einzelne ihn noch weiter in den Schmutz ziehen!
Wir danken Ihnen im Namen aller WOMO-Freunde -

Ihr WOMO-Verlag

Stichworte

Der WOMO® Online-Service

Nutzen Sie auch das Angebot unseres Online-Shops!
Unter **www.womo.de** finden Sie nicht nur alle Reiseführer, sondern weitere wertvolle Anregungen und Zusatzinformationen – von der Gesamtübersicht aller Touren eines WOMO-Reiseführers bis zu weiterführendem Material.
Dazu gehören:

- die **besten Autokarten**, die garantiert die komplette Reiseroute abdecken
- und die **passenden Rother-Wanderführer** mit den schönsten Wanderregionen Ihres Reiselandes.

Einfach sicher unterwegs.

Sichern Sie Ihr Wohnmobil ab: mit unserer **exklusiven**, universellen und **sofort sichtbaren** Einbruchssperre. Sie wird **ganz einfach** in die beiden Tür-Armlehnen eingehängt, zusammengeschoben und abgeschlossen.

Der WOMO® Knackerschreck

- Passend für Ducato, Peugeot, Renault Master, MB Sprinter bis 2018 und VW (alle Typen)
- Krallen aus **10 mm massivem**, einbrennlackiertem, also nahezu unverwüstlichem Stahl

und nur bei **www.womo.de**

Alle WOMO® Reiseführer auf einen Blick

Albanien, Ulrike und Frank Staub
Allgäu, Heiner Newe
Andalusien, Christina und Christian Winkler
Auvergne, Esther Vergenz
Baden-Württemberg, Heiner Newe
Baltikum, Stefanie Holtkamp und Andrea Bergmann
Bayern Der Nordosten, Heiner Newe
Bayern Der Südosten, Christina und Christian Winkler
Bayern Der Nordwesten, Heiner Newe
Belgien/Luxemburg, Ulrike und Frank Staub
Bretagne, Anette Scharla-Dey und Franz Peter Tschauner Neu 2023
Burgund, Ralf Gréus
Dänemark, Anke Globi
Elsass, Ralf Gréus
England Der Süden, Christina und Christian Winkler
England Der Norden, Christina und Christian Winkler
Finnland, Uwe und Annegret Rohland
Französische Alpen, Heiner Newe Neu 2023
Französische Atlantikküste Der Norden, Esther Vergenz
Französischer Jura, Heiner Newe
Griechenland, Waltraud Roth-Schulz und Reinhard Schulz Neu 2023
Harz, Heiner Newe
Hessen Der Norden, Anette Scharla-Dey und Franz Peter Tschauner
Hessen Mitte und Süden, Anette Scharla-Dey und Franz Peter Tschauner
Hunsrück/Mosel/Eifel, Anette Scharla-Dey und Franz Peter Tschauner
Irland, Uwe und Annegret Rohland
Island, Jutta und Alexander Ramin Neu 2023
Korsika, Waltraud Roth-Schulz und Reinhard Schulz
Kroatien, Silvia Sussmann und Peter Simm
Languedoc-Roussillon, Ralf Gréus
Ligurien, Ralf Gréus Neu 2023
Lothringen, Friedrich Riehl
Lüneburger Heide, Heiner Newe
Marokko, Ulrike und Frank Staub
Mecklenburg-Vorpommern Teil 1, Stefanie Holtkamp und Andrea Bergmann
Mecklenburg-Vorpommern Teil 2, Stefanie Holtkamp und Andrea Bergmann
Mittel-Italien, Friedrich Riehl
Münsterland, Regina Stockmann
Namibia, Ute Nast-Linke und Frank Linke
Neuseeland Der Norden, Andrea Lossen und Dieter Giesen
Neuseeland Der Süden, Andrea Lossen und Dieter Giesen
Niederlande, Friedrich Riehl
Normandie, Anette Scharla-Dey und Franz Peter Tschauner
Norwegen Der Süden, Waltraud Roth-Schulz und Reinhard Schulz
Norwegen Der Norden, Waltraud Roth-Schulz und Reinhard Schulz
Österreich Der Osten, Christina und Christian Winkler
Österreich Der Westen, Christina und Christian Winkler

Ostfriesland, Heiner Newe
Pfalz, Ralf Gréus
Piemont und Aostatal, Ralf Gréus
Peloponnes, Waltraud Roth-Schulz und Reinhard Schulz
Polen Der Norden, Nicola Kluftinger
Portugal Der Norden, Stephanie Seufert
Portugal Der Süden, Stephanie Seufert
Provence Der Westen, Ralf Gréus
Provence Der Osten, Ralf Gréus
Pyrenäen, Stefanie Holtkamp und Andrea Bergmann Neu 2023
Rumänien, Christina und Christian Winkler
Sachsen, Anette Scharla-Dey und Franz Peter Tschauner
Sardinien, Waltraud Roth-Schulz und Reinhard Schulz
Schleswig-Holstein und Hamburg, Heiner Newe
Schottland, Uwe und Annegret Rohland
Schwarzwald, Ralf Gréus
Schweden Der Norden, Uwe und Annegret Rohland Neu 2023
Schweden Der Süden, Waltraud Roth-Schulz und Reinhard Schulz
Schweiz Der Osten, Stefanie Holtkamp und Andrea Bergmann
Schweiz Der Westen, Stefanie Holtkamp und Andrea Bergmann
Sizilien, Christina und Christian Winkler
Slowakei, Ulrike und Frank Staub
Slowenien, Silvia Sussmann und Peter Simm
Spanien Der Norden, Waltraud Roth-Schulz und Reinhard Schulz Neu 2023
Spanien Der Osten, Waltraud Roth-Schulz und Reinhard Schulz
Süditalien Der Osten, Waltraud Roth-Schulz und Reinhard Schulz
Süditalien Der Westen, Waltraud Roth-Schulz und Reinhard Schulz
Südafrika Krügernationalpark, Ute Nast-Linke und Frank Linke
Südwestfrankreich, Stefanie Holtkamp und Andrea Bergmann
Südtirol, Waltraud Roth-Schulz und Reinhard Schulz
Tal der Loire und Paris, Anette Scharla-Dey und Franz Peter Tschauner Neu 2023
Thüringen, Katja Eisenschmidt
Toskana und Elba, Ralf Gréus Neu 2023
Trentino, Silvia Sussmann und Peter Simm
Tschechien, Eva und Steffen Peuker
Umbrien und Marken, Ralf Gréus Neu 2023
Ungarn, Silvia Sussmann und Peter Simm
Venetien und Friaul, Christina und Christian Winkler Neu 2023
Wales, Christina und Christian Winkler
Zentralspanien Der Osten, Ulrike und Frank Staub Neu 2023
Zentralspanien Der Westen, Ulrike und Frank Staub Neu 2023

Außerdem im Programm:
Die gordische Lüge – Reiseroman, Ralf Gréus
Allgemeines Wohnmobil Handbuch, Reinhard Schulz
Allgemeines Wohnmobil Kochbuch, Waltraud Roth-Schulz
Heitere Wohnmobil Geschichten, Silvia Sussmann und Peter Simm

Ihr WOMO® Stellplatz-Dienst

Wir führen Sie zu den **schönsten Orten**, die unsere erfahrenen Autoren **selbst besucht und getestet** haben. Die GPS-Daten ihrer Stell- und Campingplatz-Empfehlungen finden Sie im Online-Shop unter **www.womo.de**

Mehr erfahren. Mehr erleben.

womo.de ist der **Spezialist** für Ihren entspannten **Erlebnisurlaub auf vier Rädern**. Profitieren Sie für Ihre Reisevorbereitung und -planung von unserer **jahrzehntelangen Erfahrung**.
Seit 2022 arbeiten wir daran, Bewährtes noch besser zu machen: Dazu gehört die **moderne Optik** unserer neu gestalteten und **neu aufgelegten** Reiseführer.

Selbstverständlich werden unsere WOMO-Reiseführer permanent auf einen **aktuellen inhaltlichen Stand** gebracht. Jeder einzelne bietet eine Fülle an Ideen, Inspiration und Information **für Ihren Erlebnisurlaub**.

Wenn Sie persönliche Anregungen oder **konkrete Fragen zu Ihrer Reiseplanung haben**, dann schreiben Sie uns gern unter: **verlag@womo.de**

Den kostenlosen Download-Link für die **GPS-Daten** zu diesem WOMO-Reiseführer finden Sie im Shop unter: **www.womo.de**
Ihr Passwort lautet:
Sn2tdB

WOMO®
Der Wohnmobil-Verlag
An der Liethe 4
36452 Kaltennordheim
Telefon: 036946 20691
www.womo.de